AVI PRIMOR

Nichts ist jemals vollendet

DIE AUTOBIOGRAFIE

QUADRIGA

Inhalt

MEINER FRAU ZIONA GEWIDMET

Ein paar Worte vorweg

Memoiren zu schreiben sollte eigentlich nicht kompliziert sein. Nicht nur kennt man seine eigene Geschichte, sondern es geht doch hier um die Vergangenheit, und die ist eher etwas, womit man vertraut ist. Was Angst macht, ist die Zukunft. Die Zukunft ist uns unbekannt, unverständlich oder bedrohlich. Aber mit der Vergangenheit ist man vertraut. Selbst wenn es Unannehmlichkeiten in der Vergangenheit gab, hat man längst gelernt, wie man sich damit abfindet, und findet die Vergangenheit beschaulich. Diese Vergangenheit kann man auch immer neu gestalten.

Ich glaube aber nicht, dass es wirklich so einfach ist. Und wenn ich an die Vergangenheit denke, so denke ich auch an die Zukunft, in der Überzeugung, dass nichts jemals vollendet ist.

Ich beginne das Schreiben meiner Memoiren in Tel Aviv, im Juni 2014, in einer Atmosphäre der Spannung im Lande. Schon wieder. Seit der Entstehung Israels leben wir in dieser erhöhten Spannung und gewöhnen uns trotzdem nicht daran. Diesmal geht es um die Entführung von drei israelischen Jugendlichen in einem Siedlungsgebiet im Westjordanland. Vermisste Israelis sorgen immer für eine große Aufregung im Land und für einen Aufruf der Bevölkerung an die Regierung, alles Mögliche zu tun, um die Verschollenen zu finden.

Was heißt alles? »Alles« heißt eine Sperrung des Westjordanlandes, die wiederholte Sperrung von Dörfern, Stadtteilen oder ganzen Städten und die Durchsuchung von Tausenden von Wohnungen. Die Filme und Bilder von diesen Durchsuchungen

sind schwer zu verdauen. Die Grausamkeit des Einbruchs der
Soldaten in der Mitte der Nacht in die Wohnungen der meistens
unschuldigen Bürger, der Angriff der Hunde, der Schrecken der
Kinder sind Dinge, die seit Beginn der Besatzung vor 47 Jahren
nicht neu sind. Und dennoch ...

Während ich dies schreibe, berichten die Zeitungen vom Tod
eines ehemaligen Chefs des israelischen Geheimdienstes, Avraham Shalom, der im Alter von 86 Jahren gestorben ist. Der Mann
war nicht nur einer der bekanntesten Geheimdienstchefs, sondern wahrscheinlich auch als einer der grausamsten bekannt.
Das geht natürlich auf seine Behandlung der Palästinenser in den
besetzten Gebieten zurück. Dennoch stand Avraham Shalom in
dem berühmten Film über den israelischen Innengeheimdienst
Schabak, The Gatekeepers, für ein Interview zur Verfügung. Er
kritisiert die israelische Politik in den Gebieten und vor allem die
Besatzung. Unter anderem sagt er ganz klar: »Was wir in den Ge-
bieten betreiben, ist genau das, was die Deutschen im Zweiten
Weltkrieg, abgesehen vom Holocaust und den Konzentrations-
lagern, in ihren besetzten Gebieten getrieben haben.«
    Mich trifft das hautnah. Mein ältestes Enkelkind ist seit zwei
Jahren im Militärdienst. Es dient in der Elitekampfeinheit, die die
Hunde für diese Arbeit ausbildet und mit ihnen palästinensische
Häuser durchsucht. Der Vater dieses Enkelkinds, mein ältester
Sohn Adar, erzählte mir, er habe seinen Sohn gefragt, was genau
er in diesen besetzten Gebieten mache. Der Junge, Noam, an sich
ein sehr sanfter und liebenswürdiger Junge, antwortete seinem
Vater: »Lass das, Papa. Du bist ein Liberaler, es ist besser für dich,
wenn du es nicht weißt.«
    Mir dreht sich der Magen um. Seit meiner Kindheit und mei-
ner Leidenschaft für einen friedlichen jüdischen Staat sind schon
fast achtzig Jahre vergangen, und ich kann nur sagen: Nichts ist
jemals vollendet.

Eine Autobiografie, eine Geschichte, die man über sich selbst erzählt, wird oft mit ein wenig Argwohn betrachtet. Man denkt, jedem Menschen, der über sich selbst schreibt, wird vor allem daran gelegen sein, sich in einem guten Licht darzustellen. Friedrich Nietzsche schrieb: »›Das habe ich getan‹, sagt mein Gedächtnis. ›Das kann ich nicht getan haben‹, sagt mein Stolz und bleibt unerbittlich. Endlich gibt das Gedächtnis nach.« Noch schlimmer ist, dass Erinnerungen oft verschwommen sind. Oft ist man ehrlich der Meinung, dass man etwas genau in Erinnerung hat, und ist sich nicht bewusst, dass man die Geschehnisse im Kopf falsch abgespeichert hat. Zwei solcher Geschichten habe ich persönlich erlebt.

1970 starb der 80-jährige General de Gaulle. Obwohl er schon nicht mehr Staatspräsident war, stand ihm ein Staatsbegräbnis zu, und in Frankreich und weltweit herrschte das Gefühl, einem historischen Ereignis beizuwohnen. De Gaulle wollte kein Staatsbegräbnis, sondern hatte sich eine intime Beerdigung im Kreise seiner Familie in seinem Dorf Colombey-les-Deux-Églises gewünscht. In Paris wurde dennoch ein Staatsakt in Notre-Dame ausgerichtet. Zu diesem Staatsakt kamen Staatsoberhäupter und Prominente aus aller Welt.

Obwohl die Beziehungen zwischen Frankreich und Israel zu diesem Zeitpunkt regelrecht schlecht waren und obwohl, zumindest vom israelischen Blickwinkel aus gesehen, de Gaulle daran schuld war, entsandte Israel seinen Staatspräsidenten Zalman Shazar sowie den pensionierten ehemaligen Ministerpräsidenten David Ben-Gurion. Niemand in Frankreich wusste, wer Shazar war, aber Ben-Gurion sorgte für Aufsehen. Nicht nur, weil er der legendäre israelische Staatsgründer und langjährige Ministerpräsident war, sondern auch und besonders weil bekannt war, dass er mit de Gaulle auch korrespondiert hatte, als die Beziehungen zwischen den beiden Staaten merklich abgekühlt waren. Von allen Seiten wandten sich Journalisten an mich, der ich damals Sprecher der Botschaft war, und bewarben sich um ein Interview

mit Ben-Gurion. 1970 war Ben-Gurion schon gesundheitlich an-
geschlagen und sehr geschwächt. Es wurde daher entschieden,
dass er nur einen einzigen Journalisten empfangen würde, und ich
wurde gebeten, diesen Journalisten auszusuchen. Ich entschied
mich für den Leiter des Außenressorts der Tageszeitung *Le Figaro*,
Yves Cuau, der ein großer Kenner der Weltpolitik und unter anderem Korrespondent seiner Zeitung in Deutschland und Kairo
war und Israel mehrfach besucht hatte. Er hatte zugegebenerma-
ßen auch einen Vorteil, weil er mein persönlicher Freund war ...
Das Treffen fand in der Suite Ben-Gurions statt. Im dortigen
Wohnzimmer befand sich ein kleiner runder Tisch mit drei Stüh-
len, an den sich Ben-Gurion, Yves Cuau und ich als Dolmetscher
setzten. Neben uns stand ein Sofa, auf dem sich der israelische
Botschafter in Paris und ehemalige Mitarbeiter von Ben-Gurion,
Asher Ben-Natan (der erste israelische Botschafter in Deutschland), niederließ, um dem Gespräch zuzuhören. Ben-Gurion beantwortete gerne alle Fragen Cuaus und erzählte viel von seinen
Gesprächen und von seiner Korrespondenz mit de Gaulle. Unter
anderem berichtete er detailliert über ein Gespräch mit de Gaulle,
das er geführt hatte, als die beiden in Bad Honnef bei der Beerdigung von Konrad Adenauer hinter dem Sarg hergingen.

De Gaulle, so Ben-Gurion, erzählte dabei von Gesprächen, die
er mit Adenauer über Israel und den Nahen Osten geführt habe.
Adenauer habe sich über das Verhältnis zu den arabischen Staaten Sorgen gemacht, die aufgrund der deutschen Beziehungen
zu Israel auf ihn zukommen könnten. De Gaulle habe erzählt, er
habe dem Kanzler einen Ratschlag gegeben:»Tun Sie, was ich in
diesem Bereich tue. Meine Politik mit dem Nahen Osten ist eine
Politik der Parallellinien. Ich unterhalte die besten Beziehungen
zu Israel, ohne den arabischen Staaten zu erlauben, sich in diese
Angelegenheit einzumischen. Parallel versuche ich, die Beziehungen zur arabischen Welt zu entwickeln, ohne den Israelis das
Recht zu geben, mir ihre Meinung dazu kundzutun. So etwas
können auch Sie sich erlauben.«

Dieser Geschichte folgten noch weitere Geschichten, bis nach eineinhalb Stunden der Adjutant Ben-Gurions kam, um mich darauf aufmerksam zu machen, dass das Gespräch vorüber sei. Cuau bemerkte dies selbst, stand auf, und ich geleitete ihn hinaus. Ich begleitete ihn zum Hotelausgang, und er sagte mir, wie begeistert er von diesem Gespräch gewesen sei. Anschließend ging ich wieder hoch zu Ben-Gurions Suite, und als ich ankam, öffnete sich die Tür und Botschafter Ben-Natan trat heraus. Er sagte:»Komm, Ben-Gurion muss sich jetzt ausruhen. Lass uns kurz weggehen und später zurückkommen.«

Im Treppenhaus fragte er mich, wie ich das Gespräch empfunden habe. Ich sagte, es sei faszinierend gewesen und ich hätte viel daraus gelernt.

»Und was war für dich am interessantesten?«, fragte er weiter.

»Das Gespräch zwischen de Gaulle und Ben-Gurion bei Adenauers Beerdigung«, sagte ich.

»Du weißt doch, dass ich Botschafter in Deutschland war, als Bundeskanzler Adenauer starb«, sagte Ben-Natan.»Ben-Gurion war gar nicht da! Er ist zwar mit der Absicht nach Deutschland gekommen, zur Beerdigung zu gehen, dann aber im Hotel erkrankt und konnte der Beerdigung doch nicht beiwohnen. De Gaulle war da, ich auch, aber mit mir hat de Gaulle kein Gespräch geführt.«

Eine zweite Geschichte:

1977 war ich Leiter der Presseabteilung des Auswärtigen Amtes in Jerusalem und Sprecher des Außenministers Yigal Allon. Zu dieser Zeit beschäftigten wir uns immer noch hauptsächlich mit der Durchbrechung der diplomatischen Barrikade Israels. Nicht nur waren wir aus der gesamten arabischen und islamischen Welt (mit Ausnahme der Türkei) ausgeschlossen, sondern auch aus der kommunistischen Welt und aus der Mehrheit der Entwicklungsländer in Afrika und Asien; selbst in Westeuropa gab es noch Länder, die Israel nicht anerkannt und mit ihm keine diplomatischen Beziehungen aufgenommen hatten.

Zu dieser Zeit befand sich Portugal, ein Land, in dem wir ein
Konsulat hatten, mit dem wir aber keine diplomatischen Beziehungen führten und mit dem es keine gegenseitige Anerkennung
gab, in einer neuen Phase. Drei Jahre zuvor hatte eine Revolution
die alte Diktatur António de Oliveira Salazars beseitigt. Salazar
war wie sein Nachbar Francisco Franco ein Faschist gewesen, der
mit Mussolinis Italien und vor allem Hitlers Deutschland verbunden gewesen war. Mit einem Regime wie dem *Estado Novo*
sprach man nicht über die Frage der gegenseitigen Anerkennung
oder die Aufnahme diplomatischer Beziehungen. Das neue Regime war zunächst eine Militärregierung, die die Revolutionäre
der Nelkenrevolution initiiert hatten, und war für Gespräche
zwischen Israel und Portugal auch noch nicht bereit. 1976 aber
war eine neu gewählte sozialistische Regierung unter Ministerpräsident Mário Soares an die Macht gekommen. Die Beziehungen zwischen der Sozialistischen Partei Portugals und der in
Israel herrschenden Arbeitspartei waren seit geraumer Zeit gut
entwickelt, aber die diplomatischen Ergebnisse ließen auf sich
warten. Im Frühling 1977 fand nun ein Treffen der Sozialistischen
Internationale in Amsterdam statt. Der Präsident der Arbeitspartei, Ministerpräsident Yitzhak Rabin, war verhindert und bat
seinen Stellvertreter und Außenminister Yigal Allon, ihn dort zu
vertreten. Allon nahm mich mit.

Ephraim Eldar, unser Konsul in Lissabon, der zwar keinen
diplomatischen Status hatte, aber ein schlauer Beobachter war,
schrieb mir im Voraus, dass zwar ein Treffen zwischen Soares
und Allon in Amsterdam stattfinden würde, wir jedoch keine zu
großen Erwartungen haben sollten: Soares würde die diplomatischen Beziehungen vorerst nicht aufnehmen. Der Konsul erzählte mir auch, dass es zur Vorbereitung auf die Gespräche in Amsterdam eine gemeinsame Sitzung der portugiesischen Regierung
mit der Spitze der Sozialistischen Partei gegeben habe, in der
unter anderem entschieden worden war, die diplomatischen Beziehungen mit Israel wegen des Drucks aus der arabischen Welt

nicht aufzunehmen. Natürlich unterrichtete ich meinen Minister ausführlich über dieses Thema.

Allon schien nicht besonders beunruhigt zu sein. Er kommentierte meine Erläuterungen nicht, sondern versank stattdessen in seinen Gedanken.

Die Mitglieder der Delegationen zur Sozialistischen Internationale wurden alle im selben Hotel untergebracht. Das Hotel war daher voll von Staatsoberhäuptern, Ministerpräsidenten wie auch von ehemaligen (und zukünftigen) Staatsoberhäuptern und Ministerpräsidenten sowie allen Vorsitzenden der verschiedenen sozialistischen Parteien. Nur die wenigsten von ihnen ergatterten eine Suite im Hotel, da es für die vielen hochrangigen Gäste schlicht nicht genug gab. Yigal Allon bekam daher ein ganz normales kleines Zimmer, nicht größer als meins. Am Rande der Plenarsitzung gab es zahlreiche bilaterale Treffen, für die ebenfalls meist keine Sitzungssäle zur Verfügung standen. So wurden die meisten diplomatischen Besprechungen in normale Hotelzimmer verlegt.

Das Treffen mit den portugiesischen Regierungschefs fand aus diesem Grunde in Allons Zimmer statt. Soares kam in Begleitung seines Außenministers und des Generalsekretärs seiner Partei. In dem Zimmer befanden sich nur drei Stühle, die den Gästen angeboten wurden, während mein Außenminister und ich auf dem Bett saßen. Das Gespräch wurde auf Französisch geführt, in einer Sprache, die Allon nicht beherrschte, sodass ich als Dolmetscher einspringen musste.

Mário Soares eröffnete das Gespräch. Wie in der Sozialistischen Internationale üblich duzte er Allon und nannte ihn beim Vornamen. »Mein lieber Yigal«, sagte er, »ich komme mit guten Nachrichten. Unsere Regierung und unsere Partei sind entschieden, Israel anzuerkennen und mit ihm diplomatische Beziehungen aufzunehmen. Das ist eine historisch gerechtfertigte und schon längst überfällige Entscheidung. Wir haben dennoch ein Problem wegen unserer Interessen in den arabischen Staaten und in der islamischen Welt, die für uns kritisch sind, und deshalb werden wir die Umsetzung dieses Beschlusses noch eine Weile verschieben müssen. Aber prinzipiell sind wir entschieden.«

Ich übersetzte, und Yigal Allon erwiderte, ohne lange nachzudenken, auf Hebräisch:»Lieber Mário, du kannst dir nicht vorstellen, was für eine Freude du mir soeben bereitet hast. Ich freue mich so sehr, dass wir endlich den Weg zu unserer gegenseitigen Anerkennung gefunden haben. Dass du, lieber Mário, Probleme hast, die für dein Land kritisch sind und deshalb vorerst keine Botschaft in Israel eröffnen kannst, dafür habe ich vollstes Verständnis. An deiner Stelle hätte ich wahrscheinlich auch noch ein wenig warten wollen. Ich hingegen habe solche Probleme nicht. Ich könnte also meine Botschaft in Lissabon eröffnen und du deine in Israel erst später. Ich habe ja ein Konsulat in Lissabon, das ich unmittelbar in eine Botschaft umwandeln kann, und du wartest ab, bis du so weit bist, eine Botschaft in Israel zu eröffnen.«

Das war natürlich ein Schwindel. Wenn ein Land in einem anderen eine Botschaft eröffnet, dann bedeutet das die volle gegenseitige Anerkennung und die Aufnahme offizieller gegenseitiger diplomatischer Beziehungen, auch wenn das andere Land vorerst keine eigene Botschaft eröffnet. Es ist nicht so selten, dass diplomatische Beziehungen bestehen, es aber nicht in beiden Ländern eine Botschaft gibt. Für ärmere Länder ist es häufig eine finanzielle Frage, ob sie eine ständige Botschaft im Partnerland eröffnen können. In solchen Fällen nimmt das eine Land mit dem anderen dadurch diplomatische Beziehungen auf, dass es dort eine Botschaft eröffnet, und das andere bestätigt die diplomatischen Beziehungen, indem es die Botschaft des ersten akzeptiert. Yigal Allons Trick war also völlig durchsichtig. Schon während ich übersetzte, bemerkte ich die wütenden Blicke des portugiesischen Außenministers und des Generalsekretärs der sozialistischen Partei. Soares aber schien in Verlegenheit geraten zu sein. Er suchte sichtlich nach Worten, warf seine Arme in die Luft und sagte schließlich: »Ja, vielleicht ... äh ... vielleicht.« Eine sehr zögerliche Zusage.

Daraufhin befahl mir Allon auf Hebräisch, sofort das Zimmer zu verlassen, runter in die Hotellobby zu laufen und dort offiziell zu erklären, dass wir – Portugal und Israel – soeben diplomatische Beziehungen aufgenommen hätten und dass wir, Israel, unmittelbar eine Botschaft in Lissabon eröffnen würden. »Mach das so schnell wie möglich, und komm umgehend zurück, denn wir können ja nicht miteinander sprechen, solange du als unser Dolmetscher nicht hier bist.«

Ich tat, was er mir aufgetragen hatte, und rannte danach die Treppen so schnell wie möglich wieder hinauf und atemlos in Allons Schlafzimmer hinein. Kaum war ich dort, ergriff Allon das Wort: »Lieber Mário, nachdem wir das jetzt erledigt haben, möchte ich mit dir die äußerst dringenden und wichtigen Angelegenheiten erörtern, die auf der Tagesordnung der Sozialistischen Internationalen stehen.« Er begann mit einer langen Rede, in großer Geschwindigkeit vorgebracht, über die Themen, die im Plenarsaal unter dem Vorsitz von Willy Brandt diskutiert worden waren und die in Wirklichkeit keinen interessierte. Er jedoch tat so, als seien diese Themen für ihn die allerwichtigsten, die man sich nur vorstellen kann. Ich hatte die größte Mühe, diesen Wortschwall zu übersetzen, und dem portugiesischen Ministerpräsidenten blieb nichts anderes übrig, als seine Kommentare zu diesen Themen abzugeben, bis die Zeit des Treffens abgelaufen war. So blieb keine Zeit, die portugiesisch-israelischen Beziehungen noch einmal anzusprechen.

Als die portugiesischen Gäste sich verabschiedet hatten, befahl Allon mir, zwei Dinge zu tun. Es war Sabbat, daher sollte ich den Generalsekretär des Auswärtigen Amtes, Professor Shlomo Avineri, bei sich zu Hause anrufen. Handys gab es damals noch nicht, und es sollte sie auch noch lange nicht geben. Ich sollte ihn bitten, sofort die Ernennungskommission des Auswärtigen Amtes einzubestellen, die nötig war, um unseren Konsul in Lissa-

bon zum Botschafter in Portugal zu ernennen. Das musste schnell
geschehen, damit Allon der Regierung schon in der wöchentlichen Sonntagssitzung des Kabinetts am nächsten Morgen den
Beschluss der Ernennungskommission zur Bestätigung vorlegen
könne. Zweitens bat er mich, den Konsul in Lissabon anzurufen
und ihn damit zu beauftragen, sich für seine Ernennung am nächsten Morgen vorzubereiten und alles Nötige für die Verwandlung
des Konsulats in eine Botschaft in Bewegung zu setzen.

Als ich Konsul Eldar anrief, begann er einen langen Monolog,
um mir sein Schreiben, das er mir im Vorfeld geschickt hatte,
noch einmal zu erklären. Er wusste nicht, dass unser Gespräch
mit Soares schon stattgefunden hatte, und wollte mich davon
überzeugen, dass die Portugiesen trotz ihrer negativen Entscheidung diplomatischen Beziehungen wohlwollend gegenüberstün-
den und unter echten Zwängen stünden und dass wir Verständnis und Geduld haben müssten.

Ich habe ihn nicht unterbrochen. Am Ende sagte ich ihm nur:
»Ephraim, du bist Botschafter. Ab morgen bist du der israelische
Botschafter in Portugal.«

Die Telefonleitung blieb ein paar Sekunden stumm, und danach hörte ich ein Seufzen, und der Konsul sagte: »Avi, wie lange kennen wir uns schon? Wir waren doch immer gute Freunde.
Zwischen uns gab es im Grunde nie Verstimmungen. Warum
musst du mit mir solche Scherze machen, du weißt doch, dass ich
herzkrank bin.«

Mit viel Mühe habe ich dem armen Eldar von dem Gespräch
zwischen Allon und Soares berichtet. Ich erzählte ihm auch von
den Vorbereitungen des Generalsekretärs des Auswärtigen Amtes in Jerusalem, die im Auftrag von Allon bereits aufgenommen
worden waren. Eldar war völlig verblüfft und brauchte lange, um
die Überraschung zu verarbeiten.

Zehn Jahre später war ich neuer israelischer Botschafter in
Brüssel. Akkreditiert war ich sowohl beim belgischen König als
auch beim Großherzog von Luxemburg und bei der Europäischen

Gemeinschaft. Kaum war ich in Brüssel angekommen, musste ich mich mit einer außergewöhnlichen Veranstaltung beschäftigen. Die hoch angesehene Freie Universität Brüssel hatte sich entschieden, meinem Außenminister Shimon Peres einen Ehrendoktortitel zu verleihen. Diesen Ehrentitel sollte er gemeinsam mit drei anderen Politikern entgegennehmen: mit dem italienischen Präsidenten Sandro Pertini, dem senegalesischen Staatspräsidenten Abdou Diouf und dem neuen portugiesischen Staatspräsidenten Mário Soares. Die Zeremonie fand am Nachmittag in der Universität statt, abends sollte es ein feierliches Abendessen im Schloss geben. Shimon Peres teilte den Gastgebern mit, dass er am Abend nicht in Brüssel bleiben könne und leider weiterfliegen müsse.

Ich habe niemandem verraten, was der Grund für diese Absage war: Shimon Peres, der immer von allerlei Stars fasziniert gewesen war, hatte eine Einladung bekommen, den Abend gemeinsam mit Liza Minnelli im Kabarett *Folies Bergèrs* in Paris zu verbringen, und das war ihm lieber als Universität, Staatsoberhäupter und sogar ein König. Mir gab er den Auftrag, ihn an diesem Abend zu vertreten. So begleitete ich ihn zum Flughafen, zog meinen Gehrock an und machte mich auf den Weg zum Schloss. Als ich meinen Platz einnahm, kamen die anderen Ehrengäste gerade erst nach und nach an. Mir fiel auf, dass mir gegenüber der Platz des portugiesischen Präsidenten war. Als er hereinkam, sah er sich um, erblickte mich, zögerte eine Minute, zeigte mit seinem Zeigefinger auf mich und sagte dann auf Französisch: »Sie kommen mir bekannt vor, ich kenne Sie irgendwoher.«

»Ja, Herr Präsident«, antwortete ich, »Sie haben mich tatsächlich schon einmal gesehen. Ich war bei der Sozialistischen Internationale in Amsterdam bei Ihrem Gespräch mit dem israelischen Außenminister Yigal Allon Ihr Dolmetscher, als wir gemeinsam die diplomatischen Beziehungen aufgenommen haben.«

Er zögerte eine Minute und brach dann in Gelächter aus. »Ja«, sagte er, »das war eine ganz merkwürdige Geschichte, da bin ich in eine Falle getappt.« Er lachte noch mehr und wandte sich an unsere Sitznachbarn:»Diese Geschichte muss ich euch erzählen.« Er erzählte die Geschichte genauso wie ich, in allen Details, bis auf eines: Er bestand darauf, dass sein Gesprächspartner nicht Außenminister Yigal Allon, sondern Premierminister Yitzhak Rabin gewesen sei.

Nachdem der Name schon mehrmals gefallen war, bemühte ich mich, ihn flüsternd daran zu erinnern, dass er das Gespräch nicht mit Premierminister Rabin habe führen können, weil Rabin gar nicht nach Amsterdam gereist war, und dass er stattdessen mit Allon gesprochen hatte.

Laut erwiderte er:»Nein, nein! Was für Dummheiten erzählen Sie da? Ich war doch dabei. Ich war derjenige, der mit Yitzhak Rabin gesprochen hat, Sie waren doch nur der Dolmetscher.«

Ich schwieg.

Ein paar Jahre später eröffnete auch Portugal endlich eine Botschaft in Israel, und der portugiesische Botschafter suchte mich sofort auf, weil er die Geschichte von 1977 gehört hatte. Er lud mich zu einem Mittagessen ein, um von mir als damaligem Dolmetscher zu hören, wie es damals gelaufen sei. Natürlich bestand auch er darauf, dass Soares' Gesprächspartner in Amsterdam Yitzhak Rabin gewesen sei.

Haben David Ben-Gurion und Mário Soares gelogen? Natürlich nicht. Die beiden hatten auch keinen Grund, zu lügen oder ihre Geschichten zu fälschen. Was de Gaulle bei der Beerdigung Adenauers gesagt haben soll, leuchtete ein, weil es seiner Politik vollkommen entsprach. Ben-Gurion, der damals schon nicht immer klar im Kopf war, hat wahrscheinlich verschiedene Geschichten, die er mit de Gaulle erlebt hat, verwechselt. Vielleicht hatte er das Erzählte auch tatsächlich gehört, nur eben in einem anderen Gespräch. Mário Soares hat die Geschichte, die für ihn eigentlich peinlich war, zehn Jahre danach ganz genau so wiederholt, wie sie sich ereignet hatte, und nur die Person verwechselt, mit der er gesprochen hat. Vielleicht lag das daran, dass ursprünglich Rabin nach Amsterdam fliegen sollte, um seine Partei zu vertreten, und Soares auf ein Gespräch mit ihm vorbereitet gewesen war.

Hätte ich Yves Cuau gesagt, dass das Gespräch bei der Beerdigung Adenauers nie stattgefunden hat, hätte er mich für einen Idioten gehalten, hatte er die Geschichte doch von Ben-Gurion persönlich gehört. Hätte ich den Zuhörern Soares' in Brüssel gesagt, dass Soares in Amsterdam nicht Rabin, sondern Allon getroffen hat, würden sie mich sogar für einen frechen Idioten halten, hatten sie es doch von Soares persönlich.

Das Fazit der Geschichte: Das Gedächtnis des Menschen, auch wenn man versucht, vollkommen ehrlich und wohlwollend zu sein, hat seine Lücken.

Damit muss man rechnen, auch bei mir.

Die Franzosen sagen: »*Un homme averti en vaut deux.*« – Ein vorgewarnter Mensch ist so viel wert wie zwei.

Das sind Sie jetzt, liebe Leser.

Zwischen Familienalltag und Krieg – Eine politisierte Jugend

Oft werde ich gefragt, warum ich mich voller Überzeugung als Zionist bezeichne. Um dies zu beantworten, möchte ich ein wenig ausholen: Der Gründer der zionistischen Bewegung, Theodor Herzl, war ein emanzipierter und gut integrierter jüdischer Wiener Journalist. Herzl war von der Emanzipation der Juden im 19. Jahrhundert begeistert und zunächst davon überzeugt, dass die Juden bald ein integrierter und selbstverständlicher Bestandteil der Nation werden würden. Der neue Antisemitismus, der in Deutschland in den Siebzigerjahren des 19. Jahrhunderts einsetzte, breitete sich allerdings schneller aus, als die Integration fortschritt. Bei ihm handelte es sich um einen rassistischen Antisemitismus, der anders als der vorherige religiöse Antijudaismus keinen Ausweg für Juden ließ. Theoretisch konnte man dem Antijudaismus schließlich durch Taufe entfliehen, vor dem rassistischen Antisemitismus gab es jedoch kein Entkommen, da er bei der Geburt ansetzte. Herzl kam angesichts dieser Entwicklung zu dem Schluss, dass die Emanzipation der Juden ein Fehlschlag sei und dass die Juden, sollten sie irgendwann in Würde leben wollen, eine Nation werden müssten, und zwar genauso wie alle anderen (natürlich meinte er damit die Europäer). Dazu müssten sie ihr eigenes Land und ihre eigene Souveränität ergattern. Erst dann würden sie normal und in Würde leben können wie andere Menschen.

Es war nicht diese Denkweise des Zionismus, die mich in meiner Jugend beeinflusst und beeindruckt hat. Meine Antwort auf die häufig gestellte Frage lautet vielmehr: Weil ich dank der zionistischen Bewegung nie zu spüren bekommen habe, was es bedeutet, Angehöriger einer Minderheit zu sein. Ich habe nie die Minderwertigkeitsgefühle verspürt, unter denen Angehörige einer Minderheit oft leiden. Diese Gefühle führen im Übrigen bisweilen auch zu positiven Ergebnissen. So war immer bekannt, dass sich jüdische Schüler weltweit in den Schulen oft besonders hervortaten. Ihr Ansporn war es, anerkannt zu werden. Daher bemühten sie sich mehr als ihre Mitschüler. Heute sind die besten Schüler in Israel Angehörige der christlichen Minderheit im Land. Die Juden, die in Israel nicht in der Minderheit sind, haben offensichtlich nicht mehr den Ansporn, den dort inzwischen eine andere Minderheit hat.

Auch Antisemitismus kenne ich nur aus Erzählungen, und er ist dadurch für mich eher eine intellektuelle als eine persönliche emotionale Erfahrung. Zwar wurde ich in einem Land geboren, das damals noch kein jüdischer Staat war, sondern ein Gebiet unter britischer Herrschaft. Offiziell war dieses Land seit 1922 britisches Mandatsgebiet im Auftrag des Völkerbunds, in Wirklichkeit aber war es eine regelrechte britische Kolonialherrschaft. Ich hatte in meiner Kindheit dennoch nicht das Gefühl, in einem fremden Land oder in einer fremden Gesellschaft aufzuwachsen – in meiner Schule, meinem Umfeld und meiner Stadt lebten fast nur Juden.

Die Briten waren ausländische Besatzer, sollten das aber nur für eine begrenzte Zeit sein. Unser Alltag, so habe ich das damals als Kind empfunden, wurde nicht wirklich von ihnen beeinflusst. Sie haben uns ab und zu belästigt und hin und wieder eine Ausgangssperre verhängt.

Ich kann mich vor allem erinnern, wie britische Soldaten unsere Wohnung durchsuchten und dabei an uns Kinder Schokolade verteilten. Während wir mit unseren Eltern draußen warteten und an unserer Schokolade knabberten, stahlen sie alle Uhren aus unserer Wohnung.

Auch die Erwachsenen waren zumindest im Alltag relativ ungestört von den Briten. Wir hatten unsere eigenen Behörden, die demokratisch gewählt wurden und fast den Anschein erweckten, das Land sei unabhängig. Wir bezahlten auch mehr oder weniger freiwillig Steuern an sie, zusätzlich zu denen, die wir den Briten zahlen mussten. Zwar waren diese Steuern an die Behörden nirgendwo gesetzlich geregelt, aber wehe dem, der den ungeschriebenen gesellschaftlichen Regeln nicht folgte und diese Steuern nicht zahlte.

Politisch sahen viele das natürlich anders, denn trotz der relativen Freiheit, die wir im Alltag hatten, entwickelten sich in der jüdischen Bevölkerung Palästinas drei Untergrundorganisationen gegen die Besatzung. Die große, die halb offiziell war und den jüdischen autonomen Behörden des Landes unterstellt, war die *Hagana* (»Verteidigung«) mit ihrer *Palmach* (»Sturmtruppe«). *Etzel* beziehungsweise *Irgun* (»Nationale Militärorganisation«) und *Lechi* (»Kämpfer für die Freiheit Israels«) waren weniger offiziell. Sie würde man heute als rechtsnationalistisch oder rechtsextrem bezeichnen. Ihren Kampf gegen die Briten, gelegentlich auch gegen die Araber, führten sie mit Methoden, die mehrfach als terroristisch beschrieben wurden. Aus allen drei Organisationen kamen später Regierungspolitiker und Ministerpräsidenten wie Yitzhak Rabin *(Hagana-Palmach)*, Menachem Begin *(Etzel)* und Yitzhak Shamir *(Lechi)*.

Uns Kinder faszinierten die Geschichten über die jüdischen Widerstandskämpfer sehr. Wurden Widerstandskämpfer, die von den Briten erwischt worden waren, erhängt, dann erfüllte uns das weniger mit Schrecken, als dass es unsere Fantasie beflügelte. Als Kinder haben wir viel gelesen, denn es gab kein Fernsehen und ins Kino konnte man nur selten gehen, weil es sehr teuer war. Daher verbrachten wir unsere Freizeit mit Fußballspielen oder Büchern. Wir lasen internationale Kinderbücher, meist deutsche, die ins Hebräische übersetzt worden waren: Karl May, Erich Kästner und ähnliche Autoren, die Märchen der Gebrüder

Grimm oder von Hans-Christian Andersen. Kurzum: Wir lasen alles, was die Kinder in Westeuropa lasen. Aber auch Kinderbücher aus der jüdischen Geschichte verschlangen wir mit Leidenschaft. Die Autoren dieser Bücher, die in der wiederbelebten hebräischen Sprache des späten 19. Jahrhunderts schrieben, ließen ihre heroischen Geschichten selten in der Zeit des jüdischen Exils spielen, sondern bezogen sich auf die alten Israeliten aus der biblischen Zeit und aus der Zeit des zweiten Tempels. Es ging also um tausend Jahre politischer jüdischer Existenz im Heiligen Land. In diesen Jahren hatten die Israeliten unter anderem drei historische Kriege geführt: Im zweiten Jahrhundert vor Christus gab es den Aufstand gegen die Nachfolgekönigreiche Griechenlands, Ägypten und Syrien, die bei uns als das »böse Griechische Reich« bekannt waren. Während dieses langjährigen Aufstands durchlebten die Israeliten Erfolge und Rückschläge und gewannen schließlich, als sie das hellenistische Reich besiegten und das jüdische Königreich der Makkabäer gründeten. Der zweite große Krieg war der sogenannte Große Aufstand gegen die Römer, der im Jahr 66 nach Christus ausbrach und sieben Jahre lang andauerte – vier Jahre im ganzen Lande, vor allem in Jerusalem, und die letzten drei Jahre bei Masada, wo die Römer den Aufstand niederschlugen. Im Jahr 132 nach Christus gab es schließlich den vierjährigen Bar-Kochba-Aufstand gegen Rom, der so vernichtend niedergeschlagen wurde, dass man seitdem und bis zur Entstehung Israels im 20. Jahrhundert nicht von einer politischen Existenz der Juden in ihrem Land sprechen konnte.

Die ersten beiden Kriege wurden von dem großen Historiker Flavius Josephus detailliert beschrieben, vom dritten, der eigentlich der grausamste war, weiß man nur wenig, und das Wenige auch hauptsächlich aus Legenden. Alle diese Kriege dienten den neuen hebräisch schreibenden Autoren als Quelle. Sie verfassten unzählige Bücher über diese Kriege und Aufstände für Jugendliche und beschrieben in ihnen vor allem das Heldentum der kleinen Juden im Kampf gegen die Weltmächte: der Wenigen gegen

die Zahlreichen, derjenigen, die mit Mut und Schläue den Feind
überlisteten. Wir konnten gar nicht umhin, die zeitgenössischen
Widerstandskämpfer gegen die Briten in unserer Fantasie mit den
historischen Helden gleichzusetzen, die gegen die griechischen
und römischen Besatzer unseres Landes gekämpft hatten.

In meinem Geburtsjahr war die Situation in Palästina also
nicht gerade ruhig, für mich jedoch wesentlich glücklicher, als sie
im Heimatland meiner Mutter gewesen wäre, die aus Frankfurt
am Main stammte. 1935 war in Deutschland das Jahr der Nürn-
berger Rassegesetze. Ich wusste damals nichts von ihnen, weil
ich, als diese Gesetze veröffentlicht wurden, kaum ein halbes
Jahr alt war. Ich sollte auch noch sehr lange nichts von diesen Ge-
setzen erfahren – nicht nur wegen meines Alters, sondern vor
allem, weil ich in Tel Aviv geboren wurde. Wäre ich wie meine
Vorfahren in Deutschland, den Niederlanden oder den Ländern
Osteuropas zur Welt gekommen, hätten mich diese Gesetze
natürlich sehr schnell und direkt betroffen. Ein Grund mehr, der
zionistischen Bewegung dankbar zu sein.

Im Gegensatz zu meiner deutschen Mutter wurde ich 1935 in
Palästina als Palästinenser geboren. In meiner Geburtsurkunde
steht unter Nationalität »Palästinenser« und in Klammern daneben: »Britischer Untertan«, auf Englisch »British subject«. So
wurden wir alle damals klassifiziert, ganz gleich, ob wir Juden,
Araber oder Angehörige einer anderen Minderheit waren. Wer als
Zuwanderer ins Land kam, wie etwa meine Mutter, bekam die
gleiche Staatsbürgerschaft und wurde ebenfalls Palästinenser und
britischer Untertan. So stand es dann in Ausweis oder Pass.

Eine Schwester meines Vaters hatte 1939 die merkwürdige
Idee, Urlaub in Polen zu machen. Sie hatte eine Freundin, eine jü-
dische Palästinenserin, die einen Polen geheiratet hatte und nach
Polen gezogen war und die sie nun einlud, sie und ihren Mann zu
besuchen. Offensichtlich machte man sich damals bei uns keine
Sorgen um einen bevorstehenden Krieg, vor allem nicht in Polen.
Man wusste zwar, was die Juden in Deutschland durchlebten,

übertrug dies aber nicht auf Polen oder andere Länder außerhalb Deutschlands. Die meisten Juden Palästinas waren zudem so sehr mit sich selbst beschäftigt, dass sie die Weltpolitik nur begrenzt interessierte. Dadurch wurde meine Tante im September 1939 von der Invasion Hitler-Deutschlands überrascht. Ihre Freundin und deren Mann wurden von den Nazis ermordet, sie selbst als Staatsangehörige eines verfeindeten Staates verhaftet – weil sie Palästinenserin und damit britische Untertanin war. Meine Tante kehrte später im Rahmen eines Gefangenenaustauschs zurück nach Palästina. Sie hatte Glück: Hier gab es eine aus dem 19. Jahrhundert stammende deutsche Gemeinde von Templern, die von den Briten verhaftet und gegen die von den Deutschen in Europa verhafteten Palästinenser ausgetauscht wurden.

Wir selbst nannten uns in jenen Jahren »Juden Palästinas«, und die Araber dieses Landes nannten sich »Araber Palästinas«. Auch sie wollten sich damals nicht Palästinenser nennen, weil dieser Name als Begriff der Kolonialherren belastet war und von uns als Erniedrigung betrachtet wurde. In Tel Aviv, wo ich geboren und aufgewachsen bin, war die Mehrheit um mich herum jüdisch und sprach Hebräisch. Die Araber Palästinas waren wie Nachbarn, von denen man in Tel Aviv, wohin sie als Krämer ab und an kamen, wenig sah. Unsere Nachbarstadt Jaffa, eine arabische Stadt, erschien uns Jugendlichen fast wie Ausland. Jaffa und Tel Aviv waren zwar Nachbarstädte, aber gefühlt eher Grenzstädte auf zwei Seiten einer internationalen Grenze. Jeder lebte auf seiner Seite: die Juden in Tel Aviv, die Araber in Jaffa. Die Situation damals ist vielleicht vergleichbar mit der griechisch-türkischen Grenze in Zypern heute, an deren einer Seite sich eine türkische Stadt befindet und auf der anderen eine griechische. Jeder lebt in seinem Bereich, hat seine eigene Sprache, Kultur und Religion, und gelegentlich besucht man sich als Tourist oder als Kaufmann. Ich kann mich nur daran erinnern, Jaffa ein einziges Mal mit meiner Familie besichtigt zu haben, als wir einen Tagesausflug in eine, wie es mir damals schien, fremde und exotische Stadt machten.

Als ich geboren wurde, lebten meine Eltern in einem Stadtteil von Tel Aviv namens Ramat Gan, in dem gleichen Vorort, in dem ich heute auch wieder wohne. Meine Mutter erzählte mir, dass der 8. April 1935 ein Tag war, den wir in Israel »Hamsintag« nennen, also ein besonders heißer Tag. Sie scherzte, dass ich in dem Moment, als ich das Licht der Welt erblickte, »Das ist mir viel zu heiß, das kann ich nicht ertragen!« schrie und versuchte, zurück in ihren Bauch zu kriechen. Damit erklärte sie sich und mir, warum ich immer unter dieser Hitze gelitten, viel geschwitzt und immer die Kälte gesucht habe. Als ich in späteren Jahren in Europa lebte, musste ich immer wieder die Erfahrung machen, dass meine Gastgeber mich im Sommer zum Mittagessen in ein Restaurant einluden und für mich eine wundervolle Überraschung vorbereiteten: einen Tisch in der Sonne. Es ist mir bis heute nie überzeugend gelungen, zu erklären, dass das für mich kein Vergnügen ist.

Geboren wurde ich an diesem heißen Tag als Avraham-Aharon Halpern. Der Familienname Halpern stammt wahrscheinlich aus der Stadt Heilbronn, mein langer doppelter Vorname wurde meinen Eltern von meinen Großeltern als Erinnerung an einen verstorbenen Großonkel aufgezwungen. Meine Eltern haben diesen Namen nie gemocht und nannten mich deshalb von Anfang an Avi. Ich habe den Doppelnamen in späteren Jahren als Last empfunden, und sobald ich 18 Jahre alt wurde, habe ich meinen zweiten Namen, Aharon, im Innenministerium aus meinem Ausweis streichen lassen. Ich hätte auch den Namen Avraham streichen sollen, der mich bis heute stört, weil er so altmodisch ist.

Nach mir haben sich meine Eltern keine Namen mehr diktieren lassen. Sie nannten meinen 1937 geborenen Bruder Shimon, und meine beiden Schwestern, geboren 1940, wurden sehr zum Schrecken meiner Großeltern Adina und Ilana genannt, Namen, die damals als ultra-moderne hebräische Namen galten.

In späteren Jahren habe ich meinen Familiennamen hebräisiert, wie es damals üblich war. Unsere Behörden und vor allem

David Ben-Gurion persönlich, der seinen eigenen Namen von »Grün« hebräisiert hatte, predigten dauernd, dass wir Israelis, um eine neue Nation zu werden, unsere Exilnamen hinter uns lassen müssten und neue, hebräische Familiennamen annehmen sollten. Womöglich wurde zuweilen auch Druck auf Menschen ausgeübt, dies zu tun, zum Beispiel im Falle von Regierungsbeamten, Mitarbeitern in Behörden, Angehörigen des Militärs oder Polizisten und sogar auf Fußballspieler. Auf mich musste man keinen Druck ausüben – ich war sowieso davon überzeugt, dass ich einen hebräischen Namen bräuchte. Allerdings hätte ich ohnehin keine Wahl gehabt, denn im Auswärtigen Amt hätte ich für meine erste Auslandsmission ohne hebräischen Namen keinen Diplomatenpass bekommen. All das sieht man heute weniger eng, und selbst die Diplomaten, von denen man immer noch verlangt, dass sie einen hebräischen Namen tragen, fügen ihrem ursprünglichen Namen oft lediglich einen hebräischen Namen hinzu und benutzen im Alltag nur ihren Originalnamen.

Ich habe lange überlegt, welchen Namen ich wählen soll, weil ich wollte, dass er sowohl auf Hebräisch verständlich als auch in Fremdsprachen leicht auszusprechen sei.

Mein heutiger Name »Primor« besteht aus zwei verschiedenen Worten: »*Pri*« und »*Mor*«. »*Pri*« heißt »Frucht«, und »*Mor*« ist eine biblische Pflanze, die wir heute nicht mehr kennen. Die Bibel berichtet uns aber, dass die Morfrucht zur Erzeugung von Qualitätsöl verwendet wurde, dem Öl, das man im Tempel benutzte. Bei der Wahl dieses Namens habe ich mich nur mit meiner damaligen Freundin beraten, die von dem Namen genauso begeistert war wie ich. Das war wichtig, da sie später meine erste Frau werden sollte und diesen Namen damit auch zu ihrem machte. Aber ich greife vor.

Nachdem ich mich also für meinen neuen Namen entschieden hatte, betrat ich eines Tages 1958 das Innenministerium als Avraham-Aharon Halpern und verließ es wieder als Avraham Primor. Meine Eltern habe ich im Unterschied zu meiner Freundin vor ein

Fait accompli gestellt. Um nicht mit ihnen in Streit zu geraten, vermied ich es lange Zeit, sie zu sehen, und erzählte ihnen nur in einem Brief von meinem neuen Namen. Für meinen Bruder, dem ich im Voraus von meinem Plan erzählt hatte, war die Namensänderung ein Problem, da er konservativ war und auch heute noch streng religiös ist; er entschied sich später, bei seinem alten Namen zu bleiben. Für meine Schwestern machte es keinen Unterschied, da sie mit der Hochzeit ohnehin einen neuen Namen annehmen würden.

Als ich mir in den Fünfzigerjahren den Namen Primor wählte, blieb ich jahrelang der einzige Primor im israelischen Telefonbuch. Heute gibt es schon die dritte Generation der Primors: meine vier Enkel. Ich fühle mich wie der Feldmarschall von Napoleon, der vom Kaiser geadelt wurde und von einem Mitglied einer aristokratischen Familie herablassend gefragt wurde, wessen Nachkommen er sei. Er erwiderte: »Ich bin kein Nachkomme, ich bin ein Stammvater.«

Leider haben andere Leute auf der Suche nach einem hebräischen Namen später irgendwann auch den Namen Primor entdeckt, und heute gibt es Dutzende, wenn nicht noch mehr, die ihn tragen. Nervig wurde diese Sache für mich, als ein Fruchtsaftfabrikant diesen Namen für seine Firma wählte. Da er offensichtlich erfolgreich ist, kann er sich viel Werbung leisten, und so sieht man bis heute die Werbung für Primorsaft im Fernsehen, in den Zeitungen und auf Straßenplakaten. In den späten Neunzigerjahren, als ich noch in Deutschland lebte, erzählte man mir, dass der Saftunternehmer eine brillante Idee für seine Werbung gehabt hatte: In seinen Fernsehspots erschien ein junger Mann, der sich als »Avi von Primor« vorstellte und den Zuschauern die Vorteile des Primorsafts erklärte. Bis heute fragt man mich in Israel mit Bewunderung, ob ich Eigentümer des Primorsaftes sei – die Bewunderung gilt mir deshalb, weil ich dann ein reicher Mann wäre.

In Ramat Gan lebten wir in einem Haus, das etwa hundert Meter von der einzigen gepflasterten Straße der Nachbarschaft entfernt stand. Das hieß, dass wir von der Straße im tiefen Sand nach Hause gehen mussten. Im heißen, schwülen Sommer war das für die Erwachsenen eine Last, nicht jedoch für uns Kinder. Der Sand war zum Fußballspielen geeignet, und so konnten wir stundenlang spielen, selbst im August, in der Mitte des Tages und unter der glühenden Sonne. Im Eifer des Gefechts vergaß sogar ich, wie ungern ich mich in der Hitze aufhielt. Im Winter war dieser Weg zwischen unserem Haus und der gepflasterten Straße ein großes Schlammfeld, in dem wir alle nur noch mit Gummistiefeln herumlaufen konnten.

Schulen gab es in unserer Gegend weit und breit nicht. Um zur Schule zu kommen, mussten wir nach Tel Aviv fahren. Das bedeutete, einen Kilometer vom Haus bis zur Bushaltestelle zu laufen und dort zu warten – gelegentlich eine halbe Stunde, manchmal eine Stunde –, bis ein überfüllter Bus kam, mit dem wir dann die fünf Kilometer in die Stadt fuhren. Diese Fünf-Kilometer-Fahrt dauerte mindestens eine halbe Stunde, da der Bus unterwegs mehrfach anhielt. Von der Endstation aus mussten wir dann noch eine halbe Stunde zu Fuß laufen, teilweise im Sand. Insgesamt mussten wir das Haus also zwei Stunden vor Beginn des Unterrichts verlassen und waren am Nachmittag erst zwei Stunden nach Unterrichtsschluss zuhause. Oft waren wir zu faul, um so weit zu Fuß zu laufen, und so versuchten wir, per Anhalter zu fahren. In der Stadt gab es damals wenige Lastwagen, und der Güterverkehr wurde meist noch per Pferdekutsche und -karren durch die Stadt geführt. Das war ein permanentes Ringen zwischen den motorisierten Fahrzeugen und den von Zugtieren gezogenen Fuhrwerken. Wir versuchten, uns von hinten an die Fuhrwerke heranzuschleichen und uns auf die Deichsel zu setzen, ohne dass der Kutscher uns bemerkte. Das konnte gefährlich sein, nicht nur, weil man runterrutschen konnte, sondern auch, weil der Kutscher, sollte er uns doch bemerken, seine lange Peitsche benutzen würde, um uns zu vertreiben. Wir versuchten es dennoch immer wieder, nicht nur, weil wir faul waren, sondern auch, weil es uns immer ein Gefühl von Abenteuer gab. Erst in späteren Jahren zogen meine Eltern ins Zentrum von Tel Aviv, und das Problem des langen Schulwegs löste sich. Heute ist das Haus in Ramat Gan, das damals eine Insel im Sand und völlig isoliert war, schon lange keine Insel mehr. Alles um das Gebäude herum ist zugebaut. Dennoch sieht das Haus immer noch aus wie damals, weil es inzwischen unter Denkmalschutz steht.

Die Schule, die ich besuchte, war eine rein jüdisch-hebräische, zionistische Schule. In die Kolonialschulen der Briten gingen außer den Kindern der britischen Beamten zu dieser Zeit fast nur Araber. Die jüdischen Schulen waren von der Kolonialmacht unabhängig, waren aber dazu verpflichtet, die Fremdsprache Englisch zu unterrichten. Wir Kinder wussten nicht, warum dieser Englischunterricht eine solche Pflicht war. Wir wussten auch nicht, dass der Unterricht der französischen Sprache seit 1940 verboten war. Heute wirkt dieses Verbot wie ein merkwürdiges Element des Kolonialismus: Für den britischen Gouverneur Palästinas war der Erzfeind sein Nachbar, der französische Gouverneur von Syrien und Libanon. Nach dem Fall Frankreichs im Zweiten Weltkrieg hatte er verboten, dass in »seinem« Palästina Französisch gesprochen wurde.

Uns Kindern reichte es, dass die englische Sprache die des verhassten Besatzers war, um keinerlei Interesse an diesem Unterricht zu haben. Wir alle haben diese Sprache in der Schule nur widerwillig gelernt und auch nur, um keine schlechten Noten auf unserem Zeugnis zu haben. In keinem Klassenraum tobten die Kinder so wie im Englischunterricht.

Mein erster Englischlehrer war ein deutscher Jude, der einen kleinen Spitzbart hatte. Wir nannten ihn »Lehrer Bock«. Ich kann mich noch erinnern, wie amüsiert meine Mutter war, als sie ihn einmal in der Schule besuchte, sich mit ihm auf Deutsch unterhielt – in einer Sprache, die ich nicht verstehen konnte – und abends dann meinem Vater erzählte, wie peinlich es ihr gewesen war, als sie zu ihm kam und nicht wusste, wie sie ihn ansprechen sollte. Ihr war nur der Name »Ziegenbock« eingefallen, den sie von mir immer hörte. Sie berichtete, dass der Lehrer sich bei ihr beschwert hatte, wie schwierig es für ihn sei, den tobenden Kindern Englisch beizubringen, und wie ungerecht dies sei, da er schließlich kein Engländer oder Kolonialbeamter, sondern nur ein jüdischer Flüchtling aus Deutschland sei.

Es gibt jedoch eine Sache, die wir Schulkinder am Kolonialsystem mit Jubel begrüßten: die Feierlichkeiten zum Geburtstag des englischen Königs, für die uns die hebräischen autonomen Schulen freigeben mussten. An diesem einen Tag im Jahr waren wir Kinder überzeugte Monarchisten.

In den Jahren meiner Kindheit, als für uns in Palästina der Engländer der böse Feind war, den es irgendwann niederzuschlagen galt, tobte in Europa der Zweite Weltkrieg. Es hat lange gedauert, bis wir begriffen, dass in dieser Situation nicht England der Feind war, sondern dass England uns zumindest vorübergehend half, den eigentlichen Feind, Nazideutschland, zu besiegen.

Meine ersten, sehr verschwommenen Erinnerungen an den Zweiten Weltkrieg, an die Gefahr, die von den Nazis ausging, und an die Judenverfolgungen, stammen aus dem Jahr 1942, als ich etwa siebeneinhalb Jahre alt war. Selbst als Kind konnte ich spüren, wie äußerst düster die Stimmung um mich herum war. Ich verstand damals natürlich nicht, warum. Ich wusste nur, dass die Erwachsenen in einer für mich unbeschreiblich und auch unverständlich besorgten Stimmung waren.

Das erste Mal, dass ich vom deutschen Vormarsch in Nordafrika in Richtung Palästinas hörte – so erinnere ich mich zumindest heute –, war eigentlich ein jubelnder Aufschrei. Es ging um einen arabischen Namen, den ich damals nicht verstehen konnte: den Namen eines Ortes in Libyen, Bir Hakeim. In diesem kleinen Ort hatten sich etwa 4.000 französische Soldaten der

entstehenden Armee von General de Gaulle unter dem Befehlshaber und späteren Nationalhelden General Pierre Koenig (den
ich viel später in meinem Leben persönlich kennenlernen sollte)
verschanzt. Ihr Befehl vom britischen Befehlshaber der Alliierten an dieser Front, General Montgomery, lautete, die deutschen
Truppen von General Rommel so lange aufzuhalten, bis Montgomery seine Verteidigungslinien vorbereitet hatte. Dies gelang
den Franzosen zwei Wochen lang, und dann schafften es die
meisten der Soldaten, aus dem Kessel auszubrechen, sobald Montgomery ihnen das Zeichen gegeben hatte, sich den Engländern
anzuschließen. All dies wusste ich natürlich nicht, ich hätte es in
meinem Alter auch nicht verstehen können, wenn man mir davon erzählt hätte. Ich erinnere mich nur an diesen arabischen
Namen, den alle Erwachsenen immer wieder erwähnten.

Dann aber herrschte wieder eine äußerst bedrückte und düstere
Stimmung, die mich ebenfalls bedrückte, ohne dass ich sie verstand. Ich weiß nicht, was meine Eltern damals vom Schicksal der
Juden in Europa wussten. Mein Vater hatte im Ausland keine Familie, und die Familie meiner Mutter war für uns ein Mysterium,
weil sie zu ihr den Kontakt schon lange verloren hatte. Dass es
den Juden unter den Nazis sehr schlecht ging, wussten alle, denn
das hatte schon mit der Machtübergabe an die Nationalsozialisten
1933 begonnen. Dass eine Eroberung Palästinas durch die Nazis
für uns also schlecht sein würde, war allen klar, auch wenn sich
niemand ausmalen konnte, wie schlecht es sein würde. In Erinnerung blieb mir daher vor allem die große Freude nach El Alamein.
Mit dem Sieg der britischen Truppen unter Montgomery über
den deutschen General Rommel war der deutsche Vormarsch in
Richtung Palästina endgültig beendet. Ich erinnere mich, dass
meine Eltern mir erklärten, dass wir ein Wunder wie aus biblischen Zeiten erleben durften und Gott uns errettet habe.

Inzwischen war ich neugierig genug und versuchte, die Zeitungen zu lesen. Viel davon konnte ich nicht verstehen. Eines jedoch blieb mir in Erinnerung, weil auch dies Jubel bei uns aus-

löste: die riesige Schlagzeile in allen Zeitungen, dass die Alliierten, nachdem sie die Deutschen aus Nordafrika vertrieben hatten, die Invasion Europas in Sizilien begannen. Da war ich schon acht Jahre alt und begann mich ganz ernsthaft für den Krieg und Politik zu interessieren. In diesem Jahr, in dem die Alliierten in Sizilien landeten, dem Jahr, das allerdings auch das Jahr von Stalingrad war, der großen Schlacht, von der ich in meiner Kindheit nichts mitbekommen habe, habe ich zum ersten Mal von der Judenverfolgung gehört, und zwar in der Schule. Unser Lehrer erklärte uns dort, dass wir zwei »Teherankinder« empfangen würden. Er bat uns, besonders nett zu diesen Kindern zu sein, weil sie aus der Hölle geflohen seien. Kinder, die nicht nur Waisenkinder seien, sondern auch selbst schrecklich gelitten hätten und auf die wir Rücksicht nehmen müssten. Die Geschichte, die folgte, ist mir nicht in Erinnerung geblieben – nur, dass diese Kinder Teil eines Flüchtlingstransports waren und aus den von den Deutschen besetzten Gebieten in Osteuropa nach Russland geflüchtet waren, von dort nach Teheran und von Teheran zu uns. Obwohl sie im Vergleich zu den Strömen, die danach kamen, nur ein Rinnsal waren, wurden die »Teherankinder« für uns ein Begriff und Symbol für Juden, die der Nazihölle entkommen waren.

Im selben Jahr, 1943, nachdem ich schon von den »Teherankindern« gehört hatte und noch bevor ich sie kennenlernte, war ich eines Nachts erkrankt. Meine Eltern beschlossen, den Hausarzt zu rufen, und wie es damals üblich war, musste meine Mutter dazu zu Fuß zu ihm gehen, eine ziemlich weite Strecke. Telefon hatten wir damals noch nicht, und von einem Auto konnte man nur träumen. Sie lief also zu ihm, klopfte an die Tür, um ihn zu wecken, und er kam zu Fuß mit ihr zu uns nach Hause. Nachdem er mich behandelt hatte, dachten die Erwachsenen offensichtlich, ich sei eingeschlafen, und blieben im Nebenzimmer, um noch etwas zu trinken und sich zu unterhalten. Ich aber war wach und konnte zuhören. Der Arzt war ein deutscher Jude: ein großer, dicker Mann mit einer riesengroßen Brille, der, obwohl er ein

Flüchtling aus Deutschland war, gut Hebräisch sprach. Meine Eltern fragten ihn, was er zu den Gerüchten von den Gräueltaten
der Nazis sage, die aus Europa durchsickerten. Ich kann mich
nicht mehr an den Wortlaut erinnern, aber offensichtlich erzählten meine Eltern ihm mehrere Geschichten, die sie über die Verfolgung der Juden gehört hatten.

Der große, dicke Arzt schrie mit seiner hohen Falsettostimme
auf. »Ich dachte, Sie wären eher intelligente Leute. Wie können
Sie solche Dummheiten glauben? Das ist doch alles Kriegspropaganda, das sind doch alles Verleumdungen der Alliierten!«

Meine Eltern wandten ein, dass er aber doch aus Deutschland
geflüchtet sei.

»Aber sicher«, sagte er, »uns Juden ging es schlecht. Aber die
Geschichten, die Sie mir hier erzählen, sind derartige Übertrei-
bungen, dass es nur Kriegspropaganda sein kann, die Fantasie der
Alliierten ist wirklich unbegrenzt.«

Meine Eltern waren, so glaube ich, nicht überzeugt. Und von
dieser Zeit an wurden die Schreckensgeschichten aus Europa
auch uns Kindern zunehmend bekannt. Sie ließen uns nie wieder los, wir konnten sie nie wieder verdrängen, und das, obwohl
wir zunächst keine klaren Bilder davon hatten und keine genauen
Erklärungen bekamen, sondern nur das allgemeine Beklommen-
heitsgefühl spürten. Was auch immer wir taten – überall begleitete uns das Gefühl, dass wir noch sehr viel Schlimmes zu
erwarten haben würden. In meiner Familie wurde es gegenüber
uns Kindern nicht thematisiert, wahrscheinlich weil meine Eltern
es als zu grausam empfanden.

War unser Hausarzt mit seiner Überzeugung eine Ausnahme?
1943 konnte ich es nicht einschätzen. Im Nachhinein weiß ich
aber, dass er keineswegs eine Ausnahme war. Viele deutsche Juden wollten ihre deutsche Vaterlandsliebe nicht loslassen, wollten unbedingt an Deutschland glauben, sich weiterhin als Deutsche verstehen.

Viel später, als ich für meinen ersten Roman *Süß und ehrenvoll* über Juden im Ersten Weltkrieg recherchierte, stieß ich auf ein Interview, das ein berühmter deutscher Flüchtling in Amerika einer Zeitung gegeben hatte und das eben diese ungebrochene Vaterlandsliebe der jüdischen Flüchtlinge widerspiegelte. Es war ein Interview mit Erich Maria Remarque, der vor den Nazis hatte fliehen müssen und sich in Amerika niedergelassen hatte. Er wurde gefragt, ob er Sehnsucht nach Deutschland habe. »Nein«, sagte er, »warum sollte ich? Ich bin doch kein Jude.«

Schon damals sprach man bei uns viel über die Mentalität der deutschen Juden, deren Jugend tapfer gegen die Nazis kämpfte. Sie waren als britische Soldaten oder Teil der jüdisch-palästinensischen Brigade innerhalb der britischen Armee im Einsatz – und waren dennoch Deutschlandliebhaber. Als in den 1930er-Jahren die Flüchtlinge aus Deutschland nach Palästina kamen, fragte man sie deswegen oft: »Kommen Sie aus Überzeugung, oder kommen Sie aus Deutschland?«

Ein weiteres Beispiel sei erwähnt: 1947 rangen wir jüdischen und die arabischen Palästinenser in der UN in New York gegen die Briten, gegen die arabische Welt und deren Verbündete um das Ende des britischen Mandates und um die Teilung Palästinas in zwei Teile. Einer dieser Teile sollte uns angeboten werden, damit wir dort unsere Unabhängigkeit ausrufen konnten. Es ging nicht nur um das Prinzip des Teilungsplans, sondern letzten Endes auch um die genauen Grenzen des uns zugewiesenen Teils Palästinas. Weder wir noch die Araber Palästinas konnten alles haben, was wir wollten. Es waren auch Kompromisse hinzunehmen. Im Norden Palästinas, fast an der Grenze zum Libanon, befand sich beispielsweise eine kleine Stadt, die von jüdischen Flüchtlingen aus Deutschland gegründet worden war, die Stadt Nahariya. Es gelang den Vertretern der autonomen jüdischen Behörden Palästinas nicht, Nahariya in den den Juden zugesprochenen Teil eingegliedert zu bekommen. In Jerusalem, dem Sitz der jüdischen Behörden Palästinas, herrschte daher eine verzweifelte

Stimmung: Wie sollte man der Bevölkerung der Stadt Nahariya verständlich machen, dass sie nicht bei uns bleiben, sondern Teil des arabischen Palästinas werden sollten?

In dieser Situation erzählte man folgenden Witz: Jerusalem schickte eine Delegation nach Nahariya, um der Bevölkerung die Angelegenheit zu erklären. Sie bat den Bürgermeister, die Bevölkerung in den größten Saal der Stadt, den Kinosaal, einzuladen, damit die Delegation ihnen dort die Schwierigkeiten der Verhandlungen in New York unterbreiten könne. Nach langen Erklärungen bekam der Sprecher der Delegation den Eindruck, dass die Bevölkerung Nahariyas, die den Saal überschwemmte, seine Ausführungen ziemlich gleichgültig aufnahm. Er rief:»Ist es euch eigentlich egal, ob ihr Teil des jüdischen oder des arabischen Staates sein werdet?«

»Ja«, antworteten sie,»denn wie auch immer, was auch immer: Nahariya bleibt deutsch.«

Natürlich war dies nur ein Scherz; er war aber bezeichnend dafür, wie lange die deutschen Juden in ihren eigenen Vorstellungen noch deutsch blieben.

Bei meiner Mutter war das nicht der Fall. Sie kam nach Palästina, ohne darüber überhaupt im politischen Sinne nachgedacht zu haben. Sie kam nicht aus Überzeugung, da sie nicht in einem zionistischen Haushalt aufgewachsen war, und floh auch nicht aus Deutschland, weil es noch kein Nazideutschland und keinen Grund zur Flucht gab. 1932, als sie noch keine zwanzig Jahre alt war, machte sie vielmehr mit einer Jugendgruppe eine Mittelmeerreise, eine Schifffahrt. Unter anderem besichtigte die Gruppe, die keine jüdische Gruppe war, auch Tel Aviv. An diesem Tag lernte meine Mutter ganz zufällig ihren zukünftigen Ehemann, meinen Vater, kennen – und entschied sich spontan, nicht mit dem Schiff weiterzureisen, sondern stattdessen in einer kleinen Familienpension vor Ort zu bleiben. Kurz darauf heiratete sie meinen Vater und zog mit ihm zusammen. Ihre Eltern, die diese Entscheidung nicht verstanden, beantworteten ihren Brief mit dem wütenden Befehl, sie solle sofort zurück nach Hause kommen. »Was soll das?«, schrieben sie: »Ein anständiges, bürgerliches deutsches Mädchen soll in der Wüste mit einem Wilden leben?« Meine Mutter, die jung genug war, um mit einem frechen Brief zu reagieren, schrieb: »Ihr werdet mir nicht sagen, was ich tun soll.«

Damit brach sie die Beziehungen ab, und wie es sich herausstellte, sollte dies ihr letzter Kontakt zu ihrer Familie sein. Sie hörte nie wieder etwas von ihrer Familie, weil diese im Holocaust ermordet wurde. Meine Mutter erfuhr nie, wann oder wie. Auch in der Nachkriegszeit liefen ihre Nachforschungen ins Leere, weil die Stadtakten, unter denen sich auch ihre Familienakten befanden, verbrannt waren.

Ich selbst habe später mit Hilfe von zwei Frankfurter Bürgermeistern ebenfalls vergeblich versucht, etwas über das Schicksal meiner Verwandten mütterlicherseits herauszufinden. Das Einzige, was ich heute sicher weiß, ist, dass am Ende des Krieges keiner von ihnen mehr am Leben war.

Für meine Mutter ist diese Geschichte eine offene Wunde geblieben, unter der sie furchtbar gelitten hat. Sie hat sich selbst nie verziehen, dass sie in ihrer Jugend den Kontakt zu ihrer Familie abgebrochen hat, und wollte deshalb nie wieder von Deutschland hören. Für sie gab es kein Deutschland mehr. Deutschland war für sie ein weißer Fleck auf der Landkarte. Auch wir durften Deutschland zuhause nicht erwähnen. Die deutsche Sprache und die deutsche Kultur waren meiner Mutter dennoch wichtig. Sie hatte deutschsprachige Freundinnen und las nach dem Krieg regelmäßig eine deutschsprachige Zeitung, jedoch keine deutsche Zeitung, sondern die *Neue Züricher Zeitung*. Erst viel später sollte sie sich mit Deutschland versöhnen. Aber eines hat sie den Deutschen nicht verziehen: wie schlecht sie heute Deutsch sprechen und wie viele Amerikanismen sie benutzen.

Wenn auch der Zweite Weltkrieg und der Holocaust zunehmend in unserem Bewusstsein Platz einnahmen, war meine Kindheit nicht allein davon geprägt. Insgesamt hatte ich eine sehr glückliche Kindheit, denn das Leben für ein Kind in Tel Aviv schien in den damaligen Jahren sorgenfrei zu sein. Weit von den europäischen Tragödien entfernt, vom Schicksal der Juden, von Antisemitismus so gut wie nichts mitbekommend, war Tel Aviv eine friedliche Stadt, eine Stadt, in der es kaum Verbrechen gab; oft schloss man nicht einmal die Türen der Wohnungen ab, weil Diebstahl eine Seltenheit war. Obwohl die meisten arm waren und der Lebensstandard bescheiden, waren die Menschen zuversichtlich und daher auch nicht unglücklich.

An das Ende des Zweiten Weltkrieges am 8. Mai 1945 erinnere ich mich genau. Ich war zehn Jahre alt und von dem Jubel auf den Straßen Tel Avivs hellauf begeistert. Ich erinnere mich sogar an die Kapitulation Japans, bei der es weniger Jubel auf der Straße gab, über die aber überall viel gesprochen wurde. Zugleich begann das Ringen um einen unabhängigen Staat, um das Ende der britischen Kolonialherrschaft. Für uns Kinder war das das Hauptthema – nicht der Holocaust, nicht die Flüchtlinge aus Europa, und wenn, dann nur in Zusammenhang mit der Blockade des Landes durch die Briten, die die Überlebenden aus den Konzentrationslagern nicht ins Land ließen. In der Schule, in den Familien und vor allem unter uns Kindern haben wir fast nur von Politik gesprochen. Wir waren eine politisierte Kindergeneration, mit einer Leidenschaft für Politik.

Am 29. November 1947 beschloss die Vollversammlung der Vereinten Nationen in New York endlich, das britische Mandat in Palästina zu beenden und das Land nach der UN-Teilungsresolution in zwei mehr oder weniger gleich große Teile zu teilen. Der eine Teil sollte den Juden Palästinas gegeben werden, damit sie dort ihre Unabhängigkeit ausrufen konnten, der andere den Arabern Palästinas für den gleichen Zweck. Diese Entscheidung fiel nach langen und erbitterten Diskussionen und Auseinandersetzungen, von denen uns regelmäßig in der Schule berichtet wurde. Auch wir Kinder hatten den Eindruck, dass wir in einer außergewöhnlichen, historischen Zeit lebten, die Aufregung war riesig und permanent.

Ich habe die jüdischen Untergrundorganisationen bereits erwähnt. In meiner Kindheit sendeten alle drei Organisationen illegale Radiosendungen, die man nicht immer empfangen konnte und wenn, dann auch nur über Kurzwellen, die nicht besonders klar waren. Wir Kinder, noch mehr als die Erwachsenen, haben dem Pathos der patriotischen Reden in diesen Radiosendungen mit Herzklopfen gelauscht und an die Heldengeschichten mit nahezu religiöser Inbrunst geglaubt. Sie berichteten davon, wie wenige Widerstandskämpfer große Einheiten angegriffen oder Polizeistationen ausgeraubt hatten, um an das Waffenarsenal zu kommen, und sie erzählten von Sabotageakten gegen die britische Eisenbahn, Infrastruktur und Militärfahrzeuge. Ausführlich wurde auch von einem Angriff der Widerstandskämpfer auf das große britische Gefängnis in Akko berichtet, bei dem sie ihre gefangenen Kollegen gewaltsam befreiten. In späteren Jahren erfuhr ich, dass dieser Angriff für den Untergrund katastrophal gewesen war: Viele wurden umgebracht, viele wieder festgenommen, vor allem aber wurden nur wenige Widerstandskämpfer befreit, stattdessen viele landläufige Verbrecher, unter denen sich wiederum nicht wenige Araber befanden. Damals wollten wir so etwas gar nicht wahrnehmen. In unserer Fantasie wurden die Geschichten noch bunter und aufregender als in den Reden aus dem Radio.

In der Nacht jenes 29. auf den 30. November hörte ich den Jubel all unserer Nachbarn, als sie im Radio erfuhren, dass der Teilungsplan die Zweidrittelmehrheit erzielt hatte. Am nächsten Morgen gab es in der Schule keinen Unterricht, stattdessen wurden wir alle in die Turnhalle gebracht, in der der Rektor uns mit großem Pathos von dem historischen Ereignis erzählte. »Ihr seid die Generation der Erlösung«, sagte er. »Zum ersten Mal nach

2.000 Jahren bekommen wir Juden endlich wieder einen Staat, eine Souveränität und unsere Würde zurück.« Diese Sätze haben wir seither so oft gehört, dass man sie im Laufe der Jahre belächelt hat. Damals aber waren sie für mich nicht nur eine Floskel. Ich kann mich noch ganz genau an das Herzklopfen erinnern, das ich vor lauter Aufregung hatte. In späteren Jahren sollte ich nur noch selten so ein Herzklopfen haben und dann auch nur, wenn ich verliebt war, nicht wegen politischer Ereignisse. Nach der feierlichen Veranstaltung wurden wir nach Hause geschickt. Doch es war mir und meinem Bruder fast unmöglich, nach Hause zu kommen. Die Straßen waren voll mit Menschen, die tanzten und sangen, und es herrschte eine ausgelassene Stimmung wie im Karneval. Nur war dieses Mal die Karnevalsstimmung nicht an der Kleidung der Menschen zu erkennen, sondern an ihrem Gesichtsausdruck. Alle Straßen der Stadt wurden zu Fußgängerzonen, es gab keinen Verkehr, auch keine Kutschen. Stundenlang wanderten wir durch die Straßen und kamen erst am Abend nach Hause, ausgehungert, aber aufgeregt wie selten.

Die Freude über den Teilungsplan legte sich sehr schnell und wandelte sich in eine düstere Stimmung. Sofort brachen »Unruhen« aus. Unruhen – diesen Begriff hatte man schon in den Zwanziger- und Dreißigerjahren verwendet, als es ab und zu arabische Aufstände gegeben hatte. Die waren oft gegen die Briten gerichtet gewesen, gelegentlich aber auch gegen die jüdischen Zuwanderer. 1947 lehnten die Araber Palästinas wie auch die gesamte übrige arabische Welt den UN-Teilungsplan ab. Anders als wir Juden Palästinas strebten sie keinen unabhängigen Staat für sich an. Sie betrachteten den gesamten Nahen Osten als arabischen Boden und hofften seit dem Ersten Weltkrieg auf die Entstehung eines arabischen Reiches, das sich über den gesamten Nahen Osten erstrecken sollte und in dem sich keine nicht arabischen politischen Einheiten befinden sollten. Ein politischer Fremdkörper wie der entstehende jüdische Staat hätte hier keinen Platz gehabt.

1947 war der Traum der arabischen Einheit längst eine Schimäre, da vorher bereits verschiedene unabhängige Staaten entstanden waren: Ägypten, Transjordanien (wie Jordanien damals hieß), Libanon, Syrien, Irak, Saudi-Arabien, Sudan und andere. Dennoch glaubten die Araber Palästinas, die zu den modernen arabischen Nationalisten zählten, weiterhin an den Traum des vereinten arabischen Reiches und vor allem an das Prinzip des arabischen Bodens, ganz besonders in Palästina, auf dem kein fremder Staat entstehen sollte. Sie entfesselten daher einen Krieg gegen ihren jüdisch-palästinensischen Nachbarn, mit dem ausdrücklichen Ziel, den jüdischen Staat im Keim zu ersticken. Als ihnen das nicht gelang, riefen sie nach dem Abzug der Briten aus dem Land am 15. Mai 1948 ihre»Brüder« in den arabischen Nachbarstaaten zu Hilfe. Damit begann die Invasion des entstehenden jüdischen Staates durch alle Nachbarstaaten, wiederum mit dem offen erklärten Ziel, Israel im Keim zu ersticken.

Einen Tag zuvor, am 14. Mai 1948, hatte David Ben-Gurion in einem Museumssaal in Tel Aviv die Unabhängigkeit des Landes ausgerufen. Dieses historische Ereignis fand nicht in Jerusalem, in der »ewigen historischen Hauptstadt des jüdischen Volkes« statt, und zwar aus zwei Gründen: Zum einen sollte Jerusalem laut UN-Teilungsplan weder zum jüdischen noch zum arabischen Staat gehören, sondern zehn Jahre lang einer internationalen Behörde unterstellt werden, bevor die Frage der Zugehörigkeit noch einmal erörtert werden sollte. Zum anderen wurde Jerusalem auch davon unabhängig immer wieder einmal von den Arabern belagert, wodurch eine jüdische Regierung vom Rest des Landes hätte abgeschnitten werden können. Der Umzug der Behörden von Tel Aviv nach Jerusalem begann, schrittweise, erst 1952 und ist bis heute nicht vollendet. Noch immer befinden sich mehrere Ministerien in Tel Aviv.

Die Ausrufung der Unabhängigkeit Israels war zu diesem Zeitpunkt keine Selbstverständlichkeit, denn die meisten Spitzenpolitiker der israelischen Behörden wollten sie aus Angst vor der

bevorstehenden arabischen Invasion verhindern. Sie waren keine
Feiglinge. Viele dachten, dass der entstehende jüdische Staat, der
lediglich 600.000 Einwohner hatte, sich gegen eine Invasion der
arabischen Staaten nicht würde verteidigen können. Und tatsächlich war es während der ersten Phase des allgemeinen Krieges
fraglich, ob dieser sich noch in der Entwicklung befindliche Staat
lebensfähig sein würde.

In den Monaten von Dezember 1947 bis Mai 1948 war die Aufregung überall groß, und dazu trugen auch die patriotischen Sendungen der Untergrundradiosender bei. Sie erzählten uns von
den absolut bösen Feinden, gegen die heroisch gekämpft würde.
Immer wieder wurde die Phrase »zum ersten Mal seit 2.000 Jahren« verwendet, um zu betonen, dass wir das erste Mal seit der
Zerstörung des Tempels durch Rom wieder souverän waren
und unsere Würde wiedergefunden hatten. Viele Jahre später bekam ich in den Archiven der Nationalbibliothek der Universität
in Jerusalem die Möglichkeit, Aufzeichnungen dieser Sendungen
noch einmal zu hören. Es war mir völlig unverständlich, wie ich
mich damals von solchen Klischees, einem solch künstlichen Pathos, einer so oberflächlichen und unglaubwürdigen Propaganda
derartig hatte hinreißen lassen. Ich versuchte mir zu sagen, dass
ich damals noch keine dreizehn Jahre alt gewesen war, musste mir
aber eingestehen, dass die Erwachsenen um mich herum ebenso
begeistert und aufgewühlt gewesen waren wie ich. Bei dem, was
ich heute grotesk finde, waren die meisten Leute damals voller Inbrunst dabei.

Ich wurde einmal gefragt, ob Juden – besonders israelische Juden – aus dem Holocaust eine humanitäre Lehre gezogen hätten.
Ob wir wegen unserer Holocaust-Erfahrung Humanisten geworden seien, ob wir eine moralische Instanz seien oder sein könnten.
Ich weiß nicht, wie ich diese Frage in meiner Jugend beantwortet
hätte, aber Jahrzehnte später erwiderte ich klipp und klar: »Wenn
wir eine Lehre aus dem Holocaust gezogen haben, dann haupt-

sächlich diese: Wir werden nie wieder wie Lämmer zur Schlachtbank gehen. Wir werden alles Mögliche tun, um uns zu verteidigen, und wenn wir sterben müssen, dann werden wir es ehrenvoll machen.« Auch das sind natürlich Klischees, Klischees aber, die für die Israelis bis heute eine reale und tief greifende Bedeutung haben und die ihre Politik oft in einer Art und Weise beeinflussen, die mir nicht gefällt.

Der Alltag in dieser ersten Kriegsphase verlief dennoch fast normal. Die Eltern gingen zur Arbeit, die Kinder zur Schule. Die Nachrichten über Kämpfe, Attentate und Überfälle auf Zivilisten beider Seiten machten zwar die Hauptthemen der täglichen Nachrichten aus. Aber was wir täglich zu spüren bekamen, war vor allem das Wenigerwerden der englischen Soldaten und das Verschwinden der Araber, die man nicht mehr sah, weder am Markt noch als Hausierer. Letzteres erlebte ich aus unmittelbarer Nähe.

Wenige Kilometer von unserem Haus entfernt gab es ein arabisches Dorf. Mit dessen Bewohnern gab es keinerlei Berührungspunkte, es sei denn, sie klopften bei uns an die Tür, um uns Erzeugnisse ihrer Höfe zu verkaufen: Gemüse, Eier oder Fische. Gelegentlich konnten wir ihre Kinder sehen, die zum kleinen Fluss Yarkon zum Fischen kamen, zum gleichen Fluss, in dem auch wir zu fischen versuchten. Zwischen uns Kindern gab es keine Reibereien, obwohl wir wenig miteinander sprachen, da wir keine gemeinsame Sprache hatten. Wir beneideten die arabischen Kinder, weil sie in den Fluss springen und in ihm schwimmen durften. Uns war das streng untersagt, damit wir uns keine Bilharziose einfingen. Die arabischen Kinder waren, so sagte man uns, immun gegen die Krankheit, weil sie mit diesem Wasser aufgewachsen waren und nicht nur darin schwammen, sondern es auch als Trinkwasser verwendeten. Nach Beginn der Unruhen aber blieben diese Kinder weg.

Als wir an einem Wochenende einmal wieder fischen gingen, kam ein Junge ganz aufgeregt auf uns zu und erzählte, er habe das arabische Dorf besuchen wollen, dort aber gebe es keinen Menschen mehr. Das menschenleere Dorf beeindruckte den Jungen weniger als die Tatsache, dass er auf dem Weg dorthin ein Feld durchqueren musste, in dem reifer Kohl stand, den niemand mehr erntete. Wir könnten doch dort hingehen, um einen Kohlkopf zu erbeuten, schlug er vor, und das taten wir auch mit der größten Begeisterung. Wir rannten zum Feld, und ich zog einen Kohlkopf aus der Erde, mit dem ich eine halbe Stunde lang nach Hause marschierte. Ganz stolz zeigte ich meinen Eltern und Geschwistern meine erste Kriegsbeute.

Was ich heute über den Krieg 1948 weiß, habe ich vor allem aus Büchern erfahren. Dennoch haben sich mir ein paar Erlebnisse eingeprägt. So endete die Ruhe abrupt am Freitag, den 14. Mai 1948. Wie von den meisten Politikern und Beobachtern befürchtet, begann unmittelbar nach der Ausrufung der Unabhängigkeit des neuen Staates Israel die Invasion aus allen Richtungen.

Ich bekam diese Invasion dadurch zu spüren, dass wir schon am selben Abend in einen Schutzkeller mussten, weil uns die ägyptische Luftwaffe bombardierte. Ich hatte große Angst und war mir ganz sicher, dass unser Haus getroffen worden war. Eltern und Nachbarn versuchten, uns zu beruhigen, und sagten, die Bomben erzeugten zwar riesigen Lärm und starke Druckwellen, seien aber weit weg von uns gefallen. Am nächsten Morgen stellte sich heraus, dass das nicht der Fall war: Als wir aus dem Schutzkeller herauskamen, sahen wir die Krater, die die Bomben hinterlassen hatten, und ein Haus, das lediglich 50 Meter von unserem entfernt stand, war von Bomben getroffen worden.

In den Jahrzehnten danach haben wir regelmäßig Luftangriffe der Nachbarstaaten befürchtet, uns gegen diese aber sehr gut verteidigen können. Heute ersetzen Raketen die feindlichen Luftwaffen, aber auch gegen die hat Israel Verteidigungsmethoden entwickelt. Der größte Unterschied jedoch liegt darin, dass Israel heute größer und stärker ist und wir uns nicht mehr so verwundbar fühlen wie damals.

Die Ausrufung der Unabhängigkeit am 14. Mai und der darauf folgende 15. Mai 1948 waren mit der Verabschiedung der UN-Resolution am 29. November 1947 nicht vergleichbar. Obwohl im November 1947 lediglich ein Versprechen gegeben wurde, das dann am 14. Mai eingelöst wurde, gab es im Mai keine Feierlichkeiten wie im November zuvor. Die Menschen waren sich der Historizität und der Schicksalshaftigkeit der Erklärung Ben-Gurions bewusst, wussten aber gleichzeitig, dass sie in einen Krieg hineingerutscht waren, in dem die Chancen nicht die allerbesten waren.

Auch nach Beginn des Krieges musste das Leben weitergehen. Nach wie vor spielten wir Fußball und gingen schwimmen, nun aber mit dem unbestimmten Wissen, dass sich etwas Wesentliches verändert hatte. Mein Vater wurde in die entstehende Armee des jungen Staates eingezogen. Er erzählte uns Kindern nichts von seinen Erfahrungen. Ich vermute, dass er mit meiner Mutter darüber sprach, diese Erlebnisse aber nicht für den Stoff hielt, den Kinder hören sollten. Ich war natürlich empört, weil ich mich schon längst nicht mehr als Kind empfand. Schließlich hatte ich in diesem Jahr meine Bar Mitzwa gefeiert – eine Bar Mitzwa, die von Nahrungsmangel überschattet war.

Warum das? Obwohl die jüdische Bevölkerung Palästinas viel Landwirtschaft betrieb und darauf auch sehr stolz war, reichten die Erträge nie. Einen Teil der Nahrungsmittel hatten wir vor dem Krieg von unseren arabischen Nachbarn bekommen, einen weiteren Teil aus den Nachbarstaaten. Es ist mir vor allem in Erinnerung geblieben, dass wir im Sommer eine große Auswahl und Mengen von Obst hatten. All dies – das sollte ich viel später erfahren – importierten wir aus dem Libanon. Mit Beginn des Krieges im Mai 1948 gab es jedoch keinen Handel mit dem Libanon mehr, und so hatten wir schon in diesem Sommer kein Obst mehr. Erst im nächsten Winter bekamen wir wieder etwas: die

Zitrusfrüchte, die damals der Stolz unserer Wirtschaft waren. Selbst diese wurden selten, da sie vorrangig für den Export bestimmt waren. Dieser Export war für uns lebenswichtig, weil wir keine ausländischen Devisen bekamen und nichts importieren konnten. Zwar verfügten die jüdischen Behörden in Palästina über große Geldreserven. Sie verwalteten ihren Haushalt sehr verantwortlich, sparten und hatten das Geld bei sicheren Banken angelegt. Diese Banken befanden sich allerdings in England, und die Konten waren nach der Ausrufung der Unabhängigkeit von den Engländern eingefroren worden, sodass der Staat Israel jahrelang nicht auf diese Reserven zurückgreifen konnte. Die Engländer, die uns feindlich gesinnt waren, brachten verschiedene Begründungen vor, um uns diese Gelder nicht zurückgeben zu müssen. Zum Beispiel hatten sie in den Nachkriegsjahren die sogenannten »illegalen Zuwanderer«, sprich: die Überlebenden aus den Konzentrationslagern, nicht ins Land gelassen, sondern sie abgefangen und mit Gewalt nach Zypern gebracht, wo sie bis 1949 in Lagern eingesperrt wurden. Nun behaupteten die Briten, der neue Staat Israel müsse sie für die Unterhaltskosten der Lager in Zypern entschädigen.

Warum hat mich das alles betroffen? Dass wir eine immer kleinere Auswahl an Nahrungsmitteln hatten und möglicherweise insgesamt weniger zu essen, hat uns Kinder nicht gestört. Kinder machen sich keine Sorgen um Gourmetessen, solange etwas auf den Tisch kommt, das sie satt macht, und es gab verschiedene Ersatzmittel, zum Beispiel anstatt Vollmilch Milchpulver und anstatt Eiern Eipulver. Zum Anlass meiner Bar Mitzwa mussten jedoch Gäste eingeladen werden. Was konnte man ihnen anbieten? Meine Mutter war regelrecht verzweifelt. Wie sollte sie ohne Eier, ohne Milch, ohne Butter, ohne Schokolade und mit nur wenig Mehl einen Kuchen backen?

Zwei Tage vor meiner Bar Mitzwa verschwand sie einfach. Etwa fünfzehn Kilometer entfernt von Tel Aviv lag Ramot Ha-Schavim, ein Dorf, das Landwirtschaft betrieb und hauptsächlich

Hühner züchtete. Ich wusste damals nicht, dass dieses Dorf ausschließlich von deutschen Juden bewohnt war. Meine Mutter aber hatte sich gedacht, sie könnte dort hingehen, mit den Einwohnern Deutsch sprechen und würde schon zurechtkommen. Und tatsächlich erwiesen sich die deutsche Solidarität und der »deutsche Patriotismus« als Vorteil. Nach Ramot HaSchavim ging sie zu Fuß, weil es immer noch, und vor allem wegen der Kriegszeiten, nur wenige Busse gab. Zurück aber kam sie auf einem Fahrrad, mit vier lebendigen Hühnern beladen.

Mein verblüffter Vater fragte sie, woher das Fahrrad sei und seit wann sie Fahrrad fahren könne.

Verschmitzt antwortete sie: »Meine Landsleute haben gesehen, dass ich zu Fuß gekommen bin, und haben mir ein Fahrrad geliehen. Fahren kann ich es, weil, tja … Ich habe so oft auf einem Pferd gesessen, da musste das Fahrradfahren ja auch irgendwie funktionieren.«

Für uns waren vier Hühner natürlich ein Traum. Aber vier Hühner für so viele Gäste? Ich habe nie verstanden, wie meine Mutter es schaffte, dass sie alle von vier Hühnern satt wurden. Ich habe aber in Erinnerung, wie überrascht und begeistert alle von dem raren Hühnerfleisch waren.

Ich selbst allerdings war an diesem, meinem Feiertag nicht so glücklich. Als ich vor den Gästen erscheinen sollte, um eine kleine Rede vorzulesen, die mein Bar-Mitzwa-Lehrer für mich geschrieben und deren Vortrag ich wochenlang geübt hatte, war ich so aufgeregt und ängstlich, dass ich zögerte und erst mit einer kleinen Verspätung aus meinem Zimmer in den Raum mit den geladenen Gästen trat. Mein Vater, der sehr streng war und uns Kinder oft bestrafte, fand es angebracht, mir dafür vor allen Gästen eine Ohrfeige zu verpassen.

Ich wuchs, wie erwähnt, in einer Generation von Kindern auf, die sehr politisiert war. Unser Interesse galt vor allem der Entstehung des jüdischen Staates. Der Untergrundkrieg gegen die

englische Besatzung und der sogenannte Unabhängigkeitskrieg
gegen die arabischen Staaten beflügelte unsere Leidenschaft, obwohl wir, wie Kinder überall, auch gerne Fußball spielten. Im
Gegensatz zu vielen Jugendlichen heute waren wir als stark politisierte und an der Zukunft interessierte Kinder auch schwer damit beschäftigt, uns zu überlegen, was wir als Erwachsene tun
wollten. Jeder Einzelne von uns »wusste« ganz genau, welchen
Beruf er würde ausüben wollen. Dass diese Vorstellungen sich
meistens nicht verwirklichen würden, war nicht bedeutend.
Wichtig war, dass wir uns damit beschäftigten.

Mir war klar, und damit stand ich bei Weitem nicht alleine,
dass ich für den Staat arbeiten wollte. Den Staat zu verteidigen,
ihn aufzubauen und ihm zu dienen – das war mein Ehrgeiz. Etwas anderes konnte ich mir gar nicht vorstellen. Ich wusste nur
nicht genau, in welchem Bereich. Als Erstes fielen uns Kindern
natürlich die Streitkräfte ein. Für den Staat zu kämpfen und eine
militärische Karriere zu verfolgen, wäre das Edelste, meinten wir.
Ich wollte wie die anderen in den Streitkräften dienen, ich wollte
auch Frontsoldat sein, konnte mir aber nicht vorstellen, mein Leben lang in der Armee zu bleiben und dort Karriere zu machen.
Wieso ich so jung schon so vernünftig war, ist mir bis heute ein
Rätsel.

Die andere Möglichkeit, dem Staat zu dienen, lag im wirtschaftlichen Bereich. Selbst uns Kindern war klar, wie prekär
die finanzielle Lage in Palästina war, zumal man uns das in der
Schule regelmäßig erklärte und von uns erwartete, dass wir im
wirtschaftlichen Bereich die gleichen Opfer bringen würden wie
im militärischen Bereich, sprich: die totale, auf Ideologie grün-
dende Aufopferung für die Arbeit, und das für sehr geringe Ge-
hälter. Man musste für die Wirtschaft arbeiten, und zwar nicht,
um sich zu bereichern, sondern um den Staat aufzubauen und ihn
zu stärken. Ich hatte kein Vertrauen in meine wirtschaftlichen
Talente. Irgendwie war mir auch Geld nie wichtig. Manche Menschen verspüren eine große Befriedigung, wenn sie Geld ver-

dienen. Dieses Gefühl habe ich nie gehabt, sondern Geld immer als eine Notwendigkeit und nicht als Antrieb betrachtet. So fiel mir der Auswärtige Dienst ein. Warum der Auswärtige Dienst? Weil auch er eine Art Verteidigung des Staates bedeutete, weil auch er bedeutete, für das Überleben des Staates zu kämpfen.

Worin zeigte sich das? Der Krieg, den unsere Nachbarn zwischen 1947 und 1949 gegen uns führten, ist auch heute noch nicht wirklich vorbei. Nach diesem Krieg verstanden unsere Nachbarn nicht, wieso sie ihr Ziel nicht erreicht hatten: zahlreiche unabhängige Staaten mit organisierten Streitkräften, erdölreich, gegen eine Gemeinschaft, noch nicht wirklich ein richtiger Staat, von 600.000 Einwohnern, die kaum Industrie hatten und deren Streitkräfte eigentlich nicht mehr als Untergrundbewegungen waren. An Ausreden, um die Niederlage zu erklären, fehlte es nicht. Es war die Rede von Verrätern, von einem Dolchstoß, und es wurden alle weiteren bekannten Argumente vorgebracht, die man nach Niederlagen hört. Die Schlussfolgerung lautete letztlich, dass es keinen Grund gebe, aus dem die arabischen Staaten die Entstehung Israels nicht doch noch niederschlagen könnten, und infolgedessen gab es keinen Anlass, den verhassten Feind anzuerkennen und mit ihm Frieden zu schließen. Warum auch? Er war doch sowieso zum Verschwinden verdammt.

Die Invasoren waren zwar bereit, formale Vereinbarungen wie einen Waffenstillstand zu schließen, doch das waren letztlich technische Arrangements, die nötig waren, um die nächste Runde des Krieges vorzubereiten. In der Zwischenzeit wurde Israel von seinen Nachbarn belagert, die auch die Wirtschaft boykottierten. Sie verlangten sogar von den Ländern, mit denen Israel gute Beziehungen führte, bisweilen unter Drohungen, die israelische Wirtschaft ebenfalls zu boykottieren.

Zu diesem Boykott gehörte auch eine diplomatische Belagerung: Auf alle Länder, bei denen dies möglich war, wurde Druck ausgeübt, Israel nicht anzuerkennen und keine diplomatischen Beziehungen aufzubauen. Diese diplomatische Belagerung war für Israel genauso gefährlich wie die militärische und die wirtschaftliche.

Diplomatie war für mich also schon damals nicht ein Beruf voller Strahlkraft, in dem man die Welt bereisen kann und seine Zeit bei Cocktailpartys verbringt – so wie der Beruf oft karikiert wird –, sondern der Versuch, das Überleben Israels zu garantieren. Daran wollte ich mich beteiligen.

Bevor ich an eine diplomatische Karriere denken konnte, musste ich jedoch zuerst das Gymnasium abschließen. Zu jener Zeit zogen wir in das Zentrum Tel Avivs um. Die Wohnung meiner Eltern befand sich nun in einer kleinen Straße in der Mitte der Stadt, zweihundert Meter vom Mittelmeerstrand entfernt. »Jordan« hieß die Straße, von der wir nicht nur zu Fuß zum Strand gehen konnten, sondern auch ins Kino, ins Theater, in die unzähligen Kabaretts, die es damals in der Stadt gab, oder in die Restaurants Tel Avivs – Restaurants, die allerdings fast alle eine schlechte Küche hatten, auch wenn wir uns dessen damals nicht bewusst waren.

Meine Mutter Selma, eine geborene Goldstein, war eine sehr attraktive Frau. Das habe ich aber erst im Nachhinein verstanden, weil ich dachte, dass die Männer, die so freundlich zu meiner Mutter waren, das nur deshalb waren, weil sie gute Freunde waren. Dass diese Männer meine Mutter begehrenswert fanden, wurde mir zum ersten Mal bewusst, als ich vierzehn Jahre alt war und ein Mann sie in meiner Gegenwart hofierte und ihr ganz direkt sagte: »Dass du schön bist, wusste ich, ich sehe aber heute zum ersten Mal, dass du auch schöne Beine hast.« Ich war überhaupt nicht begeistert, für mich war diese Äußerung eher peinlich und schockierend. Doch es war kein Wunder, dass die Männer sich für sie interessierten: Meine Mutter war sportlich und liebte es zu schwimmen, und zwar nicht nur im Meer. Sie war eine der ersten Kundinnen des ersten Schwimmbades »Galei Gil«, das in Tel Aviv geöffnet wurde. Zudem war sie eine passionierte Reiterin.

Wir lebten in bescheidenen Verhältnissen, und um sich ihre sportlichen Aktivitäten leisten zu können, musste meine Mutter, obwohl sie vier Kinder hatte und den Haushalt allein führte, ebenfalls arbeiten. Sie leitete ein Restaurant, während mein Vater als Diamantenexperte in einer Fabrik in Netanya arbeitete. Netanya befindet sich lediglich dreißig Kilometer nördlich von Tel Aviv, aber damals waren die Verkehrsbedingungen so ungünstig, dass mein Vater in Netanya übernachten musste und außer am Wochenende nur einmal in der Woche nach Hause kam.

Das Schwimmen und Reiten versuchte meine Mutter uns allen beizubringen: meinem Vater, seinem jüngsten Bruder und mir und meinen Geschwistern. Erfolgreich war sie nur bei mir; für mich blieben das Schwimmen und noch mehr das Reiten eine lebenslange Leidenschaft. Dass eine Privatperson zum Vergnügen ritt, war in den Vierzigerjahren in Palästina eine Seltenheit. Wer konnte sich das schon leisten? Meine Mutter, die sich und uns trotz allem das Reiten ermöglichte, zählte zu den wenigen, die es wagten, eine Reitschule zu besuchen. In Tel Aviv gab es davon damals zwei. Die eine wurde von einem Reitlehrer geführt, der als Kavalleriesoldat im Ersten Weltkrieg in der österreichischen Armee gedient hatte. Er war ein außergewöhnlich groß gewachsener Mann, der damals etwa fünfzig Jahre alt gewesen sein muss, blond und sehr laut. Er und sein Konkurrent – ein gebürtiger Palästinenser, der in der britischen Kavallerie gedient hatte – lebten hauptsächlich von ihrer britischen Kundschaft.

Meine Mutter wählte die Reitschule des österreichischen Juden – natürlich, weil er Deutsch sprach. Sie konnte ihm dadurch trotz meiner Anwesenheit genau erklären, wie er mich behandeln sollte, ohne dass ich sie verstehen konnte. Im Nachhinein habe ich erfahren, dass sie versuchte, ihn davon zu überzeugen, mich etwas sanfter als mit der ihm eigenen Härte zu behandeln. Zu meinem Unglück nutzte das nichts: Brüllend dressierte der Reitlehrer Pferde wie Reiter mit seiner langen Peitsche.

Angst hatte ich beim Reiten mehrfach, auch Unfälle passierten mir von Zeit zu Zeit, aber die Freude am Reiten und die Liebe zu den Pferden waren viel größer als jeglicher Schrecken. Wenn ich heute in Tel Aviv spazieren gehe, denke ich immer daran, dass die Boulevards der Stadt, die heute von großen Häusern flankiert werden und auf denen der dichte Verkehr vor sich hinkriecht, in meiner Kindheit meine Reitwege waren.

Meine Begeisterung für das Reiten war so groß, dass es mir in den Kriegsmonaten mehr fehlte als die Nahrungsmittel, die immer strikter rationiert wurden, oder die weniger werdenden öffentlichen Verkehrsmittel, deren Verlust uns zunehmend zu Fußgängern machte. Mit dem Auszug der Briten hatten die beiden kleinen Reitschulen in Tel Aviv pleitegemacht und geschlossen; die Lehrer und Pferde waren in die entstehende israelische Armee eingezogen worden. Für mich war also vorerst Schluss mit dem Reiten, was ich zutiefst bedauerte.

Die Reitpause dauerte, bis ich 1965 nach viereinhalb Jahren diplomatischer Mission aus Afrika zurückkam. In Afrika selbst wollte ich nicht reiten, weil es mir dafür zu heiß und zu schwül war. Nach meiner Rückkehr nach Israel aber wollte ich unbedingt wieder mit dem Reiten anfangen. Leider gab es damals in Jerusalem keine Reitschule, weshalb ich mich entschied, das finanzielle Risiko einzugehen, mir ein Pferd zu kaufen, einen Hannoveraner, den ich *Chetz* (»Pfeil«) nannte und in einem Kibbutz bei Jerusalem unterstellte. Ein Freund, der von meinem Pferdekauf gehört hatte, entschied sich sofort, mir Gesellschaft zu leisten. Er kaufte ebenfalls ein Pferd, damit wir zusammen ausreiten konnten. Allerdings entpuppte dieser Freund sich recht bald als Amateur, der nicht reiten konnte und mehr Ehrgeiz als Talent hatte. Er wollte nun das Pferd nicht wieder verkaufen, bat mich aber, einen anderen Partner zu finden, damit er zumindest nicht für den Unterhalt des Tiers aufkommen müsse.

Auf meine Anzeige in der Zeitung hin meldete sich ein Mann mit einem englischen Akzent, der sagte, dass er sich sehr freuen würde, alle Kosten zu übernehmen, wenn ihm das die Chance eröffnete, wieder zu reiten. Wir verabredeten, uns in einem Café in Jerusalem zu treffen, um die Details zu besprechen.

Ich kam als Erster ins Café und hatte keine rechte Ahnung, wen ich erwartete. Kurz nach mir trat ein Mann ein, der sich sofort an mich wandte und sich als der Kandidat für die Reitpartnerschaft vorstellte. Ich sah ihn an und meinte, meinen Augen nicht trauen zu können: Vor mir stand ein kleiner alter Mann mit einem riesengroßen Bauch, einem Vollbart und einem schwarzen Hut, offensichtlich ultraorthodox.

Er bemerkte meinen ungläubigen Blick und sagte: »Seien Sie nicht überrascht, ich bin es wirklich, und selbst wenn Sie es nicht glauben wollen, bin ich ein erfahrener Reiter.«

Der Mann, so stellte sich heraus, war tatsächlich ein Rabbiner, Louis Isaac Rabinowitz. Er war schottischer Herkunft, war aber eine Weile lang Oberrabbiner in Südafrika gewesen und hatte sich nach seiner Pensionierung entschieden, nicht mehr nach England zurückzukehren, wo er seit Jahrzehnten nicht mehr gelebt hatte, sondern sich in Jerusalem niederzulassen.

Wir fuhren gemeinsam in den Kibbuz, um eine Reitprobe zu machen, und anhand der Art und Weise, wie er sich an das Pferd wandte, es sattelte und streichelte, war mir sofort klar, dass Rabinowitz sich mit Pferden auskannte. Auch erwies er sich als hervorragend ausgebildeter Reiter. Da endlich verriet er mir, warum er so ein guter Reiter war. In den Dreißigerjahren war er in England zum Rabbiner ausgebildet worden und musste dann wie alle Engländer seinen Militärdienst absolvieren. Dafür musste er lediglich einmal im Jahr einen Monat lang als Feldrabbiner dienen. Als Rabbiner wurde er zum Offizier ernannt und in eine Kavallerieeinheit entsandt.

»Ich kam in die Kaserne und wurde in eine Baracke für Offiziere geleitet«, erzählte er mir. »In der Baracke wurde mir ein kleines Zimmer zugeteilt, und ich begann, meine Sachen auszupacken. Es klopfte an der Tür. Herein trat ein Feldwebel mit einem buschigen Schnurrbart. Er stand stramm, salutierte und adressierte mich als ›Padre‹. All die Geistlichen, die keine Anglikaner waren, erklärte er mir, würden in der englischen Armee ›Padres‹ genannt. ›Padre‹, sagte er zu mir, ›es ist Zeit für das Manöver. Nehmen Sie daran teil?‹ Ich wusste nicht, was das bedeutete, sagte mir aber, dass es meine Pflicht sei. Also erklärte der Feldwebel mir, wo der Manöverplatz sei und wann ich am nächsten Morgen erscheinen sollte. Also erschien ich pünktlich an besagtem Manöverplatz. Alle auf dem Platz, saßen hoch zu Ross, galoppierten, sprangen, warfen Lanzen. Ich stand da und wusste nicht, was das alles mit mir zu tun haben sollte. Der Feldwebel trat wieder auf mich zu, stand stramm, und sagte: ›Padre, es tut mir schrecklich leid, aber es hat sich herausgestellt, dass mehrere unserer Pferde erkrankt sind. So habe ich heute Morgen kein Pferd für Sie.‹ Das war für mich ein Schrecken und zugleich eine Erleichterung. Ein Schrecken, weil ich plötzlich verstand, dass ich reiten müsste, um an den Manövern teilzunehmen – ein Sport, den ich bislang weder getrieben noch je beobachtet hatte –, und eine Erleichterung, weil ich von diesem Schicksal vorübergehend verschont wurde. Zurück im zivilen Leben sagte ich mir, dass mir so eine Überraschung nicht noch einmal passieren würde. Ich bin sofort in eine Reitschule gegangen, habe mich dort eingeschrieben und bin jeden Tag, bei Regen wie bei Sonne, zur Reitschule gegangen. Reiten lernen hatte für mich absolute Priorität. Ein Jahr später kam ich wieder zu meinem Regiment. Am Abend nach meiner Ankunft kam wieder ein Feldwebel und fragte, ob ich am kommenden Tag am Manöver teilnehmen wolle. Voller Stolz sagte ich, dass ich mit der größten Freude kommen würde. Und tatsächlich kam ich am nächsten Morgen runter, nur um festzustellen, dass das gesamte Regiment motorisiert worden war. Ich aber«, sagte der Rabbiner, »bin in meinem Privatleben beim Reitsport geblieben.«

Militärdienst und Studienzeit

Nach meinem Abitur ging ich 1952 nicht wie erwartet und üblich direkt zum Militär, denn da ich die Grundschule bereits mit fünf Jahren begonnen hatte, war ich erst siebzehn und konnte noch nicht eingezogen werden. So begann ich direkt mit meinem Studium. Nach einem Jahr an der Universität wurde ich zwar eingezogen und habe den Sommer über die Grundausbildung absolviert, dann aber bekam ich die Genehmigung, weiterzustudieren und nach Abschluss meines Universitätsstudiums normal zu dienen. Parallel musste ich während meines Studiums allerdings alle meine Urlaube, Sommer- wie Feiertage, der Armee opfern und an verschiedenen Ausbildungskursen teilnehmen: Einheiten zum Umgang mit der Waffe und zur Orientierung auf dem Feld und in der Wüste sowie nachts. Hinzu kam ein hartes körperliches Training.

Wie im Gymnasium war ich auch an der Universität der Jüngste, nur war hier die Kluft viel größer. Weil meine Kommilitonen alle bereits ihren Militärdienst absolviert hatten, betrug der Altersunterschied nun drei bis vier Jahre. Das hatte Vor- und Nachteile für mich. Der Nachteil war natürlich, dass ich das »Kind« in der Gruppe war, das man nicht immer ernst nahm. Der Vorteil war, dass sich alle ein bisschen verantwortlich für mich fühlten und mich unterstützten und lotsten. Vor allem überhäuften sie mich mit Ratschlägen für meinen noch ausstehenden Militärdienst.

Zu meinen Universitätserfahrungen gehört auch meine erste große Liebe – die zur französischen Sprache. Englisch sprach ich schon recht gut, weil mein Vater während meiner Zeit am Gymnasium einen Auftrag bekommen hatte, der ihn und uns gezwungen hatte, eine Weile in New York zu leben. Da meine Eltern viel zwischen New York und Tel Aviv pendelten, lebte ich allerdings nicht bei ihnen, sondern in einem amerikanischen Internat. Das war mir sehr recht so. Zum einen war ich auf diese Weise von meinem Vater entfernt, zu dem ich von klein auf eine schwierige Beziehung hatte, zum anderen musste und konnte ich dadurch sofort ins kalte Wasser der amerikanischen Jugend und Sprache tauchen. In der Tat war der Schock für mich zunächst sehr groß: Ich fühlte mich völlig verunsichert, weil mein Gymnasialenglisch aus Israel bei Weitem nicht ausreichte. Ich verstand weder meine Schulkameraden noch meine Lehrer. Einmal kam ich beispielsweise in einen Klassenraum, in dem ich nichts verstand, und erst im Nachhinein begriff ich, dass ich gar nicht im richtigen Klassenraum war. All dies dauerte aber glücklicherweise nicht sehr lange, und ich widmete mich schnell voller Begeisterung dem Unterricht und lernte die Sprache innerhalb weniger Wochen gut genug, um mich sowohl im Klassenraum als auch im Umgang mit meinen Schulkameraden wie ein Fisch im Wasser zu fühlen. Auch New York begeisterte mich zunehmend, und ich verbrachte meine Freizeit damit, die Stadt zu Fuß oder mit der U-Bahn zu erkunden. Fernseher hatten wir im Internat nicht, aber ich ging sehr oft ins Kino – mit der Begründung, dass ich so schneller Englisch lernen würde.

Mich begeisterten die Größe New Yorks, das Aussehen der mächtigen Stadt und die neue Welt, die ich entdeckte. Vor allem aber spürte ich zum ersten Mal die Freiheit. Noch nie hatte ich mich so frei gefühlt wie nun in New York. Ich konnte stundenlang in den Straßen Manhattans herumlaufen und in die Höhe starren. Die Wolkenkratzer waren überwältigend, und ich war überwältigt, wie sehr sie mich begeisterten. Immerhin hatte ich bis dahin noch nie ein Gebäude gesehen, das mehr als vier Stockwerke hoch war. Und die Supermärkte! Die Supermärkte faszinierten mich besonders. Nicht nur wegen ihrer Dimensionen, sondern vor allem auch wegen des reichhaltigen Angebots an Lebensmitteln. Bei uns konnte man Lebensmittel damals nur in kleinen Tante-Emma-Läden kaufen, und das Angebot war sehr begrenzt, zumal durch die Austeritätspolitik die Lebensmittel rationiert waren.

Wenn ich nicht durch die Straßen lief, fuhr ich U-Bahn. Auch das war eine ganz neue Erfahrung für mich, denn auch eine U-Bahn gab (und gibt) es in Israel nicht. Damals kostete das Ticket einen Nickel – fünf Cent –, und es ermöglichte einem, stundenlang herumzufahren und Menschen zu beobachten. Dadurch erschloss sich mir ein völlig neues Universum. Ich hatte genug Möglichkeiten, es zu erkunden, da das Internat, das ich besuchte, sehr offen war und auf Disziplin wenig Wert legte. Es gab zwar gewisse Hausregeln, aber wir konnten dennoch so gut wie alles machen, was wir wollten. Wir teilten uns zu viert ein Zimmer, und in zwei Kantinen konnten wir uns mit Bons kaufen, wonach uns der Sinn stand.

Zu meinen Erfahrungen in Amerika gehörten auch Kontakte mit Mädchen. Ich war überrascht, dass sich Mädchen in meinem Alter schminkten – in Israel kam dies nur selten vor –, und so begannen die Mädchen mich ernsthaft zu beschäftigen. Nicht, dass ich nicht schon in Israel über Mädchen nachgedacht hätte, aber sie schienen mir damals noch weit entfernt zu sein. In New York musste ich feststellen, dass meine Schulkameraden tatsächlich schon Freundinnen hatten. Ich war verzweifelt, dass ich keine Freundin hatte, und fragte einen Freund, wie man eine Freundin bekommen könne. Der lachte herzlich und sagte: »Pass auf, ich nehm dich heute Abend mit in einen Klub, in dem getanzt wird.«

Ich unterbrach ihn: »Aber ich kann doch gar nicht tanzen.«

»Das macht nichts. Wir gehen hin, und du sagst mir, wenn dir eine gefällt, und dann werde ich euch einander vorstellen.«

»Und was mache ich dann?«

»Dann lädst du sie ins Kino ein.«

Das machte ich.

Ich kann mich bis heute an ihren Namen erinnern: Naomi Wertheimer. Naomi war dunkelhaarig und hatte große, dunkle Augen und dicke, volle Lippen, die mich mit ihrem roten Lippenstift besonders reizten. Sie nahm meine Einladung ins Kino sofort an. Wir gingen zu Fuß und saßen nebeneinander. Dann begleitete ich sie nach Hause, ohne dass ich sie ein einziges Mal berührte. Auf dem Weg haben wir viel miteinander geplaudert, und ich hatte den ganzen Abend über Herzklopfen. Ich fragte sie, ob ich sie noch einmal ins Kino einladen dürfte, und wir verabredeten ein weiteres Treffen.

Später erzählte ich meinem Freund ganz aufgeregt, wie es gelaufen war, und fragte ihn dann, ob er meine, ich hätte sie küssen können.

»Ja, natürlich, das machen wir doch alle.«

»Ich hätte sie also nach dem Kino auf die Wangen küssen sollen?«

»Auf die Wangen? Auf die Lippen, sie ist doch nicht deine Mutter.«

Das konnte ich nicht glauben. Auf die vollen Lippen, die mich so gereizt hatten? »Das meinst du nicht ernst! Wie im Film? Und wie soll ich das machen?«

Er erklärte, dass ich sie beim nächsten Mal nach dem Kino nach Hause bringen und sie an der Haustür fragen solle, ob ich sie küssen dürfe. Solange sie nicht Nein sagen würde, reiche es.

Dieses Mal hatte ich auf dem Weg zurück noch mehr Herzklopfen und konnte mich kaum auf das Gespräch konzentrieren. Vor ihrer Haustür fragte ich sie: »Darf ich dich küssen?«

Sie guckte mich an und gab mir keine Antwort, und so küsste ich sie. Sie ließ mich sie küssen, dann reichte sie mir die Hand und sagte »Gute Nacht«.

Ich fragte, ob ich sie wieder anrufen dürfe, und sie sagte: »Natürlich.«

Danach ging ich zurück ins Internat. Nein, ich ging nicht, ich rannte. Und ich dachte, mein Herz würde mir die Brust sprengen. So glücklich war ich noch nie gewesen. Natürlich erzählte ich meinem Freund davon, und er sagte: »Na wunderbar, mach so weiter.«

Als ich Naomi am nächsten Tag anrief und sie erneut ins Kino einlud, sagte sie jedoch: »Was denkst du denn, wer ich bin? Dass ich einfach so mit Jungs ins Kino gehe und sie mich küssen dürfen?«

Ich habe ihre vollen roten Lippen nie wiedergesehen. Aber von nun an hatte ich den Mut, Mädchen anzusprechen.

Dank dieses Aufenthaltes also konnte ich, als ich auf die Universität kam, besser Englisch sprechen als meine Kommilitonen. Da ich nicht gemeinsam mit ihnen Englisch lernen wollte, wählte ich Französisch als obligatorische Fremdsprache, und so fand ich mich in einer Klasse von Studenten wieder, die wie ich noch keine Ahnung von der französischen Sprache hatten, aber allesamt vom ersten Tag des Unterrichts an von der Französischlehrerin bezaubert waren. Rachel Tennen war, wie ich später erfahren sollte, sechsunddreißig Jahre alt und in Rumänien, wo sie geboren und aufgewachsen war, zur Französischlehrerin ausgebildet worden. Für mich sollte sich das später als Problem herausstellen, weil die schöne Dame zwar perfekt Französisch beherrschte, aber einen rumänischen Akzent hatte. So sprach schließlich unsere ganze Klasse Französisch mit einem rumänischen Akzent.

Die schöne Frau Tennen wählte eine sehr persönliche Methode, um uns die Sprache beizubringen: Sie kokettierte, scherzte und flirtete beinahe mit uns. Sie schaute jedem Einzelnen von uns mit ihren großen dunkelblauen Augen mit herausforderndem Blick tief in die Augen. Sie stand nur ganz selten am Pult, sondern lief durch die Reihen und sprach uns ganz individuell an, was bei einer Klasse von nur sechzehn Schülern auch gut ging. Ihre tiefen Blicke bereiteten mir immer Herzklopfen, umso mehr, da ich wie alle anderen nicht immer verstand, wovon sie überhaupt sprach.

Eines Tages lehrte sie uns einen französischen Klassiker: *Le rouge et le noir (Rot und Schwarz)* von Stendhal. Das Buch beschreibt den Aufstieg eines Bauernjungen in einer Kleinstadt in Frankreich in den Zwanzigerjahren des 19. Jahrhunderts. Der Junge, Julien Sorel, wird in der Kirche zum Pfarrer ausgebildet und vom Bürgermeister der Kleinstadt als Lehrer für seine Kinder engagiert. Der Bürgermeister, ein reicher Mann, ist mit einer schönen Frau verheiratet, die viel jünger ist als er. Da der Mann selten zu Hause ist, beobachtet seine Frau den jungen Sorel gelegentlich.

Frau Tennen las uns einen Abschnitt aus dem Buch vor, der am Ende des Tages im Garten des Bürgermeisters angesiedelt ist. Die drei Kinder spielen im Garten, die Mutter und Julien beaufsichtigen sie von einer Bank aus. Julien ist in dieser Situation nicht nur aufgeregt, sondern auch erregt und wittert seine Chance, diese hochkarätige Dame zu erobern. Er stellt sich vor, seine Hand auf die der Bürgermeistersgattin zu legen, wenn es dunkler wird. Als er seine Hand langsam und tastend nach vorne schiebt, verliert er in letzter Minute den Mut und zieht die Hand zurück, dann zögert er wieder. Sollte die Dame seine Werbung nicht akzeptieren, geht er schließlich ein Risiko ein und würde nicht nur einen Skandal auslösen, sondern wahrscheinlich sowohl seinen Posten als auch den Schutz der Kirche verlieren. Er zögert, zieht seine Hand immer wieder zurück und …

Da hörte meine Lehrerin auf vorzulesen, schaute uns an und kam auf mich zu. »Was hätten Sie getan? Hätten Sie die Hand der Dame genommen?«

Ich war selten in meinem Leben so verunsichert wie in dieser Situation. Zunächst war ich mir nicht sicher, ob ich den Text und die Frage richtig verstanden hatte. Vor allem aber sah die Gattin des Bürgermeisters in meinem Kopf so aus wie Frau Tennen. Wenn ich es richtig in Erinnerung habe, dann bin ich wohl rot angelaufen, denn ich spürte, wie meine Wangen und Ohren brannten. Zum Glück wandte Frau Tennen sich schnell von mir ab und ging zum nächsten Schüler weiter, der immerhin vier Jahre älter war und etwas selbstbewusster.

Frau Tennen begnügte sich nicht mit dem Unterricht im Klassenraum, sondern lud uns ab und zu auch zu sich nach Hause ein, wo sie uns Kaffee und Kuchen anbot und uns französische Volkslieder vorspielte. Sie erzählte uns französische Volksmärchen und erklärte uns die Geschichte des Landes. Wie hätte ich mich also nicht Hals über Kopf in die französische Sprache verlieben können? In späteren Jahren habe ich viel Französisch gesprochen, vor allem in Afrika, Frankreich und Brüssel. Meine Französischkenntnisse waren mir aber auch in unerwarteten Bereichen sehr nützlich, so habe ich »meinen« ersten Deutschen mithilfe der französischen Sprache kennengelernt, und ich habe bis Mitte der Neunzigerjahre auch auf Französisch mit ihm kommuniziert.

Frau Tennen selbst habe ich nach meinem Studium jahrzehntelang nicht mehr gesehen. Im Jahr 2000 aber veröffentlichte ich in Frankreich ein Buch mit dem Titel *Le Triangle des passions*, in dem ich am Rande erwähnte, dass ich bei einer großartigen Lehrerin an der Hebräischen Universität in Jerusalem Französisch gelernt hatte. Daraufhin lud mich die Abteilung für Französisch der Universität ein, das Buch vorzustellen. Als ich dorthin kam, war der Saal mit mindestens dreihundert Menschen ganz voll. Ich stand am Pult, schaute mein Publikum an und entdeckte Frau Tennen, die dort saß, sofort. Sie war inzwischen 84 Jahre alt, aber immer noch eine beachtliche Erscheinung. Nach dem Vortrag und der Podiumsdiskussion trafen wir uns, und ich erzählte ihr, wie sehr sie mich immer begeistert und wie oft ich an sie gedacht hatte. Sie erwiderte, dass sie meine Karriere verfolgt habe und auf mich, als einen ihrer Schüler, immer stolz gewesen sei. 54 Jahre nach der Geschichte von *Rot und Schwarz* hatte ich plötzlich das gute Gefühl, ein Lebensziel erreicht zu haben.

Ich studierte in diesen Jahren Wirtschaft, Politikwissenschaft und Internationale Beziehungen an der Hebräischen Universität

Jerusalem, die damals abgesehen von der Technischen Universität
in Haifa die einzige Universität des Landes war. Ich ließ mich mit
siebzehn Jahren in Jerusalem nieder und verließ die Stadt, abgesehen von meinen diplomatischen Dienstreisen, erst mit meiner
Pensionierung wieder.

Das Leben in Jerusalem, weit vom Elternhaus entfernt, war für
mich zu diesem Zeitpunkt eine große Erleichterung. In diesem
Alter gieren junge Menschen oft nach Selbstständigkeit (heute
vielleicht weniger). Das war auch bei mir der Fall, aber es gab noch
einen wichtigeren Grund, aus dem ich das große Bedürfnis hatte,
mich von meiner Familie zu entfernen: Ich wurde zuhause, besonders von meinem Vater, religiös erzogen. Mein Vater war zwar
kein ultraorthodoxer Jude, aber da er in allem stur war – oder etwas autistisch –, war er auch in Bezug auf die Religion nicht flexi-
bel. Als Kind hinterfragte ich das nicht. Ich glaubte an alles, was
man mir erzählte, also an Gott und an die Grundsätze der jüdischen Religion. Im Gymnasium aber begann ich darüber nachzudenken. Ich hatte eigentlich keinen Grund, mich von der Religion
lossagen zu wollen. Ich wollte sie besser verstehen, vor allem die
Logik dahinter, denn ich hatte damals noch nicht richtig begriffen,
dass Religion und Logik einander widersprechen: Religion ist
eine Sache des Glaubens und der Emotionen, aber nicht der rei-
nen und kalten menschlichen Logik. Lehrern und Geistlichen
stellte ich Fragen, ihre Antworten befriedigten mich aber nicht.
Sie wollten mich natürlich davon überzeugen, dass alles in der
Religion vollkommen logisch ist, was mir nicht einleuchtete.

Meinen Vater konnte ich nicht fragen – er, der meinen Geschwistern und mir regelmäßig das Prinzip der Logik predigte,
war in dieser Sache intolerant. Er verlangte von uns immer, logisch zu denken, bevor wir etwas sagten. Äußerten wir eine Meinung oder stellten wir eine Frage, die ihm nicht gefiel, sagte er
sofort ganz streng: »Bist du sicher, dass das, was du gerade gesagt
hast, Sinn hat? Hast du im Voraus an die Logik deiner Frage gedacht?« Er selbst beantwortete jede Frage logisch, rational und

ausführlich. Betraf sie aber die Religion, so wurde er wütend, da man seiner Meinung nach solche Fragen nicht stellen und das Thema nicht hinterfragen durfte.

Letzten Endes kam ich zu der Schlussfolgerung, dass ich schlicht und einfach nicht glaube. Ich sagte mir, dass ich an drei Prinzipien glauben müsste, um ein frommer Jude sein zu können: Zum Ersten daran, dass es einen Gott gibt. Zweitens, dass dieser Gott einmal die Menschen angesprochen und ihnen befohlen hat, was sie zu tun und zu lassen hätten. Drittens, dass das, was Gott den Menschen befohlen hat, ganz genau und ausschließlich die jüdische Religion ist.

Zuerst habe ich die dritte Frage verneint. Ich konnte nicht nachvollziehen, warum Gott, wenn er die Menschheit dirigieren wollte und von den Menschen ein bestimmtes und detailliertes Verhalten erwartete, dieses nur und ausschließlich einer winzigen Minderheit der Menschheit mitteilen sollte. Zu dieser Frage habe ich von verschiedenen Geistlichen verschiedene Antworten bekommen, die mir aber nicht im Geringsten einleuchteten.

Die zweite Aussage, dass Gott die Menschen angesprochen hätte, habe ich ebenfalls verneint. Schon deshalb, weil es so viele unterschiedliche Religionen weltweit gibt, die alle meinen, das Wort Gottes zu besitzen, und die einander im Laufe der Geschichte mit dem größten Hass bekämpft haben. Ich dachte, dass Gott allen Menschen die gleichen Gesetze und Regeln gegeben hätte, wenn er den Menschen tatsächlich eine Lebensweise empfehlen wollte. Überhaupt fand ich die Überzeugung der gläubigen Menschen, dass es nur eine einzige, absolute Wahrheit gebe, schwierig und habe sie als Widerspruch zur Natur des Menschen verstanden. Schließlich entwickeln wir uns unser Leben lang weiter, ändern unsere Ansichten, lernen neue Dinge. Als General Moshe Dayan einmal vorgeworfen wurde, er habe seine Meinung geändert, sagte er: »Nur ein Esel ändert seine Meinung nie!« Als absolute Wahrheit betrachte ich bis heute nur die Mathematik.

Auf die erste Frage schließlich hatte ich keine Antwort. Um ein frommer Jude sein zu können, war diese Antwort jedoch auch nicht mehr relevant, weil man kein frommer Jude mehr sein kann, ob es nun einen Gott gibt oder nicht, wenn man die jüdische Religion nicht als das einzige Gotteswort betrachtet.

In meinem 17. Lebensjahr – ich hatte soeben das Gymnasium absolviert – entschied ich mich, diese Überzeugung meinem Vater mitzuteilen. Ich habe immer Angst vor meinem Vater gehabt, dieses Mal ganz besonders. Ich nahm an, er würde wütend reagieren, mir vielleicht sogar eine Ohrfeige versetzen, mich aber auf jeden Fall aus dem Haus werfen. Ich hatte mir aber vorher lange eingeredet, dass es meine Pflicht sei, es ihm zu sagen, was auch immer es mich kosten würde. Mein Vater reagierte unerwartet bedacht. Er hatte sicherlich schon geahnt, wohin meine Gedanken mich geführt hatten, denn er konnte ja schon lange beobachten, wie wenig begeistert ich von Religion und religiösen Zeremonien war. So war er wahrscheinlich schon auf so ein Gespräch vorbereitet.

»Ich kann dich verstehen, so etwas kommt bei jungen Leuten vor«, sagte er ganz ruhig. »Ich kann dir auch nicht vorschreiben, was du glauben oder nicht glauben sollst. Eine Bitte habe ich jedoch: Denk darüber nach, wie jung du bist und dass du bereits jetzt deine Meinung zu einem Hauptthema deines Lebens geändert hast. Wenn du so jung in so einer wichtigen Frage deine Meinung änderst, dann musst du damit rechnen, dass du deine Meinung vielleicht noch einmal ändern wirst. Brich die Brücken hinter dir also nicht völlig ab, sodass du einen Rückweg hast. Du kannst glauben oder nicht glauben, was du willst. Hör aber nicht auf, die Religion zu praktizieren.« Das bedeutete, weiterhin täglich zu beten, koscher zu essen, den Sabbat zu halten.

Ich war von dieser Antwort so überrascht, dass ich nur noch stottern konnte: »Ja, ja, ja … Ich, äh … ja.« Es wäre mir aber nicht eingefallen, mich in meinem Alltag weiter religiös zu geben, da ich vollkommen davon überzeugt war, nicht an einen Gott zu glauben. Also musste ich meinen Vater anschwindeln, und das war unerträglich. Der Umzug nach Jerusalem war für mich deshalb eine Erlösung.

Meine Mutter reagierte viel nüchterner als mein Vater. Sie praktizierte die Religion sowieso eher meinem Vater zuliebe. Als sie mich kurz nach meinem Umzug nach Jerusalem besuchte, sagte sie: »Mir musst du keine Lügen auftischen, ich kenne dich doch. Wenn du wirklich davon überzeugt bist, dass du nicht glaubst, dann brauchst du dich auch nicht wie ein religiöser Jude zu verhalten. Bei mir kannst du ehrlich und offen sein und musst kein Theater spielen. Und was deinen Vater betrifft: Glaube nicht, dass er so naiv ist, wie du denkst. Ihm ist klar, dass er dich in dieser Sache zu nichts mehr zwingen kann, aber er denkt an sich, und weil er ein gläubiger Mensch ist und Gott fürchtet, will er alles richtig machen. Gott soll verstehen, dass er alles Mögliche getan hat, um dich im Schoß der Religion zu halten. Wenn ihm das nicht gelungen ist, dann war es nicht seine Schuld.«

Von dem Moment an, in dem ich mich von der Religion lossagte, fühlte ich mich frei. Ich musste nicht mehr ausschließlich koscher essen, ich musste am Samstag und an den jüdischen Feiertagen meine Tätigkeiten nicht der Religion entsprechend begrenzen, ich musste nicht mehr beten. Ich hatte aber nun auch keine Abneigung mehr gegen die Religion, weil ich mich nicht mehr bedrängt fühlte. Wenn ich heute zu einer Zeremonie in der Synagoge gehe, so tue ich es nicht aus Zwang, sondern weil ich es so möchte. Und ich respektiere die jüdische Religion, weil sie für mich ein Teil der nationalen Kultur und Tradition ist. Das Alte Testament ist für mich auch ein Geschichtsbuch meiner Historie. Wenn ich zur Religion ein so freies Verhältnis haben darf, habe ich kein Problem mit ihr. Im Gegenteil.

In meinem Umfeld waren und sind fast alle säkular – an der Universität, im Militärdienst, im Auswärtigen Amt usw. kam ich selten in Kontakt mit Religiösen. Überhaupt ist der Staat an sich ein säkularer Staat, die Religion bildet lediglich den kulturellen

Hintergrund, und auch die Mehrheit der Bevölkerung ist in ihrem Alltag und ihrer Lebensart säkular. Ich habe mich also letztlich von einer religiösen Minderheit gelöst und wurde Teil der säkularen Mehrheit. Diese Mehrheit fühlt sich nicht im religiösen Sinne des Wortes als Juden, sondern im nationalen, traditionellen und kulturellen Sinne. Unser Bündnis mit dem Judentum ist eine Schicksalsgemeinschaft. Als Israelis können wir ohnehin nur Angehörige einer Nation und nicht einer Religion sein, weil mindestens 22 Prozent der israelischen Bevölkerung und Staatsangehörigen keine Juden sind.

Für mein Studium musste ich zwei Hauptfächer wählen, und ich entschied mich, wie erwähnt, für Wirtschaft und Politikwissenschaft. Im ersten Jahr hatten wir daneben auch Seminare aus anderen Bereichen zu belegen, unter anderem einen Kurs in jüdischer Geschichte. Wahrscheinlich hätte niemand diesen Kurs besucht, wäre er kein Pflichtkurs gewesen, denn abgesehen von der biblischen Geschichte der Juden, die sich im Land Israel ereignet hatte, interessierten wir uns für die 2000-jährige Geschichte der Juden in der Diaspora so gut wie gar nicht. Wir waren doch die neuen, stolzen Juden: Wir ehrten die Landwirtschaft, wir ehrten die Streitkräfte, wir ehrten die Wissenschaft und die Technologie, und wir wären nicht wie »Lämmer zur Schlachtbank« gegangen. Letztlich waren wir jung, hochnäsig und arrogant. Die jüdischen Gemeinden, die in der Diaspora gelebt hatten, verachteten wir.

Da es sich aber um einen Pflichtkurs handelte, sammelten sich Studenten aus allen Fakultäten in der Aula, um die Vorlesung zur jüdischen Geschichte zu hören. Herein trat ein Professor, an den ich mich bis heute erinnere: Chaim Hillel Ben-Sasson, dessen Neffe Menachem Ben-Sasson heute Präsident der Hebräischen Universität in Jerusalem ist. Im Saal herrschte eine gelöste Stimmung: Die Studenten, die keine Absicht hatten, der Vorlesung zu folgen, sprachen laut miteinander, witzelten und lachten viel.

Ben-Sasson wartete ein paar Sekunden und sagte dann laut ins Mikrofon: »Ich möchte Ihnen aus den Tagebüchern des faschistischen italienischen Außenministers Graf Gian Galeazzo Ciano vorlesen.«

Das war merkwürdig. Was hatte Ciano in einer Vorlesung über die jüdische Geschichte verloren? Wir wurden neugierig und infolgedessen ruhig. So erfuhren wir, dass Ciano – ein junger, hochnäsiger Faschist, der Schwiegersohn von Mussolini – jeden Abend ausführlich in seinem Tagebuch niedergeschrieben hatte, was ihm tagsüber passiert war. 1938 war er offiziell nach Polen eingeladen und dort mit allen Ehren empfangen worden. In seinen Aufzeichnungen empörte er sich über die Reden seiner polnischen Gastgeber und schrieb, dass diese Polen in der Vergangenheit lebten und gar nicht wüssten, was Italien sei. Sie priesen Italien für seine großen Künstler, Bildhauer, Maler, Komponisten, Schriftsteller und Dichter und wüssten gar nicht, dass es heute ein ganz anderes, mächtiges und faschistisches Italien gebe – ein Italien, dem »acht Millionen Bajonette« zur Verfügung stünden.

An dieser Stelle unterbrach Ben-Sasson seine Vorlesung und schaute uns an: »Wie viel die acht Millionen Bajonette wert waren, wissen wir heute. Was aus dem mächtigen, faschistischen Italien geworden ist, wissen wir ebenfalls. Was die italienische Kultur wert ist, wissen wir aber noch besser. Wer seinen historischen Hintergrund und seine traditionelle Kultur zugunsten der Bajonette verachtet, ist so viel wert wie Ciano.«

Von da an hörten wir ihm wie gebannt zu.

Nachdem ich mein Studium in Jerusalem 1955 abgeschlossen hatte, ging ich wie geplant in den Militärdienst. Der reguläre Militärdienst war damals etwas kürzer als heute; wir Männer mussten damals zweieinhalb Jahre dienen, die Frauen zwei Jahre. Für uns war es immer selbstverständlich, dass auch Frauen Militärdienst leisteten, denn schon vor der Entstehung der israelischen Armee kämpften Frauen in den Untergrundorganisationen mit. Wie heute waren religiöse Frauen – oder die, die sich als religiös ausgaben – allerdings vom Militärdienst befreit. Die israelische Armee war zunächst ganz und gar von der britischen Armee geprägt. Nach Ben-Gurions Willen wurde ein Teil der ersten Offiziere, die noch aus den jüdischen Untergrundorganisationen stammten, allmählich herausgedrängt, und die Offiziere, die im Zweiten Weltkrieg in der britischen Armee gedient hatten, bekamen Vorrang und gestalteten die Armee nach britischem Vorbild um. Für Ben-Gurion war das eine Art Verstaatlichung, denn er wollte unterschiedliche Tendenzen und Fraktionen in der Armee vermeiden und stattdessen eine moderne, einheitliche und organisierte Armee aufbauen, wie es sich für einen souveränen Staat gehörte.

Ich bin mir nicht sicher, ob Ben-Gurion mit dieser Entscheidung ganz richtig lag, denn die Armee, die sich aus den Untergrundorganisationen entwickelt und im Unabhängigkeitskrieg gekämpft hatte, hatte sich bewährt und funktionierte nicht auf Basis blinder Disziplin, sondern beruhte auf einem Zusammengehörigkeitsgefühl. Soldaten und Offiziere nannten sich beim Vornamen, und die Armee handelte nach dem Grundsatz, dass die Soldaten alles verstehen sollten, was die Armee von ihnen verlangte, und den Gründen für die Befehle zustimmen sollten. Das bedeutet nicht, dass es damals keine Disziplin gab, aber eben mehr Vernunft als ein blindes Befolgen von Befehlen.

Als ich meinen Militärdienst absolvierte, hatte sich das bereits geändert. Es herrschte blinde Disziplin, und wir mussten unheimlich viel Zeit auf Dinge verschwenden, die mir heute wie unnötige Nebensächlichkeiten vorkommen. Wir mussten beispielsweise stundenlang auf dem Paradeplatz der Kaserne exerzieren – mit Waffen und ohne Waffen. Das war ein Großteil der Übungen. Außerdem spielte die äußere Erscheinung eine große Rolle. Wir mussten uns jeden Tag in einer pingeligen Art und Weise rasieren, unsere Schuhe putzen und unsere metallenen

Rangabzeichen wienern, bis sie wie Gold glänzten. Hatte ein Soldat »gesündigt«, musste er in der Sonne zu Mittag essen – im israelischen Sommer war das tatsächlich eine harte körperliche Strafe, erst recht für mich, der ich die Hitze nicht mochte.

Das Allerschlimmste aber war, was man damals »Wasserdisziplin« nannte. Die Briten, die im Zweiten Weltkrieg in der nordafrikanischen Wüste gekämpft hatten, waren zu der Schlussfolgerung gekommen, dass Soldaten besonders in der heißen Wüste auf Wassermangel vorbereitet sein müssten. Deshalb bekamen sie während ihrer Übungen, bei denen sie sich physisch in der heißen Sonne verausgaben mussten, fast kein Wasser, damit sie sich daran gewöhnten. Wir Rekruten haben während unserer Übungen in der israelischen Wüste eine Feldflasche Wasser pro Tag bekommen, mit deren Inhalt wir uns pflichtgemäß rasieren und uns die Zähne putzen mussten, denn auch das wurde kontrolliert. Dann mussten wir zwölf bis sechzehn Stunden lang schwere körperliche Übungen absolvieren und uns mit dem verbliebenen Wasser begnügen. Als die Militärärzte infrage stellten, ob das sinnvoll sei, wurde ihnen geantwortet: »Aber sicher, so haben es doch die Briten gemacht.«

Viele von uns wurden krank, viele haben Amöben bekommen, Hämorrhoiden und andere Krankheiten. Ich selbst habe infolge dieser Wasserdisziplin jahrelang unter Darmproblemen gelitten.

Nach meinem Militärdienst erfuhr ich, dass die Wasserdisziplin abgeschafft wurde. Und wenn ich heute einem Soldaten von Wasserdisziplin erzähle, sagt er: »Ja, natürlich kenne ich das, das haben wir auch.« Nur ist damit inzwischen etwas anderes gemeint. Heute werden die Soldaten gezwungen, während der Übungen besonders viel Wasser zu trinken, und auch das wird »Wasserdisziplin« genannt.

Bis heute habe ich aufgrund dieser Politik einen empfindlichen Darm, aber zumindest keinen kranken mehr. Das habe ich einem fähigen Arzt zu verdanken: Im Jahr 1969 war ich an der israelischen Botschaft in Paris tätig und hatte wieder (und wie schon oft) starke Schmerzen. Ich besuchte den Hausarzt der Botschaft, der mir sagte, dass er ein solches Problem nicht lösen könne und ich mich wahrscheinlich mein Leben lang mit dieser Krankheit herumschlagen müsste. Vielleicht lohne es sich aber, einen jungen Gastroenterologen aufzusuchen, der in Paris hoch angesehen sei. Er gab mir Namen und Adresse des Arztes, warnte mich aber, dass es schwierig sein werde, einen Termin bei ihm zu bekommen. Und tatsächlich: Als ich anrief, sagte mir die Sekretärin, dass es bestimmt ein paar Monate dauern werde, einen Termin zu bekommen.

Ich sagte: »Ach, ich habe ja ein chronisches Problem, ich kann warten«, und hinterließ meinen Namen und meine Telefonnummer in der Botschaft.

Wenige Stunden später rief mich ein Mann an, der sich mir als Bernard Kouchner vorstellte. »Sie sagten, Sie wollten mich sehen?«

Es dauerte eine Sekunde, bis es bei mir durchsickerte und ich verstand, dass es der Arzt war. Es wunderte mich, dass er mich persönlich anrief.

Er fragte, warum ich unter der Nummer der israelischen Botschaft zu erreichen sei, und ich erwiderte, dass ich dort arbeitete. »Ach so«, sagte er. »Sie sind also Israeli? Israelischer Diplomat?«

Als ich die Frage bejahte, fragte er, wann ich kommen wolle.

»Sobald Sie bereit sind, mich zu empfangen.«

»Na, dann kommen Sie doch jetzt«, sagte er.

Bernard Kouchner war ein kleiner Mann, gut aussehend und sehr energisch. Er untersuchte mich gründlich, behandelte mich lange und bombardierte mich währenddessen mit Fragen über den Nahen Osten und Israel. Er kannte sich sehr gut aus, nicht nur in Bezug auf Israel, sondern auch in Bezug auf das Judentum. Er war selbst Jude und würde später unter Sarkozy Außenminister Frankreichs werden; vorher war er Minister in verschiedenen anderen Regierungen. Weltberühmt aber wurde er, als er die Organisation »Ärzte ohne Grenzen« gründete und leitete. Wir haben den Kontakt zueinander seit diesem ersten Treffen immer aufrechterhalten.

Was mich damals interessierte, waren jedoch nicht seine politischen Interessen, sondern sein Können als Arzt. Mein Problem hat er fast vollständig gelöst.

Die Armee hat bei mir noch eine weitere medizinische Erinnerung hinterlassen: einen offenen Beinbruch, bei dem ein Teil des Knochens zersplitterte.

Ich weiß nicht, ob ich in dieser Situation Angst hatte, weil ich nicht glaube, dass ich logisch und vernünftig denken konnte. Mein Bein schmerzte jedenfalls unbändig, und wahrscheinlich stand ich unter Schock. Ich wurde mit anderen Verletzten in einen Lkw verfrachtet und dann stundenlang über Sandstraßen in ein Lazarett gebracht. Ein Beinbruch, noch dazu ein offener, ist zu schmerzhaft, um es zu beschreiben. Das Ruckeln des Lkw glich einer Folter. Ich konnte nur einen Gedanken fassen: »Wann kommt die Betäubung?«

Als ich endlich das Lazarett erreichte, sollte man mich schnell in den Operationssaal bringen. Eine junge Krankenschwester, eine Soldatin, hatte die Aufgabe, mich auf die Operation vorzubereiten, und wollte mir die Hose ausziehen. Sie versuchte, die Hose herunterzuziehen, was natürlich furchtbar wehtat.

Ich schrie wieder, so laut ich konnte: »Hören Sie auf! Schneiden Sie die Hose ab!«

Sie schaute mich böse an und sagte kalt: »Kommt nicht infrage, das ist Militäreigentum.«

Jahrzehnte später habe ich meine Verletzung in meinem Roman *Süß und ehrenvoll* verarbeitet. Ich habe mir das Leben leicht gemacht und meine Erfahrung meinem deutschen Protagonisten Ludwig zugeschrieben.

Süß und ehrenvoll habe ich auf Hebräisch geschrieben, und der Text wurde von einer sehr bekannten Übersetzerin, der deutschstämmigen Beate von Schwarze, die in Israel lebt, ins Deutsche übertragen. Als sie an dem Text arbeitete, rief sie mich an und sagte: »Ich rate Ihnen, die Geschichte mit der Krankenschwester und der Hose zu streichen.«

»Warum?«, fragte ich.

»Weil das nicht glaubwürdig ist«, antwortete sie. »So etwas würde im echten Leben nicht vorkommen. Die Leser werden das als übertrieben empfinden.«

»Tja«, sagte ich, »manchmal ist die Realität schlimmer als die Fantasie. Ich habe diese Geschichte nicht erfunden, sie ist mir persönlich passiert, also lassen wir es drin.«

Etwas später hatte ich eine Lektorin in Deutschland, Regine Weisbrod, die den Text überarbeitete. Sie hat mir sehr viele intelligente und nützliche Ratschläge gegeben, kam aber genau wie Beate von Schwarze auf die Idee, mich zu bitten, die Geschichte von der Krankenschwester und der Hose zu streichen.

Letztlich ist die Geschichte im Buch geblieben, wie manch andere Geschichten in meinem Roman, die wohlwollende Berater als unrealistisch bezeichneten, die aber aus meinem Leben stammen. *Süß und ehrenvoll* war später Anlass für das erste internationale Kolloquium über Juden im Ersten Weltkrieg. Initiatorin war die ehemalige österreichische Außenministerin, die heutige Botschafterin in Paris, Ursula Plassnik. Sie hat, nachdem sie das Buch gelesen hat, dafür gesorgt, dass die Geschichte der jüdischen Soldaten im Ersten Weltkrieg weltweit bekannt wird, und hat am 18. und 19. November 2014 mit der Sorbonne ein zweitägiges Kolloquium zu diesem Thema ins Leben gerufen, zu dem hochrangige Historiker aus verschiedenen europäischen Ländern eingeladen wurden.

So wie es dem fiktiven deutsch-jüdischen Soldaten im Ersten Weltkrieg in meinem Roman widerfuhr, so geschah es auch mir. Man hat mich operiert, und mein ganzes Bein wurde eingegipst, was mir beim Aufwachen auffiel. Schmerzen hatte ich keine mehr, und ein Gips erschien mir eigentlich unproblematisch. »Na ja«, dachte ich, »ein Beinbruch ist keine schwere Verletzung. Ich

werde mich im Lazarett eine Weile ausruhen, und dann wird alles
wieder wie zuvor.« Zwei Wochen später brachte man mich ohne jegliche Erklärung wieder in den Operationssaal. Ich befand mich schließlich
in einem Militärlazarett, und so schuldete mir keiner eine Erklärung. Auch hier wurde die britische Disziplin imitiert. Als ich
aus der Narkose erwachte, hatte ich einen neuen Gips, eine genaue Kopie des alten. Ich konnte mir nicht erklären, was die Ärzte
gemacht hatten. Nach einer Weile aber kam eine Krankenschwester zu mir und erklärte mir, dass man bei der ersten Operation
festgestellt hatte, dass mein offener Beinbruch durch und durch
verschmutzt war. Im Operationssaal hatten sich drei Ärzte und
ein Arzt im Praktikum befunden. Die drei Ärzte hatten sich entschieden, das Bein zu amputieren, um mein Leben zu retten.
Der junge Praktikant hatte jedoch in einer frechen Art und Weise
interveniert und die Meinung geäußert, dass man damit noch
warten könne. Die drei rügten ihn und befahlen ihm zu schweigen, zuzuschauen und zu lernen. Er aber beharrte so lange auf
seiner Meinung, bis er die drei verunsicherte. Daher rührte die
Entscheidung, die Wunde zunächst nur zu reinigen, mir einen
Schafsknochen zu implantieren, weil mein eigener Knochen zer-
schmettert war, und die Wunde zu schließen. Zwei Wochen
später hatten sie sich die ganze Sache noch einmal anschauen
wollen, und bei der zweiten Operation waren sie zu der Schlussfolgerung gekommen, dass das Bein zu retten sei.

Nun sagte die Krankenschwester mir, dass die Ärzte das Bein
zwar gerettet hätten, es aber nie wieder normal funktionieren
würde.»Sie werden sich immer nur sehr langsam bewegen können und werden immer unter Schmerzen leiden, besonders in
der Kälte. Das ist aber alles besser als eine Prothese.«

Anders als man es vielleicht erwarten würde, war ich angesichts dieser Aussichten keineswegs bedrückt, sondern eher optimistisch oder sogar leichtsinnig. Ich war fest davon überzeugt,
dass dies keine Tragödie sei, sondern ein vorübergehender Zu-

stand, und dass das Bein mit genug Übung bald wieder einigermaßen normal funktionieren würde. Warum ich damals so dachte, weiß ich nicht, aber ich sollte recht behalten: Zwei Jahre später konnte ich Ski laufen.

Viel später in meinem Leben, während meiner Amtszeit in Deutschland, habe ich eine ähnliche Erfahrung gemacht. 1994 verletzte ich mich am Auge, und die Verletzung wurde wegen einer Fehldiagnose falsch behandelt. In der Folge litt ich nicht nur unter Schmerzen, sondern verlor meine Sehkraft im linken Auge. Ich rief daher einen bekannten Augenarzt im Hadassa-Hauptkrankenhaus in Jerusalem an. Während meiner Zeit im Auswärtigen Amt hatte ich in meiner Funktion als Verantwortlicher für die Beziehungen mit Afrika junge Augenärzte aus diesem Krankenhaus nach Afrika entsandt. Für die afrikanischen Staaten war das eine Hilfe gewesen, weil es in vielen Gegenden überhaupt keine Augenärzte gab, und für die israelischen Ärzte war es eine Freude gewesen, weil sie in Israel von solchen Möglichkeiten nur träumen konnten. Ein junger, noch unerfahrener Augenarzt bekam die vollständige Verantwortung für eine große Bevölkerung und konnte so in zwei oder drei Jahren in Afrika mehr Erfahrungen sammeln, als er es im Laufe seines Lebens in Jerusalem im Krankenhaus gekonnt hätte – eine Win-win-Situation, für die mir beide Seiten dankbar waren. Jahre später rief ich also den Abteilungsleiter in Jerusalem an, den ich einst nach Liberia entsandt hatte. Ich erzählte ihm von meiner Verletzung, und er sagte mir, ich solle sofort nach Israel kommen und vom Flughafen direkt ins Krankenhaus in Jerusalem. Das tat ich.

Ich wurde von der Nachtschwester empfangen, die zufälligerweise die Gattin eines Kollegen aus dem Auswärtigen Amt war. Der Arzt und seine Kollegen begannen sofort mit meiner Behandlung. Drei Tage und Nächte lang wurde mein Auge alle zehn Minuten behandelt, und ich konnte fast gar nicht schlafen. Am dritten Tag scherzte ich mit dem Augenarzt: »Ich bin bereit, alles zu gestehen. Was auch immer Sie sagen, ich unterschreibe alles.«

Zum ersten Mal verstand ich, dass man den Willen eines Menschen durch Schlafentzug brechen kann. Drei Tage lang litt ich nicht nur unter Schlafmangel, sondern auch unter Schmerzen, aber ich verlor nie den Mut oder die Überzeugung, dass all dies vorübergehen würde. Irgendwie kam mir der Gedanke gar nicht in den Kopf, dass ich tatsächlich mein Augenlicht verlieren könnte.

Als mein Auge wieder gesund war und ich aus dem Krankenhaus entlassen wurde, gestand die Krankenschwester mir, wie erschreckt sie bei meiner Ankunft von meinem Anblick gewesen sei. Sie hätte die Ärzte gefragt, was sie von meinem Zustand hielten, sagte sie und erklärte, man habe ihr gesagt, dass es kaum eine Chance gebe, mein Augenlicht wiederherzustellen. Dennoch hätten die Ärzte alles ihnen Mögliche getan.

Als ich mich bei den Ärzten verabschiedete, fragte ich sie, was sie von dem Fehler des Arztes in Deutschland hielten. Sie zuckten mit den Schultern. Da gebe es nichts zu sagen.

»Doch!«, protestierte ich. »Wie kann man so einen Fehler machen? Ich wäre beinahe erblindet!«

»Ach«, sagten sie, »wenn Sie wüssten, was für Fehler wir die ganze Zeit machen, dann würden Sie uns nicht fragen.«

Das aber war, wie erwähnt, Jahre nach meiner Verwundung im Militärdienst. Nachdem ich erfahren hatte, dass ich die Rettung meines Beines einem jungen Arzt zu verdanken hatte, erkundigte ich mich nach seinem Namen. Heute erinnere ich mich nur noch an seinen Familiennamen, Hazan. Er war ein Zuwanderer aus dem Irak und hatte in Bagdad Medizin studiert (vielleicht auch ein Grund, weshalb die anderen Ärzte ihn verachteten). Als ich schon wieder fast normal auf beiden Beinen laufen konnte, kaufte ich in einem Schokoladengeschäft in Tel Aviv die größte Bonbonniere, die ich finden konnte. Ich fuhr damit ins Lazarett und suchte Dr. Hazan auf. Als ich in sein kleines Zimmer trat, schaute er mich überrascht an und wusste offensichtlich nicht, wer ich war.

Ich erzählte ihm, was er für mich getan hatte, und wollte mich bedanken und ihm die Schokolade überreichen. Ohne auch nur den Anflug eines Lächelns schmiss er mich raus. »Ich kenne Sie nicht, und Sie interessieren mich überhaupt nicht. Ich habe nichts für Sie getan, ich habe nur meine Arbeit getan.« Er drückte mir die Schokoladenschachtel in den Arm. »Verschwinden Sie.«
Ich habe ihn nie wieder gesehen.

Ein Gutes ist mir im Lazarett dennoch widerfahren, etwas, das die ganzen Strapazen des Lazaretts im Nachhinein als einen Glücksfall erscheinen lässt. Nach beziehungsweise zwischen meinen Operationen lag ich mit anderen Verwundeten in einem großen Saal. Wir unterhielten uns miteinander und konnten manchmal sogar Musik hören – falls es uns gelang, uns auf eine Schallplatte zu einigen, denn Kopfhörer gab es damals noch nicht. Wir lasen viel, vor allem aus der Bibliothek des Lazaretts, auf die wir gerne zurückgriffen. Dennoch gab es für Patienten wie mich, der ich nur einen Gips hatte und nicht mehr unter Schmerzen litt, auch viele Stunden, in denen es langweilig war. Wenn man so lange auf dem Rücken liegt, verliert man an allem die Lust.

Eines Tages, als ich die Decke anstarrte und Lust auf gar nichts hatte, kamen zwei Soldatinnen in den Saal. Aus Versehen, denn sie suchten die Frauenabteilung, in der eine gemeinsame Freundin lag. Sie schauten sich suchend um und wollten sich, nachdem sie sich für die Störung entschuldigt hatten, gleich wieder verabschieden. Ich aber erblickte eine der beiden und pfiff ihr nach. Damals konnte ich sehr laut mit den Fingern im Mund pfeifen, heute gelingt mir das nicht mehr.

Die eine, die ich im Sinn gehabt hatte, schaute tatsächlich noch einmal in den Saal und sagte: »Schön vulgär.«

Glücklicherweise hatte ich alle Sinne beisammen und antwortete schnell: »Ich kann auch zivilisiert sein, wenn du mich lässt.«

Sie lächelte, und ich sagte:»Komm doch vorbei, wenn du deinen Besuch beendet hast, ich beweise es dir.«

Sie ging, ohne zu antworten, kam aber nach einer Stunde noch einmal vorbei, steckte den Kopf durch den Türrahmen und fragte mit einem Lächeln, das mich tief bewegte:»Was wolltest du mir erzählen?« Sie blieb in der Tür stehen, wollte offensichtlich nicht in einen Raum voller junger Männer hereinkommen. So stand ich auf, griff nach meinen Krücken und humpelte zu ihr nach draußen. Ich bat sie und ihre Freundin, mit mir im Warteraum des Lazaretts Platz zu nehmen. Ich merkte, wie erschreckt die beiden Mädchen wegen meines riesengroßen Gipses waren, aber sie folgten mir dennoch. Ich fing das Gespräch an, indem ich mich vorstellte.

Daraufhin sagte die schlanke, große Blonde mit den grünen Augen ihren Namen:»Michal Shein.«

Wir plauderten eine Weile, erzählten voneinander, und die Freundin, die Michal begleitete, begriff sehr schnell, dass sie überflüssig war, und verabschiedete sich unter einem Vorwand.

Es war Michal und mir klar, dass wir nicht oft die Möglichkeit haben würden, uns zu sehen, weil Michal als Soldatin weit entfernt vom Lazarett diente und weder sie noch ich ein Auto hatten. Aber sie gab mir die Telefonnummer ihrer Eltern.

Auf dem Flur des Lazaretts gab es ein öffentliches Telefon, das ich schon an diesem Abend benutzte. Viel Zeit hatte ich nicht zur Verfügung, weil alle dieses Telefon benutzen wollten. So verständigten wir uns nach ein paar kurzen Telefonaten, dass ich spätnachts anrufen durfte, wenn die meisten schon schlafen gegangen waren und wir uns lange unterhalten konnten. Einige Wochen später kam Michal, die ich inzwischen Miki nannte, mich ab und zu besuchen, und die ganze Geschichte endete mit einer Hochzeit. Meine zwei älteren Söhne, Zwillinge, sind erst viel später geboren worden, weil wir beide zunächst noch keine Kinder haben wollten. Miki aber war mit mir bereits zusammen, als wir gemeinsam unseren neuen Familiennamen wählten; sie zog mit mir nach Jerusalem, als ich meine Karriere im Auswärtigen Amt begann, und war mit mir in Afrika und in Paris. Viel zu früh hat uns das Leben dann auseinandergerissen.

Die Verletzung und der Aufenthalt im Lazarett haben mir noch in anderer Hinsicht einen großen Gewinn gebracht: Ein Freund von mir, der ein großer Musikliebhaber war, besuchte mich nach meiner Rückkehr aus dem Lazarett und fragte mich, wie viele Stunden am Tag ich eigentlich lesen könne. »Irgendwann wird man davon müde«, sagte ich.

»Was machst du dann?«, fragte er.

»Gar nichts«, sagte ich. »Was soll ich denn machen? Ich muss im Bett liegen und kann nirgends hin.«

»Das ist doch eine Geschichte von Monaten«, sagte er. »Wie hältst du das aus?«

»Es bleibt mir ja nichts anderes übrig«, antwortete ich. »Mir wurden noch drei Monate Bettruhe verordnet.«

»Musst du nicht«, widersprach er. »Ich würde dir empfehlen, dich endlich mal für Musik zu interessieren.« Der Freund wusste, dass Musik meine Achillesferse war. Ich hatte mich nie für Musik interessiert. Meine Mutter war zwar eine Musikliebhaberin, vor allem der Oper einschließlich Wagner, sie konnte diese Leidenschaft aber nur sehr begrenzt ausleben, weil wir in den Jahren meiner Kindheit in sehr bescheidenen Umständen lebten und meine Mutter für Musik weder Zeit noch Geld übrig hatte. Daher bemühte sie sich auch nicht, uns Kindern die Musik näherzubringen. Mein Vater wiederum war gegen Musik völlig immun. Es war, als gelangte sie nicht einmal in seine Ohren. Wenn er eine Melodie wiederholen musste, wie zum Beispiel beim Gebet in der Synagoge, dann kam sie derartig falsch heraus, dass alle um ihn herum lachen mussten. In der Schule und in der Jugendbewegung, an der ich teilnahm, lernten wir nur sogenannte Heimatmusik oder patriotische Lieder, und im Radio konnte ich – wenn auch nur selten – amerikanische Popsongs hören, gegen die wir aber eine große Abneigung hatten, weil sie in der Sprache des englischen Feindes gesungen wurden. Und nun versuchte mein Freund, mich davon zu überzeugen, dass ich mich für Musik interessieren sollte. »Avi, du hast die Seele eines Musikliebhabers, das verspreche ich dir«, sagte er. »Du musst dich nur ein wenig bemühen, dich mit der Musik vertraut zu machen und die Abneigung gegen sie zu durchbrechen. Ich bringe dir einen Plattenspieler und Schallplatten und mache dir eine Liste von Musikstücken, die du dir der Reihe nach anhören sollst. Jede Symphonie hörst du dir in Teilen an: zuerst den ersten Satz, den du so lange wiederholst, bis du dich dran gewöhnt hast, und dann den zweiten und den dritten und so weiter. Danach hörst du dir mehrfach die gesamte Symphonie an, und erst danach die nächste auf der Liste.«

Er schrieb mir auch Empfehlungen auf, welche Komponisten und welche ihrer Werke ich mir anhören sollte. Die erste Symphonie auf seiner Liste war die Fünfte von Beethoven, das Zweite Beethovens fünftes Klavierkonzert. Ich schaute lange auf die Liste und fragte schließlich: »Hast du nicht Mozart vergessen?«

»Ach, Mozart«, sagte er. »Den muss ich gar nicht aufschreiben. Von ihm ist schlicht und einfach alles, aber auch alles schön.«

Da ich monatelang jeden Tag viele freie Stunden hatte, habe ich die Methoden meines Freundes ausprobiert. Am Ende bin ich tatsächlich ein echter Musikliebhaber geworden, und heute kann ich mir das Leben ohne Musik überhaupt nicht mehr vorstellen und höre klassische Musik, wann immer ich kann. Im Auto, zuhause an meinem Schreibtisch ... Mein Lieblingssender ist »Mezzo«, ein französischer Fernsehsender, der ausschließlich klassische Musik spielt und weltweit sendet. Viele Musikstücke sind mit Erinnerungen verbunden, und wenn ich sie heute wieder höre, steigen die Gefühle, Erinnerungen und sogar die Gerüche in mir auf. Wenn ich einmal schlechte Laune oder Sorgen habe, ziehe ich mich zurück und höre Musik, die mir besonders viel bedeutet, vertiefe mich in sie und vergesse die ganze Welt.

Auslandsstudien – ein erster Schritt in die weite Welt

Nach meinem Militärdienst und der Genesungszeit im Lazarett beschloss ich, mein Studium an der Sorbonne fortzusetzen. Im Mai 1958 war ich schon so weit, dass ich ins Ausland fliegen konnte. Ich wollte meinen Master machen, wie in Jerusalem Wirtschaft und Politikwissenschaft studieren, aber dabei eine Weile in Paris leben, in einer Stadt, die mich faszinierte. Allerdings hatte ich leider kein Geld zur Verfügung, um mein Leben in der Stadt meiner Träume zu finanzieren. Da ich bis zum Beginn des Semesters noch Zeit hatte, beschloss ich, zu arbeiten, um Geld ansparen und das Semester durchhalten zu können. Als Ausländer konnte ich jedoch keine generelle Arbeitsgenehmigung bekommen; daher suchte ich in der Zeitung, die damals *New York Herald Tribune* hieß, nach Arbeitsangeboten, die für Ausländer geeignet waren. Ich stieß auf eine Annonce, die sinngemäß Folgendes beinhaltete: »Verdienen Sie 200 Dollar in der Woche und mehr. Rufen Sie diese Nummer an.«

Wenn ich es richtig überschlage, war ein US-Dollar damals in etwa so viel wert wie zwanzig US-Dollar heute. Für mich war das ein Vermögen. Ich ging also zur angegebenen Adresse und traf in einem Hotelzimmer auf einen jungen Engländer und einen jungen Amerikaner, die mir erklärten, dass die Arbeit darin bestand, eine amerikanische Enzyklopädie namens *Comton's Pictured Encyclopedia* an die amerikanischen Soldaten zu verkaufen, die damals noch in Frankreich stationiert waren.

»Wie man das macht, wird Ihnen mein amerikanischer Kollege erklären«, sagte der Engländer. »Sie müssen sich Zugang zu den Wohnungen der amerikanischen Soldaten verschaffen und die Soldaten überzeugen, die Enzyklopädie zu abonnieren. Die Soldaten müssen Ihnen dann eine Anzahlung von zwei US-Dollar geben, die Sie behalten dürfen, und einen Vertrag darüber unterschreiben, dass ihnen wöchentlich zwei US-Dollar vom Sold abgezogen werden, bis sie die Enzyklopädie abgestottert haben. Für so einen Vertrag bekommen Sie von uns dann zwanzig US-Dollar.«

Es war eine mörderische Aufgabe, ich konnte mir vorher gar nicht ausmalen, wie schwierig es sein würde. Ich fuhr mit meinem amerikanischen Mentor in die Dörfer, weit von Paris entfernt, die sich am Rande der amerikanischen Militärlager befanden. Soldaten, die Familien hatten, vor allem aber die Offiziere durften in den Dörfern Wohnungen mieten. Da ich nicht in die Kaserne hereinkommen konnte, musste ich diejenigen aufsuchen, die in den Dörfern wohnten. Wie macht man so etwas: jemanden aufsuchen, von dem man nichts weiß, nicht einmal den Namen, ohne überhaupt zu wissen, ob im Ort tatsächlich ein Amerikaner lebt?

Mein Mentor gab mir den Tipp, morgens in die Dörfer zu fahren und die dortigen Bauern nach Amerikanern zu fragen. Schnell lernte ich, wie argwöhnisch und stur Menschen sein können – man schaute mich an, als sei ich ein Gauner, und kehrte mir den Rücken zu. Ich musste daher einen Trick anwenden, stellte mich als Amerikaner vor und sagte mit dem schwersten amerikanischen Akzent: »Können Sie mir bitte sagen, wo hier Sergeant MacClallan wohnt?« So einen Namen verstanden die französischen Bauern nicht, also würden sie nachfragen, zum Beispiel, ob ich den großen Rothaarigen meinte, was ich natürlich sofort bejahte, und dann erklärten sie mir, wo er wohnt.

Abends hatte ich ein kleines Zeitfenster, um die Soldaten aufzusuchen: nach dem Abendessen, aber nicht zu lange danach, damit die Soldaten nicht betrunken waren oder bereits im Bett. Hatte ich Erfolg und mir wurde die Tür geöffnet, stand ich in der Regel einem Soldaten gegenüber, der oft kaum lesen konnte. Ausgerechnet ihn nun musste ich davon überzeugen, dass er eine Enzyklopädie kaufen sollte. Manchmal war es einfacher, seine Frau zu überzeugen, die sich als intellektuell darstellen wollte. Oft aber wurde man schlicht und einfach rausgeschmissen. Ich habe Amerikaner gesehen, wie ich sie in meinem ganzen Leben nie wieder gesehen habe: primitive Menschen mit wenig Interesse am Leben; Leute, die seit zwei oder drei Jahren im Umkreis von Paris lebten und kein Interesse daran hatten, die Stadt zu besuchen. Natürlich habe ich mich den Soldaten als Amerikaner vorgestellt – das war möglich, weil ich mir während meiner Internatszeit in New York einen amerikanischen Akzent angeeignet hatte. Sie fragten mich im Gegenzug, warum ich als Amerikaner im Ausland lebte, und wollten wissen, wo ich essen gehe. Wenn ich antwortete, es gebe ja viele Restaurants, erwiderten sie angewidert: »Was? Sie essen *frenchie food*?«

Ich habe diese Arbeit zwei Monate lang betrieben, Tag und Nacht, sieben Tage die Woche. Ich habe dabei zwar ein wenig Geld verdient, war aber völlig ausgelaugt, auch emotional, und so war mir bald klar, dass ich so nicht weitermachen konnte. Als man mir eine Arbeit als Buchhaltungsassistent in einer Immobilienfirma in New York angeboten und die Möglichkeit eröffnet hat, gleichzeitig dort zu studieren, habe ich mich daher fürs Erste von Frankreich verabschiedet. Mein Vater hatte den Eigentümer der Firma während seiner Zeit in New York kennengelernt und den Kontakt vermittelt. Allerdings hatte ich den Job dort nicht nur meinem Vater zu verdanken, sondern auch meinen vorgeblichen Kenntnissen in Buchhaltung, die ich mit meinem Wirtschaftsstudium begründete. Da es um diese Kenntnisse in der Realität nicht allzu gut stand, musste ich parallel zu meinem M. A.-Studium der Politikwissenschaft den Beruf sehr schnell lernen, und ich glaube nicht, dass ich heute noch dazu im Stande wäre.

Die mörderisch anstrengenden Monate, die ich als unerwünschter Vertreter verbrachte, waren, so sehe ich es im Nachhinein, keine verschwendete Zeit, sondern ein exzellentes Lehrstück für meine zukünftige diplomatische Tätigkeit. Jeden Tag an die Türen Unbekannter zu klopfen, bei denen man weder erwartet wird noch erwünscht ist, lernt man in keiner Schule. Die Angst, die man dabei spürt, und das Gefühl der Beklommenheit zu überwinden, kann man, wenn überhaupt, nur aus Erfahrung lernen. Menschen zu einem Gespräch zu drängen, das sie nicht wollen, ihnen ein Thema nahezubringen, das sie nicht interessiert, und sich zu bemühen, sie gegen ihren Willen von den eigenen Argumenten zu überzeugen – wo lernt man so etwas schon? Und genau das macht doch oft die diplomatische Arbeit aus. In den kleinen französischen Dörfern, bei den amerikanischen Berufssoldaten, habe ich gelernt, meine angeborene Schüchternheit zu überwinden und über meinen Schatten zu springen.

Eine ganz andere Erfahrung, die mich bis heute beeinflusst, verdanke ich ebenfalls diesen wenigen Wochen in Paris. Das Frühjahr 1958 war eine bewegende Zeit für Frankreich, denn die Franzosen waren in verschiedene Kolonialkriege verwickelt: zunächst in Indochina – sprich: Vietnam, Kambodscha und Laos –, danach in allen nordafrikanischen Ländern. In Indochina wurden die Franzosen allmählich von den Amerikanern abgelöst, in Algerien hingegen waren sie immer noch sehr involviert. Dem ruhmreichen jüdischen Ministerpräsidenten Pierre Mendès-France war es gelungen, Frankreich aus Indochina, aus Tunesien und aus Marokko allmählich herauszuziehen, nicht aber aus Algerien. Auch seinen Nachfolgern gelang dies nicht. Das Problem mit Algerien war, dass Frankreich Algerien juristisch annektiert hatte, weshalb es offiziell keine Kolonie, sondern Teil Frankreichs war. In Algerien lebten zu dieser Zeit über eine Million französischer Staatsangehörige (die meisten italienischer oder spanischer Abstammung), und die französische Armee, die dort die aufständischen Muslime bekämpfte, war von der Idee geprägt, nicht eine Kolonie, sondern das Vaterland zu verteidigen. Als die französische Regierung nun zu der Schlussfolgerung kam, dass man sich von Alge-

rien lösen sollte, brachen sowohl in der französischen Zivilbevölkerung Algeriens als auch in der Armee Aufstände aus. Frankreich
stand vor einer Revolution. Das führte letztlich dazu, dass de
Gaulle zurück an die Macht kam, er den Krieg in Algerien been-
dete und das gesamte französische politische System reformierte.
In diesen turbulenten Zeiten, noch bevor die zweite Ära de
Gaulle begann, befand ich mich also in Paris. Eines Spätnachmittags saß ich mit zwei israelischen Freunden in einem Café auf den
Champs-Élysées. Das Café hatte zwei Etagen, und wir saßen auf
der Terrasse der zweiten Etage und konnten die »schönste Straße der Welt« beobachten. Da wir mit dem französischen Alltags-
leben und der Politik nicht vertraut waren, wussten wir nicht,
dass an diesem Abend eine große Kundgebung auf den Champs-
Élysées stattfinden sollte. Überrascht sahen wir, wie die Menschen auf die Straße strömten, auf der es keinen Verkehr mehr
gab. Wir blieben auf der Terrasse sitzen und beobachteten fasziniert das Geschehen unter uns. Als es dunkler geworden war, war
die Straße voller Menschen; die Organisatoren behaupteten später, dass sich mehr als zwei Millionen Demonstranten dort befunden hätten, die Polizei sprach von einer Million. Wer auch immer recht hatte: Auch eine Million Menschen auf einer Straße,
die 1,8 Kilometer lang ist, sind wahnsinnig beeindruckend. Und
was noch beeindruckender war, war der Aufschrei der Massen,
die in einem immer wiederkehrenden Rhythmus skandierten:
»*Algérie française! Algérie française! Algérie française!*« Dieser
Aufschrei war so mächtig, dass man hätte meinen können, dass es
in der ganzen Welt keine Macht gäbe, die ein Ende des französischen Algeriens hätte herbeiführen können.

Nach einer Weile kam die französische Sturmpolizei und forderte die Massen über Lautsprecher auf, die Straße zu verlassen.
Kurz darauf drängten die Polizisten in die Menge hinein und
stießen die Leute mit ihren Ellbogen in die Seitenstraßen. Dass
Polizisten eine solche Menschenmenge nahezu gewaltlos ausein-
andertreiben können, habe ich nie wieder erlebt. Danach hupten

in ganz Paris die Autos die ganze Nacht im Rhythmus des »Algérie française«-Rufs: »Da-tata ta-ta! Da-tata ta-ta! Da-tata ta-ta!« – Es war, als hätten die Autos den Aufschrei übernommen. Kurz danach verließ ich Frankreich, um mein Studium in New York aufzunehmen. Elf Jahre später kehrte ich nach Paris zurück, diesmal als junger Diplomat, als Sprecher der israelischen Botschaft. Die Erfahrung dieses Maiabends auf den Champs-Élysées ist mir tief in Erinnerung geblieben. Ich wusste zwar, dass es mittlerweile kein Algérie française mehr gab und Algerien unabhängig war, dennoch war ich überzeugt davon, dass die Franzosen ihre Gefühle für Algerien nicht vergessen hätten. Doch abgesehen von den zugewanderten Pieds-noirs, den »Schwarzfüßen«, wie man die französischen Siedler aus Algerien nannte, gab es niemanden, der noch an das Prinzip von Algérie française glaubte. Das konnte ich noch nachvollziehen. Was mich aber verblüffte, war, dass ich absolut niemanden finden konnte, der zugab, in der Vergangenheit für ein französisches Algerien gewesen zu sein. Alle hielten es für selbstverständlich, dass Algerien nun unabhängig war, und behaupteten, sie hätten das immer so gewollt. Das konnte ich mit meiner Erinnerung an diesen Maiabend 1958 nicht in Einklang bringen.

Warum beschäftigt mich das bis heute? Es beschäftigt mich, weil ich an die von Israel besetzten Gebiete denke. An all die, die behaupten, das Westjordanland sei Besitz des jüdischen Volkes, ein Teil Israels beziehungsweise eine göttliche Verheißung, ein Land, auf das man nicht verzichten darf. Die meisten Israelis, selbst die Realisten, sind vollkommen davon überzeugt, dass es uns gehört – auch wenn sie meinen, wir müssten aus realpolitischen Erwägungen darauf verzichten, obwohl es historisch, biblisch oder aus religiösen Gründen uns gehöre.

Das sind die gleichen Argumente, die ich 1958 zur Algerienfrage in Paris hörte. Natürlich gibt es zwischen dem Westjordanland und Algerien und zwischen den Israelis und den Franzosen viele Unterschiede, aber die Grundlage ist dennoch ähnlich. Deshalb drängt sich mir die Frage auf, was nach dem Friedensschluss mit den Palästinensern geschieht, nach der Räumung des Westjordanlandes. Wird man dort zehn Jahre später auch keine Israelis mehr finden, die zugeben, sie hätten das Westjordanland stets als Teil Israels betrachtet?

In Diensten Israels

Trotz meines Nebenjobs habe ich in New York innerhalb eines Jahres meinen M.A. gemacht. Dann eilte ich umgehend zurück nach Israel, weil ich von der Ausschreibung für Kadetten des Auswärtigen Amtes erfahren hatte. So eine Ausschreibung gab es damals nur alle zwei Jahre, und diese Gelegenheit wollte ich nicht verpassen. Bewerben durften sich Absolventen der Geistes- und Sozialwissenschaften sowie der Wirtschafts- und Rechtswissenschaften, und es bewarben sich 240 Absolventen auf die ausgeschriebenen drei Plätze. Die Auswahlprüfungen zogen sich über sechs Monate hin. Es gab vier Prüfungsphasen. In der ersten Phase mussten wir an zwei Tagen Fragebögen zu allen möglichen Bereichen ausfüllen: Fragen aus Politik und Weltgeschichte, zu Ägypten, Griechenland und Rom, zum Mittelalter und zur Renaissance, zur Französischen Revolution und zu Napoleon, Fragen über das 19. und 20. Jahrhundert, die jüdische Geschichte von der biblischen Zeit bis heute. Fragen zur Militärgeschichte, zu Religion und zur Weltliteratur aus verschiedenen Zeiten (besonders zu den Klassikern des 19. und 20. Jahrhunderts), zur hebräischen und israelischen Literatur, zu Geografie und Wirtschaft, zur Kulturgeschichte, zu Musik und Kunst, sogar ein wenig zu Technologie. Kurzum: Gefragt war alles, was man sich nur vorstellen kann, mit Ausnahme der Naturwissenschaften, sodass man wirklich Glück haben musste, um genug richtige Antworten zu wissen.

Nach diesem ersten Prüfungsblock mussten wir ein paar Wochen warten, und die ersten Bewerber wurden aussortiert. Die übrigen bekamen eine Einladung zur zweiten Phase, in der wir Aufsätze zu verschiedenen Themen schreiben mussten. Ich kann mich nicht mehr an alle Themen erinnern, weiß aber noch, dass ich über die Entwicklung des Kolonialismus im 19. Jahrhundert geschrieben habe. Ein Teil von uns wurde dann zur dritten Phase, einer mündlichen Prüfung, eingeladen. Zum einen bekamen wir ein Thema, über das wir spontan eine Rede halten mussten – für mich war es das Ringen um die Entstehung eines jüdischen Staates in Palästina in der UN-Vollversammlung 1947. Zum anderen wurden wir in Gruppen von zehn Bewerbern eingeteilt und an einen runden Tisch gesetzt, hinter uns die Prüfer. Welches Thema wir diskutieren sollten, erfuhren wir durch ein Schild auf der Tischmitte. Wieder hatte ich Glück, denn gefragt war »Französischer Kolonialismus in Afrika«, ein Thema, mit dem ich vertraut war. Daher wagte ich es, die Initiative zu ergreifen und die Diskussion zu führen. Ungewollt wurde ich dadurch zum Moderator. Später sollte ich erfahren, dass ich damit genau richtiglag: Weil ich mich mit dem Thema besser auskannte als die anderen, wirkte meine Initiative auf die Prüfer positiv und wurde von ihnen als Demonstration von Führungsqualität verstanden.

Nach der Diskussion wurden wir einzeln in einen anderen Saal gerufen und mussten uns weiteren Fragen der Prüfer stellen. Von den ursprünglich 240 Bewerbern waren anschließend nur noch zehn übrig. Ich zählte zu ihnen, aber leider nicht zu den ersten dreien.

In dieser unglücklichen Lage dachte ich an Moses, von dem die Bibel berichtet, dass er die Grenze des Heiligen Landes erreichte, es aber nicht betreten durfte. Er starb, als er das versprochene Land aus der Nähe beobachtete. Ich starb nicht, aber ich fühlte mich, als hätte ich sterben können. So verzweifelt hatte ich mich noch nie gefühlt. Es war, als würde ich völlig hoffnungslos vor einem Abgrund stehen. Irgendwie war ich dumm genug gewesen, jahrelang an diese Karriere im Auswärtigen Amt zu glauben und sie anzustreben, ohne mir Gedanken zu machen, was passieren würde, wenn ich mein Ziel nicht erreichte, ohne mir jeglichen Plan B auszudenken. Unter so vielen Bewerbern war das doch äquivalent zum Lottospielen! Dass ich der Vierte auf der langen Liste der Bewerber war, war ohnehin das Ergebnis von mehr Glück als Verstand. Der Zufall hatte es so gewollt, dass die Fragen zu Themenbereichen gehörten, die mich interessierten und mit denen ich mich auskannte. Ich hätte ebenso gut viel früher ausscheiden können, denn ich war nicht schlauer, besser ausgebildet oder intelligenter als die anderen. Es war also reines Glück gewesen, aber auch dieses Glück hatte seine Grenzen. Ich lebte wie in einem Vakuum und wusste nichts mit mir anzufangen. Kein Mensch konnte mich trösten.

Drei Monate später kam völlig unerwartet ein Brief vom Auswärtigen Amt: »Wir haben uns entschieden, die Quote dieses Jahr ausnahmsweise auf vier zu erhöhen. Wenn Sie immer noch interessiert sind, können Sie nach Jerusalem kommen.« Damit begann meine Karriere im Auswärtigen Amt.

Das Auswärtige Amt war damals bei Weitem nicht so, wie man sich ein so bedeutendes Amt vorstellen würde. 1952 hatte die Regierung aus politischen Gründen und trotz internationalem Widerstand entschieden, den Umzug von Tel Aviv nach Jerusalem zu beginnen, und zwar mit dem Auswärtigen Amt. Ausgerechnet mit diesem Amt sollte die Weltöffentlichkeit daran gewöhnt werden, dass Jerusalem die Hauptstadt Israels ist. Das hatte anfänglich kein Land anerkennen wollen. Für die ausländischen Botschafter war das zunächst auch von untergeordneter Bedeutung, da sich die meisten israelischen Behörden noch in Tel Aviv befanden. Unser erster Staatspräsident, Chaim Weizmann, ein weltberühmter Chemiker und langjähriger Präsident der zionistischen Bewegung, wohnte zudem in einem aufwendigen Privathaus, das er sich in Rehovot, südlich von Tel Aviv, hatte bauen lassen. Er lebte in dieser Kleinstadt, weil dort das bis heute sehr angesehene Wissenschaftszentrum, das Weizmann-Institut für Wissenschaften, ansässig war, das er in den 1930er-Jahren gegründet hatte. Die ausländischen Botschafter mussten daher nach Rehovot fahren, um ihr Beglaubigungsschreiben zu erhalten. Das war für keinen Botschafter problematisch, weil Rehovot politisch unumstritten war. Für die Regierung war es aber heikel, weil es galt, Jerusalem als Hauptstadt durchzusetzen. Solange Chaim Weizmann lebte, versuchte niemand, diese Frage anzutasten. Erst nach seinem Tod 1952 entschied sein Nachfolger Yitzhak Ben-Zvi, natürlich mit Unterstützung Ben-Gurions, sich in Jerusalem niederzulassen. Er wollte keine großen Investitionen und keinen Aufwand und ließ sich in einem bescheidenen Holzhaus nieder. Das gab den Ausschlag für die Regierung, auch das Auswärtige Amt und die Knesset, das israelische Parlament, die sich bis dahin in einem Provisorium am Strand von Tel Aviv befunden hatte, umzusiedeln.

Nicht nur Ben-Zvi war bescheiden, auch der Außenminister Moshe Sharett war es, jedoch notgedrungen: Es gab kein Gebäude, das einem Auswärtigen Amt entsprochen hätte, und es gab kein Geld, um einen Neubau zu errichten. Also zog das Amt in eine vernachlässigte kleine britische Kaserne am Stadtrand von Jerusalem. Die Kaserne bestand aus mehreren Häuschen, die man in winzig kleine provisorische Büros umfunktioniert hatte und die ununterbrochen saniert werden mussten. Um von einer Abteilung zur anderen zu gelangen, musste man über einen sandigen Vorhof gehen, der später in einen Garten umgestaltet wurde. Das war in der Sommersonne und im Winterregen nicht immer bequem. In späteren Jahren konnte ich mehrfach beobachten, wie verwundert ausländische Besucher waren, wenn sie die Bescheidenheit des israelischen Auswärtigen Amtes sahen.

1980 zum Beispiel saß ich in dem karg ausgestatteten Büro des Generalsekretärs unseres Amtes, als ein Besucher aus Amerika hereintrat, der mit ihm einen Termin hatte. Der Gast war ein bekannter Milliardär, George Klein. Ich kannte ihn noch von meinem Studium in Amerika und war aus diesem Grund im Büro geblieben.

Klein schaute sich um und sagte dann zum Generalsekretär: »Das nennen Sie ein Auswärtiges Amt? Das soll das Äquivalent zum State Department sein? Ich würde mich schämen, meine Pferde hier unterzustellen.«

Der Generalsekretär erwiderte: »Wir sind ein kleines, armes Land, und wir haben kein Geld, um ein besseres Gebäude zu bauen.«

»Quatsch!«, sagte Klein. »Sie haben das Geld. Ich bin bereit, Ihnen hier ein großes, modernes, bequemes Ministerium zu bauen. Sie bekommen alles, was Sie wollen, einschließlich der Möbel und allem, was dazugehört.«

Der Generalsekretär lächelte und fragte, was Klein dafür haben wolle.

»Ich«, sagte George, »gar nichts. Sie können mir den Grund geben, auf dem Ihre Baracken stehen.«

Wir waren uns gar nicht bewusst, dass unsere Baracken, die inzwischen im Zentrum von Jerusalem lagen, eine riesige Fläche beanspruchten, wie es bei Kasernen üblich ist. Das bedeutete, dass das Grundstück inzwischen ein Vermögen wert war. Für ein modernes Gebäude hätte man nicht im Ansatz so viel Fläche gebraucht, weshalb wir im Grunde genommen auf dem Geld saßen.

George Klein sprach diese Frage nie wieder an, und wir begriffen erst in den Neunzigerjahren, wie viel das Gelände wert war. Heute steht ein neues, modernes und prächtiges Außenministerium ein paar Hundert Meter vom damaligen Büro des Generalsekretärs David Kimche entfernt.

Von diesem prächtigen neuen Amt konnte ich nur träumen, als ich 1961 meine Arbeit in der Asienabteilung antrat. Wir saßen mit zwei oder drei Beamten in einem Raum von etwa zwölf bis fünfzehn Quadratmetern. Der Abteilungsleiter bekam so einen großen Raum für sich allein. Das hatte für mich aber überhaupt keine Bedeutung. Die Tatsache, dass ich diese Position innehaben

durfte, dass ich durch das Haupttor hereinkommen konnte, war
für mich bereits die Erfüllung eines Traums und gab mir das Gefühl, im schönsten Kaiserpalast der Welt Mitarbeiter sein zu dürfen. Das Elend der Baracken sah ich gar nicht. An meinem ersten
Morgen ging ich mit wild klopfendem Herzen quer durch diese
Baracken wie in einem Traum. Obwohl ich an dem Morgen nur
Kaffee getrunken hatte, fühlte ich mich wie beschwipst.
    Nach einer kurzen Zeit empfing mich der Leiter der Asien-
abteilung, bei dem ich mich melden sollte. Er saß hinter seinem
Schreibtisch, und seine erste Frage lautete:»Erinnern Sie sich an
mich?«
    Ich hatte nicht die geringste Ahnung, wer er war, und konnte
mir nicht vorstellen, dass ich ihn je gesehen hatte. Das war mir
äußerst peinlich. Ich war angesichts der Umstände ohnehin aufgeregt genug, und jetzt sollte ich meine Karriere mit meinem ersten Vorgesetzten auch noch mit einem Fauxpas beginnen. Der
Abteilungsleiter, dem meine Verlegenheit offensichtlich war, lächelte und sagte:»In der letzten Phase der Kadettenprüfung des
Amtes, als Sie zur Gruppe der letzten zehn Kandidaten gehörten,
saß ich Ihnen auf der Bühne als Prüfer gegenüber. Ich habe Ihnen
sogar zwei Fragen gestellt.«
    Erst als er sie wiederholte, konnte ich mich an die Fragen erin-
nern.»Sie haben schön geantwortet«, sagte er.

Wenn heute ein Lehrling nach den Prüfungen im Auswärtigen
Amt angenommen wird, beginnt er mit einem langen, intensiven
Ausbildungskurs. Danach wird er wieder geprüft. Damals waren
die Methoden noch einfacher: Ich sollte zwei Jahre lang jeweils
drei Monate in verschiedenen Abteilungen des Ministeriums
hospitieren, und danach sollte anhand der Noten, die mir die
Abteilungsleiter geben würden, entschieden werden, ob ich endgültig im Ministerium angestellt würde.
    Meine drei Monate in der Asienabteilung begann ich als Assis-
tent eines älteren Mitarbeiters, der mich beauftragte, mich mit

Thailand, Vietnam, Kambodscha und Laos zu beschäftigen. Der
erste Brief, den ich im Rahmen meiner neuen Arbeit bearbeiten
sollte, kam von unserem Botschafter in Bangkok. Es ging um
eine Zeremonie im Königspalast anlässlich des Geburtstages des
Königs. König war damals der junge Bhumibol, der unter anderem wegen seiner Gattin, Königin Sirikit, berühmt war, weil Ihre
Majestät eine außergewöhnliche Schönheit war. Wenn ich heute
Nachrichten aus Thailand höre, muss ich immer wieder unwill-
kürlich lächeln. Seit ich zu Beginn meiner Karriere im Alter von
vierundzwanzig Jahren das erste Mal von König Bhumibol hörte,
bin ich nicht nur pensioniert worden, sondern es sind noch weitere fünfzehn Jahre vergangen. Das Staatsoberhaupt Thailands
aber ist immer noch Bhumibol, die Königin immer noch Sirikit,
die heute allerdings ein bisschen weniger sexy ist.

Der Botschafter – Mordechai Kidron, ein englischstämmiger
Diplomat, der bald in den Ruhestand treten würde – schrieb uns,
dass es in dem Palast keine Klimaanlage gebe, man in der fürchterlichen feuchten Hitze im Palast stehen müsse und dass das für
ihn im erforderlichen schwarzen Gehrock unerträglich sei. Er
habe aber eine Lösung gefunden: nämlich die, sich eine Uniform
nähen zu lassen, da diese in Bangkok aus sehr leichtem Stoff
waren. Seinem Brief, der mit der diplomatischen Post gekommen
war, fügte er drei Zeichnungen von verschiedenen Uniformen
hinzu, aus denen ich als Vertreter seines Vorgesetzten eine aus-
wählen sollte.

Dazu muss man wissen, dass Diplomaten die Wahl zwischen
Gehrock und Dienstuniform haben. Damals gab es noch Diplomaten, die Uniform trugen, aber nicht bei uns. Dass ein israelischer Diplomat Uniform tragen solle, wäre niemandem eingefallen. Alle drei beigefügten Entwürfe zeigten nun jedoch typische
Uniformen von thailändischen Generälen oder Admirälen, allerdings mit einem Davidstern versehen.

Ich wusste zunächst nicht, was ich antworten sollte, und
wandte mich an meinen Vorgesetzten. Er schickte mich zu unse-

rem Abteilungsleiter. Der wiederum lachte auf und sagte schließlich: »Schreib ihm, er soll sich die aussuchen, die er will.«
Später erfuhr ich, dass Kidron sich alle drei Uniformmodelle
nähen ließ. Er sollte ein Einzelfall bleiben – von einem israelischen Diplomaten in Uniform habe ich im Laufe meiner Karriere
nie wieder gehört.

Nach den drei Monaten in der Asienabteilung durfte ich nur noch
Erfahrungen in der Wirtschaftsabteilung und in der Waffenstillstandsabteilung machen. Dann wurde ich, noch bevor mein erstes Jahr im Amt abgelaufen war, nach Afrika entsandt.

Die Existenz einer Waffenstillstandsabteilung war und ist
wahrscheinlich einmalig – ich kann mir nicht vorstellen, dass es
eine Abteilung dieser Art in einem anderen Auswärtigen Amt
gibt, und auch in Israel gibt es sie nicht mehr. Sie wurde mit der
Entstehung des Auswärtigen Amtes 1949 gegründet und 1967,
nach dem Sechs-Tage-Krieg, aufgelöst. Grund ihrer Existenz
waren die Waffenstillstandsvereinbarungen, die Israel 1949 mit
Ägypten, Jordanien, Syrien und Libanon geschlossen hatte und
die bis zur Unterzeichnung eines Friedensvertrags Bestand haben sollten. Dem Auswärtigen Amt oblag die Verwaltung und
Koordination dieser Vereinbarungen. Zu diesem Zweck gab es
vier sogenannte gemischte Waffenstillstandskommissionen: Die
ägyptisch-israelische, vertreten durch eine ägyptische und eine
israelische Militärdelegation, stand unter dem Vorsitz und der
Beobachtung von italienischen UN-Offizieren. Die jordanisch-
israelische Kommission hatte britische UN-Offiziere als Beobachter und Präsidium, wenngleich sie sich als Neuseeländer tarnten,
weil sie als ehemalige britische Besatzer von den Kontrahenten
als nicht objektiv abgelehnt worden waren. Die syrische Kommission wiederum stand unter dem Vorsitz von belgischen UN-
Offizieren, die libanesische unter Vorsitz von französischen. Ursprünglich sollten sich die jeweiligen Kommissionen an den
entsprechenden Grenzen treffen, um dafür zu sorgen, dass ver-

sehentliche Grenzüberschritte oder Ähnliches nicht als feindliche Handlungen ausgelegt würden, und um eventuell wieder ausbrechende Feindseligkeiten im Keim zu ersticken.

Als ich 1960 als Anwärter in die Waffenstillstandsabteilung kam, sahen die Dinge schon anders aus, denn inzwischen hatte es bereits wieder Kriege mit den Nachbarn gegeben, zum Beispiel 1956 mit Ägypten, und Grenzgefechte mit Jordanien und Syrien. Direkte Verhandlungen mit Ägypten und Syrien gab es zu dieser Zeit nicht mehr, ebenso wenig waren direkte Treffen möglich. Stattdessen kamen die syrische und die ägyptische Delegation bis in die Nähe der Grenze, unsere tat auf unserer Seite das Gleiche. Es blieb eine Distanz von ein paar Hundert Metern, die die UN-Offiziere als Boten überwanden. »Gespräche« erfolgten, indem die UN-Offiziere hin- und hergingen und die jeweiligen Positionen des Gegners überbrachten. »Die Syrier behaupten dies und das«, hieß es etwa. »Was habt ihr zu erwidern?« Für mich war das nicht sehr spannend.

An der jordanischen Grenze sah es anders aus. Der »Mandelbaum«, ein Gebäude an der Grenze zwischen dem jordanischen Ost-Jerusalem und dem israelischen West-Jerusalem, verfügte über drei Eingänge: einen im Osten, einen im Westen und einen im Norden. Die jordanische Delegation kam aus dem Osten, setzte sich an die Ostseite eines langen Sitzungstisches, die israelische betrat das Gebäude von der Westseite und setzte sich den Jordaniern gegenüber, die UN-Offiziere wiederum kamen aus dem Norden und übernahmen den Vorsitz. Offiziell kommunizierten wir nur über die Engländer mit den Jordaniern und umgekehrt. In Wirklichkeit haben wir aber sehr wohl miteinander gesprochen, noch mehr hinter dem Rücken der Beobachter, da wir beide ihnen nicht trauten. Wir installierten sogar eine geheime Telefonleitung, über die wir die wichtigsten Sachen besprachen. Manches Mal entwickelten sich dadurch auch zwischenmenschliche Beziehungen. Im Sechs-Tage-Krieg etwa geriet der Chef der jordanischen Delegation in israelische Gefangenschaft

und wurde von seinem israelischen Kommissionskollegen sofort
aus dem Gefangenenlager herausgeholt und als Gast nach Jerusalem gebracht.

Noch einmal anders war der Umgang mit den Libanesen. Mit
ihnen trafen wir uns nicht an der Grenze, sondern in einem der
Grenzdörfer. Mal waren wir in Israel die Gastgeber, mal sie im
Libanon. Die Treffen fanden bei einem gemeinsamen Mittagessen statt, an dem die französischen UN-Beobachter gerne teilnahmen, war die gemeinsame Sprache doch ohnehin Französisch.
Es gab keine Sitzordnung, und alles wirkte eigentlich immer wie
eine Feier – die große Konkurrenz um die nationale Ehre wurde
über das Essen geführt. Wer würde das feinste und üppigste Mittagessen bieten? Und so verlängerten die Verhandlungen sich
von Treffen zu Treffen.

Worüber sprachen wir? In der Regel begannen wir mit kleinen
Grenzvorkommnissen, die allerdings an der libanesischen Grenze
eine Seltenheit waren. Ich kann mich erinnern, wie wir mit ernster Miene darüber sprachen, dass sich eine libanesische Kuh von
ihrem Besitzer entfernt hatte und sich nun unerlaubt auf israeli-
schem Gebiet befand. Das Ergebnis: Wir wurden beauftragt,
diese Kuh zu finden und von den französischen Beobachtern über
die Grenze bringen zu lassen.

Waren diese schwierigen Themen gelöst, sprachen wir über
das Nachtleben in Beirut und Tel Aviv, darüber, welche Filme gerade in den Kinos liefen, welche Restaurants neu eröffnet hatten
und natürlich auch darüber, was sich in Paris abspielte. Es
herrschte eine freundliche Stimmung, und die langen Essen wurden von viel Wein begleitet, was die Stimmung schrittweise
noch gelöster werden ließ.

Für mich war das eine außergewöhnliche Erfahrung, die kaum
ein Israeli machen konnte. Vor allem war es spannend, mit dem
»Feind« zu reden und ihn zu beobachten.

Der Sechs-Tage-Krieg 1967 machte die Waffenstillstandsver-
träge von 1949 zunichte und die Abteilung überflüssig. Ich war zu

dieser Zeit längst versetzt worden, und zwar in die bereits ge-
nannte Afrika-Abteilung.

Unsere Regierung, besonders die damalige Außenministerin Golda Meir, hegte in den Fünfzigerjahren den dringenden Wunsch,
Beziehungen zu Schwarzafrika aufzubauen, dessen Staaten sich
in diesen Jahren fast alle für unabhängig erklärt hatten. Die diplomatische Belagerung und Ausgrenzung Israels war für uns in Bezug auf die sogenannten Staaten der Dritten Welt besonders
schmerzlich – es war klar, dass wir mit der islamischen Welt keine
Kontakte würden knüpfen können und nach 1956 auch nicht mit
dem kommunistischen Block (mit Ausnahme von Rumänien).
Aber in der »Dritten Welt« erhofften wir uns eine Chance. Ein
Durchbruch hier war insofern wichtig, weil uns das im Erfolgs-
fall auch in der »Ersten Welt« zu einem besseren Ansehen ver-
holfen hätte. Damals bekam ein Land, das von der »Dritten Welt«
abgeschnitten war – dazu gehörten zu dieser Zeit nur drei: Südafrika, Taiwan und Israel –, in der »Ersten Welt« Schwierigkeiten,
da diese sich damals zunehmend für die »Dritte Welt« zu interessieren begann.

Das erste Land der neuen unabhängigen Entwicklungsländer,
zu dem wir Kontakt aufnehmen durften, war Myanmar, das damalige Burma, mit dem ich mich dank meiner drei Monate in der
Asienabteilung ein wenig auskannte. In Rangun hatte Ministerpräsident U Nu aus irgendwelchen mir unbekannten Gründen
den Staat Israel für sich entdeckt und sich entschieden, Israel zu
besuchen, um von unseren Erfahrungen zu lernen und von uns
technische Hilfe zu bekommen. Sein Besuch 1955 in Israel war
der allererste Besuch eines Staats- oder Regierungsoberhauptes
und wurde entsprechend gefeiert. Für U Nu war Israel aus verschiedenen Gründen interessant: Es war ein kleines Land, von
dem keine Gefahr des Neokolonialismus für Burma ausging; ein
Land, das erstaunliche Erfahrungen in der Landwirtschaft, aber
auch in anderen Bereichen hatte; ein armes Land ohne Boden-

schätze und Ressourcen, das gleichzeitig die schwere Last der Landesverteidigung zu schultern hatte; ein Land, das trotz allem seinen Weg fand und sich stark entwickelte. Damit war Israel für U Nu ein Vorbild für Burma.

In der Folge wurden nicht nur diplomatische Beziehungen aufgenommen, sondern auch technische Hilfen aus Israel in mehreren Bereichen zur Verfügung gestellt. Israelische Experten wurden nach Burma entsandt und verbrachten dort mehrere Jahre. Damit wurde Burma für Israel zum Muster für die Zusammenarbeit mit der »Dritten Welt«.

In Asien konnten wir damals abgesehen von Burma nur ein wenig Kontakt zu Thailand und noch weniger zu den Philippinen aufbauen; die positive Erfahrung mit Burma blieb ein isoliertes Erlebnis.

Ende der Fünfziger-, Anfang der Sechzigerjahre gerieten die neuen afrikanischen Länder in den Fokus unserer Bemühungen um einen Durchbruch in der »Dritten Welt«; von nun an konzentrierten wir uns auf sie. Wir wollten uns in Afrika positionieren und ein *Fait accompli* erreichen, bevor die arabische oder die kommunistische Welt Interesse an den afrikanischen Staaten zeigte. Wo immer dies möglich war, sollten wir den afrikanischen Staaten unser Burma-Modell anbieten, unabhängig von der Größe oder Bedeutung des Staates. Da ein Teil der ostafrikanischen Länder damals noch nicht unabhängig war, hatten wir meistens mit französischsprachigen Ländern zu tun. Israel brauchte also junge Diplomaten, die bereit waren, in unterentwickelten Ländern zu arbeiten, und die zudem Französisch sprachen. Davon gab es bei uns nicht sehr viele. Also wurde ich aus meiner Ausbildungszeit gerufen, um nach Afrika entsandt zu werden.

Meine Frau und ich haben diese Herausforderung bereitwillig aufgenommen. Afrika versprach ein Abenteuer, lockte uns aber auch aus idealistischen Gründen. Golda Meir sprach damals häufig über die Bedeutung des Durchbruchs in Afrika für Israel, fügte aber auch immer hinzu, dass es der zionistischen Ideologie entspräche, den Afrikanern zu helfen. Sie zitierte dabei den Begründer der zionistischen Bewegung, Theodor Herzl, der geschrieben hatte, dass die Juden, wenn sie seiner Vision folgten und den souveränen jüdischen Staat gründeten, sich danach den anderen gedemütigten und unterdrückten Völkern widmen sollten. Vor allem hatte er Schwarzafrika empfohlen. Dem nachzukommen, entsprach ganz und gar meiner patriotischen Begeisterung.

Die erste Zeit in Afrika

Afrika haben meine Frau und ich das erste Mal gesehen, als uns eine Maschine von Paris nach Bamako in Mali brachte. Bamako war bei Weitem nicht die am besten entwickelte Hauptstadt Afrikas. Vom Flughafen in die Stadt fuhren wir auf einer schmalen Straße durch eine rötliche Wüste. Die Stadt selbst sah eher wie ein Dorf am Rande eines riesengroßen Flusses aus, dem Fluss Niger. Wir waren dennoch nicht enttäuscht. Im Gegenteil: Wir waren voller Vorfreude und vor allem voller Neugierde. Von dem Ehrgeiz erfüllt, Afrika kennenzulernen, mit Afrikanern Freundschaften zu schließen, fühlten wir uns so glücklich, wie nur ganz junge Menschen sich unter solchen Umständen fühlen.

In Mali verfügte Israel schon über eine Botschaft, die aber nur einen Diplomaten aufwies, der kein Botschafter war, sondern ein *Chargé d'affaires*, ein diplomatischer Geschäftsträger, und über ein Zimmer im einzigen Hotel der Stadt. Das zweite Zimmer der israelischen Botschaft im Hotel in Bamako war unseres. Drei Monate lang beließ man uns in Bamako, wo wir recht glücklich waren, dann wurden wir nach Abidjan, in die Hauptstadt der Elfenbeinküste, versetzt, wo wir eine Botschaft eröffnen sollten. Bis dahin war das senegalesische Dakar die größte und wichtigste Stadt im französischen Westafrika gewesen. Nun aber wuchs Abidjan zu einem mächtigen Konkurrenten heran und entwickelte eine weitaus größere Anziehungskraft als Dakar. Abidjan war in einer natürlich schönen Landschaft gewachsen und lag nicht in der Wüste, sondern von Landwirtschaft, Gebirgen, Gewässern und Wäldern umgeben. Im Gegensatz zu Dakar war Abidjan eine Neugründung und wirkte sehr modern und aufgrund der Politik des Präsidenten Félix Houphouët-Boigny wirtschaftlich außergewöhnlich dynamisch. Entsprechend wichtig war es für Israel, sich dort niederzulassen. Daher wurde ein Botschafter für die Elfenbeinküste ernannt, ein junger Mann, der schon Erfahrungen in Afrika gesammelt hatte. Es war der bekannte Knesset-Abgeordnete Shlomo Hillel. Er war mein erster Botschafter, und ich bin mit ihm bis heute, wo er über neunzig Jahre alt ist, befreundet. Ich habe ihn stets als meinen Lehrer und Mentor empfunden.

Ich sollte damals der zweite Mann der Botschaft, also sein Stellvertreter, sein. Der Grund dafür war schlicht und einfach der, dass wir eine Botschaft von nur zwei Personen waren. Das sollte sich erst später ändern. Zunächst jedoch war ich allein, denn Hillel musste seine Abreise an die Elfenbeinküste immer wieder verschieben. Da Jerusalem nicht warten wollte, sandte man mich, den 25-jährigen, unerfahrenen Lehrling, nach Abidjan, um dort die Botschaft zu gründen.

Diplomaten waren in diesen ersten Jahren der afrikanischen Unabhängigkeit eher selten und ziemlich begehrt. Selbst ein junger »dritter Botschaftssekretär« – ein Titel, der so niedrig ist, dass es ihn heute nicht mehr gibt – wurde durch den Protokollchef des Präsidenten des Gastlandes empfangen. So auch meine Frau und ich.

Der Protokollchef brachte uns ins Hotel, ein Kolonialgebäude aus den Zwanzigerjahren, wo ich nach dem Vorbild von Mali zwei Zimmer mietete: eins für uns und eins für die »Botschaft«. Eine dritte Reservierung für das Ehepaar Hillel sollte erst getätigt werden, wenn dessen Anreise unmittelbar bevorstand. Das Allererste jedoch, was ich tat, war, zu Fuß zum prächtigen Postamt zu gehen und dort eine telegrafische Adresse einzurichten. »Mem Israel, Abidjan.« Das bedeutete: »Israelische Regierung, Abidjan.«

Als Zweites eröffnete ich ein Postfach, damit wir auch eine Anschrift für Briefe hätten. Voller Stolz schickte ich sofort ein Telegramm nach Jerusalem, um mitzuteilen, dass die israelische Botschaft an der Elfenbeinküste erfolgreich ins Leben gerufen worden war. Da in einem Telegramm jedes Wort Geld kostete, musste man sich knapp fassen. Ich schrieb also: »Wir sind geboren. Mem Israel, Abidjan.«

Der Verwalter des Ministeriums in Jerusalem schrieb zurück: »Herzliche Glückwünsche zur Geburt Ihres Kindes.«

Das war meine erste, aber bei Weitem nicht die letzte Erfahrung, die ich mit missverständlichen Telegrammen aufgrund von Sparsamkeit machte.

Sieht man von der schwülen Hitze ab, die mir nach wie vor zu schaffen machte, war Afrika für uns ein Glücksfall: Es bot eine Mischung aus Abenteuer und Idealismus und ermöglichte uns, eine für uns neue und unbekannte Welt und Kultur zu entdecken. Die afrikanischen Religionen und Sitten interessierten uns, die Lebensweise und Denkart der Afrikaner, ihr Bezug zur Außenwelt – all dies war neu und interessant für uns. Miki hat viel über unsere Erlebnisse geschrieben, manches hat sie an israelische Zeitungen geschickt, und einiges wurde auch veröffentlicht. Hinzu kam das Gefühl, an einer historischen Entwicklung, nämlich dem Unabhängigkeitskampf der afrikanischen Staaten und ihrem Beitritt zur modernen Welt, teilzuhaben. Vor allem aber haben meine Frau und ich von Anfang an eine große Sympathie zu den Afrikanern entwickelt und die Arbeit mit ihnen sehr geliebt. In kurzer Zeit fanden wir auch einen gemeinsamen Freund, der Afrika noch besser kannte als wir und wie wir ein großer Liebhaber des Kontinents und von dessen Menschen war. Von ihm haben wir auch viel darüber gelernt, was an den Afrikanern zu schätzen ist. Vielleicht waren wir etwas naiv, aber uns schienen die Afrikaner von Anfang an offen, ehrlich, gutmütig und menschenfreundlich zu sein. Das hatte natürlich auch damit zu tun, dass die Afrikaner in großen Familien oder Gemeinden lebten und alles miteinander teilten. So wie wir sie wahrnahmen, hatten sie auch großes Interesse an der Welt, die sich ihnen öffnete. Vielleicht lag dieses rein positive Bild auch daran, dass wir die Afrikaner lieben *wollten*. Hatten wir doch damals unser persönliches Schicksal mit dem Erwachen Afrikas verbunden.

Wenn ich heute auf meine Zeit in Abidjan zurückblicke, kommt mir das alles sehr nostalgisch vor – möglicherweise auch daher, weil es mein erster diplomatischer Posten war. Von vielen Kollegen habe ich gehört, dass auch sie ihren ersten Posten im Ausland besonders verklärt haben. Der erste Kontakt mit der Realität, mit dem Alltag unseres Berufs.

Während meiner ersten Jahre in Afrika veröffentlichte der bekannte Afrikanist René Dumont ein Buch über den Kontinent: *L'Afrique noire est mal partie*. Dumont stand den neuen afrikanischen Staaten äußerst kritisch gegenüber und behauptete, die Staaten hätten ihre Unabhängigkeit schlecht begonnen, weil sie so rasch versuchten, die europäischen Staaten zu imitieren, ohne darauf entsprechend vorbereitet zu sein. Dadurch riskierten sie, so Dumont, Ineffizienz und Korruption. Wir jungen Diplomaten waren wegen dieses erfolgreichen Buchs sehr wütend und sahen in ihm eine Verleumdung, wenn nicht sogar eine gewollte Sabotage. Vor Kurzem las ich dieses Buch noch einmal und musste mir eingestehen, dass die düstere Prophezeiung Dumonts in vielen Aspekten Wirklichkeit geworden war.

Wie aber haben wir unseren ersten europäischen Freund in Afrika kennengelernt? Um ehrlich zu sein: zunächst unfreiwillig. Die neuen Staaten Afrikas legten großen Wert auf die Einhaltung des Protokolls. Das gab ihnen ein Gefühl der Gleichberechtigung mit den europäischen Staaten, eine Art von Würde, die sie nach der langen Unterdrückung durch die Kolonialmächte erkämpft hatten. Trotz der Hitze mussten wir daher oft protokollarisches Gewand tragen, das aus Europa kam und eher für die Kälte gedacht war, wie etwa Gehrock und Frack, weshalb ich auch einen schwarzen und einen weißen Smoking besaß. Zum erforderlichen Protokoll gehörte zudem, dass ein neuer Diplomat im Land seinen Kollegen, die vor ihm ins Land gekommen waren, einen Antrittsbesuch abstattete. Für einen Botschafter war es schon immer Pflicht, die anderen Botschafter zu besuchen, ungewöhnlich für das diplomatische Leben aber war, dass auch der zweite, dritte und vierte Botschaftsmann die Kollegen gleichen Ranges besuchen musste. Mein Vorgesetzter, Botschafter Shlomo Hillel, mahnte mich, dieser Pflicht sofort nachzukommen. Es gab damals in Abidjan außer uns lediglich zwölf Botschaften, sodass der Aufwand nicht allzu groß war. Nach einer Weile fragte Hillel mich, ob ich fertig sei und allen meinen Kollegen, also dem jeweils zweiten Mann oder der zweiten Frau der Botschaften, einen Antrittsbesuch abgestattet habe.

»Ja«, sagte ich, zögerte eine Weile und fügte hinzu: »Ja, mehr oder weniger habe ich sie schon besucht.«

»Was heißt das, mehr oder weniger? Ich wollte wissen, ob du alle, ich wiederhole: alle, besucht hast.«

»Ja, fast«, sagte ich.

»Hör auf, mit mir zu spielen. Sag mir, ob du auch deinen deutschen Kollegen besucht hast.«

»Eigentlich noch nicht«, gestand ich.

»Schau«, sagte er, »wir haben alle dieses Problem. Aber du hast diesen Beruf gewählt und musst dich, auch wenn es unangenehm ist, den Richtlinien dieses Berufs beugen. Ich habe den deutschen Botschafter besucht, ob es mir angenehm war oder nicht, und du musst den zweiten Mann der Botschaft besuchen.«

Ich konnte mich dennoch weiterhin nicht dazu durchringen, die deutsche Botschaft zu betreten, und schob den Besuch weiter hinaus.

Als ich eines Tages im Büro saß, klingelte das Telefon. In der Leitung war der zweite Mann der deutschen Botschaft. »Ich habe gehört«, sagte er, »dass Sie vor Kurzem nach Abidjan gekommen sind. Ich befinde mich gerade zufällig ganz in der Nähe Ihrer Botschaft und würde gerne auf einen Sprung zu Ihnen kommen, um Ihnen Hallo zu sagen.«

Das war mir etwas peinlich. Deshalb erwiderte ich sofort: »Nein, nein, ich müsste *Sie* besuchen.«

»Ach«, sagte er, »das Protokoll ist uns nicht so wichtig, wir müssen nicht so pingelig darauf achten. Ich stehe sowieso gerade nur ein paar Meter von Ihrer Botschaft entfernt. Wenn Sie mir ein paar Minuten Ihrer Zeit schenken könnten, würde ich mich freuen.« Es war eindeutig, dass ich mich diesem Treffen nicht entziehen konnte.

Ein paar Minuten später kam der deutsche Kollege. Er war, wie ich später erfahren sollte, neun Jahre älter als ich und ein außergewöhnlich gut aussehender Mann. Er sprach ein exzellentes Französisch, aber unser Gespräch blieb dennoch angespannt und belanglos. Wir sprachen über das Wetter in Abidjan, die Wohnungsprobleme, die Einrichtungen – über nichts Persönliches oder Politisches. Als er sich nach einer Viertelstunde verabschiedete, war ich sehr erleichtert. Nun musste ich nicht mehr in die deutsche Botschaft gehen und konnte meinem Botschafter berichten, dass ich meine Pflicht getan hatte.

Eine Weile später zogen meine Frau und ich in ein kleines Haus am Rande der Straße von Abidjan zum Flughafen. Ich war gerade vom Büro nach Hause gekommen, als das Telefon klingelte. In der Leitung war wieder der deutsche Kollege. »Ich befinde mich gerade am Flughafen und mache mich jetzt auf den Weg in die Stadt«, sagte er. »Ich habe gehört, wo Sie jetzt wohnen, und habe mich gefragt, ob ich bei Ihnen vorbeikommen und wir einen Aperitif trinken könnten.«

Meine Frau muss an meinem Gesicht gesehen haben, dass ich über den Anruf nicht besonders glücklich war. Die Telefone damals hatten noch einen zweiten Hörer, sodass auch sie dem Gespräch folgen konnte. Sofort verstand sie, wer in der Leitung war. Sie flüsterte auf Hebräisch: »Was will er von uns, warum lässt er uns nicht in Ruhe?« Aber wieder konnte ich nicht absagen, weil mir keine gute Ausrede einfiel.

Wenig später war der unerwünschte Gast bei uns. Diesmal lief es jedoch ganz anders als bei unserem ersten Treffen in der Botschaft. Er blieb nicht eine Viertelstunde, sondern den ganzen Abend, und der Abend war sehr lang. Er aß mit uns und blieb noch lange darüber hinaus bei uns. Der Grund? Schon in den ersten Minuten unseres Gesprächs war das Eis gebrochen.

Worauf gründete unsere Abneigung gegenüber den Deutschen? Warum wollten wir keinen Kontakt zu ihnen? Ich meine nicht nur meine Frau und mich, sondern die meisten Israelis, auf jeden Fall unsere Generation.

Die Erklärung dafür war natürlich der Holocaust, auch wenn uns klar war, dass es kein Nazideutschland mehr gab, und obwohl Ben-Gurion Ende der Vierziger- und zu Beginn der Fünfzigerjahre predigte, dass ein anderes Deutschland entstehe. Es sei unsere moralische Pflicht und auch in unserem Interesse, sagte er, diejenigen zu unterstützen, die sich um ein demokratisches Deutschland bemühten, die sich bemühten, der deutschen Jugend eine neue Erziehung angedeihen zu lassen, ihr demokratische und humanistische Werte beizubringen. Das alles wollten wir aber nicht wahrnehmen. Uns störte, was wir über Deutschland gehört hatten: dass die Bundesdeutschen und auch die Deutschen in der DDR ihre Vergangenheit verdrängten. Manche, so hörte man, würden ihre Vergangenheit sogar verleugnen und behaupten, sie hätten von den Verbrechen während der Nazizeit nie etwas gehört. Damals gab es bei uns noch kein Fernsehen, und Nachrichten mit Bildern konnten wir nur einmal in der Woche in der *Wochenschau* im Kino sehen. Eine *Wochenschau*, die immer wieder wiederholt wurde, war ein amerikanischer Bericht über den erzwungenen Besuch der Weimarer Zivilbevölkerung im KZ Buchenwald. Der Film zeigte Berge von ausgemergelten Leichen und ähnlich schreckliche Bilder. Durch diese grausame Kulisse lief eine gut gekleidete und gut genährte Zivilbevölkerung, die sich gegenseitig Dinge zuflüsterte. Eine amerikanische Journalistin übersetzte, was die Leute sagten: »Das alles wussten wir nicht. Davon hatten wir nie eine Ahnung.«

Die Journalistin kommentierte das so: »Man könnte meinen, dass die Sätze ›Das wussten wir nicht‹ und ›Davon hatten wir nie eine Ahnung‹ eine Strophe aus der deutschen Nationalhymne sind, derart wiederholen es alle Deutschen.«

Und das waren Zivilisten, die den Zweiten Weltkrieg in Weimar verbracht hatten, in einer Stadt, von der aus man Buchenwald auch ohne Fernglas beobachten konnte! Für uns war genau das die Realität des neuen Deutschlands und nicht, was Ben-Gurion beschrieb. Für uns stand daher fest, dass man mit Menschen, die ihre Identität verschleiern, keinen ehrlichen Dialog führen konnte.

Mein deutscher Kollege in Abidjan brach das Eis an jenem Abend dadurch, dass er das Gegenteil von dem tat, was wir erwarteten. Er sprach direkt zu Beginn des Gesprächs – nach den üblichen Beschwerden über das Wetter – die deutsche Vergangenheit an, und er verschwieg auch nicht seine eigene Geschichte oder die seiner Familie. Seine Eltern hatten ein Landgut in Tanganjika in Ostafrika, das vor dem Ersten Weltkrieg noch Teil des deutschen Kolonialgebiets gewesen war. Daher rührte auch seine Liebe zu Afrika. Er selbst war allerdings von seiner adligen Familie in den Dreißigerjahren zur Ausbildung nach Deutschland geschickt worden. Unser Gast erzählte uns an jenem Abend von den nationalistischen und ultranationalistischen Tendenzen in seiner Familie, aber auch in seiner Schule. Diese wurde zwar nicht von »echten« Nazis geführt, hatte jedoch nicht weit entfernt von den Nazis gestanden. Er erklärte uns, worum es sich beim deutschen Jungvolk, dem er angehört hatte, handelte, und erzählte uns auch von seiner Mitgliedschaft in der Hitlerjugend. Und er berichtete uns, wie er im letzten Kriegsjahr in der Wehrmacht gedient hatte. Er erzählte all dies, ohne Dinge auszuschmücken oder zu verschönern, einschließlich der von den Deutschen begangenen Verbrechen, über die er so gut wie alles wusste.

Miki und ich waren verblüfft. All dies entsprach keineswegs unseren Vorurteilen, die wir gegenüber den Deutschen hegten. Von diesem Abend an entstand eine Freundschaft zwischen uns, die so tiefgreifend war, wie die Schwierigkeit, den Weg zueinander zu finden, ursprünglich gewesen war. Wir blieben eng verbunden, machten gemeinsame Ausflüge und lernten und fuhren gemeinsam Wasserski.

Unser Haus, das, wie erwähnt, auf dem Weg zum Flughafen lag, hatte auf einer Seite einen Garten, der zu einer der großen Lagunen Abidjans führte. Am Rande dieser Lagune stand ein Holzhäuschen, das der Vermieter uns beim Einzug aus Zeitmangel nicht gezeigt hatte. Es stellte sich heraus, dass dies ein kleiner Bootsschuppen war. Wir zeigten es irgendwann unserem deutschen Kollegen, der sofort die Idee hatte, dass wir gemeinsam ein Boot kaufen müssten, um auf der Lagune Wasserski zu laufen. In Afrika durften wir Ausländer wegen der Gefahr von tropischen Krankheiten nicht in den Flüssen baden oder Wasserski laufen. Für die Lagune galt dieses Verbot jedoch nicht, weil es sich um salziges Meereswasser handelte. Sie wirkte wie ein Fluss, war aber in Wirklichkeit ein Ausläufer des Ozeans, der ins Land drängte. Zwar war auch dieses Wasser nicht besonders sauber und darin baden wollten wir ganz sicher nicht, aber fürs Wasserskilaufen reichte es aus.

Unser deutscher Kollege hatte einen Freund, einen Diplomaten, der in Amerika diente und gute Beziehungen hatte, wodurch er uns einen billigen und guten Bootsmotor besorgen konnte. Ich wiederum hatte einen Freund in unserer Botschaft in Tokyo, der Beziehungen zu einem Bootsfabrikanten hatte. So bekamen wir über Umwege ein funktionstüchtiges Boot – und über die uns gemeinsame Leidenschaft vertiefte sich die Freundschaft zwischen uns noch weiter.

Dieser Kollege war der erste Deutsche überhaupt, den ich kennenlernte. Ich betrachtete ihn aber nicht als Beispiel für Deutschland schlechthin, sondern als eine außergewöhnliche Persönlich-

keit. Er war auch bei den Einheimischen sehr beliebt. Die meisten
Afrikaner, die ich kennengelernt habe, verstanden sehr schnell,
wer aus Höflichkeit oder aus beruflichem Interesse freundlich zu
ihnen war und wer ihnen echten Respekt und Wertschätzung
entgegenbrachte. Mein deutscher Kollege war bei Weitem der be-
liebteste Diplomat in Abidjan, obwohl er selbst gar kein Botschafter war und somit weniger im Rampenlicht stand als sein Vorgesetzter. Nachdem wir Afrika verlassen hatten, sahen wir uns über
viele Jahre nur selten. Er ging zurück nach Deutschland, wo wir
nicht hingehen wollten, und wir nach Jerusalem. Ab und zu trafen wir uns in Paris, wohin er eigens kam, um uns zu sehen.

Als ich 1993 als Israels Botschafter nach Bonn kam, lebte mein
Freund schon lange nicht mehr in Deutschland, war auch kein
Deutscher mehr. Claus von Amsberg hatte 1966 die Thronfolgerin der Niederlande, Prinzessin Beatrix, geheiratet und war zum
Prinzgemahl geworden, als Beatrix 1980 den Thron der Niederlande bestieg. Die Hochzeit war allerdings nicht selbstverständlich und schon gar keine Routinehochzeit. Die königliche Familie,
die niederländische Regierung und vor allem das Volk wollten
den Mann, in den sich die Thronfolgerin verliebt hatte, keineswegs akzeptieren. Schließlich war er ein Deutscher und außerdem auch noch ein ehemaliger Wehrmachtssoldat. Es dauerte
lange, bis Beatrix das Staatsoberhaupt, ihre Mutter Königin Juliane, überzeugen konnte. Es dauerte lange, bis Königin Juliane die
Regierung überzeugen konnte, das niederländische Volk aber
konnten sie damals nicht gänzlich überzeugen. Viele Bürger haben gegen die Hochzeit protestiert, gelegentlich auch mit Gewalt, so wurden zum Beispiel Rauchbomben gegen die königliche Kutsche geschleudert.

Miki und ich waren zur Hochzeit eingeladen und haben uns
mit großer Vorfreude darauf vorbereitet. Dann aber kam die
Nachricht, dass die jüdische Gemeinde Hollands die Hochzeit
wegen der Herkunft des Bräutigams boykottierte. Obwohl wir als
Privatleute eingeladen waren, konnte ich es mir als Mitglied des

Auswärtigen Amtes unter diesen Umständen nicht erlauben,
dorthin zu fahren. So schrieb ich meinem Freund Claus einen ver-
legenen Brief mit irgendeiner blöden Ausrede, an die ich mich
nicht mehr erinnern kann – vielleicht habe ich sie verdrängt –, um
zu erklären, warum wir nicht kommen könnten.

Claus ignorierte die Ausrede und schrieb zurück, er habe vollstes Verständnis, er wäre enttäuscht gewesen, hätten wir die Einladung unter diesen Umständen doch wahrgenommen. Er lud
uns aber ein, unmittelbar nach der Hochzeit zum Schloss der
Prinzessin nach Drakensteyn zu kommen. Das taten wir auch.

Auf dem Weg in die Niederlande überlegten Miki und ich, wie
wir eigentlich mit Beatrix sprechen sollten. Ihr Ehemann war
schließlich unser persönlicher Freund, mit dem wir uns seit Jahren duzten, sie dagegen war die Thronfolgerin, der wir zudem
noch nie begegnet waren. Würden wir sie, die Gattin eines engen
Freundes, mit »Eure Königliche Hoheit« ansprechen? Wie über-
windet man einen solchen Widerspruch?

Am Flughafen erwartete uns bereits ein Auto des Königs-
hauses, um uns nach Drakensteyn zu bringen. Einen halben Kilometer vor dem Schloss stand eine offizielle Garde, die uns das Tor
öffnete. Wir gerieten langsam in Panik, denn noch immer wussten wir nicht, wie wir uns verhalten sollten. Als wir fast am
Schloss waren, öffnete sich das große Tor, und Beatrix trat heraus.
Allein. Sie ging über die Brücke des Wasserschlosses in unsere
Richtung, und als wir aus dem Auto stiegen, sprach sie uns sofort
mit einem gewinnenden Lächeln an und reichte uns die Hand:
»Also ihr seid Miki und Avi. Ich bin Beatrix.« Unser Problem war
gelöst.

Ein Jahr später, als der Nahe Osten sich am Rande des Sechs-
Tage-Krieges befand und in aller Welt große Sorge um das Schick-
sal Israels herrschte, schickten Beatrix und Claus uns dringende
Telegramme und riefen uns an, damit wir unsere Zwillinge für die
Zeit des Kriegs nach Drakensteyn schickten. Wir waren von dem
Angebot natürlich sehr gerührt, haben es aber keine Minute lang

in Erwägung gezogen. Nicht nur wollten wir die Thronfolgerin nicht mit unseren lebhaften Zweijährigen belasten, sondern meine Frau und ich waren im Gegensatz zu unserem Umfeld eher optimistisch und machten uns keine Sorgen.

Der zunächst verhasste Bräutigam Claus wurde in kürzester Zeit zum beliebtesten Mitglied der königlichen Familie. So wie er die Herzen der Afrikaner erobert hatte, so wie er auch unser Herz eroberte, so gewann er die Herzen der Niederländer. Die Abneigung gegen ihn verwandelte sich in Liebe und Bewunderung. Wir blieben weiter enge Freunde, und ich besuchte Claus und Beatrix regelmäßig. Als sich das Thronfolgerpaar während meines Dienstaufenthaltes in Paris zu Beginn der Siebzigerjahre entschied, offiziell Israel zu besuchen, flog die königliche Maschine zunächst nach Paris, um meine Frau Miki und mich abzuholen. Wir hatten uns unseren Freunden als Reiseführer angeboten. Es wurde eine wundervolle, äußerst angenehme Woche, die wir gemeinsam in allen Teilen Israels verbrachten.

Während der vielen Jahre, die Claus und ich befreundet waren, haben wir intensiv korrespondiert, später aber immer mehr telefoniert. Als ich 1993 mit Beginn meiner Amtszeit in Deutschland einen Sprachkurs in Mannheim besuchte, fragte mich Claus – immer noch auf Französisch –, ob es stimmte, dass ich Deutsch lernte. Dann lachte er und sagte: »Sag doch etwas auf Deutsch, damit ich mich über dich lustig machen kann.«

Von dem Moment an sprachen wir miteinander Deutsch. Als er im Oktober 2002 verstarb, bat mich Königin Beatrix, die Trauerrede im Schloss in Den Haag zu halten. Sie bat mich, sie nicht nur auf Deutsch und Englisch zu halten, sondern ausdrücklich auch auf Französisch, unserer gemeinsamen Sprache. Mit Beatrix bin ich immer noch eng befreundet. Wir reiten zusammen und sie unterstützt aktiv mein trilaterales Projekt der Europäischen Studien, vor allem aber verbindet uns die Erinnerung an den Mann, der uns beiden so wichtig war.

Abgesehen von meiner Freundschaft zu Claus von Amsberg hat mich Deutschland in meinen Afrikajahren nur noch einmal kurz beschäftigt. Anders als unsere in der ganzen Welt verstreuten Kollegen mussten wir Diplomaten in Afrika uns kaum mit dem Nahostkonflikt, mit jüdischen Problemen, mit Antisemitismus oder dergleichen beschäftigen. All dies interessierte in Afrika keinen Menschen. Israel war für die nach Unabhängigkeit strebenden Staaten als kleines, armes Land uninteressant, von dem keine neokolonialistische Gefahr ausging, das aber als Entwicklungsland für sie ein Vorbild sein konnte.

Einmal, als ich schon nicht mehr in der Elfenbeinküste stationiert war, sondern als amtierender Botschafter in Dahomey, dem heutigen Benin, diente, wurde ich jedoch von der angesehensten Hochschule des Landes in Porto-Novo zu einem Vortrag über Israel und die Juden eingeladen. Der Rektor und die Lehrer erklärten mir, ich müsse den Schülern innerhalb einer Stunde alles über das jüdische Volk und seine Geschichte wie auch alles über Israel erzählen. Danach dürften die Schüler mir Fragen stellen. Natürlich war meine Rede so oberflächlich wie nur möglich – wenn man eine dreitausend Jahre umfassende Geschichte in einer Stunde erzählen soll, kann man nicht sehr ins Detail gehen. Die erste Frage, die ein Schüler mir stellte, war zunächst eher eine Anmerkung. »Sie haben in Ihrer Rede ganz kurz den sogenannten Holocaust erwähnt, die Geschichte, wie die Deutschen Sie verfolgt haben«, sagte er. »Das verstehe ich nicht. Vor einem Monat hatten wir Ihren Kollegen, den deutschen Botschafter, zu Gast. Er sieht genauso aus wie Sie, Sie sind ja beide genauso weiß. Also ist doch so eine Geschichte wie die des Holocausts gar nicht möglich.«

Ich überwand meine große Überraschung über diese unerwartete Frage schnell und erklärte sie mir damit, dass die Afrikaner die Europäer als zusammengehörig ansehen müssen, wie die Europäer alle Afrikaner wegen ihrer Hautfarbe als einen einzigen Stamm betrachten – alle haben dieselbe Hautfarbe, also gehören alle zum selben Stamm. So erwähnte ich in meiner Antwort die Geschichte des Landes Dahomey, vor dessen Staatsangehörigen ich sprach. »Euer Land ist nach dem alten Königreich Abomey benannt«, sagte ich. »Ich habe die historische Hauptstadt von Abomey besucht. Ich habe das Museum besichtigt, das sich im ehemaligen Königshaus befindet.

Und ich habe gelernt, dass der Reichtum dieses historischen Königreiches aus einer Quelle stammte: Die Armee des Königs von Abomey griff regelmäßig afrikanische Nachbarn an, nahm Gefangene und verkaufte sie als Sklaven an die Portugiesen und die Araber. Das haben Afrikaner anderen Afrikanern angetan. Die Erklärung, die ich dafür in Abomey bekam, lautete: ›Ja, wir haben Afrikaner angegriffen und sie als Sklaven verkauft, aber das waren ja nur Afrikaner aus anderen Stämmen.‹ Dennoch«, fügte ich hinzu, »waren sie alle Schwarze, die einen wie die anderen.«

Es herrschte Stille im Saal, bis sich die nächste Frage schnell einem anderen Thema zuwandte.

Während meiner Zeit in Afrika hatte ich auch zum ersten Mal ein Problem mit meinen Vorgesetzten in Jerusalem. Ein Problem, das damit endete, dass mir eine scharfe Rüge erteilt wurde. Der Grund war folgender: In meinem ersten Jahr in Dahomey herrschte dort eine besonders schlimme Dürre. Infolgedessen litten die Menschen in manchen Teilen des Landes Hunger und die Regierung des Landes bat weltweit um Hilfe. Meine Außenministerin Golda Meir legte wie erwähnt großen Wert auf Afrika und wurde dabei zuweilen auch emotional. So verkündete sie angesichts der Hungersnot in Dahomey, sofort ein Schiff mit zweihundert Tonnen Zucker und zweihundert Tonnen Reis nach Dahomey zu schicken. Mir wurde befohlen, diese Nachricht an die dortige Regierung weiterzugeben, worüber ich mich natürlich freute.

Wochen und Monate vergingen, aber von Reis und Zucker keine Spur.

Die Beamten des Auswärtigen Amtes in Jerusalem, besonders die Verwaltungsbeamten, hatten bei Meir interveniert und gefragt, woher sie das Geld für dieses Geschenk nehmen sollten, kämen sie doch auch so kaum mit ihrem Etat aus. Auch der Finanzminister sah keinen Spielraum. Und so hofften alle, dass die feierliche Mitteilung der Außenministerin in Vergessenheit geraten würde. In Jerusalem hatte man offenbar nicht damit gerechnet, dass in Dahomey ein junger Heißsporn Botschafter war. Ich nämlich war fest davon überzeugt, dass die Afrikaner, die so viel Wert auf das Protokoll legten, ein nicht eingelöstes Versprechen nicht vergessen würden, sondern es als eine Beleidigung empfinden und die Enttäuschung darüber in den verschiedenen afrikanischen Versammlungen verbreiten würden. Ich warnte meine Vorgesetzten vor den Konsequenzen, bekam aber nie eine Antwort.

Einige Monate später wurde ich während einer Dienstreise nach Jerusalem auch von Golda Meir empfangen und beschwerte mich bei dieser Gelegenheit über die fehlenden Reis- und Zuckerlieferungen. Meir reagierte verärgert: »Weißt du eigentlich, was ein *Mistère* kostet?« *Mistères* waren die Kampfflugzeuge, die Israel damals in Frankreich bestellt hatte.

Ich gestand, dass ich keine Ahnung hätte, und ergänzte, obwohl ich mir dessen bewusst sei, dass die Kampfjets für das Überleben Israels nötig seien, so wäre ich nicht mit dem Kauf der *Mistères* beauftragt. In meiner Verantwortung stünden vielmehr die Beziehungen zu Dahomey, auf die ich achten müsse. Diese seien ein Teil des Puzzles, wenn auch ein sehr kleiner, der Gesamtbeziehungen zu Schwarzafrika.

Die Ministerin sah mich an und schwieg. Dann wechselte sie das Thema.

Zurück in Dahomey fand ich in der diplomatischen Post einen persönlichen, handschriftlichen Brief von Meir. In ihm rügte sie mich und bezeichnete mich als frech und ungehorsam. Golda Meir schrieb ihren Unterstellten oft handschriftliche Briefe. Als zwei Jahre später meine Zwillinge geboren wurden, schrieb sie mir ebenfalls handschriftlich einen Gratulationsbrief. Solche Sitten sind in unserem Umfeld längst aus der Welt verschwunden.

Ein paar Monate nach der Rüge jedoch erhielt ich ein Telegramm, in dem mir mitgeteilt wurde, dass zweihundert Tonnen Reis und zweihundert Tonnen Zucker auf ein Schiff in Haifa geladen würden und dass das Schiff in Cotonou, Dahomey, am soundsovielten des Monats einlaufen würde.

Es war abzusehen, dass die Dürre in Dahomey längst in Vergessenheit geraten sein würde, bevor das Schiff im Hafen eingelaufen wäre. Dafür litt Dahomey jetzt unter Überschwemmungen. Kurz entschlossen erklärte ich meinen offiziellen Dahomey-Gästen bei einem Empfang auf dem Schiff, dass die israelische Regierung die Erste sei, die dem überschwemmten Land Hilfe leisten wolle.

Die Situation war damit gemeistert, und die verspätete Hilfsleistung hat dem israelischen Ansehen in Dahomey nicht geschadet. Inwieweit Dahomey darüber hinaus, wie viele andere afrikanische Länder, ein Freund Israels geworden war, habe ich ein Jahr später erfahren.

Eines Tages erreichte mich ein verschlüsseltes Telegramm aus Jerusalem, das ankündigte, dass ich mit der nächsten diplomatischen Post eine bestimmte Akte bekommen würde, die ich in den Safe sperren solle, ohne sie zu öffnen. Aufmachen und lesen sollte ich sie erst, wenn ich ein weiteres Telegramm mit einem bestimmten Codewort bekäme.

Aus irgendeinem Grund, der mir bis heute eine Rätsel ist, war ich nicht neugierig genug, um gegen die Anweisung schon in die Akte hineinzusehen, sondern verfrachtete sie wie befohlen ungelesen in den Safe. Als das Telegramm mit dem Codewort ankam, öffnete ich die Akte. In ihr lag ein Brief, der wie folgt begann: »Wenn Sie diese Akte aufgemacht haben, bedeutet dies, dass unser Staatspräsident Yitzhak Ben-Zvi gestorben ist. Hier die Vorschriften, was Sie jetzt machen, um die Nationaltrauer auszudrücken: 1. Unmittelbar die Regierung vor Ort davon informieren.«

Ich schrieb sofort eine diplomatische Note und fuhr ins Auswärtige Amt meines Gastlandes, um sie dem Außenminister zu überreichen. Der Minister war nicht da, sondern saß in einer Regierungskonferenz fest. Als ich wieder in meinem Büro war, hörte ich im Radio eine dringende Mitteilung der Regierung Dahomeys, in der sie ihre Trauer über den Tod des israelischen Präsidenten zum Ausdruck brachte, dem israelischen Volk ihr Mitgefühl ausdrückte und eine siebentägige Staatstrauer verkündete. Diesmal bekam ich aus Jerusalem keine Rüge, sondern erstaunte Glückwünsche.

So ist das im Leben: Gelegentlich bekommt man eine ungerechte Rüge, dafür manchmal aber auch unverdiente Glückwünsche. Die Regierung Dahomeys hatte nicht von mir vom Tod des Präsidenten erfahren, sondern durch die Presseagenturen.

Ich verließ Dahomey nach dem Ende meiner Amtszeit am 31. Dezember 1964 bei sechsundvierzig Grad und landete am Morgen des 1. Januar 1965 in Marseille, wo Temperaturen von minus fünfundzwanzig Grad herrschten. Siebzig Grad Unterschied und eine andere Welt.

Mit Afrika habe ich erst sechzehn Jahre später wieder zu tun gehabt, als ich Leiter der Afrikaabteilung des Auswärtigen Amtes wurde und eine Sondermission hatte, von der an anderer Stelle die Rede sein wird.

Zurück in Jerusalem

Als wir aus Afrika zurück nach Jerusalem kamen, war Miki schwanger. Damals wusste man vor der Geburt noch nicht, ob es ein Mädchen oder ein Junge werden würde. Man konnte auch nicht vorhersehen – wie es bei uns war –, dass es Zwillinge sein würden. Wir hatten sowieso andere Sorgen: Wir mussten unsere neue Wohnung einrichten, und ich hatte anfänglich Schwierigkeiten im Auswärtigen Amt, weil ich einen Posten, den ich haben wollte, nicht bekam. Ohnehin dachten wir, dass die Schwangerschaft noch nicht weit fortgeschritten sei, und so glaubten wir, wir hätten genug Zeit, um uns darüber Gedanken zu machen.

Ich wollte unbedingt in der Afrikaabteilung bleiben und ging davon aus, dass mein Wunsch von der Personalabteilung des Amtes auch begrüßt werden würde. Schließlich spielte Afrika, wie erwähnt, für die Spitze des Ministeriums eine große Rolle. Im Auswärtigen Amt dagegen gab es nicht so viele Afrikaliebhaber, Französischsprachige ebenso wenig und erfahrene Afrikakenner schon gar nicht. Ich war daher überrascht, als man mir eine Absage erteilte und sagte, dass ich mich nicht weiter mit Afrika beschäftigen könne, und bat um einen Termin bei dem mir allmächtig vorkommenden Chef der Personalabteilung. Bei so einer hochrangigen, gefürchteten Persönlichkeit musste man lange auf einen Termin warten. Doch irgendwann saß ich ihm in seinem Büro gegenüber und unterbreitete ihm meine Argumente dafür, dass es sinnvoller sei, mich in die Afrikaabteilung zu schicken.

Der Chef der Personalabteilung war ein sehr kleiner Mann, aber ein Vertrauter Golda Meirs und deshalb gefürchtet. Er sah mich mit seinen stahlklaren grauen Augen an. »Sie werden nicht in die Afrikaabteilung gehen.«

»Warum?«, fragte ich.

»Weil wir Sie nicht als Afrika-Botschafter Israels heranziehen wollen«, antwortete er. »In den kommenden Jahrzehnten müssen Sie sich entfalten, um dem Amt überall, wo es nötig sein wird, als Israels Vertreter zur Verfügung zu stehen. Sie gehen in die Europaabteilung. Der Abteilungsleiter wird Ihnen Ihre Aufgaben erklären. Das Gespräch ist beendet.«

Das Gespräch hatte kaum länger als fünf Minuten gedauert, und schon fand ich mich auf dem Weg von der Baracke der Personalabteilung zur Baracke der Europaabteilung. Natürlich war ich enttäuscht, weil ich mich von meinem Lieblingskontinent verabschieden musste. Dennoch konnte ich nicht behaupten, dass Europa eine Strafabteilung wäre.

Der Leiter der Europaabteilung empfing mich sehr freundlich. »Ich weiß alles über Sie«, sagte er und erklärte diese Aussage sogleich: »Ich war einen Teil der Jahre, die Sie in Afrika verbracht haben, Gesandter in unserer Botschaft in Paris. Von dort aus konnte ich Ihre Tätigkeit in Afrika verfolgen.«

In der Tat war Paris damals nicht nur unsere wichtigste Botschaft und Zentrum unserer Tätigkeit in Europa, sondern auch Basis der israelischen Botschaften in Afrika, so etwas wie unsere Hintergrundstruktur. Wir korrespondierten aus Afrika mit Israel über die Botschaft in Paris; unsere diplomatische Post aus Israel wurde nach Paris geschickt und von dort in die afrikanischen Staaten verteilt und umgekehrt, und um von Afrika nach Israel zu kommen oder von Israel nach Afrika, flog man stets über Paris. Das lag daran, dass wir nicht über arabische Staaten fliegen durften, also ganz Nordafrika umgehen mussten, und so nahmen wir die Route über Paris und dann von Paris aus südlich um die afrikanische Küste.

Der israelische Außengeheimdienst, der unter dem Namen Mossad hinlänglich bekannt ist, hatte sein Zentrum ebenfalls in Paris, natürlich unter diplomatischer Deckung. Daher wirkte die Liste des diplomatischen Korps in Paris besonders umfassend. Als der Paris-Korrespondent der Zeitung *Haaretz* diese Liste einmal zu Gesicht bekam, schickte er seiner Zeitung eine Karikatur: die Darstellung eines Empfangs im Élysée-Palast, bei dem der französische Präsident alle ausländischen Botschafter in Paris willkommen heißt. Wie die Karikatur es damals wollte, waren die Diplomaten in Gehröcke gekleidet und trugen Zylinder. Alle standen in einer Reihe, der größte war der Amerikaner, der zweitgrößte – nur ein paar Zentimeter kleiner – war der russische Botschafter. Der dritte, noch vor dem deutschen oder dem britischen Botschafter, war ein winzig kleiner Botschafter, der nur wegen seines riesengroßen Zylinders an den Amerikaner und den Russen heranreichte. Das war der Israeli. Erst danach folgten der chinesische, der japanische, der deutsche Botschafter und die Kollegen aus den anderen Ländern.

Natürlich konnte niemand der Zeitung erklären, dass die Botschaft gar nicht so groß war, sondern nur so viele Mitarbeiter eingeschrieben waren, weil sie zugleich als Zentrum für den Geheimdienst genutzt wurde. Das war allerdings auch nicht der einzige Grund, warum diese Botschaft so übertrieben groß war. Außerdem diente sie als Beobachtungsstelle für unsere Botschaften in Ost- und Westeuropa sowie in Afrika.

Mein neuer Vorgesetzter, Zeev Scheck, ein Holocaustüberlebender, zählte zu den ersten Diplomaten des israelischen Staates und war als der zweite Mann der Botschaft in Paris bekannt geworden. Er übertrug mir die Verantwortung für eine kleine Unterabteilung, die nordische, und damit die für die Beziehungen zu den skandinavischen Ländern und Finnland – von jedem Blickwinkel aus gesehen also das genaue Gegenteil meiner bisherigen Arbeit in Afrika.

Mein erstes Erlebnis in diesem Bereich, von dem ich nichts verstand, war eine Einladung zu einem Abendessen beim finnischen Botschafter. Acht israelische Paare waren zu diesem Essen eingeladen. Die Gattin des Botschafters, eine sehr unkonventionelle und direkte Frau, schaute uns alle an und fragte: »Wer von Ihnen war schon einmal in Finnland?«

Es stellte sich heraus, dass keiner das Land des Gastgebers bis jetzt besucht hatte. Das war uns allen peinlich, besonders mir, war ich doch für die Beziehungen zu Finnland zuständig.

Die Frau sah uns scherzhaft streng an und sagte dann: »Das ist ein großer Fehler. Es gibt nämlich kein Land auf der ganzen Welt, wo es sich so lohnt, Urlaub zu machen, wie in Finnland.« Sie wartete eine Sekunde, bis sie sah, dass wir peinlich berührt waren. Wir alle fühlten uns ein wenig beklommen. Die Dame hatte sich aber nur einen Scherz erlaubt. »Ja«, fuhr sie schließlich fort, »und zwar aus dem Grund, weil es in Finnland nichts zu sehen und zu besichtigen gibt, sodass man sich dort wirklich ausruhen kann …«

Auch von diesem Erlebnis abgesehen musste ich mir keine großen Sorgen über meinen Mangel an Kenntnissen der nordischen Länder machen. Bei den Gesprächen mit den nordischen Diplomaten ging es ohnehin nie um nordische Angelegenheiten. Die Diplomaten, die aus der Kälte kamen, interessierten sich nur für den Nahen Osten und für den Nahostkonflikt. Darüber mussten sie Berichte schreiben, darin mussten sie Experten werden.

Besonders befreundet war ich mit dem dänischen Botschafter, der natürlich mit Nachnamen Hansen hieß – wie jeder vierte Däne, wie er mir sagte. Hansen war ein älterer Herr, der kurz vor dem Eintritt in den Ruhestand war und mich unter seine Fittiche nahm. Immer wieder lud er mich zum Essen in seine Residenz ein, wo Essen eine sehr große Rolle spielte, weil er und seine Frau echte Feinschmecker waren. Auch die Weine waren die besten französischen Weine, die man sich in Israel damals vorstellen konnte.

Erst jetzt, nach vielen Jahren Dienst und Dienstreisen durch

Europa und Amerika, fällt mir auf, dass mich in Israel noch nie jemand gefragt hat, ob ich koscher essen will. Weder Israelis noch Ausländer fragen nach. Entweder der Gastgeber lebte koscher, dann stellte sich die Frage ohnehin nicht, oder der Gastgeber lebte nicht koscher und hätte niemanden eingeladen, der nur koscher aß. In meinem Kreis war das immer die Mehrheit, und auch ausländische Botschafter fragten nie nach. Wenn einmal ein Gast auf koscherem Essen bestand, wurde ihm aus einem koscheren Restaurant ein separates Essen auf separaten Tellern bestellt. Im Ausland war das anders, dort werde ich auch heute noch gefragt, ob ich koscher essen will. Im Jahr 2011 etwa wurde ich in meiner Funktion als Präsident der Israelischen Gesellschaft für Auswärtige Politik von meinem österreichischen Pendant, Bundeskanzler a. D. Wolfgang Schüssel, eingeladen, einen Vortrag in Wien zu halten. Nachdem wir am Telefon die Details besprochen hatten, fügte er hinzu, dass er mich nach der Veranstaltung zu einem Essen einladen werde. »Natürlich habe ich einen Tisch im koscheren Restaurant der jüdischen Gemeinde Wiens bestellt. Das ist Ihnen wahrscheinlich recht so«, sagte er.

»Ja, das ist in Ordnung, ich habe kein Problem damit. Ich bestehe jedoch nicht darauf«, antwortete ich.

»Ach so«, sagte Schüssel und fragte: »Sie essen nicht ausschließlich koscher?«

»Nein, nicht ausschließlich.«

»Dann können wir ja zu einem Italiener gehen, das würde Ihnen wahrscheinlich Freude machen.«

Da musste ich lachen und sagte: »Auch das nicht unbedingt.«

»Wieso?«, fragte er.

»Ja wissen Sie, ich bin ja häufig in Deutschland«, sagte ich. »Und heutzutage kann man in Deutschland, wenn man ausgeht, fast nur noch Italienisch essen.«

»Ja, was möchten Sie denn dann?«, fragte er.

Ich erwiderte: »Ich werde Sie wahrscheinlich überraschen, aber wenn ich schon einmal in Österreich bin, dann möchte ich

gerne österreichisch essen.« Und tatsächlich hat mir das Wiener
Schnitzel sehr gut geschmeckt.

Bevor Hansen als dänischer Botschafter nach Israel kam,
diente er in Wien, was ihn offensichtlich nachhaltig beeindruckt
hatte. Über Dänemark nämlich sprach Hansen mit mir so gut
wie nie, über Österreich hingegen sehr viel. Er liebte die Österreicher umso mehr, weil er die Deutschen hasste. Er sagte zum
Beispiel, ich dürfe die Hauptstadt seines Landes nicht so aussprechen, wie wir es auf Hebräisch aussprechen, weil wir es genauso aussprechen wie die Deutschen. Sollte ich es nicht so aussprechen können wie die Dänen, dann solle ich es eben englisch
aussprechen. Er erzählte mir auch, dass er während seiner Wiener
Zeit eine kurze Dienstreise nach Kopenhagen unternommen
hatte und dort vom dänischen König empfangen worden war.
Der König hatte bei seiner Audienz mit seiner Frau, der Königin,
zusammengesessen und den Botschafter Hansen nach Österreich
gefragt. Wie gewöhnlich hatte Hansen von den Österreichern geschwärmt und zur Erklärung gesagt: »Der Unterschied zwischen
den Österreichern und den Deutschen ist genauso wie der Unterschied zwischen uns Dänen und den Schweden.« Da er vergessen
hatte, dass die Königin Schwedin war, war die Audienz damit abrupt beendet.

Auch in den Gesprächen mit Hansen ging es jedoch fast ausschließlich um Israel und den Nahostkonflikt. Eines Tages fragte
ich ihn, wieso er als Vertreter Dänemarks nie mit mir über Dänemark spreche.

»Über Dänemark?«, fragte er erstaunt. »Was kann ich von
Dänemark denn erzählen? Was geschieht denn in Dänemark?
Soll ich Ihnen wirklich von unseren Problemen erzählen? Dann
muss ich Ihnen sagen: Was uns beschäftigt, sind die Preise für das
Schweinefleisch, das wir auf den englischen Markt exportieren.
Wollen Sie wirklich eine Analyse dieses Problems hören? Von
dieser, unserer großen Sorge?«

Während meiner Zeit in der Europaabteilung wurden wir Mitarbeiter 1966 eines Tages von unserem Vorgesetzten Zeev Scheck einbestellt. Er kündigte uns einen ganz besonders hochkarätigen und wichtigen Gast im Ministerium an, einen offiziellen Staatsgast, ein großer Freund Israels und ein persönlicher Freund aus seiner Pariser Zeit. Wir wurden daher gebeten, uns vor dem Haupteingang des Ministeriums aufzustellen, um den hochkarätigen Gast zu begrüßen.

Zum genannten Zeitpunkt standen wir alle wie befohlen Spalier und beobachteten den sich nähernden Dienstwagen des Ministeriums, einen großen amerikanischen Cadillac, der von zwei Polizisten auf Motorrädern flankiert wurde. Der Wagen hielt vor dem Eingang, und der große französische Freund meines Vorgesetzten stieg aus. Zeev Scheck ging auf ihn zu, und die beiden umarmten und küssten sich, als seien sie zwei verlorene Brüder, die wieder den Weg zueinander gefunden hatten.

Der Name des großen Israel- und alten Scheck-Freundes sagte mir damals gar nichts. In späteren Jahren brachte er mich aber zum Zittern. Als ich im Jahr 2010 mit der Recherche für meinen Roman *Süß und ehrenvoll* über jüdische Soldaten im Ersten Weltkrieg begann, wollte ich mich mit zwei Städten vertraut machen: mit Frankfurt am Main und mit Bordeaux. Die Protagonisten, die mir vorschwebten, waren jüdische Soldaten aus Frankfurt und aus Bordeaux, weil sich in diesen Städten jeweils die ältesten jüdischen Gemeinden des Landes befunden hatten. Ich lernte dabei, dass im Zweiten Weltkrieg im von Deutschland besetzten Frankreich trotz der faschistischen Vichy-Kollaborationsregierung von Marschall Petain die meisten französischen Juden gerettet worden waren. Es war weder den Nazis noch den Vichy-Faschisten gelungen, alle Juden zu verhaften und zu verschleppen, weil die einfachen Franzosen den Juden halfen, sie versteckten, ihnen falsche Papiere besorgten oder sie ins Ausland schmuggelten. Drei Viertel der damals 300.000 Juden in Frankreich überlebten so. Zu den nicht Geretteten zählte die gesamte jüdische Gemeinde von

Bordeaux, die damals 2.000 Mann stark war. Diese Gemeinde war
die am besten integrierte Gemeinde in ganz Frankreich; hier hatten die Juden die Gleichberechtigung noch vor der Französischen
Revolution erreicht. Die Emanzipation war zudem nicht in juristischen Grenzen geblieben, sondern war auch in der Gesellschaft
angekommen. Daher hatten sich weder Juden noch Nicht-Juden
in Bordeaux die Folgen der deutschen Besatzung vorstellen können. Bei einer Razzia bei Nacht und Nebel durch die Nazis und die
Vichy-Polizei waren so alle Juden verhaftet worden, und fast niemand hatte überlebt.

Der Name des Befehlshabers der Vichy-Polizei vor Ort lautete
Maurice Papon. Als ich auf diesen Namen stieß, lief es mir kalt
den Rücken hinunter und mir wurde heiß und kalt – Maurice Papon war eben jener große Israelfreund, der Ehrengast Israels, der
große Freund meines holocaustüberlebenden Vorgesetzten Zeev
Scheck, für den ich vor dem Ausgang des Auswärtigen Amtes
Spalier gestanden hatte und dem ich applaudiert hatte.

Wie war es dem Nazikollaborateur, dem Verbrecher gegen die
Menschlichkeit, gelungen, nach dem Krieg nicht nur zu überleben, sondern sogar ein hoher Beamter im Frankreich Charles de
Gaulles zu werden? Die Antwort ist recht banal: Papon war so
schlau, dass er, als er 1943 verstand, dass die Deutschen den Krieg
nicht gewinnen würden, an seinem Alibi zu arbeiten begann, an
seiner Deckung. Er spielte ein doppeltes Spiel: Er kollaborierte
weiter mit den Nazis, unterstützte aber gleichzeitig die französischen Untergrundorganisationen. Da er ein Vertrauter der Deutschen war, konnte er den Untergrundorganisationen tatsächlich
wertvolle Hilfe leisten. Ab und zu lieferte er ihnen wichtige Informationen, ab und zu gelang es ihm auch, verhaftete Untergrundkämpfer auf freien Fuß zu setzen. Die von ihm befreiten
Untergrundkämpfer wurden nach dem Krieg seine Befürworter,
während die von ihm ermordeten Untergrundkämpfer, die viel
zahlreicher waren, keine Stimme mehr hatten, mit der sie An-
klage gegen ihn hätten erheben können. Dieser Umstand hat Pa-

pon zunächst geholfen. In späteren Jahren kam die ganze Wahrheit ans Licht, er wurde verhaftet, zu lebenslanger Haft verurteilt und starb im Gefängnis.

Der Mai 1967 war ein schicksalhafter Monat für Israel und für den Nahen Osten insgesamt. In meiner nordischen Unterabteilung hätte ich mit den Geschehnissen eigentlich wenig persönlich zu tun haben sollen. Aber mein Kollege, der die größte Unterabteilung, die französische, leitete, erkrankte und Scheck entschied, dass ich zusätzlich zu meiner eigenen vorübergehend auch die Unterabteilung Frankreich leiten solle. Das sollte für mich nicht uninteressant sein.

Ich hatte gerade die Verantwortung für die Unterabteilung Frankreich übernommen, als ich auch schon mit der ersten Krise konfrontiert wurde: Der langjährige Oppositionschef im israelischen Parlament und zukünftige Ministerpräsident, der Chef der Likud-Partei, Menachem Begin, informierte die israelische Regierung, dass er einen prominenten Franzosen nach Israel eingeladen habe: Jacques Soustelle, den ehemaligen Energieminister der französischen Regierung und späteren Gouverneur von Algerien, der sich allerdings mit de Gaulles Friedensabkommen mit Algerien nicht abfinden konnte. Er gehörte zu den Anführern des Aufstandes gegen de Gaulle, lebte inzwischen im Exil und stand auf der Fahndungsliste der französischen Polizei, weshalb er bei der Einreise nach Frankreich verhaftet und vor Gericht gestellt worden wäre. Als Soustelle noch eine einflussreiche Person im französischen Establishment gewesen war, hatte er zu den großen Freunden Israels gezählt. Nicht nur hatte er dem Staat Israel Hilfe geleistet, sondern er hatte schon vor der israelischen Unabhängigkeit die anti-britische Untergrundorganisation Begins sehr unterstützt.

Begin war ein ausgesprochener Befürworter und Bewunderer de Gaulles, erlaubte sich aber dennoch, de Gaulles Feind als seinen Gast einzuladen, weil er der Meinung war, man dürfe einen

Freund nicht im Stich lassen, auch wenn er Fehler gemacht habe und in Schwierigkeiten sei. Dies allerdings brachte die israelische Regierung in Verlegenheit. Sie hegte Bedenken, sie könne Paris verärgern, sollte sie den Besuch genehmigen, fürchtete aber gleichzeitig den Oppositionsführer Begin, der für den Fall einer Ablehnung einen Skandal androhte. Man bat daher den Botschafter in Paris, Walter Eytan, um Rat. Eytan erörterte die Frage diskret mit seinen Ansprechpartnern in den französischen Behörden und kam mit einem Kompromissvorschlag zurück: Soustelle dürfe Gast der Oppositionspartei sein, die offiziellen Behörden müssten aber jeglichen Kontakt mit ihm vermeiden.

Meine Vorgesetzten waren mit diesem Vorschlag sehr zufrieden und teilten ihn Begin mit. Begin protestierte vehement. »Kommt nicht infrage«, sagte er, »dass ein Mann, der für Israel so viel geleistet hat, von den offiziellen Behörden des Staates ignoriert wird.« Wieder drohte er mit einem offenen Skandal. Also musste ein weiterer Kompromiss gefunden werden.

Abba Eban, damals Außenminister, meinte, einen solchen gefunden zu haben. Die Lösung war, dass bei der Ankunft des Gastes am Flughafen ein offizieller Vertreter des Staates neben Begin stehen würde, und zwar der niedrigste Vertreter, der möglich war. Das wiederum war der vorübergehende Chef der Unterabteilung Frankreich in der Europaabteilung des Auswärtigen Amtes, Avi Primor.

Als ich zum Flughafen kam, fand ich im Ehrensalon den Präsidenten der Likud-Partei, Menachem Begin, und die Spitzenpolitiker seiner Partei vor, die zehn Jahre später fast alle Minister in seiner ersten Regierung werden sollten. Begin überraschte mich mit der Freude, die er zur Schau stellte, als er mich sah. Wir kannten einander nicht, und er hatte offensichtlich noch nie etwas von mir gehört. Dennoch empfing er mich, als sei ich der Außenminister persönlich. Er setzte sich zu mir und überhäufte mich mit Freundlichkeit. Ihm war völlig egal, wer ich war, ob ich ein hoher oder ein niedriger Beamter war. Hauptsache, er hatte sein

Ziel erreicht, nämlich dass Soustelle von einem offiziellen Vertreter der Regierung empfangen wurde. Und er war nicht nur an diesem Tag mit mir zufrieden, sondern sollte mich sein Leben lang außergewöhnlich freundlich und zuvorkommend behandeln. Er empfing mich fortan, wann immer ich wollte – ein Privileg, mit dem ich es natürlich nicht übertrieben habe –, und das, obwohl er ganz genau wusste, dass ich kein Anhänger seiner politischen Partei war.

Wieder, wie schon einmal in Dahomey, wurde ich für etwas belohnt, das ich nicht verantwortet hatte. Schließlich war es nicht meine Entscheidung gewesen, zum Flughafen zu kommen, um Soustelle zu empfangen, ich wurde nicht einmal nach meiner Meinung gefragt.

Die Zeiten blieben aufregend. Am 15. Mai 1967 feierte Israel seinen 19. Unabhängigkeitstag. Am selben Tag erklärte der ägyptische Präsident Gamal Abdel Nasser, dass er seine Truppen an die israelische Grenze bewegen würde, was mit viel Aufwand getan wurde.

Zu dieser Zeit gab es in Israel noch keinen Fernsehsender. Die meisten Israelis besaßen jedoch trotzdem Fernseher, weil sie das Fernsehen aus den Nachbarländern, auch das ägyptische, empfangen konnten. Nun konnten sie auf den Bildschirmen live verfolgen, wie sich die ägyptischen Truppen – von der Luftwaffe bis zu den Panzerverbänden – unter Jubel auf den Weg in den Sinai machten und weiter in Richtung Israel. Die ägyptischen Medien und später die arabischen Medien insgesamt waren voller antiisraelischer Hetze und Jubel über den bevorstehenden Sieg, von dem sie fest ausgingen. In Israel herrschte hingegen eine düstere Stimmung, so düster wie noch nie. 1948 hatten wir die ägyptischen Invasoren geschlagen, und es hatte damals wie ein Wunder ausgesehen, denn Ägypten hatte dreißig Mal so viele Einwohner wie Israel. 1956 hatten wir erst gewagt, Ägypten anzugreifen, nachdem die Franzosen uns neue Waffen geliefert und Deckung durch ihre Luftwaffe zugesichert hatten. Außerdem hatten wir ein Bündnis mit den Franzosen und den Engländern geschlossen, die daher Ägypten gleichzeitig mit uns angriffen. Die Situation nun, 1967, war ganz anders: Das Ägypten von 1948 existierte nicht mehr. Das neue Ägypten des energischen und charismatischen Nasser strahlte, nachdem er die marode Monarchie entfernt hatte, Ehrgeiz, Modernität, Aggressivität und Effizienz aus. Die Ägypter waren von einem raschen Sieg vollkommen überzeugt, und wir fürchteten eine Niederlage. Anders als 1956 standen wir ganz alleine gegen Ägypten.

1947/48 war die Existenz des entstehenden Staates Israel wirklich bedroht gewesen, dennoch war die Moral der Bevölkerung sehr hoch. 1967, als Israel schon erheblich größer, reicher und stärker war, war die Moral am Boden. Das Oberrabbinat des Landes bereitete für die erwartete große Zahl an Gefallenen sogar bereits Friedhöfe vor. Das hat die Moral der Bevölkerung nicht verbessert.

Am 23. Mai, acht Tage nach Beginn der Offensive, erklärte Gamal Abdel Nasser die Schließung der Meerenge von Tiran, die bis dahin von UN-Truppen bewacht wurde, um die freie Schifffahrt zu sichern, und wies die UN-Truppen aus. U Thant, damals UN-Generalsekretär, erhob keine Einwände und befahl seinen Truppen, sich sofort aus Ägypten zurückzuziehen. Eine folgenschwere Entscheidung, denn die Meerenge von Tiran war der Ersatzweg für Israel, das den Suezkanal nicht benutzen konnte, der Weg nach Ostafrika und in die Fernen Osten und vor allem der Weg, über den Israel Erdöl aus dem Iran bekam – für Israel damals die einzige Möglichkeit, weil es kein Öl aus den arabischen Staaten importieren konnte.

Als Israel die ägyptischen Maßnahmen zum *Casus Belli* erklärte, war ich mit dem ersten Besuch eines finnischen Spitzenpolitikers in Israel beschäftigt, dem des Ministerpräsidenten K. Rafael Paasio. Er hatte in den finnischen Gewerkschaften Karriere gemacht und war ursprünglich Schriftsetzer gewesen. Er kannte sich daher in der Außenpolitik nicht besonders gut aus, ebenso wenig seine Begleiter, und die einzige Sprache, die er sprach, war Finnisch. Als ich seinen Besuch vorbereitete, bereitete mir das Sorgen, weil ich nicht wusste, wo ich einen Finnisch-Hebräisch-Übersetzer finden könnte. Ich hoffte, der finnische Botschafter könnte diese Aufgabe übernehmen. Als ich dem finnischen Botschafter diese Idee unterbreitete, wich er der Frage jedoch aus. Ich durfte keine Zeit verlieren und drängte den Botschafter immer wieder vergeblich. Dann erst wurde mir klar, dass es dem Botschafter schrecklich peinlich war, für den Ministerpräsidenten zu übersetzen, weil er die finnische Sprache nicht besonders gut beherrschte – Botschafter von Heiroth gehörte der schwedischen Minderheit an und war schwedischsprachig aufgewachsen, mit einer der offiziellen Sprachen Finnlands also. Er wollte aber nicht zugeben, dass er die Hauptsprache seines Landes nicht ausreichend beherrschte. Als mir dies bewusst wurde, begann ich eine andere Lösung zu suchen. Ich fand sie im Israelmuseum in Jerusalem, wo damals ein jüdischer Archäologe arbeitete, der aus Finnland nach Israel immigriert war.

Man erzählte mir, dass dieser Mann im Zweiten Weltkrieg in der finnischen Armee Verbindungsoffizier zwischen der finnischen Armee und der Wehrmacht gewesen war. Das wunderte mich zunächst, ich erfuhr jedoch bald, dass die jüdischen Offiziere in der finnischen Armee als Verbindungsoffiziere zur Wehrmacht dienten, weil sie Deutsch sprachen. Die Finnen waren im Krieg gegen Russland mit Deutschland verbündet gewesen, der langjährige finnische Staatspräsident und Nationalheld Carl Gustaf Emil Mannerheim hatte dem Druck Heinrich Himmlers, die Juden zu verfolgen, aber nicht nachgegeben, auch wenn Himmler dazu eigens nach Finnland gereist war. Mannerheim akzeptierte auch die Forderung, die Juden aus der Armee zu entlassen, nicht und bestand ausdrücklich darauf, dass sie als Verbindungsoffiziere dienen sollten. Dadurch hatten wir bei uns im Museum in Jerusalem einen finnischsprachigen Israeli, der darüber hinaus auch noch als Dolmetscher Erfahrung hatte.

Obwohl wir in ihm einen Übersetzer gefunden hatten, war der Besuch des finnischen Ministerpräsidenten nicht besonders erfolgreich. Kurz nach Paasios Ankunft in Israel, bei der er mit den größten Ehren empfangen worden war, weil Staatsbesuche für uns damals etwas Besonderes und vor allem etwas sehr Seltenes waren, schloss Nasser die Meerenge von Tiran, und ein Krieg schien unausweichlich.

In dieser Situation wurde ich von meinem Vorgesetzten beauftragt, unserem Gast, der offensichtlich die brisante Lage nicht wirklich mitbekommen hatte, zu erklären, dass sein Besuch aufgrund der Umstände verkürzt werden müsste. Ich traute mich nicht, dies dem Ministerpräsidenten persönlich zu sagen, und bat Botschafter von Heiroth, der schon viel besser verstand, was sich bei uns abspielte, diese Aufgabe auf sich zu nehmen. Er willigte ein, und noch am selben Tag begleitete ich unseren damaligen Ministerpräsidenten Levi Eshkol zum Flughafen, um den Staatsgast zu verabschieden.

Die echte Spannung dieser Tage erlebte ich an anderer Stelle. Hier ging es nicht nur um eine Unannehmlichkeit, sondern um einen echten Bruch für Israel.

Dass ich nun vorübergehend für die Beziehungen zu Frankreich verantwortlich war, ermöglichte mir, die Berichte unserer Botschaft in Paris zu verfolgen. Ich verglich sie mit den Artikeln, die die israelischen Korrespondenten in Paris schrieben, und stellte eine enorme Kluft fest. Die Zeitungen berichteten schon seit geraumer Zeit, dass de Gaulle sich den arabischen Staaten annähere. Das war naheliegend, denn seit Ende des Algerienkriegs 1962 hatte es für Frankreich keinen Grund mehr gegeben, die Beziehungen zu den arabischen Staaten nicht zu verbessern. Im Gegenteil, sie lagen sowohl im Interesse Frankreichs als auch in dem der arabischen Welt. Entsprechend kursierten in Paris Gerüchte, dass die französische Regierung die Absicht habe, den zweiten Mann des Nasser-Regimes in Ägypten, Feldmarschall und Oberbefehlshaber der Streitmächte Abdel Hakim Amer, offiziell nach Paris einzuladen. Diese Absicht wurde von der französischen Regierung nicht offiziell bestätigt, weshalb die israelische Botschaft in Paris uns schrieb, dass die Gerüchte nicht ernst zu nehmen seien. Als die Gerüchte nicht weniger wurden, meldete unsere Botschaft in Paris, dass der Besuch vielleicht doch stattfinden würde, aber keine Bedeutung habe. Wenn überhaupt handele es sich um einen Privatbesuch ohne Konsequenzen. Als die französische Regierung schließlich bestätigte, dass tatsächlich ein offizieller Besuch geplant sei, behaupteten unsere Vertreter in der französischen Hauptstadt, das Ganze sei lediglich Augenwischerei. »Uns erlaubt die französische Regierung eine sachliche Arbeit, ein Waffenlieferungsabkommen und gemeinsame Forschung und Zusammenarbeit«, schrieben unsere Botschafter, »den Ägyptern wird lediglich eine Show für den Feldmarschall in seiner Paradeuniform angeboten. Dahinter steckt nichts Substanzielles.«

Die Paris-Korrespondenten der israelischen Zeitungen haben diese Äußerungen unserer Botschaft nie für bare Münze genommen, wodurch sich die Kluft zwischen ihrer Berichterstattung und den Meldungen unserer Botschaftskollegen erklärt.

Wie gestaltete sich nun die sich anbahnende Zusammenarbeit zwischen Frankreich und den arabischen Staaten? Die arabischen Staaten hatten die Gewohnheit, von ihren Gesprächspartnern weltweit zu verlangen, dass diese ihre Beziehungen zu Israel einschränkten, dass sie Israel wirtschaftlich boykottierten und womöglich auch die diplomatischen Beziehungen abbrachen. De Gaulle hingegen erzwang eine Politik, die er »Politik der parallelen Linien« nannte. Er wollte die engen Beziehungen zu Israel aufrechterhalten und ließ nicht zu, dass sich die arabischen Staaten in diesen Bereich einmischten; gleichzeitig arbeitete er daran, die Beziehungen zu den arabischen Staaten wieder zu normalisieren – in diesem Fall ohne Einmischung der Israelis. Dass de Gaulle eine solche Politik auch dem deutschen Bundeskanzler empfohlen hat, wissen wir aus Ben-Gurions Erzählungen.

Adenauer, der mit größter Anstrengung die Beziehungen zu Israel schrittweise aufgebaut hatte, musste sich um die arabische Welt Sorgen machen. Es ging dabei nicht nur darum, dass die arabischen Staaten Druck auf Deutschland ausübten; sie drohten Deutschland sogar, eine Vertiefung der deutsch-israelischen Beziehungen würde die gesamte arabische Welt dazu bringen, die DDR anzuerkennen.

Die Bundesrepublik lebte unter der sogenannten Hallstein-Doktrin, der nach dem damalige Staatssekretär des Auswärtigen Amtes in Bonn benannten politischen Leitlinie, der zufolge ein Land, das die DDR anerkannte, mit dem Abbruch der diplomatischen Beziehungen mit der Bundesrepublik rechnen musste. Das bedeutete, dass die Bundesrepublik im Ringen um den Alleinvertretungsanspruch für Deutschland mit der DDR nicht nur einen Rückschlag würde hinnehmen müssen, sondern sich auch selbst von der gesamten arabischen Welt trennen müsste, was wiederum auch wirtschaftliche Verluste zur Folge gehabt hätte. Aus diesem Grund zögerte Bonn auch, als Israel nach Jahren der Qual und Unentschiedenheit so weit war, diplomatische Beziehungen mit der Bundesrepublik aufnehmen zu wollen. In diesem Dilemma beriet Adenauer sich mit de Gaulle, der ihm dann die Politik der parallelen Linien empfahl.

Mit diesen Prinzipien der Politik de Gaulles wohlvertraut, nahmen unsere Diplomaten in Paris an, dass die neue französische Politik der Annäherung an die arabische Welt für uns keine gravierende Bedeutung haben würde. Die israelischen Medienkorrespondenten in Paris sahen das anders. Sie interpretierten die neue Politik Frankreichs als echte Kehrtwende gegenüber Israel. Den sich wiederholenden Presseberichten begegnete unsere Botschaft mit dem Kommentar, dass die Journalisten die Politik nicht verstünden und bloß Panik schürten.

Die Führung in Israel ließ sich in ihrer eigenen Einschätzung mehr von den Analysen der Diplomaten und weniger von der Presse beeinflussen. Die Anweisungen meiner Vorgesetzten lau-

teten daher, in Israel zu verkünden, dass die Beziehungen zu
Frankreich so gut wie eh und je seien und kein Grund zur Sorge
bestünde. Das habe ich auch treu allen meinen Gesprächspartnern gesagt und in Vorträgen, die ich damals in verschiedenen
Städten Israels hielt, wiederholt. Doch unsere offiziellen Beobachter in Paris hatten sich bitter getäuscht.

Im Laufe des Sechs-Tage-Krieges hieß es, die Franzosen hätten
ein Waffenembargo verhängt. Es hieß – und diese These vertreten nach wie vor die meisten Historiker in Israel und Frankreich –, dass de Gaulle Israel bestraft habe, weil es seinen Empfehlungen nicht gefolgt war. Unmittelbar nach der Schließung
der Meerenge von Tiran und unserer Erklärung des *Casus Belli*
und zwei Wochen vor dem Ausbruch des Krieges habe, so hieß es,
unser Außenminister Abba Eban den französischen Präsidenten
in Paris besucht. Unter anderem habe de Gaulle ihm gesagt, dass
wir uns zurückhalten und auf keinen Fall als Erste schießen sollten. Da wir am 5. Juni die Militärflughäfen von Ägypten, Jordanien, Syrien und Irak angegriffen und deren Luftwaffen zerstört
hatten, sei de Gaulle von uns enttäuscht gewesen und habe uns
deshalb mit dem Waffenembargo gestraft. So die Legende.

Ich, in meiner französischen Unterabteilung im Auswärtigen
Amt, wusste aber, dass es nicht so gewesen war. Am Samstag,
dem 3. Juni, also zwei Tage vor Ausbruch der Kämpfe, wurde der
zweite Mann unserer Botschaft, der Gesandte Yohanan Meroz,
später israelischer Botschafter in Deutschland, zum Quai d'Orsay,
dem französischen Auswärtigen Amt, einbestellt und vom Leiter
der Abteilung Afrika und Naher Osten zu einem Termin gebeten,
in dem man ihm mitteilte, dass sich Frankreich angesichts der
wachsenden Spannungen im Nahen Osten entschieden habe, ein
Waffenembargo in der gesamten Region zu verhängen. So formu-
liert war das eine diplomatische Heuchelei, weil Frankreich im
Nahen Osten an kein Land außer Israel Waffen lieferte. Es handelte sich also eigentlich um ein Embargo gegen Israel.

Noch am selben Tag hatte unser Botschafter Walter Eytan ein

schon lange im Voraus geplantes Routinetreffen mit dem Generalsekretär des Élysée-Palasts. Étienne Burin des Roziers empfing
Botschafter Eytan in seinem Büro und führte mit ihm ein all-
gemeines Gespräch, in dem das Embargo nicht erwähnt wurde.
Während des Gesprächs, das abends um sieben stattfand, klingelte das Telefon des Generalsekretärs. In der Leitung war der Präsident. De Gaulle sagte: »Ich höre, dass der israelische Botschafter
bei Ihnen sitzt. Auch ich möchte mit ihm sprechen.«

So ging Eytan sofort eine Etage höher zum Büro des Präsidenten, wo de Gaulle ihm erklärte: »Was Ihr Stellvertreter heute
Vormittag im Quai d'Orsay gehört hat, nämlich die Politik des
Embargos, war keine Initiative des Auswärtigen Amtes, sondern
meine eigene Politik. Ich habe dem Außenministerium den Auftrag gegeben, es Ihnen mitzuteilen. Ich weiß«, fügte er hinzu,
»dass Sie unser Auswärtiges Amt als feindselig gegenüber Israel
empfinden und Sie es für eine Ausnahme unter der Gesamtheit
der französischen Behörden halten. Daher war es mir wichtig,
dass Sie wissen, dass es meine Entscheidung war.«

All dies las ich in den Berichten vom 3. Juni, einem Samstag,
den ich wegen des Ausnahmezustands bis nach Mitternacht im
Büro verbrachte. Meine Anweisungen lauteten dennoch, alles zu
verschweigen. Wir wollten diese schlechte Nachricht nicht wahr-
haben, vor allem aber wollten wir nicht, dass unsere Bevölkerung,
deren Moral ohnehin längst am Boden lag, davon erführe und erst
recht nicht unsere Feinde, die dies als Zeichen dafür interpretiert
hätten, dass Israel bereits vor einem Krieg geschwächt sei.

Unsere politische Führung redete sich ein, dass de Gaulle kap-
riziös sei und seine Meinung bestimmt schnell wieder ändern
würde. Ich habe mich dieser Illusion schon damals nicht hingege-
ben, hatte ich mich doch in der kurzen Zeit, in der ich mich mit
den französischen Angelegenheiten beschäftigte, mit der französischen Politik vertraut gemacht. Ich war der Meinung, dass das
Embargo gegen Israel ein Bestandteil der neuen Politik Frankreichs war.

Sobald de Gaulle den Algerienkrieg hinter sich gebracht hatte und Frankreich wegen dieses Krieges nicht mehr weltweit am Pranger stand, wollte de Gaulle, dass Frankreich wieder eine internationale Rolle spielte. Er lud den amerikanischen Präsidenten Kennedy nach Paris ein und versuchte, ihn davon zu überzeugen, enger mit Frankreich zusammenzuarbeiten. Vergeblich. Ein Berater Kennedys sagte einem Journalisten: *»We will cash General de Gaulle's cheque, when he will have a balance in the bank.«* Damit meinte er, dass die Erholung Frankreichs und de Gaulles Bemühungen, Frankreich grundsätzlich zu reformieren und zu modernisieren, gerade erst begonnen hatten.

Danach versuchte de Gaulle es mit der Sowjetunion. Er lud Nikita Chruschtschow nach Paris ein. Es war ein Staatsbesuch mit großem Aufwand, wie Chruschtschow nach seiner Rückkehr nach Moskau mit großer Begeisterung berichtete. Dennoch war auch er nicht bereit, die Zusammenarbeit mit Frankreich hochzustufen.

De Gaulle wandte sich also an die »Dritte Welt« und besuchte Lateinamerika. Sein Besuch dort sorgte für sehr viel Aufmerksamkeit, in den Vereinigten Staaten sogar für Aufregung, vor allem durch seine Rede in Phnom Penh, Kambodscha, in der er gegen den Vietnamkrieg Stellung bezog. Seine Rede in Kanada war für die englischsprachige Welt genauso schockierend. Von der Terrasse der Stadtverwaltung in Montreal rief er: »Es lebe Quebec, es lebe das *freie* Quebec!« *(»Vive le Quebec, vive le Quebec libre!«)* Er verhalf in den Folgejahren den französischen Kolonien in Nordafrika zur Unabhängigkeit und wurde ihr Mentor. Sein Ziel war es, innerhalb des Kreises der Supermächte als Sprecher der »Dritten Welt« wahrgenommen zu werden, wodurch Frankreich im internationalen Dialog an Stärke gewönne. Dafür brauchte er jedoch auch die arabische Welt, und dies war der Grund, warum ihm die Verbesserung der Beziehungen zu den arabischen Staaten so wichtig war. Im Rahmen dieser Bestrebungen war die wachsende Spannung im Nahen Osten ein Hindernis für ihn. Ein Krieg im

Nahen Osten würde die Politik der parallelen Linien unmöglich machen und de Gaulle dazu zwingen, zwischen den Kontrahenten zu wählen und Farbe zu bekennen. Das, so die Vermutung, war der Grund für die »Empfehlung« an uns, das Feuer trotz *Casus Belli* und Belagerung nicht zu eröffnen. Unter Umständen wäre sonst die Konsequenz gewesen, dass er sich zum Nachteil Israels für die arabische Welt entscheiden würde.

Als am 3. Juni das Embargo gegen Israel verhängt wurde, habe ich nichts Kapriziöses in dieser Handlung gesehen. Es war auch keine »Strafe« dafür, dass wir de Gaulles Ratschlag nicht gefolgt sind. Allerdings wurde an diesem Tag auch noch nicht gekämpft, das Feuer haben wir erst zwei Tage später eröffnet.

Ich erhielt keine Gelegenheit, meinen Vorgesetzten meine Meinung zu unterbreiten. Die Anweisung lautete, die Berichte über die Gespräche am 3. Juni zu ignorieren und nach wie vor weiter zu behaupten, dass die Beziehungen zu Frankreich die besten und nicht gefährdet seien.

Da wir wie auch die Franzosen geschwiegen haben, konnte, als die Informationen über das Embargo doch durchsickerten, die Legende entstehen, dass de Gaulle uns für die Eröffnung des Feuers am 5. Juni bestrafe. Und wie wir alle aus der Geschichte gelernt haben, sind Legenden manchmal sehr langlebig und lassen sich schlecht ausräumen.

Den Krieg selbst verbrachte ich in einer unerwarteten und überraschenden Art und Weise: Am Montag, den 5. Juni 1967, ging ich morgens wie üblich ins Büro. Unser Arbeitstag begann damals um 7:30 Uhr morgens, und sobald ich im Amt ankam, hörten wir alle mit Erstaunen, dass der Krieg ausgebrochen sei. Nach drei Wochen anhaltender Spannungen hatten wir bereits begonnen, uns an die neue Situation zu gewöhnen, und hatten das Gefühl, dass die Spannungen irgendwann im Sande verlaufen würden. Nun aber drangen aus Ägypten Nachrichten zu uns herüber, in denen von großen Siegen über Israel die Rede war und die mit detaillierten Beschreibungen aufwarteten. Kurz danach erreichten uns die ersten Nachrichten aus unseren noch geheimen Quellen, und wir erfuhren, dass unsere Luftwaffe am Morgen, als die ägyptischen Piloten beim Frühstück gewesen waren, einen Überraschungsangriff geflogen und die ägyptische Luftwaffe zerstört hatte. Das Gleiche passierte in kleinerem Umfang mit den Luftwaffen in Syrien und Irak und nach dem Kriegseintritt Jordaniens auch dort. Aber diese Fakten, von denen die Welt später mit Erstaunen hörte, gerieten erst am Abend in die Öffentlichkeit. Bis dahin dachte die Weltöffentlichkeit, die ohnehin seit drei Wochen über die düstere und pessimistische Stimmung in Israel informiert wurde, tatsächlich, dass die arabische Koalition Israel besiegen könne und das das Ende Israels sei. Im Westen, und nicht nur unter den Juden, bei denen Israel damals insgesamt noch ein sehr positives Ansehen genoss, herrschte große Sorge.

In Paris, wo von der Wende der französischen Politik gegenüber Israel nur bestimmte Kreise informiert waren, herrschte ebenfalls große Aufregung über das Schicksal des Freundes und Verbündeten Israel. Eine Gruppe hochrangiger Parlamentsabgeordneter aus allen Parteien mit Ausnahme der Kommunisten organisierte sich, um sofort nach Israel zu fliegen. Noch bevor uns die Meldung der israelischen Botschaft in Paris erreichte, saßen sechs Abgeordnete in einem Flieger nach Israel. Im Auswärtigen Amt wusste man nicht, wie man mit dieser Situation umgehen sollte. Angesichts des gerade ausgebrochenen Kriegs hatte keiner Geduld und Zeit für die französischen Abgeordneten, die natürlich trotzdem empfangen werden mussten. Nach der ersten Überraschung fand die Spitze des Auswärtigen Amtes eine perfekte Lösung: Man wird Primor mit der Betreuung dieser Gruppe beauftragen. Ich wurde beim Generalsekretär des Amtes einbestellt, was für mich wegen meines damaligen Ranges eine sehr seltene Ehre war.

Der Generalsekretär empfing mich stehend in seinem Büro: »Sie werden sich mit der Delegation beschäftigen und dafür sorgen, dass unter den heutigen Umständen keiner von uns und keiner der Spitzenpolitiker von diesen Touristen belästigt wird.«

Ich fragte: »Was soll ich denn mit den sechs Abgeordneten tun?«

»Sie tun, was Sie wollen«, antwortete er. »Sie können mit ihnen Landesbesichtigungen unternehmen oder was auch immer Ihnen einfällt. Sie bekommen so viel Geld, wie Sie brauchen, damit Sie den Gästen eine angenehme Zeit bieten können, und Sie sorgen dafür, dass wir in Ruhe gelassen werden.« Dann machte er mir klar, dass das Gespräch beendet sei.

Ich verließ sein Büro verblüfft und besorgt. Womit sollte ich anfangen? Zum Glück hörte ich, dass Israel den Luftraum über seinem Territorium gesperrt hatte. So konnte die Maschine aus Paris gar nicht nach Israel kommen und landete stattdessen zunächst in Athen. Das verschaffte mir ein bisschen Zeit.

Geld bekam ich tatsächlich, aber mir wurden keine Autos gestellt. Wie sollte ich also mit den Gästen durch das Land fahren? Die einzige Möglichkeit war, Taxen zu mieten. Die meisten Straßen des Landes würden aber bestimmt zumindest teilweise geschlossen werden, und ohne Genehmigung könnte man nirgendwo mehr hinfahren. Das begann schon auf dem Weg von Jerusalem zum Flughafen. Der Grund: Die Jordanier begannen auf ägyptischen Druck eine intensive Artilleriebombardierung des israelischen Teils von Jerusalem und des Weges zur Küste einschließlich des Flughafens.

Wie sollte ich die Gäste unter diesen Bedingungen begrüßen? Mir kam eine Idee: Das Ministerium, das damals am stärksten mit Frankreich verbunden war – viel mehr als das Auswärtige Amt –, war das mächtigste Ministerium Israels, das Verteidigungsministerium. Frankreich war seit 1954 und bis dahin unser größter und wichtigster Verbündeter weltweit – das Land, von dem wir fast alle Waffen bezogen. Die Vertretung des israelischen Verteidigungsministeriums in Paris war noch größer als unsere dortige Botschaft.

Ich rief also meinen Kollegen, den Leiter der Frankreichabteilung im Verteidigungsministerium, an und erklärte ihm mein Dilemma. Er sagte:»Wir werden alles für dich tun, ich rufe dich gleich zurück.«Kurz danach rief er tatsächlich zurück und erklärte mir, ich bekäme Sonderpässe, die mir mit meinen Taxen und meinen Gästen Zugang zu allen Gegenden des Landes ermöglichen würden. Außerdem würde mir als Hilfe und Kriegslotse ein Offizier zur Seite gestellt, ein Oberst in Uniform, der mich begleiten würde, um mir die Arbeit zu erleichtern. Auch würde ich Termine im Verteidigungsministerium und im Hauptquartier der Streitkräfte bekommen. Eine unverhoffte Überraschung für mich, nachdem mein eigenes Ministerium und auch das Büro des Ministerpräsidenten mich nur gebeten hatten, mit meinen Gästen zu verschwinden.

Binnen Kurzem holte mich ein Dienstwagen des Verteidigungsministeriums in Jerusalem ab und brachte mich nach Tel Aviv. So schnell war ich bis dahin noch nie von Jerusalem nach Tel Aviv gekommen, denn die sonst stark befahrene Straße war jetzt von der Armee für jeglichen Zivilverkehr gesperrt. In Tel Aviv, nach einer ersten Besprechung im Verteidigungsministerium, das wie das Hauptquartier der Streitkräfte im Gegensatz zu den anderen Ministerien bis heute nicht nach Jerusalem gezogen ist, schloss sich mir der versprochene Oberst an. Er verfügte bereits über neue Informationen zu dem Flug aus Paris und berichtete mir, dass die Abgeordneten spätnachts doch in Tel Aviv würden landen können.

Im verdunkelten Flughafen erwarteten der Oberst und ich die Delegation. Dank unserer Sonderdokumente durften wir mit unseren drei gemieteten Taxen bis zur Maschine fahren. Die sechs Abgeordneten, alle in Frankreich sehr bekannt, schienen sehr glücklich zu sein, endlich in Israel landen zu dürfen, und waren guter Stimmung. In dem ebenfalls verdunkelten Hotel in Tel Aviv, in dem sie übernachteten, fragte ich sie, was sie eigentlich unter diesen besonderen Umständen zu tun gedächten. Alle sechs – offensichtlich auf diese Frage vorbereitet – antworteten wie mit einer Stimme: »Den Krieg sehen!«

Vier von ihnen hatten im Zweiten Weltkrieg gedient und waren dadurch mit dem Krieg vertraut, unter ihnen Pierre Clostermann, ein Kriegsheld und eines der größten Fliegerasse im Zweiten Weltkrieg unter de Gaulle.

Der Oberst und ich schauten einander erstaunt an. Was sollte das wohl heißen: »Den Krieg sehen«? Wie machte man das?

Aber das war genau, was wir schließlich taten. Dank unserer Sondergenehmigung flogen unsere drei Taxen am nächsten Morgen buchstäblich hinter den Panzern her, die in den Gazastreifen hineindrangen. An den Straßenseiten lagen noch Leichen von den Soldaten beider Seiten, vor allem ägyptische. Bei kurzen Kampfpausen schauten die Soldaten uns erstaunt an: »Der Krieg ist noch nicht einmal vorbei, und es gibt schon Touristen?«

Am nächsten Tag waren wir bei den Fallschirmspringern, die Ostjerusalem von den Jordaniern erobert hatten, und am dritten Tag wurden wir in einer Basis der Luftwaffe empfangen. Die Piloten waren damals für uns Helden. Sie hatten den Krieg eigentlich bereits am ersten Tag gewonnen, als sie die arabischen Luftwaffen am Boden zerstört hatten. Nun unterstützten sie die Bodentruppen aus der Luft, ohne von Feinden abgelenkt zu werden.

Meine Gäste waren von der Idee, diese Helden zu besuchen, ganz besonders angetan. Die große Überraschung war aber, dass nicht die israelischen Piloten, sondern wir selbst mit Applaus begrüßt wurden. Die israelischen Piloten waren über den Besuch informiert und waren begeistert, Pierre Clostermann kennenzulernen. Eigentlich hätte mich das nicht überraschen dürfen: Mit dem Namen Pierre Clostermanns war ich durch meinen Bruder vertraut, der selbst in der Luftwaffe diente und die hebräischen Übersetzungen seiner Bücher wie eine Kriegsbibel verschlang.

Am nächsten Tag fuhren wir hinter den Panzern und Bodentruppen her, die den Golan erobert hatten, und am letzten Tag ihres Aufenthalts hatten meine Gäste endlich auch die Gelegen-

heit zu politischen Begegnungen. Das erste Treffen war bei Anwesenheit von Shimon Peres mit Ben-Gurion vereinbart. Mir blieb
von diesem Gespräch die wiederholte Aussage Ben-Gurions in
Erinnerung: »Abgesehen von den jüdischen Teilen der Altstadt
Jerusalems werden wir die soeben besetzten Gebiete nicht behalten. Wir werden sie alle für einen Frieden zurückgeben. Wenn
unsere Nachbarn dazu bereit sind, schlage ich vor, dass wir dies
sogar schleunigst tun. Wenn unsere Nachbarstaaten dazu nicht
bereit sind und die Verhandlungen mit uns hinauszögern, dann
könnte die Situation in den besetzten Gebieten verstrickt und gefährlich werden.«

Heute wissen wir, wie richtig Ben-Gurion mit dieser Einschätzung lag. Unsere Regierung war nach dem Krieg bereit, fast
alle eroberten Gebiete zurückzugeben. Nachdem die arabische
Welt jedoch Friedensverhandlungen abgelehnt hatte, wuchs in
großen Teilen der Bevölkerung der Appetit auf diese historischen
Gebiete. Wir Israelis begannen, die historischen Stätten im Westjordanland zu besuchen, und verliebten uns in sie. Durch sie, so
hieß es, könne man den vor zweitausend Jahren zerstörten Kontakt zur Heimat wieder aufnehmen. Im rechten und im religiösen
Lager wuchs der Ehrgeiz, die Herrschaft Israels in den besetzten
Gebieten zu sichern, und damit begann die Siedlungsbewegung.

Nach diesem für mich so eindrücklichen Treffen mit Ben-Gurion besuchte unsere Delegation noch einige amtierende Spitzenpolitiker, und dann flogen meine Gäste äußerst glücklich zurück
nach Frankreich. Während unserer Reise durch den Krieg hatte
ich ihnen vorsichtig von dem Embargo erzählt, das ihre Regierung gegen uns verhängt hatte. Sie wussten davon nichts, leugneten auch die Möglichkeit eines solchen Embargos und behan-
delten mich wie einen jungen Angestellten, der Dummheiten
erzählte. Nicht lange nach ihrer Rückkehr nach Frankreich gaben
sie in ihren Dankesbriefen jedoch zu, dass sie inzwischen ebenfalls von dem Embargo gehört hatten. Allerdings glaubten auch
sie der Legende von der Bestrafung Israels durch de Gaulle.

Als Sprachrohr Israels in Paris

Auf meine Zeit in der Heimat folgte eine Entsendung in die Fremde. Nach Frankreich, zunächst als Sprecher der Botschaft. Seit ich mich als Gymnasiast in Paris verliebt hatte, es mir aus finanziellen Gründen aber nicht gelungen war, dort zu studieren, hatte ich es mir zum Ziel gesetzt, zumindest ein paar Jahre in Frankreich zu leben. Zwar hatte ich nie Sprecher werden oder mich mit Medien beschäftigen wollen, in Anbetracht der Tatsache aber, dass ich dies in Paris tun sollte, war es dennoch die Erfüllung eines Traums. Ich war euphorisch, und das für lange Zeit.

Ich erreichte Paris in einer für Europa turbulenten Zeit. Es war Winter 1968, und die französische Hauptstadt war immer noch traumatisiert von den Auswirkungen der Studentenbewegung. Obwohl sich das rechte Lager unter der Führung von Ministerpräsident Michel Debré inzwischen zusammengerissen hatte, war jedem Beobachter klar, dass Frankreich vor tief greifenden gesellschaftlichen Reformen stand. Das an sich war für einen Beobachter schon sehr spannend. Doch nicht nur die sozialen Erdbeben in Deutschland und Frankreich beschäftigten damals die Öffentlichkeit. Für große Aufregung sorgten auch der Prager Frühling und dessen Niederschlagung durch die Russen und ihre osteuropäischen Untertanen.

Unmittelbar nach meiner Ankunft in Paris wurde ich von einem amerikanischen Korrespondenten in Frankreich, den ich Jahre zuvor in Israel kennengelernt hatte, zu einem Abendbüfett eingeladen. Ich fand mich auf einem Sofa neben einem älteren,

adelig anmutenden Mann wieder, der mich sofort fragte, woher
ich komme. Als ich »Israel« sagte, strahlte er vor Freude und sagte:
»Israel – das glücklichste Land auf Erden.« Zu meinem Erstaunen
stellte er sich als der tschechoslowakische Botschafter in Paris
vor und ergänzte: »Ich halte euch Israelis für glücklich, weil ihr
ausschließlich von Feinden umzingelt seid, während wir Tsche-
choslowaken nur von Freunden und Verbündeten umringt sind.«
Ein düsterer Scherz, mit dem er ausdrückte, dass die Tschechoslowakei von all ihren kommunistischen Nachbarn, die angeblich
Freunde, Brüder und Verbündete waren, niedergeschlagen wurde.
Im Vergleich dazu, fügte er verbittert hinzu, sei es geradezu ein
Glück, von Feinden umringt zu sein.

Die Achtundsechziger und die Ereignisse in der Tschechoslowakei waren dennoch, so überwältigend sie auch waren, nicht
die einzigen Themen, die den öffentlichen Diskurs bestimmten.
Europa entdeckte in diesem Jahr auch das Palästinenserproblem
für sich. Natürlich war dieses Problem auch vorher bekannt, dennoch galt das Hauptinteresse im Nahen Osten eher Israel. Für
viele war es das Land des jüdischen Aufbaus nach dem Holocaust, ein Land der Pioniere und der großen und erstaunlichen
sozialen Experimente. 1967, kurz vor Ausbruch des Sechs-Tage-
Krieges, herrschte im Westen, wie auch in Israel selbst, eine große
Beklommenheit und die Sorge, ob der 19-jährige jüdische Staat
überleben würde. Der große Sieg im Sechs-Tage-Krieg erfüllte die
meisten westlichen Beobachter mit Freude und Begeisterung. Ein
berühmter französischer Schriftsteller, Jean Dutourd, den ich
kurz nach meiner Ankunft in Paris kennenlernte, sagte mit einem
breiten Lächeln: »Wie kann man sich heutzutage solche Siege
leisten? Das sind doch ganz und gar napoleonische Siege.«

Allmählich aber enthielten die Berichte aus dem Nahen Osten
zunehmend Nachrichten über die erneute Tragödie der Paläsi-
nenser. Die zahlreichen Auslandskorrespondenten, die während
des Krieges nach Israel geströmt waren, blieben vor Ort, um weiter über die Lage zu berichten, die so leidenschaftlich von der

Weltöffentlichkeit verfolgt wurde. Nach und nach ebbte die von den Kriegsereignissen ausgelöste Begeisterung in ihren Berichten ab. Sie wurde zunächst von den Hoffnungen auf Friedensverhandlungen verdrängt, später von den Berichten über das Schicksal der Palästinenser. Bezeichnet wurden die Palästinenser allerdings immer noch als Jordanier und Ägypter – die Palästinenser des Westjordanlands galten als Jordanier, weil sie seit 1948 unter jordanischer Herrschaft lebten und jordanische Staatsbürger waren, und im Gazastreifen galten sie als Ägypter, weil sie bis dahin unter ägyptischer Herrschaft gelebt hatten.

Palästinenser unter israelischer Besatzung beziehungsweise Palästinenser, die als vom Krieg terrorisierte Flüchtlinge nach Jordanien flüchteten, füllten nun die Schlagzeilen und lösten den Sechs-Tage-Krieg als Hauptthema ab. Hinzu kam, dass sich die Palästinenser unter dem damals noch unbekannten Jassir Arafat zu organisieren begannen und in der Schlacht von Karame einen erstaunlichen und zumindest moralisch unerwarteten Sieg gegen die israelische Armee errangen. Als am 21. März 1968 israelische Kräfte in jordanisches Territorium eindrangen, um die entstehenden palästinensischen Kräfte zu zerstören, kämpften Palästinenser der Fatah an der Seite der Jordanier. Es gelang ihrem Anführer Arafat, die israelischen Invasoren in eine Falle zu locken, in der die Angreifer herbe Verluste erlitten. Der große Sieger, der die organisierten Streitkräfte seiner Nachbarstaaten innerhalb von sechs Tagen geschlagen hatte, war von den relativ kleinen Palästinensern zurückgeschlagen worden. Es mag für die Palästinenser insgesamt nur ein kleiner Erfolg gewesen sein, doch mit ihm wurde die Welt auf ihr Schicksal aufmerksam.

Zur gleichen Zeit demonstrierten in Deutschland die sogenannten Achtundsechziger gegen die etablierte Ordnung der Bundesrepublik und beschäftigten sich mit der deutschen Vergangenheit. Sie riefen ihre Eltern und Lehrer auf, endlich die Wahrheit über ihr Verhalten in der Nazizeit zu sagen und ihre Taten nicht mehr länger zu verheimlichen. Das hat uns in Israel natürlich begeistert. Würden die Deutschen endlich beginnen, mit ihrer Vergangenheit offen umzugehen, statt sie zu vertuschen und zu leugnen?

Zum Aufklärungswunsch der deutschen Jugendlichen kam aber ein weiterer Aspekt hinzu, nämlich der, dass sie auch das Schicksal der Palästinenser nicht weiter verdrängen wollten. Sie forderten daher auch Gerechtigkeit für die Palästinenser, und das in einer Art und Weise, die für Israel nicht besonders schmeichelhaft war. Das erstaunte uns. Wie konnten die Nachkommen der Nazis, die endlich ihre Vergangenheit zu bereuen begannen, ausgerechnet jetzt zu Feinden der Juden werden? Wie später die Amerikaner, gegen deren Krieg in Vietnam die Deutschen ebenfalls demonstrierten, konnten wir nicht nachvollziehen, dass sich die neue, demokratische Generation der Deutschen, die doch von der Sehnsucht nach Gerechtigkeit geprägt war, nicht allein auf Deutschland und die Nazivergangenheit konzentrierte, sondern sich für Menschenrechte weltweit und allgemein einsetzte. Wir waren so damit beschäftigt, um unser Überleben zu kämpfen, dass wir keine Zeit hatten, über den Tellerrand zu schauen. Stattdessen assoziierten wir alle Palästinenser mit ihrem ersten Anführer, Ahmed Shukeiri, dem Vorgänger Arafats, der uns regelmäßig androhte, uns alle ins Mittelmeer zu werfen. Ausgerechnet diese Leute sollten die Deutschen jetzt unterstützen?

Vor diesem Hintergrund traten auch für mich in Paris die Probleme der sozialen Revolutionen und der Tschechoslowakei schnell in den Hintergrund, und das Palästinenserproblem wurde mehr und mehr zu meiner Hauptbeschäftigung.

Die neuen, organisierten Palästinenser verstanden, dass eine erfolgreiche Schlacht wie die bei Karame bei Weitem nicht ausreichte und dass sie die westliche Öffentlichkeit von der Rechtmäßigkeit ihres Kampfes überzeugen mussten. Viel haben die Palästinenser dabei von den Algeriern gelernt. Die Nationale Befreiungsfront Algeriens (FLN), die den Krieg gegen Frankreich geführt hat, hatte irgendwann verstanden, dass sie Frankreich nicht militärisch würde besiegen können, sondern Frankreich nur durch Druck der Weltöffentlichkeit und der französischen Bevölkerung zum Nachgeben würde zwingen können. Sie betrieb daher eine intelligente und erfolgreiche Propaganda, die auf die westliche, besonders auf die französische Bevölkerung zielte. Und tatsächlich gewann Frankreich zwar überlegen den Krieg, musste aber dennoch auf Algerien verzichten, da das Land wegen des Algerienkriegs weltweit am Pranger stand und auch die französische Gesellschaft den Krieg immer weniger unterstützen wollte. Nur aus diesem Grunde war es de Gaulle möglich, die Armee und die Siedler in Algerien, die sich als Sieger betrachteten, dazu zu zwingen, Algerien zu räumen. Die Palästinensische Befreiungsorganisation (PLO) hat genau diese Technik übernommen.

Ich war damals noch von unseren, den israelischen Thesen und unserer Propaganda vollkommen überzeugt. Ich glaubte wirklich, dass alles, was wir sagten, zu hundert Prozent stimme und gerechtfertigt sei und dass die andere Seite nur Kriegspropaganda betreibe und so gut wie nie die Wahrheit sage. Das hatte ich nie hinterfragt, erst recht nicht nach dem Sechs-Tage-Krieg, während dem die Meldungen des Hauptquartiers der israelischen Streitkräfte meistens – meiner Meinung nach immer – der Wahrheit entsprochen hatten, während die arabischen Staaten Fantasiegeschichten erzählten. Daher rang ich mit den Nahost-Experten der in Paris ansässigen Medien um die Wahrheit und versuchte, sie von unserer Auffassung zu überzeugen.

Paris war zu dieser Zeit ein Zentrum für Nahost-Experten aus aller Welt. Sie arbeiteten von Paris aus und flogen bei Bedarf von dort in die Nahoststaaten. In meinen Diskussionen mit ihnen griff ich nicht nur auf die Argumentationshilfen zurück, die ich regelmäßig aus Jerusalem erhielt, sondern auch auf Analysen der »Israelischen Orientalisten« – Experten für die islamische und arabische Welt, die an den Universitäten und in den Rechercheinstituten in Israel arbeiteten.

Nachdem ich bei einem Treffen mit einer Gruppe von internationalen Nahostkorrespondenten auf Basis dieser Analysen argumentiert hatte, suchte einer der Nahostkorrespondenten der *New York Times*, Jonathan Randall, das Gespräch mit mir. »Sie, Herr Primor, kennen den Nahen Osten nicht, weil Sie nicht in die arabischen Länder reisen dürfen«, sagte er. »Wir reisen ununterbrochen durch die arabische Welt, und genau deshalb kann ich Ihnen sagen, dass sich nirgends in der gesamten arabischen Welt so viele Nahostexperten befinden wie in Israel. Sie haben die besten und die zahlreichsten Experten für die arabische Welt, Ihre Experten wissen alles, was sich in der arabischen Welt abspielt. Sie wissen alles, verstehen aber überhaupt gar nichts.«

Ich war sprachlos.

Da die Argumente allein nicht ausreichten, war meine beste Waffe in diesem Ringen um die wohlwollende Meinung der Journalisten und Korrespondenten, ihnen Israel zu zeigen. Angesichts der wirksamen und effizienten arabischen Propaganda neigten viele Korrespondenten dazu, das Land Israel, das sie nicht kannten, zu verteufeln. Für viele war Israel allmählich gleichbedeutend mit einer faschistischen, militaristischen Gesellschaft.

Unsere Propagandaabteilung unterstützte meinen Plan und zeigte sich sehr freigiebig. Nicht nur, weil sie davon überzeugt war, dass das Ansehen Israels in der westlichen Welt wichtig war, sondern auch weil die Beziehung zu Frankreich immer noch ein sehr großes Gewicht hatte. So erlaubten es mir die zur Verfügung gestellten Mittel, ausländische Korrespondenten zu Gruppenreisen nach Israel einzuladen, die ich als Fremdenführer begleitete. Anfangs bemühte ich mich, den Gästen, die immer skeptisch waren, alle Facetten des Landes zu zeigen. Das schloss die besetzten Gebiete ebenso ein wie Gespräche mit Kritikern der israelischen Regierung, mit Palästinensern und ihren Befürwortern.

In Paris hatte ich die Korrespondenten trotz meiner Argumente meistens nicht überzeugen können, so sehr waren sie von der gegnerischen Propaganda überzeugt. Die Konfrontation mit der Realität Israels aber war fast immer ein Schock für sie, der uns zugutekam. Oft berichteten die Journalisten nach ihrer Rückkehr mit Erstaunen, dass Israel eine echte Demokratie, eine offene, liberale und westliche Gesellschaft sei. Zwar konnte ich nur wenige Korrespondenten von der Richtigkeit unserer Palästinapolitik und der Besatzung überzeugen, aber meine Arbeit brachte mir auch Erfolge. Vor allem freundete ich mich mit vielen bekannten Journalisten an. Ihr Vertrauen gewann ich auch dadurch, dass ich immer nur die Wahrheit sagte und den Journalisten, soweit ich es wissen konnte, nie eine Lüge erzählte. Natürlich habe ich nicht immer die ganze Wahrheit erzählt – schließlich musste und wollte ich letzten Endes Propaganda für die israelische Sache betreiben. Nur habe ich dafür gesorgt, dass mich kein Journalist je einer Lüge überführen konnte.

Um das Vertrauen der Journalisten zu gewinnen, war es immens wichtig, dass ich auch bereit war, Fehler Israels einzugestehen. Selbst grobe Fehler.

So geriet unsere Öffentlichkeitsarbeit in große Schwierigkeiten, als unsere Luftwaffe am 21. Februar 1973 ein libysches Passagierflugzeug über der von uns besetzten Sinai-Halbinsel abschoss. Die Maschine war mit mehr als hundert Passagieren aufgrund eines Sandsturms aus Versehen in Richtung Israel geflogen und hatte dort die Befürchtung ausgelöst, dass es sich um eine getarnte Terrormaschine handeln könnte, die einen Selbstmordanschlag auf Israel ausüben wollte. Nachdem die Luftwaffe vergeblich versucht hatte, einen Kontakt zum Piloten herzustellen, schoss sie die Maschine ab. Wie in solchen Situationen üblich, versuchte die offizielle Propaganda, alles zu vertuschen beziehungsweise Falschinformationen zu verbreiten. Ich habe trotz entsprechender Anweisungen in den französischen Medien sofort gestanden, dass wir eine Passagiermaschine abgeschossen hatten. Im Gegenzug waren meine Gesprächspartner auch dazu bereit, meinen Erklärungen zuzuhören. Ein klarer Vertrauensbeweis, der auf Gegenseitigkeit beruhte.

Selbstverständlich war dieser offene Umgang mit den Medien nicht. Das merkte ich gleich zu Beginn meiner Pariser Zeit. Als ich meine Arbeit als Presseattaché in der Botschaft in Paris begann, war ich dem ersten Botschafter Israels zugeordnet, einem durch und durch vorbildlichen Diplomaten. Das war unser Gründungsvater, Walter Eytan, ein ursprünglich deutscher Jude, dessen Familie in den Dreißigerjahren nach England geflohen war. Eytan war in England aufgewachsen und am Ende des Krieges nach Palästina gekommen. Er hat den Kern der israelischen Diplomatie, den Kern des zukünftigen israelischen Auswärtigen Amtes gegründet und aufgebaut und diente danach als Staatssekretär des Auswärtigen Amtes, bevor er seinem Wunsch entsprechend zum Botschafter in Paris ernannt wurde.

Als ich als sein Presseattaché nach Frankreich kam, hatten sich die Beziehungen zwischen Frankreich und Deutschland total verschlechtert, und die Stimmung war sehr düster. In dieser Situation kam ein Journalist auf mich zu, der Chefredakteur der Wochenzeitschrift *Paris Match*. Er sagte: »Wir wollen eine große Reportage über zwei Botschafter in Schwierigkeiten bringen: über den französischen Botschafter in Israel und den israelischen Botschafter in Frankreich. Unsere Bitte an Sie: Wir hätten gerne ein Interview mit Ihrem Botschafter.«

Ich hielt das für eine sehr gute Idee und versprach, mich darum zu kümmern. Ich ging also zu meinem Botschafter und erzählte ihm die Geschichte. Er aber sagte: »Sie verstehen mich überhaupt noch nicht. Sie kennen mich ja auch nicht. Bitte nehmen Sie Platz, und hören Sie zu: Ihre Aufgabe ist es, eine Wand zwischen mir und den Journalisten zu errichten, die Medien von mir wegzuhalten. Das erwarte ich von Ihnen – keine Medien, keine Interviews, gar nichts!«

Ich war verblüfft, so etwas hatte ich nicht erwartet, aber ich habe mich auch nicht getraut, ihm zu widersprechen. Ich sagte also meinem Gesprächspartner von *Paris Match*, was der Botschafter mir gesagt hatte.

Der Redakteur sagte, das sei sehr schade, weil dann nur die französische Seite zu Wort käme, was für uns sicherlich ungünstig sei.

Ich stimmte ihm zu, hatte aber keine Wahl. Was sollte ich auch machen, wenn mein Vorgesetzter es so wollte?

Eine Weile später kamen sie wieder auf mich zu und sagten: »Wir haben uns die Sache überlegt. Ihr Botschafter will nicht sprechen, gut, aber Sie könnten uns von Ihrem Botschafter erzählen. Sagen Sie uns, wie er diese ganze Krise durchlebt, diese schlechte Stimmung.«

Ich fragte wieder meinen Botschafter und bekam eine ähnliche Antwort wie beim ersten Mal. »Sie haben überhaupt nicht verstanden, was ich Ihnen gesagt habe«, warf er mir vor. »Überhaupt nicht. Die Aufgabe des Diplomaten ist nicht, mit den Medien zu sprechen. Wir sprechen hinter geschlossenen Türen mit unseren Kollegen: mit den französischen Diplomaten, mit der französischen Regierung, mit den französischen Gesprächspartnern, und nicht mit der Bevölkerung, nicht mit den Medien. Das ist nicht die Aufgabe des Diplomaten. Das machen Politiker, nicht Diplomaten.«

Bei dieser Meinung blieb Eytan und erwies sich damit als ein typischer Diplomat des 19. Jahrhunderts. Ich hab das damals noch nicht so begriffen, aber später habe ich erkannt, dass es noch viele solche Diplomaten alter Schule gibt, selbst heute. Es gibt ja auch viele, die auf den Kontakt mit der Bevölkerung gar nicht angewiesen sind. Braucht etwa der Botschafter von Paraguay in Berlin einen unmittelbaren Kontakt mit der deutschen Bevölkerung? Er braucht etwas anderes: einen Kontakt mit den Südamerikaexperten im Auswärtigen Amt in Berlin.

Dieses Mauern gegenüber den Medien war nichts Außergewöhnliches, und manchmal hatte es auch mit der Vermeidung von Risiken zu tun. Aus meinen ersten Wochen als Presseattaché habe ich diesbezüglich noch ein weiteres Erlebnis im Gedächtnis behalten. Ich war ganz neu im Amt und kannte mich noch nicht besonders aus, als ein Journalist um ein Gespräch mit mir bat. Er kam in die Botschaft und stellte mir banale Fragen über den Nahostkonflikt, die ich leicht beantworten konnte und die für mich nichts Besonderes waren.

Am Ende des Gesprächs war der Journalist völlig begeistert. »Ach, wie gescheit Sie sind, und wie interessant!«

Mir war das peinlich, und so sagte ich ihm: »Ehrlich gesagt glaube ich gar nicht, dass ich so besonders gut war oder etwas Außergewöhnliches gesagt habe. Wirklich, ich glaube, Sie übertreiben.«

»Oh nein!«, widersprach er und fragte. »Kennen Sie Ihren syrischen Kollegen?«

»Ich kenne meine Kollegen noch nicht«, sagte ich. »Aber den syrischen würde ich sowieso nicht kennenlernen können, leider.«

»Ich war vor Kurzem bei ihm und habe ihm auch Fragen über den Nahostkonflikt gestellt«, sagte der Journalist daraufhin. »Bei jeder Frage, die ich gestellt habe, hat er ein Büchlein aufgemacht und gesagt: ›Lesen Sie hier die Antwort.‹ Was für ein Idiot! Und Sie sprechen frei.«

Da war ich schon ein bisschen perplex und habe gesagt: »Wissen Sie, ich bin mir gar nicht sicher, dass mein syrischer Kollege nicht so intelligent ist wie ich. Möglicherweise ist er viel intelligenter als ich und vielleicht auch viel interessanter und besser ausgebildet. Der Unterschied zwischen uns ist, was für ein Regime wir vertreten. Ich kann mit Ihnen frei sprechen. Wenn ich etwas Falsches sage, bekomme ich eine Rüge. Was kann mir schon passieren? Wenn er etwas Falsches sagt, verliert er vielleicht seinen Posten und vielleicht noch viel mehr.«

Das war schon ein bisschen Propaganda für Israel. Aber im Grunde genommen liegt darin viel Wahrheit. Es gibt Leute, die das Risiko eingehen, und diejenigen, die kein Risiko eingehen. In einer Diktatur kann man sich nicht viel leisten. Da ist manches Risiko wirklich viel zu groß. Aber auch in einer Demokratie werden die meisten es nicht wagen, etwas zu sagen, das nicht ganz genau den Vorschriften entspricht, damit sie keine Fehler machen und kein Risiko eingehen. Das aber entspricht nicht meiner Überzeugung.

Das Vertrauen der von Natur aus argwöhnischen Journalisten zu gewinnen ist nicht einfach. Das gilt auch für den Sprecher einer Botschaft, der Vertreter der staatlichen Propaganda ist. Dass ich dennoch manches Mal erfolgreich war, zeigte sich zum Ende meiner Amtszeit in Paris.

Ich hatte oft hitzige Diskussionen mit dem angesehenen Chefredakteur der Wochenzeitschrift *Le Nouvel Observateur*, Jean Daniel. Die linke Zeitschrift war Israel gegenüber kritisch eingestellt, besonders aufgrund der Palästinenserproblematik sowie der Besatzungspolitik. Daniel hatte in seinen jüngeren Jahren oft über Nordafrika geschrieben und war ein großer Befürworter der Unabhängigkeit der französischen Kolonien in Nordafrika und interessierte sich aus diesem Grund besonders für die arabische Welt. Nachdem selbst Algerien unabhängig geworden war, hatte er sich stärker auf den Nahen Osten konzentriert. Er widmete seinen Leitartikel häufig dem Nahostkonflikt, und auch in seinen zahlreichen Büchern beschäftigte er sich mit dieser Problematik. Für mich, der ich noch kein Botschafter war, war es eine Ehre, dass Jean Daniel, dem die Tür bei de Gaulle, Giscard d'Estaing und Mitterrand offen stand, bereit war, mit mir in Dialog zu treten – mündlich oder schriftlich.

In der Endphase meines Parisaufenthalts sah ich mich mit einem besonders schmerzlichen Problem konfrontiert: Wir wurden zunehmend mit Folterbeschuldigungen belastet. Meistens war es die palästinensische Propaganda, die die Foltergeschichten verbreitete, ab und zu auch ein westlicher Journalist. Ich war fest davon überzeugt, dass man uns zu Unrecht anklagte und dass wir in dieser Sache vollkommen unschuldig seien. So erklärte ich, meinen Instruktionen folgend, dass unsere Gegner Fotos von Verkehrsopfern als vermeintliche Beweise für Verletzungen auf-

grund von Folter in israelischen Gefängnissen missbrauchten.
Und ich wies diese »Verleumdungen« auch aus eigener Überzeugung vehement zurück. Eines Tages aber bekam ich einen Brief
von Jean Daniel. »Persönlich und vertraulich« stand drauf. In dem
Umschlag befand sich ein handschriftlicher kurzer Brief, in dem
der Chefredakteur des *Nouvel Observateur* mir mitteilte, dass er
soeben einen Artikel von seinem Korrespondenten in Israel, einem Israeli namens Victor Cygelman, erhalten habe. Cygelman,
ein Vertrauter Daniels, berichtete darin über Folter in Israel.

»Ich schicke Ihnen den Artikel Cygelmans anbei und möchte
Ihre Meinung dazu hören, bevor ich ihn veröffentliche«, schrieb
Daniel.

Dass der Chefredakteur einer so hochkarätigen Zeitschrift einem ausländischen Vertreter, einem Propagandagesandten, einen
Artikel im Voraus schickt, um dessen Meinung dazu zu hören,
ist eine absolute Ausnahme. Dessen war ich mir völlig bewusst.
Dennoch dachte ich: Was kann das schon sein? Doch wohl nur
die übliche arabische Propaganda, die ich mit guten Argumenten
entkräften kann.

Als ich diesen Artikel aber las, war ich zutiefst schockiert. Cygelman wiederholte nicht die üblichen Beschuldigungen, sondern führte nackte, klare Fakten auf, nannte Namen und Wohnort der Gefolterten, Tag und Uhrzeit der Verhaftung durch die
Israelis und ebenso den exakten Zeitpunkt der Freilassung, führte
auf, bei welchem jüdischen Arzt in West-Jerusalem der Gefolterte sich hatte untersuchen lassen, und belegte auch, dass die Verletzungen nach ärztlichem Attest von Folter herrührten. Name
des Arztes und die Adresse folgten. Der ganze Artikel war voll
von diesen Auflistungen.

Derart fundierte Vorwürfe konnte ich nicht mit meinen üblichen Argumenten zurückweisen. Per Telegramm sandte ich den
Artikel meinem Vorgesetzten in Jerusalem. Dabei achtete ich darauf, ihn verschlüsselt zu übermitteln, damit sich die Geschichte
– die ich immer noch für falsch hielt – nicht verbreitete. Ich bat um

ganz konkrete Fakten, um den Artikel widerlegen zu können. Ich erwartete zum Beispiel, dass man mir sagt, dass ein Palästinenser mit dem von Cygelman genannten Namen nicht existiere, dass die Adresse falsch und der jüdische Arzt nicht echt sei oder dass er abstreiten würde, den Palästinenser behandelt zu haben.

Ich erhielt keine dieser Informationen. Stattdessen schickte man mir lange Telegramme mit den alten Argumenten und einer Auflistung aller Verbrechen, die Palästinenser begangen hatten und weiter begingen. Ich versuchte, mit meinem Vorgesetzten zu diskutieren, und argumentierte, dass ich den Cygelman-Artikel so nicht würde widerlegen können. Vergeblich. So schrieb ich Daniel, dass ich mehr Zeit bräuchte, um auf den Artikel, den er mir anvertraut hatte, zu reagieren. Großzügig erwiderte er, ich solle mir die Zeit nehmen, die ich bräuchte. Da weiterhin keine Hilfe vonseiten des Auswärtigen Amtes zu erwarten war, nahm ich Urlaub und flog auf eigene Kosten nach Israel, um der Sache auf den Grund zu gehen, so sehr quälte sie mich. Im Auswärtigen Amt in Jerusalem begriff ich sofort, dass meine Kollegen machtlos waren und die Wahrheit gar nicht kannten. Dass sie keine Mittel zur Verfügung hatten, um die Sache zu verfolgen. Ich wandte mich daher an meinen ehemaligen Vorgesetzten, meinen Botschafter in Abidjan, Shlomo Hillel, der zu diesem Zeitpunkt Innen- und Polizeiminister war und mir Unterstützung zusagte.

»Ich bin bereit, dir zu helfen, auch wenn du bei mir wohl keine Antworten finden wirst«, sagte er. »Ich bin bereit, dir die Türen der Gefängnisse zu öffnen und dir Gespräche mit den Wächtern zu ermöglichen, damit du selbst herausfinden kannst, ob es Folterkeller gibt. Ich sage dir aber, dass du nichts finden wirst. Wenn gefoltert wird – und ich weiß nicht, ob es das wird –, dann nur bei den Geheimdiensten.«

»Was ist mit der Besatzungsbehörde in den besetzten Gebieten?«, fragte ich.

»Auch da kann ich dir Besuchstermine vermitteln, aber auch da wirst du wohl nichts finden.«

So traf ich auf seine Vermittlung zunächst einen hochrangigen Geheimdienstmitarbeiter, der wenig kooperativ war und sagte, er wisse nicht, warum er mir helfen solle. »Sie mischen sich in unsere Arbeit ein, und ich weiß nicht, warum ich das dulden soll.«

Ich wagte nicht, mit ihm über Menschenrechte zu sprechen, denn ich wusste, dass er auf meine Frage nur verächtlich reagieren würde. Stattdessen erklärte er mir ausführlich die Problematik der sogenannten »tickenden Bomben«. »Verstehen Sie«, sagte er, »wenn wir einen Verdächtigen verhaften und wissen, dass er irgendwo eine Bombe positioniert hat, die irgendwann losgehen wird und viele unschuldige Leute umbringen wird, dann müssen wir alles Mögliche tun, um Auskunft von ihm zu bekommen, und zwar so schnell wie möglich, damit wir die Menschen retten können.«

Diese Begründung war mir natürlich wohlbekannt, ich hatte sie in meinen Instruktionen vom Auswärtigen Amt wiederholt gehört. Deshalb antwortete ich nur: »Was Cygelman beschreibt, führt für uns zu einem großen Ansehensverlust im Ausland.«

»Das ist nicht mein Problem«, sagte mein Gesprächspartner. »Ich kümmere mich nicht um die Weltöffentlichkeit und die internationalen Medien. Das ist Ihr Beruf und Ihr Problem. Ich mische mich nicht in Ihre Arbeit ein, und Sie sollten sich nicht in meine einmischen.«

Zurück in Paris schrieb ich dem Chefredakteur, dass ich seine Frage nicht beantworten könne. Er solle mit Cygelmans Artikel verfahren, wie er wolle. Ich würde nicht auf die Veröffentlichung reagieren.

Als Antwort bekam ich von Jean Daniel viel Lob für meine »Ehrlichkeit« und meinen »Mut«. Den Artikel veröffentlichte er tatsächlich, er schrieb dazu aber ein Vorwort, in dem er erklärte, volles Vertrauen in den Text Cygelmans zu haben, dass er aber wisse, dass Folter in Israel nicht systematisch ausgeführt werde und es keine israelische Gewohnheit sei. Es gehe um seltene Ausrutscher, so argumentierte er, die man aber bekannt machen müsse, damit sie nicht zur Gewohnheit würden.

Als ich Jean Daniel das nächste Mal traf, bedankte ich mich für dieses Vorwort und fragte, ob er tatsächlich von dem überzeugt sei, was er geschrieben habe. Anstatt mir eine offene Antwort zu geben, sagte er: »Dieses Vorwort haben Sie verdient. Das habe ich Ihnen geschuldet.«

Wenig später ging meine Amtszeit in Paris zu Ende, und ich kehrte nach Jerusalem zurück. Dort begegnete ich bei einer Gelegenheit Victor Cygelman, den ich seit geraumer Zeit kannte, und fragte ihn, warum er diesen Artikel veröffentlicht habe.

»Du hast doch lange nachgeforscht und weißt ganz genau, dass alles, was ich geschrieben habe, stimmt«, sagte er. »Dafür bewundere ich dich, aber das sollte deine Frage überflüssig machen.«

»Meine Frage lautet, warum du diesen Artikel im Ausland veröffentlich hast, wo es uns so sehr schadet und gar nicht nützlich ist«, antwortete ich. »Wenn dein Ziel war, Folter zu verhindern, dann hättest du den Artikel in einer israelischen Zeitung abdrucken müssen, um Druck auf die Behörden auszuüben. Dass so etwas im *Le Nouvel Observateur* veröffentlicht wird, betrifft nur die israelische Botschaft in Paris und hier niemanden.«

»Bist du so naiv?«, erwiderte er. »Ich habe mich an alle israelischen Zeitungen gewandt. Keine wollte meinen Artikel annehmen.«

»Warum gehst du dann nicht zu Uri Avnery, dem Chefredakteur der Wochenzeitung *Ha Olam HaZe*? Der veröffentlicht alles und macht sich keine Sorgen um die Kritik, besonders wenn es um Menschenrechte geht«, sagte ich. Uri Avnery ist gebürtiger Deutscher und mit Rudolf Augstein zur Schule gegangen. Auch danach war er mit ihm befreundet geblieben und war vom journalistischen Stil des *Spiegel* geprägt worden.

»Auch zu Uri Avnery bin ich gegangen«, sagte Cygelman, »und auch er hat meinen Artikel abgelehnt. Deshalb ist mir nichts anderes übrig geblieben, als das Ergebnis meiner Recherchen in Paris zu veröffentlichen.«

»Das glaube ich dir nicht«, sagte ich. »Ich sehe keinen Grund, warum Avnery so einen Artikel ablehnen sollte.«

»Wenn du es mir nicht glaubst«, erwiderte Cygelman verärgert, »dann frag ihn doch selbst.«

Und das tat ich.

»Sie können Cygelman glauben«, sagte Avnery. »Ich habe den Artikel abgelehnt.«

»Wieso?«, fragte ich. »Halten Sie den Artikel für unglaubwürdig?«

»Nein, nein«, sagte er. »Meine Recherchen haben das Gleiche ergeben. Aber es gibt Dinge, die auch ich nicht abdrucken kann. Ich muss Rücksicht auf meine Leser nehmen. Meine Leser sind anders als Leser von anderen Zeitungen daran gewöhnt, viel Schlimmes zu lesen: die schärfste Kritik an unseren Behörden und unserer Politik, auch über Grausamkeiten. Dennoch haben auch sie eine Schmerzgrenze, die ich nicht überschreiten kann. Auch ich muss mich immer wieder zurückhalten und Dinge, die ich veröffentlichen möchte, in der Schublade halten, wenn ich meine Zeitung nicht verlieren will.«

Das war die Situation Ende der Siebzigerjahre. Als Menachem Begin 1977 zum ersten Mal an die Macht kam, untersagte er den Geheimdiensten, die unmittelbar dem Ministerpräsidenten unterstellt sind, jegliche Anwendung von Folter. Ob dieser Befehl Begins noch gilt, beziehungsweise inwieweit er überhaupt ausgeführt wurde, weiß ich nicht genau. Ich denke schon, dass es bei uns keine Folter im Sinne der spanischen Inquisition im Mittelalter gibt, auch nicht die Art von Folter, die es in Nazideutschland gab. Doch Foltern kann man auch ohne Elektroschocks, ohne Schläge und ohne die anderen brutalen Methoden, die man aus Filmen kennt. Man kann einen Menschen auch so unter Druck setzen, dass er seinen Willen verliert. Das nimmt natürlich mehr Zeit in Anspruch als physische Folter, aber das Ergebnis ist fast das gleiche. Wo die Grenze zwischen Verhör und Folter verläuft, ist mir ebenfalls nicht klar, zumal man selbst in friedlichen, demokratischen Ländern oft von Polizeifolter spricht, die man bis heute nicht völlig ausräumen kann.

Die Geschichte um die Veröffentlichung des Cygelman-Artikels hat mir erstmals vor Augen geführt, wie abhängig auch von den Behörden unabhängige Medien sein können. Wir sind uns bewusst, dass Privatmedien von der Wirtschaft abhängig sind, von Unternehmern, die bei ihnen Werbung buchen. Wir meinen dennoch, dass die Medien die öffentliche Meinung beeinflussen, teilweise sogar gestalten. Nicht bewusst sind wir uns hingegen der Tatsache, wie sehr die Medien die öffentliche Meinung fürchten.

Ich habe mich oft mit der wichtigsten Tageszeitung Frankreichs, *Le Monde*, auseinandergesetzt. Meistens betrachtete ich dieses Ringen als hoffnungslos, weil *Le Monde* ein Koloss war und ich ein unbedeutender Sprecher eines kleinen Landes. Entsprechend überrascht war ich, als der Chefredakteur der Zeitung, Jacques Fauvet, mich eines Tages anrief, um mich zum Mittagessen einzuladen. Als ich den Grund für diese Einladung erfuhr, war ich erst recht überrascht. Ich gab damals in der Botschaft einen kleinen wöchentlichen Newsletter heraus, dessen Auflage nicht mehr als ein paar Hundert Exemplare betrug. Ihn schickte ich an die Medien in Paris und an einen Verteiler der Botschaft. Anlass für die Einladung des großen, übermächtigen Jacques Fauvet war die Kritik an *Le Monde*, die ich in einem dieser Newsletter geäußert hatte. Er wollte mich davon überzeugen, dass diese meine Kritik unberechtigt sei.

Dass der größte Meinungsmacher Frankreichs sich mit einem unbedeutenden, winzig kleinen Newsletter auseinandersetzte, dass er Zeit und Energie darauf verwendete, verblüffte mich, was ich in unserem Gespräch auch äußerte. Bei der Gelegenheit erklärte Fauvet mir, wie viel Einfluss Leserbriefe auf eine Redaktion haben. Ich hatte Leserbriefe bis dahin nie ernst genommen, weil ich dachte, dass sie nicht wirklich repräsentativ sind. Jetzt lernte ich, welch großen Einfluss sie auf die Gestaltung der Redaktionsmeinung ausüben. Heute würde ich das Gleiche über soziale Netzwerke wie Facebook oder Twitter sagen.

Die wichtigste Lektion zu diesem Thema bekam ich jedoch einige Jahre später von einem engen Freund in Paris, von Edwin Eytan, dem langjährigen Korrespondent der israelischen Massenzeitung *Yediot Acharonot*. Palästinensische Terroristen hatten eine belgische Passagiermaschine entführt und den Piloten gezwungen, am Flughafen von Tel Aviv zu landen, wo sie die israelische Regierung erpressen wollten. Ein israelisches Kommando stürmte die Maschine, überwältigte die Terroristen und befreite die Passagiere. Der Befehlshaber des Kommandos war der zukünftige Ministerpräsident Ehud Barak. Israel jubelte natürlich, und die Zeitungen waren tagelang voller Lob für das Heldentum des israelischen Kommandos. Das war am 8. Mai 1972.

Mein Freund Edwin Eytan bekam nun von seiner Redaktion den Auftrag, nach Genf zu reisen, um dort mit Vertretern des Roten Kreuzes zu sprechen. Dieses teilte den Jubel Israels nicht und war von der Kommandoaktion alles andere als begeistert, da die Soldaten, die die Maschine stürmten, sich als Mitarbeiter des Roten Kreuzes getarnt hatten. In Israel wurden die Proteste des Roten Kreuzes nicht wirklich wahrgenommen – zum einen war das israelische Volk zu sehr mit seinem Jubel beschäftigt, zum anderen protestierte das Rote Kreuz nur sehr leise. Eytan sollte herausfinden, was das Rote Kreuz an der Rettungsaktion der israelischen Armee auszusetzen hatte. Als er von seiner Mission in Genf zurück nach Paris kam, rief Eytan mich an, um mir sein Herz auszuschütten.

»Warum können wir das Rote Kreuz nicht verstehen?«, fragte er. Die Genfer hatten ihm erklärt, dass sie für alle Nationen humanitär tätig würden, auch für Israel. Israel habe mehrfach die Hilfe des Roten Kreuzes in Anspruch genommen, vor allem wenn es um israelische Gefangene in arabischen Ländern ging.

»Warum können wir so oft helfen?«, hatten Eytans Gesprächspartner in Genf gefragt. »Wir haben keine Macht, wir tragen keine Waffen, wir verteilen kein Geld. Und dennoch respektieren uns alle und arbeiten mit uns zusammen. Unsere ganze Macht beruht darauf, dass wir als absolut neutral und glaubwürdig angesehen werden. Wenn Israel unsere Abzeichen und unsere Uniform benutzt, um den Feind zu täuschen, dann verlieren wir an Ansehen und infolgedessen haben wir weniger Möglichkeiten zu helfen.«

All dies erzählte Eytan mir sichtlich bewegt. Ich konnte natürlich nur zuhören und auch bedauern, dass wir die Bedeutung des Roten Kreuzes auch für uns selbst nicht immer ausreichend verstehen. Überrascht war ich aber, als ich zwei Tage später ein Exemplar des *Yediot Acharonot* per Post aus Tel Aviv nach Paris bekam. Edwin Eytan hatte eine volle Seite für seine Geschichte über das Rote Kreuz bekommen. Die Überschrift lautete: »Das Rote Kreuz, das keinen Finger gerührt hat, um den verfolgten Juden in Zeiten des Holocausts zu helfen, beschimpft jetzt die Juden, wenn sie sich gegen Mörder verteidigen.«

Ich kochte vor Wut. Es war früh morgens, und ich wusste, dass Eytan, der nachts arbeitete, erst gegen Mittag aufstehen würde. Dennoch rief ich ihn an, auch um ihn zu wecken. Sobald er realisierte, wer am Telefon war, fragte er alarmiert: »Ist etwas passiert? Ist etwas passiert? Ist etwas passiert?«

Ich sagte: »Edwin, hast du mir nicht erzählt, wie empört du über unser Verhalten gegenüber dem Roten Kreuz warst? Hast du mir nicht gesagt, dass du die Beschwerden des Roten Kreuzes als gerechtfertigt empfunden hast?«

»Ja, das habe ich. Na und?«

Da wurde ich ein bisschen laut, weil ich dachte, mein Freund mache sich über mich lustig. »Ich habe deine Zeitung vor mir liegen«, sagte ich und las ihm die Überschrift vor.

»Was hat das damit zu tun?«, fragte er. »Warum regst du dich auf? Was ich dir gesagt habe, war meine persönliche Meinung. Was ich geschrieben habe, ist, was die Zeitung haben will.«

»Hat die Redaktion das von dir verlangt?«, fragte ich.

»Nein, natürlich nicht«, sagte er. »Aber ich weiß doch, was die Zeitung braucht. Ich arbeite doch schon so lange in diesem Beruf. Die Zeitung braucht, was die Leser wollen. Und das geben wir ihnen.«

Eine wiederum ganz andere Erfahrung mit den Medien machte ich Anfang der Siebzigerjahre mit dem Pariser Korrespondenten der seriösen israelischen Zeitung *Haaretz*. Ich verbrachte zu dieser Zeit meinen Skiurlaub in Tigne, und zwar in einem *Club Méditerranée*. Der Anspruch des Klubs war damals, den Urlaub dadurch vollkommen zu machen, dass man die Urlauber dazu drängte, jeglichen Kontakt mit der Außenwelt zu unterlassen. Im Hotel gab es weder Radio noch Fernsehen und auch keine Zeitungen, und um zu telefonieren, musste man zu Fuß in das zwei Kilometer entfernte Dorf gehen. Ich habe diese Urlaubswoche mit meiner Familie äußerst genossen. Irgendwann aber war auch dieser Urlaub zu Ende, und wir fuhren mit dem Nachtzug zurück nach Paris. Als wir am frühen Morgen Paris erreichten, fuhr meine Familie weiter nach Hause, ich aber ging noch kurz in die Botschaft, um mich zu erkundigen, ob es etwas Dringendes für mich gebe. Kaum saß ich hinter meinem Schreibtisch, klingelte das Telefon. In der Leitung war der Ressortleiter der Auslandsnachrichten einer großen Wochenzeitung. Er sagte mir, dass er mich dringend sehen müsse, weil er einen großen Artikel über die Situation im Nahen Osten schreiben müsse.

»Das ist kein Problem«, antwortete ich. Es gehe aber nicht sofort, da ich im Urlaub gewesen sei und nichts vom Weltgeschehen der vergangenen Woche mitbekommen habe. »Geben Sie mir 24 Stunden, damit ich mich *a jour* bringen kann«, bat ich.

»Das kann ich leider nicht«, erwiderte mein Gesprächspartner. »Heute ist Donnerstag, und wie Sie wissen, gehen wir donnerstagabends in Druck. Ihre Sekretärin hat mir gesagt, dass Sie heute früh zurückkommen würden, und so habe ich auf Sie gewartet.

Das heißt, dass ich jetzt in der allerletzten Minute meinen Artikel schreiben muss.«

Ich seufzte innerlich, hatte aber keine andere Wahl, als ihn einzuladen. Abgesehen von dieser speziellen Situation war ich Journalisten immer gern behilflich; die Tatsache, dass sie sich an mich wandten, wenn sie Informationen benötigten, um einen Artikel über den Nahen Osten zu schreiben, war für mich immer das Befriedigendste an meiner Arbeit. Jetzt aber legte ich den Hörer auf und fragte mich, was ich tun sollte. Der Mann würde gleich vor mir stehen, und ich wusste nichts. Sollte ich zum Botschafter gehen und mich briefen lassen? Sollte ich mir noch schnell die Berichte der letzten Woche durchlesen? Während ich es mir überlegte, spielte ich gedankenverloren mit einem Stapel israelischer Zeitungen, der auf meinem Schreibtisch lag. Ich blätterte eine Ausgabe der *Haaretz* durch und blieb an einem Artikel über den Nahen Osten hängen, der von einem bekannten *Haaretz*-Kommentator stammte. Kaum hatte ich den Artikel fertig gelesen, stand auch schon mein Gast in der Tür. In meinem leeren Kopf gab es nun nur den Inhalt des *Haaretz*-Artikels, den ich soeben gelesen hatte. Also wiederholte ich für den Gast, was ich gelesen hatte, allerdings ohne ihm zu sagen, dass das ein Zeitungsartikel war. Ich erzählte es vielmehr, als seien es meine eigenen Gedanken und Ideen.

Mein Gast, der sich während meines Vortrags hastig Notizen gemacht hatte, war sehr zufrieden, bedankte sich und rannte los, um seinen Artikel noch vor Redaktionsschluss fertigzustellen. Am nächsten Montag sah ich die Wochenzeitschrift mit dem Artikel, den ich dem Ressortleiter der Auslandsnachrichten so gut wie diktiert hatte – fast ohne Änderungen. Natürlich hatte er den Artikel so geschrieben, als habe er die Situation selbst analysiert. Ich fühlte mich ein wenig wie die Katze, nachdem sie die Sahne geklaut hat: mit schlechtem Gewissen, aber satt und zufrieden.

Peinlich wurde die Angelegenheit, als ich ein paar Tage später die aktuelle Ausgabe der *Haaretz* bekam und in ihr einen Artikel von deren Korrespondent in Paris, Eli Maissi, fand. Er berichtete von einem Beitrag in der französischen Wochenzeitschrift, der eine sehr interessante Sichtweise auf den Nahostkonflikt habe. Es folgte eine Übersetzung des französischen Artikels ins Hebräische – offensichtlich war weder Eli Maissi noch einem seiner Kollegen aufgefallen, dass sie im Grunde ihren eigenen Artikel übersetzten und wiederholten. Diesen, meinen erfolgreichen Coup habe ich bislang weder meinem französischen Gesprächspartner noch Eli Maissi oder jemand anderem bei *Haaretz* gebeichtet.

Als mir der gerade beschriebene Coup gelang, war ich bereits einige Jahre in Paris und bestens mit der Arbeit als Presseattaché vertraut. Als ich 1968 nach Paris kam, war meine Situation eine ganz andere: Frankreich und Europa waren wegen der Achtundsechzigerbewegung, wegen der Niederschlagung des Prager Frühlings und diverser anderer Turbulenzen in Aufruhr; der Nahe Osten kam nach dem Sechs-Tage-Krieg nicht zur Ruhe. Obwohl ich mich seit dem ersten Tag in Paris vor lauter Begeisterung für die Stadt, in der ich schon immer hatte leben wollen, wie berauscht fühlte, machte ich mir Sorgen. Ich sollte Sprecher und Presseattaché der Botschaft sein, also eine Aufgabe übernehmen, die mir völlig neu und auf die ich nicht vorbereitet war. Ich wusste, dass in Paris einflussreiche und berühmte Kommentatoren saßen, unter ihnen französische und internationale Experten zum Nahen Osten. Sie alle waren in der Medienarbeit erfahren, wo ich ein totaler Laie war, und viele wussten mehr vom Nahen Osten als ich. Würden sie mich nicht alle belächeln? Könnte ich ihnen das Wasser reichen?

Zum Glück erfuhr ich sehr schnell, dass ich meinen Gesprächspartnern gegenüber auch Vorteile hatte: Ich kannte mich in Israel besser aus als sie, und ich konnte die israelische Politik erklären – und genau das wurde von mir verlangt. Meine Aufgabe war es, das Vertrauen der Journalisten zu gewinnen und mich mit den wichtigsten von ihnen auch anzufreunden, und das ist mir mit der Zeit auch gelungen. Doch meine Regierung erwartete von mir nicht nur, die Medien von unserer Politik zu überzeugen, sondern auch, die öffentliche Meinung gegen die Embargopolitik Frankreichs zu beeinflussen.

In der Tat standen die Medien in Frankreich eher auf unserer Seite und äußerten ihr Unverständnis gegenüber der Politik de Gaulles gegenüber Israel. Dann aber erlitten unsere Bemühungen einen Rückschlag, den wir nicht hatten voraussehen können.

Das zeigte sich beispielsweise zu Beginn des Jahres 1969 anlässlich des Neujahrsempfangs im Élysée-Palast. Wie in jedem Jahr lud der Präsident der Republik, General Charles de Gaulle, alle Botschafter zum Empfang. Jeder Botschafter durfte drei Mitarbeiter mitnehmen. Mein Botschafter, Walter Eytan, hatte sich für den zweiten Mann der Botschaft, den Gesandten, den Militärattaché und mich, das jüngste Mitglied der Botschaft, entschieden, und so stand ich mit den Kollegen aus den anderen Ländern in einem großen Kreis im Empfangssaal des Palastes, Botschaft neben Botschaft. De Gaulle trat in seinem Gehrock ein, ging von einem Botschafter zum anderen und unterhielt sich ein paar Sekunden mit ihm, dann durfte der Botschafter ihm seine Mitarbeiter vorstellen. Für mich war das das erste und zugleich letzte Mal, dass ich das Privileg hatte, dem Präsidenten die Hand zu schütteln. Ich war überrascht von der Körpergröße des Generals, denn ich hatte Bilder von de Gaulle als einem Riesen im Kopf. Vor Augen stand mir vor allem das berühmte Bild von de Gaulle nach der Befreiung von Paris 1944, auf dem er zu Fuß und von Menschenmassen umringt die Champs-Élysées hinuntergeht. In der Mitte des Bildes ragt ein Kopf weit über die Köpfe der Menschen hinaus, fast wie eine Straßenlaterne: de Gaulle. Nun stand er vor mir und war nicht größer als ich, der ich damals 1,87 m groß war. Die Auflösung dieses Widerspruchs erfuhr ich erst später, als ich in André Malraux'de-Gaulle-Biografie las, dass er in seinen letzten Jahren elf Zentimeter seiner Größe verloren haben soll.

Das Entscheidende an diesem Tag war jedoch de Gaulles Rede.

Wir hatten eine höfliche, belanglose Rede zum neuen Jahr erwartet. Stattdessen ging de Gaulle uns heftig an.

Das hatte einen Grund: Kurz zuvor, am 28. Dezember 1968, hatte ein israelisches Kommando den internationalen Flughafen der libanesischen Hauptstadt Beirut angegriffen. Eine Reaktion darauf, dass Palästinenserorganisationen mit Unterstützung einiger arabischer Staaten den israelischen Flugverkehr seit Beginn des Jahres immer wieder angegriffen hatten. Die Übergriffe hatten im Frühjahr mit der überraschenden Entführung der El-Al-Maschine 426 nach Algerien begonnen und sich in einer Reihe von Angriffen auf Flugzeuge – israelische und internationale, die nach oder aus Israel flogen – fortgesetzt. Auf Terrorangriffe hatte Israel immer besonders empfindlich reagiert, nun aber mehr als je. Da Israel auf dem Landweg von seinen Nachbarn blockiert wurde, war der Ausbruch aus der Belagerung nur über Schiffs- und Flugverkehr möglich. Der Flugverkehr wurde in diesem Zusammenhang immer wichtiger; ein Angriff auf ihn bedeutete, dass die Gefahr wuchs, von der Welt abgeschnitten zu werden. Der Angriff auf die El-Al-Maschine 253 am 26. Dezember 1968 hatte das Fass schließlich zum Überlaufen gebracht. Israel hatte darauf ungewöhnlich brutal reagiert und verkündet, dass es keinen freien Luftverkehr für die arabischen Staaten mehr geben würde, solange den Israelis kein freier Luftverkehr gewährt würde. Schließlich hatte ein israelisches Kommando den Flughafen von Beirut angegriffen, um die Passagierflugzeuge zu zerstören, die sich aus den anderen arabischen Staaten dort befanden. Aus Versehen war dabei auch eine Maschine aus Ghana getroffen worden. Dass so etwas nun ausgerechnet im Libanon passierte, hatte besonders in Frankreich hohe Wellen geschlagen. Die Franzosen, die damals sehr pro-israelisch waren, konnten nicht nachvollziehen, warum Israel ein Land angreift, das nichts mit dem Terror zu tun hatte. Sie konnten nicht nachvollziehen, warum Israel ein friedliches und eng mit Frankreich verbundenes Land angreift, und sich dann noch nicht einmal auf militärische Anlagen beschränkt. Trotz des

generell großen Verständnisses und aller Sympathien für Israel
wurden wir in Frankreich aufs Heftigste kritisiert.

Ich vermutete, dass Beirut nicht nur gewählt worden war, weil
es ein Knotenpunkt war, sondern auch weil der Flughafen ver-
letztlich und militärisch ein leichtes Opfer war. Wir hätten also
erwarten können, dass de Gaulle auf den Angriff reagieren würde.
Wir antizipierten jedoch nicht, dass es bei dieser feierlichen Angelegenheit geschehen würde. Es schien mir – aber möglicherweise war das nur Einbildung –, dass alle Gäste uns anschauten,
als stünden wir am Pranger. Und es wurde noch schlimmer: Nach
dieser Rede verschlechterten sich die Beziehungen zwischen
Frankreich und Israel nicht nur weiter, gleichzeitig wurde auch
das Waffenembargo gefestigt. Bis dorthin hatte das französische
Embargo vom 3. Juni 1967 nur eine Folge gehabt, die für uns zwar
gravierend war, zunächst aber nur die Lieferung der *Mirage*-
Kampfflugzeuge betraf, die bereitstanden, aber in Frankreich gestrandet waren. Alle weiteren Lieferungen liefen inoffiziell weiter
wie zuvor. Nun, nach dem Angriff auf den Beiruter Flughafen,
entschied sich de Gaulle, alles zu stoppen.

Sein Embargo und die Geschehnisse am Beiruter Flughafen
stellten für mich die erste große Herausforderung dar. Der Stern
de Gaulles sank allerdings bereits. Wenige Monate später trat er
zurück, und sein ehemaliger Ministerpräsident Georges Pompidou wurde zum neuen Präsidenten gewählt. Für uns waren mit
diesem Regierungswechsel große Hoffnungen auf einen Neuan-
fang hinsichtlich unserer Beziehungen zu Frankreich verbunden.

Diese Hoffnung kam nicht von ungefähr, denn bevor Pompidou in die Politik gegangen und von de Gaulle zum Ministerpräsidenten ernannt worden war, hatte er als Generalbevollmäch-
tigter der Rothschild-Bank in Paris gearbeitet. Er war eng mit
der ganzen Familie Rothschild befreundet, die uns erzählte, dass
Pompidou ein überzeugter Freund Israels sei. Zu diesem Zeitpunkt bekamen wir gerade einen neuen Botschafter in Paris, Asher Ben-Natan. Ben-Natan, der seine Karriere im Verteidigungs-

ministerium begonnen hatte und dort zum Generalsekretär aufgestiegen war, war als Israels erster Botschafter in Deutschland bekannt geworden – und aufgrund seiner Ähnlichkeit mit Curd Jürgens. Als er dem neuen Präsidenten sein Beglaubigungsschreiben überreichte, hatte er ein kurzes Gespräch mit Pompidou, in dem dieser ihn bat, bald wieder zu ihm zu kommen, damit sie ein grundsätzliches politisches Gespräch führen könnten. Dieses Entgegenkommen Pompidous wurde in Israel bekannt und weckte die Hoffnung, dass die traditionell guten Beziehungen Israels mit Frankreich wiederbelebt werden würden.

Die Zeitungen in Israel widmeten sich dem Thema mit übergroßem, beinahe skurril anmutendem Eifer. Die Aufregung war so groß, dass die Massenzeitungen jeden Tag Schlagzeilen wie »Noch 20 Tage bis zum Treffen Pompidou-Ben-Natan« (»Noch 19 …«, »Noch 18 …«) druckten. Der Staatssekretär von Ministerpräsidentin Golda Meir forderte uns in einem Telegramm auf, mit diesen grotesken Veröffentlichungen aufzuhören. Mir blieb nichts, als zu erwidern, dass diese Informationen nicht von uns kamen, sondern von den Journalisten in Israel.

Als der lang erwartete »historische« Tag endlich gekommen war, entschied sich Ben-Natan, abgesehen von seinen Personenschützern ohne Begleitung zu Fuß zu dem ein paar Hundert Meter entfernten Élysée-Palast zu gehen. Alle israelischen Korrespondenten in Paris kamen unterdessen zur Botschaft, um auf Ben-Natans Rückkehr zu warten und von ihm Informationen über sein Gespräch mit dem Präsidenten zu bekommen. Ich saß mit den Journalisten zusammen und wartete mit ihnen. Als der Botschafter zurückkam, ging er jedoch direkt in sein Büro und bestellte mich zu sich. »Du kannst die Journalisten nach Hause schicken, ich werde nicht mit ihnen sprechen.«

Ich konnte das erst nicht glauben, denn Ben-Natan war immer sehr erpicht auf gute Presse gewesen. Jetzt wollte er die Journalisten nicht einmal sehen? Das hatte es noch nicht gegeben. Auf meine Nachfrage, was ich den Journalisten denn sagen solle, sagte er: »Gar nichts. Dass ich nichts zu sagen habe und dass sie gehen sollen.«

Ich versuchte, etwas mehr aus ihm herauszubekommen: »Wenn du ihnen von dem Gespräch nichts erzählen willst, gib ihnen doch ein wenig ›Farbe‹.« Damit meinte ich eigentlich nichtssagende Informationen über das Umfeld des Gesprächs, den Raum, in dem es stattgefunden hatte, die Getränke und so weiter.

»Nein«, sagte Ben-Natan, »gar nichts.« Daraufhin komplimentierte er mich hinaus.

Die darauf folgende Auseinandersetzung mit den Journalisten war äußerst unangenehm, aber ich konnte nichts anderes machen, als Ben-Natan mir gesagt hatte. Anschließend ging ich in mein Büro, um dort darauf zu warten, dass Ben-Natan zumindest uns über das Gespräch informieren würde. Stundenlang passierte nichts. Dann rief mein Freund Edwin Eytan an.

»Edwin, du weißt, dass ich nichts erzählen kann und darf und dass ich nichts weiß. Warum rufst du an?«, fragte ich.

»Ach«, sagte er, »deswegen rufe ich nicht an.«

»Ach ja?«, fragte ich. »Worum geht es dann?« Da ich gestresst war, war ich nicht besonders höflich.

»Ich wollte nur fragen, wo Ben-Natan sich befindet.«

»In seinem Büro«, erwiderte ich. »Wo denn sonst?«

»Immer noch? Es ist doch schon spät.«

»Ja, immer noch.«

Am nächsten Tag erhielt ich den Pressespiegel aus Israel. Alle Zeitungen berichteten, dass ein wichtiges, wenn nicht gar schicksalhaftes Gespräch mit Pompidou stattgefunden habe. Jede Zeitung schrieb irgendeinen erfundenen und ungeheuerlichen Quatsch über den großen Erfolg des Gesprächs. Der Einzige, der anderes berichtete, war mein Freund Edwin Eytan. Er schrieb in seiner Massenzeitung *Yediot Aharonot*, dass das Treffen ein Fehlschlag gewesen sei und das Gespräch belanglos.

Inzwischen hatte ich den sehr langen Bericht Ben-Natans über das Treffen gelesen und wusste, dass Eytan den Nagel auf den

Kopf getroffen hatte. Ich war erstaunt. Mit wem hatte mein Freund nur gesprochen? Mit mir nicht, und Ben-Natan konnte es ebenfalls nicht gewesen sein. Ich hielt mich zunächst von Eytan fern, damit man mich nicht als sein Informant verdächtigen würde. Das nützte nichts. Alle, auch Ben-Natan, machten mich als undichte Stelle verantwortlich, denn jeder wusste, dass ich mit Eytan befreundet war.

Ich beteuerte meine Unschuld und sagte Ben-Natan: »Du hast mir doch nichts erzählt. Wie soll ich es denn weitererzählt haben?«

Meine Beteuerungen nützten nichts, niemand glaubte mir. Ich war verärgert und fühlte mich zu Unrecht verdächtigt.

Ich rief Edwin erst einen Tag später an und fragte ihn, wieso er das Gespräch anders interpretiert habe als alle anderen.

Er stellte mir sofort eine Gegenfrage: »Du stimmst mir zu? Ich habe die Wahrheit geschrieben?«

»Nein«, sagte ich, »ich sage gar nichts, und ich bestätige gar nichts. Ich will es nur wissen.«

»Natürlich habe ich die Wahrheit geschrieben und nur ich«, sagte er. »Ich habe dich ein paar Stunden nach der Rückkehr Ben-Natans angerufen. Es war schon Abend, und ich fragte dich, wo er sei. Du sagtest, er sei im Büro. Also schrieb er wohl immer noch seinen Bericht. Wenn jemand so viel Zeit braucht, um einen Bericht zu schreiben, dann bedeutet das, dass er nichts zu sagen hat. Dann muss er nämlich lang und breit erklären, warum er nichts zu sagen hat. Hätte er eine wichtige Nachricht gehabt, hätte er sie sofort und kurz nach Jerusalem telegrafiert.«

Edwin hatte den Nagel auf den Kopf getroffen, und zwar ganz genau. Aber das konnte ich natürlich nicht bestätigen. Die Hoffnungen hatten sich nicht erfüllt, die Beziehungen zwischen Frankreich und Israel blieben so schlecht wie vor der Wahl Pompidous zum Präsidenten. Pompidou war zwar tatsächlich ein Freund Israels, an der Spitze der Macht galt für ihn jedoch das Primat der Staatsräson. Und das bedeutete für ihn genau das Gleiche wie für seinen Vorgänger de Gaulle.

Wir mussten uns damit abfinden, dass unser Verhältnis zu Frankreich auch in den nächsten Jahren nicht zur alten Freundschaft zurückfinden würde. Ein akutes Problem galt es dennoch zu lösen. Wir mussten, wie erwähnt, wegen des Embargos auf die Auslieferung der *Mirage*-Kampfflugzeuge verzichten und verlangten von den Franzosen nur noch, dass diese die Vorauszahlungen zurückerstatteten. Diese Problematik war weltweit bekannt. Weniger bekannt war, dass wir auch Kriegsschiffe in Frankreich bestellt hatten. Auch ich selbst wusste davon lange nichts, so geheim war die Angelegenheit. Nun aber lagen die Schiffe beinahe fertig in den Werften. Wir brauchten sie dringend, zumal der Sechs-Tage-Krieg uns vor Augen geführt hatte, dass die Ausrüstung unserer Marine völlig veraltet war. Was sollten wir jetzt machen? Anders als im Falle der *Mirage*-Flugzeuge hatten wir die Schiffe nur zu einem Drittel angezahlt. Dadurch stand nicht nur unsere Marine unter Druck, sondern auch die Werften, die ihr Geld haben wollten. Sie mahnten uns offiziell an, dass wir bezahlen sollten.

Unsere Antwort war eindeutig: »Liefern Sie uns die Schiffe außerhalb des Hafens aus, und wir bezahlen.«

»Das geht nicht«, antworteten die Werften und beriefen sich auf das Verbot der Regierung.

»Wir bezahlen erst, wenn wir die Ware erhalten haben«, erwiderten wir.

In dieser Situation war eine Lösung gefragt, die sowohl für uns als auch für die Werften gangbar war. Die französische Regierung befand sich damit in einer Zwickmühle. Einerseits musste sie ihrer Embargopolitik folgen, andererseits hätten sie die Werften bezahlen müssen, wenn wir es nicht taten.

In diesem Zusammenhang wurde ich eines Tages zu einem Gespräch beim Botschafter einbestellt. In seinem Büro traf ich außerdem auf den stellvertretenden Botschafter und Gesandten der Botschaft, Eytan Ronn, den Militärattaché, Oberst Dov Sion, und den Vertreter unseres Verteidigungsministeriums in Frankreich, Admiral Mordechai Limon. Überrascht fragte ich mich, warum ausgerechnet ich zu so einer Sitzung eingeladen wurde.

Der Erste, der das Wort ergriff, war Admiral Limon: »Was wir dir jetzt erzählen werden, ist niemandem in der Botschaft bekannt, und so muss es auch bleiben. Außerhalb der Botschaft sowieso.« Dann erklärte er mir die Problematik der Kriegsschiffe in den Werften von Cherbourg und kündigte an, dass wir die Schiffe am Weihnachtsabend aus den Werften herausholen und mit den israelischen Mannschaften, die sich schon in Cherbourg befänden, nach Israel bringen würden.

Warum erzählte er mir das?

Er beantwortete diese Frage, ohne dass ich sie ihm stellen musste: »Weil man, Gott behüte, nie wissen kann, ob nicht etwas durchsickert. Die Leiter der Werften, einzelne Mitglieder der französischen Behörden und unsere Matrosen vor Ort wissen davon. Wir hoffen sehr, dass nichts durchsickern wird, bis die Schiffe in Israel ankommen, aber zur Vorbeugung wollen wir dich wappnen. Sollte unmittelbar nach der Abfahrt der Schiffe und noch vor ihrer Ankunft in Israel etwas durchsickern und Journalisten stellen dir Fragen, dann musst du sagen: ›Was mit den Schiffen passiert, weiß ich nicht. Die Schiffe, die wir ursprünglich bestellt haben, gehören uns nicht mehr. Wir haben sie einer panamaischen Reederei verkauft, und was die mit ihnen macht, weiß ich nicht.‹«

Ich versuchte, noch mehr Informationen zu bekommen, konnte aber nicht mehr herausfinden, als dass diese panamaische Reederei ein Postfach in Oslo hatte. Ich fand diese Antwort etwas merkwürdig, durfte aber keine weiteren Fragen stellen. Abschließend beteuerten meine Vorgesetzten, dass man davon ausginge, dass alles reibungslos verlaufe und man meine Hilfe letztlich gar nicht brauchen würde.

Zunächst blieb alles still. Ende November gab es in Cherbourg eine große Feier, während der Frankreich das zweite Atom-U-Boot, das ebenfalls in diesen Werften gebaut wurde, taufte. Da-

mit verfügte Frankreich nun über zwei U-Boote: *Le Terrible* und
Le Redoutable – frei übersetzt *Das Schreckliche* und *Das Schlag-
kräftige*. Zur Taufe des U-Boots fuhr der französische Verteidigungsminister Michel Debré mit einem Sonderzug nach Cherbourg, begleitet unter anderem von jeder Menge internationaler
Journalisten. Da Debré nach der Feier noch eine Weile in Cherbourg blieb, um Gespräche zu führen, mussten die Journalisten
auf ihn warten. Zu ihnen gehörte auch der britische Korrespondent Anthony Mann, der sich die Zeit mit einem Stadtspazier-
gang vertrieb. Dabei gelangte er auch zum Hafen, wo er zu seiner
Überraschung zwölf neue Kriegsschiffe entdeckte, die mit einer
Kette miteinander verbunden waren. Er fand dies sehr auffällig
und wollte wissen, wessen Schiffe dies seien und warum sie so
miteinander verbunden seien. Er fragte zuerst den Wachmann,
der ihm sagte, dass er nicht wisse, was die Schiffe dort machten,
er wisse nur, dass sie den Israelis gehörten.

»Aber warum haben die Israelis ihre Boote so aneinanderge-
bunden?«

»Das weiß ich nicht, das müssen Sie die Israelis fragen.«

Und tatsächlich rief Mann die israelische Botschaft in Paris an
und bat um ein Gespräch mit dem Pressesprecher. Zufällig war
ich nicht im Büro. Anwesend war dafür ein Kollege, der immer
den Ehrgeiz gehabt hatte, Sprecher zu sein. Er sprang auf, erklärte:
»Wenn Primor nicht da ist, bin ich der Sprecher«, und riss der
Sekretärin den Hörer aus der Hand.

Er hörte sich die Frage an, hatte aber keine Ahnung, wovon
Mann sprach, denn er wusste ja gar nichts von der Existenz der
Schiffe. Er bat den Korrespondenten daher zu warten, griff zu
einem anderen Telefon und rief Oberst Dov Sion an, um ihn um
Rat zu fragen. Sion war schockiert und sagte, er habe keine Ah-
nung, der Kollege müsse Admiral Limon anrufen.

Der Kollege tat genau dies und stellte sich, da er Admiral Limon bislang nicht bekannt war, am Telefon als Sprecher der Botschaft vor.

Limon reagierte argwöhnisch: »Avi, bist du es?«

»Nein, nein«, sagte mein Kollege. »Avi ist nicht da, ich vertrete ihn.«

Admiral Limon antwortete, er könne den Sachverhalt am Telefon nicht erklären, dafür müsse er persönlich kommen. »Aber eines kann ich dir sagen: Wir haben kein Interesse daran, dass die Medien darüber sprechen.«

Der Kollege wechselte die Leitung und sagte dem Korrespondenten, was er herausgefunden hatte: »Tut mir leid, ich habe keine Informationen für Sie. Ich kann Ihnen nur sagen, dass wir kein Interesse daran haben, dass die Medien über diese Sache berichten.«

Als ich ins Büro zurückkam, erwähnte der Kollege nichts, denn er war stolz auf seine Leistung als Sprecher. Am nächsten Tag entdeckte ich in der britischen Zeitung *Daily Telegraf* die Schlagzeile: »Kriegsschiffe der Israelis in Cherbourg. Sprecher der israelischen Botschaft in Paris: ›Wir haben kein Interesse daran, dass die Medien darüber berichten.‹« Es folgte ein Bericht über die Aussagen des angeblichen Botschaftssprechers.

In der Botschaft brach Chaos aus. Alle dachten, ich sei der indiskrete Idiot gewesen, denn die Zeitung hatte keinen Namen genannt, sondern als Informationsquelle nur »Sprecher der Botschaft« geschrieben. Dass nicht ich, sondern mein Kollege mit dem britischen Korrespondenten gesprochen hatte, klärte sich zwar schnell auf, aber das Hauptproblem blieb: Die Information über die Existenz der Schiffe sickerte durch.

Wieder gab es eine Sitzung beim Botschafter, an der ich teilnahm, und es wurde hin und her überlegt, ob man die Operation nicht absagen solle. Man entschied sich, ein paar Tage zu warten und zu sehen, was sich aus dem englischen Scoop entwickeln würde. Als die Frist abgelaufen war, die wir uns selbst gesetzt hatten, stellten wir mit Erstaunen fest, dass niemand die Geschichte aufgegriffen hatte. So nahmen wir an, dass diese Affäre überstanden sei, und entschieden, so weiterzumachen wie geplant.

Tatsächlich hörte man bis zum Weihnachtsabend nichts mehr von fremden U-Booten in Cherbourg, und in der Nacht des 24. Dezembers verließen alle Schiffe den Hafen in Richtung Israel. Im Morgengrauen kehrte Admiral Limon aus Cherbourg nach Paris zurück und berichtete glücklich, dass die Operation ein voller Erfolg gewesen sei. Nachdem man mich geweckt hatte, um mir die guten Nachrichten zu übermitteln, schlief ich wieder ein.

Kurz darauf weckte mich das Läuten des Telefons. Der britische Korrespondent rief aus London an: »Wohin sind Ihre Schiffe aus Cherbourg verschwunden?«

Ich war geschockt und antwortete, wie instruiert: »Ich habe keine Ahnung.«

»Was meinen Sie damit? Sind das nicht Ihre Schiffe? Interessiert es Sie nicht, dass sie verschwunden sind?«

»Nein«, sagte ich, »denn die Schiffe gehören uns nicht mehr. Wir haben sie an eine panamaische Reederei verkauft, und was die damit macht, geht uns nichts an.«

Es war still in der Leitung. Mir war klar, dass mein Gesprächspartner diese Antwort nicht glaubte.

»Was für einer Reederei? Wie heißt sie?«

Ich hatte keine Antwort und schwieg.

Mann bedankte sich und legte auf. Zuvor hatte er mir noch verraten, dass er, nachdem sein Artikel im November wenig erfolgreich gewesen war, einen Journalisten vor Ort engagiert hatte, um die Schiffe zu überwachen. In Cherbourg befindet sich die Redaktion der großen Regionalzeitung *Ouest France*. Dort hatte Mann einen jungen Journalisten gefunden, der bereit gewesen war, diese Arbeit zu tun. Er hatte jeden Tag im Hafen nachgesehen und nach London berichtet. Heiligabend hatte er, nachdem er lange gefeiert hatte, noch eine Runde durch den Hafen gemacht und gesehen, dass die Schiffe nicht mehr da waren. Wie vereinbart hatte er in London angerufen und Bericht erstattet.

Obwohl mir klar war, dass mein englischer Gesprächspartner sich mit meiner Antwort nicht zufriedengeben würde, wusste ich nicht, was ich tun sollte. Ich entschied mich, erst einmal niemanden zu wecken und meinen Kollegen später von dem Gespräch zu erzählen, doch mein Telefon klingelte bereits wieder.

Dieses Mal war ein Korrespondent der französischen Nachrichtenagentur *Agence France Presse* in der Leitung. Er habe aus England erfahren, was ich zu den Booten zu erklären hätte. Ob ich diese Geschichte bitte wiederholen könnte?

Natürlich tat ich das.

Kaum hatten wir aufgelegt, klingelte das Telefon wieder. Dieses Mal war es der Leiter der französischen Presseagentur. Er entschuldigte sich für die frühe Stunde und sagte: »Ich muss Ihnen unbedingt eine Frage stellen. Einer meiner Mitarbeiter hat mir soeben eine Geschichte erzählt. Das kann doch nicht stimmen, mein Mitarbeiter spinnt doch! Können Sie mir bitte sagen, worum es geht?«

»Ihr Mitarbeiter spinnt nicht«, erwiderte ich. »Er hat Ihnen die Wahrheit erzählt.«

Nach einer kurzen Stille sagte er: »Sie wollen mir doch nicht erzählen, dass Sie diese für Sie so wichtigen Kriegsschiffe verkauft haben! Sie können mir auch nicht erzählen, dass irgendeine Reederei aus Panama Kriegsschiffe braucht. Wie heißt denn diese Reederei?«

So unter Druck gesetzt, nannte ich ihm einen fiktiven Namen und das Postfach in Oslo.

»Ach«, sagte er, »die Panamaer also brauchen Kriegsschiffe, um in der Nordsee zu fischen?«

Ich hatte keine bessere Antwort, als ihm zu sagen, dass ich nicht wisse, was die Reederei mit den Schiffen vorhabe.

Von diesem Moment an stand das Telefon nicht still. Manche Korrespondenten hatten auch erfahren, dass unsere Matrosen ebenfalls verschwunden waren. Auch dafür hatte ich keine plausible Erklärung, und natürlich glaubte mir niemand.

In der Botschaft herrschte große Aufregung, als ich von den vielen Anrufen berichtete. »Wir können nur hoffen, dass die

Schiffe schon an Gibraltar vorbei sind, bevor alle auf das Verschwinden aufmerksam geworden sind«, sagte Admiral Limon. »Im Mittelmeer haben wir die Möglichkeiten, sie zu tarnen.«

Das beruhigte uns, aber nicht sehr lange. Der findige britische Journalist hatte nämlich nicht nur einen Informanten in Cherbourg engagiert, sondern auch einen in Gibraltar, der die Meerenge beobachten und berichten sollte, ob Kriegsschiffe sie durchquerten. Dadurch konnte er der Welt berichten, dass die Schiffe weder nach Panama fuhren noch nach Norwegen, sondern durchs Mittelmeer in Richtung Israel.

Die Aufmerksamkeit für diese Ereignisse war weltweit groß, nirgends aber so groß wie in Frankreich. Für die Journalisten war es ein regelrechtes Fest. Zum einen gab es zwischen Weihnachten und Neujahr ansonsten kaum etwas zu berichten, und zum anderen stimmte die öffentliche Meinung in Frankreich nicht mit der Embargopolitik der Regierung überein. Daher machte man sich über die eigene Regierung lustig. Meinungsumfragen zufolge verfolgten neunzig Prozent der Franzosen die Geschichte der verschwundenen U-Boote – laut Demoskopen ein außerordentlich hoher Anteil der Bevölkerung.

Für die französische Regierung war das natürlich eine Katastrophe. Niccolò Machiavelli schreibt in seinem Buch *Der Fürst*, dass der Herrscher sich fast alles erlauben könne. Er könne sich erlauben verhasst, gefürchtet oder geächtet zu sein. Er könne sich nur eines nicht erlauben: belächelt, verhöhnt und verpönt zu sein. Genau das aber widerfuhr nun der französischen Regierung. Der französische Außenminister, Maurice Schumann, unterbrach seinen Weihnachtsurlaub und kam zurück nach Paris, um den israelischen Botschafter einzubestellen. Der allerdings war im Urlaub und irgendwo in den Alpen unterwegs, da er davon ausging, dass die Schiffsoperation gelungen sei und er in Paris nicht gebraucht würde. Es machte sich also sein Stellvertreter, der Gesandte Otto Ronn, nun vorübergehender *Chargé d'affaires*, auf den Weg zum Auswärtigen Amt, und ich begleitete ihn. Es war mittlerweile später Abend, und Schumann war außerordentlich verärgert. Er schimpfte über die Medien und sagte, dass er hoffe, dass die von ihnen verbreitete Geschichte falsch sei.

»Nein«, korrigierte er sich, er hoffe es nicht, er wisse es. Er hielte es für absolut ausgeschlossen, dass wir so etwas tun würden. »Sollten die Schiffe aber doch nach Israel gelangen, dann hätte das die schlimmsten Konsequenzen für die französisch-israelischen Beziehungen.« In diesem Fall würden zwei israelische Diplomaten sofort dafür büßen: Admiral Limon, der einen Vertrag unterschrieben hatte, in dem er behauptete, er habe die Schiffe verkauft, und sein anwesender Sprecher Avi Primor, der gelogen habe, als er den Medien erklärte, die Schiffe gehörten Israel nicht mehr. Beide, so drohte Schumann, würden sofort zur Persona non grata erklärt und aus Frankreich ausgewiesen.

Ich war natürlich nicht sehr glücklich über diese Schreckensnachricht, denn ich wollte Frankreich nicht so schnell wieder verlassen, erst recht nicht als Persona non grata. In diesem Fall nämlich hätte ich Frankreich selbst als Tourist nicht wieder besuchen dürfen.

Nichts davon geschah. Die Welt mochte uns wie Superman betrachten und von einer weiteren heroischen Tat der israelischen Geheimdienste sprechen, die französischen Medien mochten Israel zujubeln, den »israelischen James Bond« feiern und sich über die eigene Regierung, die hereingelegt worden war, lustig machen, nichts aber war heroisch, und nichts war eine Tat der Geheimdienste. Die Wahrheit war viel banaler: Die Franzosen und wir hatten, wie erwähnt, beide vor dem gleichen Problem gestanden. Wir brauchten die Schiffe, und die Franzosen mussten die Werften bezahlen. Nun gab es in Frankreich eine interministeriale Kommission, die den Auftrag hatte, Waffenexporte zu überwachen. In dieser Kommission saßen Vertreter der Streitkräfte, des Verteidigungsministeriums, des Auswärtigen Amtes und des Premierministers. Mit dieser Kommission verhandelten die Werften und Admiral Limon, um eine Lösung zu finden. Und mit ihr waren sie auf die lächerliche Formel gekommen, die Schiffe zur Deckung an eine fiktive Werft zu verkaufen. Das war natürlich äußerst leichtsinnig; sie taten es aber dennoch, weil sie alle davon ausgingen, dass niemand das Verschwinden der Schiffe entdecken würde. Schließlich waren alle daran interessiert, dass die Schiffe in aller Stille aus Frankreich verschwanden.

Ob die Spitze der französischen Regierung mit dieser »Verschwörung« vertraut war oder nicht, haben wir nie erfahren. Möglicherweise war sie es nicht, weil die Beamten, Offiziere und Technokraten davon ausgingen, dass es sich um eine Nebensächlichkeit handele, mit der man die Spitzenpolitiker nicht behelligen müsse. Möglicherweise wussten die Spitzenpolitiker aber auch Bescheid und entschieden, die Vorgänge zu ignorieren. Schließlich konnte keiner mit der großen Medienaufmerksamkeit rechnen, schon gar nicht mit der Verspottung der französischen Regierung.

Um die Angelegenheit klein zu halten, drohten wir unseren französischen Gesprächspartnern hinter den Kulissen die Veröffentlichung der gesamten »Verschwörung« an, was die französische Regierung in den Augen der Öffentlichkeit noch mehr bloßgestellt hätte. Die Drohung zeigte Wirkung: Auf sie hin wurde es still, und weder Admiral Limon noch ich wurden zur *Persona non grata* erklärt. Limon, der ohnehin am Ende seiner Amtszeit stand, konnte seine Sachen ohne Eile packen und erlebte noch viele feierliche Abschiedsabende, bevor er Frankreich verließ.

Die Geschichte war allerdings noch immer nicht ganz ausgestanden, denn die französische Regierung musste noch einmal schlucken, als die Schiffe in Haifa einliefen und von den israelischen Streitkräften und der Regierung mit solch großem Jubel begrüßt wurden, dass es fast den Anschein eines Nationalfeiertags machte. Dass wir angesichts dieser Ereignisse zum neuen französischen Präsidenten Pompidou, zu seinem Außenminister und seinem Verteidigungsminister keine besseren Beziehungen aufbauen konnten, ist wohl kein Wunder.

Begegnungen mit einem Nationalhelden

Alle, die in Paris mit der heimlichen Ausreise der Schiffe zu tun gehabt hatten, ernteten damals aus Jerusalem viel Lob, auch ich, obwohl ich nicht wirklich viel dazu beigetragen hatte. Selbst der wegen seiner Verdienste im Sechs-Tage-Krieg als Nationalheld verehrte Verteidigungsminister Moshe Dayan gratulierte mir.

Über Dayan habe ich in Paris von dem damaligen französischen Botschafter in Israel, Jean Herly, eine lustige Geschichte gehört. Herly war, so erzählte er, als ich eines Abends bei ihm zu Gast war, einmal gebeten worden, den »starken Mann« der israelischen Regierung – Dayan – zu besuchen, um ihm französische Ideen zur Lösung des Nahostkonflikts zu unterbreiten. Das hatte Botschafter Herly sehr in Verlegenheit gebracht. Wie könne er denn, sagte er, dem israelischen Verteidigungsminister Ratschläge zur Lösung der Probleme Israels erteilen? Aber Vorschrift ist Vorschrift, und er war ein gehorsamer Beamter, also bat er um einen Termin beim Verteidigungsminister und ging mit einem unguten Gefühl zu ihm. Die gewünschten Vorschläge unterbreitete er dem General mit unbewegtem Gesicht.

Zu seiner Verwunderung war Dayan nicht wütend, sondern entgegenkommend und freundlich. »Herr Botschafter«, sagte er, »ich kann Sie sehr gut verstehen. Ich habe unheimlich viel Sympathie für Sie und für Ihre Ideen. Wissen Sie, wenn man mit mir über einen weit entfernten Konflikt spricht, sagen wir ein Krieg zwischen Uruguay und Paraguay, dann wüsste ich auch ganz ge-

nau, was zu tun ist, um den Konflikt zu lösen.« Dann brach er in
Gelächter aus.

Dayan war keineswegs ein lustiger Mensch – vielleicht auch
deshalb, weil er sein Leben lang unter der schmerzenden Narbe
seines verlorenen Auges litt, und doch habe ich noch weitere lustige Geschichten über ihn gehört. Sie deuteten allerdings darauf
hin, dass er selbst ein düsteres Gemüt hatte. Am meisten hat mir
die Geschichte von Oberst Dov Sion, dem Militärattaché unserer
Pariser Botschaft, gefallen. Dov Sion hatte relativ spät in seinem
Leben, während des Sechs-Tage-Krieges, Dayans Tochter Yael
kennengelernt. Yael war zu diesem Zeitpunkt schon eine berühmte Schriftstellerin und auch bekannt für die stürmischen Auseinandersetzungen mit ihrem Vater. Auch heute, in hohem Alter, ist
sie noch eine aktive Politikerin, im Gegensatz zu ihrem Vater aber
im linken Lager. Ich diente während meines Wehrdienstes eine
Weile gemeinsam mit ihr in einer Kaserne, und wir haben uns
gerne in Paris bei gesellschaftlichen Anlässen getroffen.

Dov Sion erzählte mir, dass er ein paar Tage nach seiner Hochzeit zum wöchentlichen Shabbatessen im Hause Dayan eingeladen war. Dayan saß wie eine Sphinx am Kopfende des Tisches
und sprach mit keinem der Familienmitglieder, als verachte er
alle. »Ich«, sagte Sion, »saß als neues Familienmitglied neben
dem Gastgeber, Dayan. Für mich war das besonders peinlich, weil
er ja schwieg. Ich versuchte vergeblich, ein Gespräch in Gang
zu bringen. Dann kam ich auf die Idee, ihm eine Frage zu stellen,
die weder mit Politik noch mit der Familie zu tun hatte. Ich stellte ihm eine geschichtliche Frage, und zwar: ›Welche historische
Gestalt bewundern Sie am meisten?‹ Ohne zu zögern, antwortete
Dayan: ›Mussolini, Benito Mussolini.‹ ›Wieso ausgerechnet Mussolini?‹, fragte ich verblüfft. Dayan antwortete: ›Weil Mussolini
nicht gezögert hat, seinen Schwiegersohn zu enthaupten.‹ Danach war er still und verzog keine Miene mehr.«

Ich selbst habe leider keine amüsanten Geschichten mit Dayan
erlebt, dafür aber gravierende Probleme mit ihm bekommen, die

mir schließlich fast zum Verhängnis wurden. Die Ursache für diese Probleme liegt im Jahr 1972. François Chauvel, ein sehr bekannter Fernsehjournalist, bat um einen Termin bei mir. Chauvel hatte sich mit einer wöchentlichen Dokumentarsendung einen Namen gemacht, die als sehr hochwertig galt und unmittelbar nach den Abendnachrichten zur Prime Time ausgestrahlt wurde. Er erzählte mir, dass er an einer neuen Porträtserie über bekannte Persönlichkeiten arbeite. Er hatte bereits eines über den äthiopischen Kaiser Haile Selassie und eines über US-Präsident Richard Nixon fertiggestellt und wollte nun auch eins über Moshe Dayan drehen. Darüber habe ich mich sehr gefreut, denn um Propaganda für Israel zu machen, konnte es nichts Besseres geben, als den auch in Frankreich sehr bekannten und beliebten Helden Israels im Fernsehen vorzustellen. Ich nahm daher Kontakt mit Jerusalem auf und sorgte dafür, dass Chauvel zur Vorbereitung in Israel von allen entsprechenden Personen empfangen wurde.

Als Chauvel von seiner Vorbereitungsreise zurückkam, bat er mich »ganz dringend« um ein Treffen. Er war sehr aufgeregt. »Ich muss Ihnen etwas erzählen, etwas Fürchterliches. Im Umfeld Ihres Verteidigungsministers befindet sich ein korrupter Beamter«, sagte er. »Wissen Sie, was der zu mir gesagt hat? Nachdem ich mein Vorgespräch mit Dayan beendet hatte, begleitete er mich heraus und sagte, ich müsse ihm 15.000 Dollar geben, um die Sendung in die Tat umzusetzen.« Das war damals wahnsinnig viel Geld. »Was soll ich tun?«, fragte er und ergänzte: »Dayan muss darüber informiert werden. Ich würde keinen Beamten für ein Interview bestechen. Außerdem habe ich in meinem Budget kein Geld für Bestechungsgelder. Politiker sind mir dankbar für die Werbung, die ich für sie mache.«

Ich versprach Chauvel, der Sache auf den Grund zu gehen, sagte ihm aber nicht, was ich dachte. Ich war mir nämlich ziemlich sicher, dass nicht der Beamte korrupt war, sondern der Minister selbst. Dayan wurde bereits nachgesagt, sich archäologische Fundstücke unrechtmäßig anzueignen. Er war ein leidenschaftlicher Amateurarchäologe und nahm selbst illegale Ausgrabungen vor. Darüber hinaus kursierten weitere Korruptionsgeschichten über ihn.

Was aber sollte ich tun? Ich entschied mich, meinem Vorgesetzten im Auswärtigen Amt einen persönlichen Brief zu schreiben, in dem ich alles erzählte, und schickte ihn versiegelt und mit der diplomatischen Post nach Jerusalem.

Der Brief kam mit der nächsten Post zurück. Er war immer noch verschlossen, steckte aber in einem neuen Umschlag. »Ich habe deinen Brief nicht geöffnet«, schrieb mein Vorgesetzter in seinem Begleitbrief. »Ich weiß nicht, was du geschrieben hast, und ich will es auch nicht wissen. Auch du solltest dich damit nicht beschäftigen. Sag Chauvel, er soll die Sache direkt mit Dayans Sprecher ausmachen und uns aus allem heraushalten.«

Ich hatte keine andere Alternative, als Chauvel genau das mitzuteilen. Chauvel aber wollte das Interview und Porträt unbedingt machen und trieb die geforderten 15.000 Dollar nach großen Schwierigkeiten bei einem großen Verehrer Moshe Dayans, Baron Edmond de Rothschild, auf.

Das Interview war tatsächlich wunderbar. Dayan erzählte nicht nur eine Stunde lang aus seinem Leben, sondern ließ sich von Chauvel auch nach Nahalal im Norden des Landes bringen, wo er zur Welt gekommen war. Dort bat Chauvel ihn, ihm zu zeigen, wie er in seiner Kindheit mit den Hühnern umgegangen war, und der alte Moshe Dayan rannte wie gewünscht hinter den Hühnern her. Auch Chauvels Bitte, seine Augenklappe auszuziehen, kam Dayan nach – das war das einzige Mal, dass ich gesehen habe, was für eine fürchterliche Narbe er statt eines Auges hatte.

Ich war von dieser Geschichte dennoch zutiefst getroffen. Dass selbst die Journalisten nun wussten, dass mein Verteidigungsminister – mein Nationalheld! – korrupt war, verdross mich. Ich wusste, dass ich diese Geschichte geheim halten musste, konnte sie aber doch nicht für mich behalten und erzählte sie im Privaten einem israelischen Korrespondenten mit der Bitte, mich nicht zu verraten. Der Korrespondent hat diese Information zwar nicht in einem Bericht verwendet, sie aber weitererzählt. Und so kam es, dass ein bekannter Parlamentsabgeordneter in Jerusalem, Uri Avnery, den Verteidigungsminister vor der Knesset gefragt hat, ob es stimme, dass er vom französischen Fernsehen für ein Interview 5.000 Dollar verlangt habe. Da Avnery nach 5.000 und nicht nach 15.000 Dollar gefragt hatte, konnte Dayan verneinen, ohne zu lügen.

Ein paar Monate später kam eine große Delegation aus Israel zur Flugmesse von Le Bourget. Zu ihr gehörte auch Dayans Sprecher, der angeblich korrupte Beamte. Er kam sofort auf mich zu: »Wir wissen, dass du die Geschichte mit Chauvel hast durchsickern lassen, dafür wirst du noch bezahlen.«

Ich habe diese Drohung nicht allzu ernst genommen, da ich dem Auswärtigen Amt und nicht dem Verteidigungsministerium unterstellt war und Dayan mir nichts tun konnte. Dayan hat diese Geschichte aber nie vergessen. Als die Arbeiterpartei 1977 die Wahlen verlor und die Likud-Partei von Menachem Begin zum ersten Mal an die Macht kam, war ich gerade Sprecher des Auswärtigen Amtes in Jerusalem. Begin, der sich als neuer Regierungschef in internationalen Angelegenheiten noch unsicher fühlte, wollte einen hochkarätigen Außenminister, der ihm weltweit die Türen öffnen würde. Er machte daher Dayan das Angebot, seine Arbeiterpartei – jetzt Oppositionspartei – zu verlassen und sich ihm als Außenminister anzuschließen. Dayan nahm an und wurde dadurch mein Vorgesetzter. Bevor er nach Jerusalem kam, um den scheidenden Außenminister Yigal Allon abzulösen, schickte er dem Generalsekretär des Auswärtigen Amtes eine erste Anweisung: »Alle Mitarbeiter des Auswärtigen Amtes behalten ihre Posten. Mit einer Ausnahme. Der Sprecher Primor muss weg. Und zwar, noch bevor ich ankomme.«

Der Jom-Kippur-Krieg und die Folgen

Beobachter des Nahen Ostens bemerkten im Jahr 1973 Anzeichen für eine steigende Kriegsgefahr, die dadurch entstand, dass sich Ägypten nicht mit dem Verlust seiner Gebiete im Sechs-Tage-Krieg 1967 abfinden konnte. Alle Bemühungen, durch Diplomatie und Verhandlungen eine Verständigung mit Israel zu erreichen, scheiterten, und der ägyptische Präsident Anwar El Sadat erklärte mehrfach, er werde die verlorenen Gebiete mit Gewalt zurückerobern. In Israel wollte man seine Warnungen aber nicht wahrnehmen.

Eine Woche vor dem Ausbruch des Jom-Kippur-Kriegs am 6. Oktober 1973 traf sich der Vorstand der Sozialistischen Internationale in Paris. Israel wurde von der Präsidentin der regierenden Arbeiterpartei vertreten, unserer Regierungschefin Golda Meir. Sie sollte aus Sicherheitsgründen nicht in einem Hotel übernachten, sondern in der Residenz des Botschafters, wodurch wir während ihres Paris-Aufenthalts in engem Kontakt zu ihr standen. Wie es damals üblich war, hielt Meir während ihrer Reise den Kontakt zu ihrer Regierung mittels Telegrammen aufrecht. Da diese aber codiert waren, musste der Austausch über die Botschaft laufen. Mehrmals am Tag brachte ein Bote sie Meir persönlich in die Residenz und nahm ihre Antwortschreiben wieder mit in die Botschaft. Dieser Bote war ich.

Natürlich waren die Telegramme, die ich für Meir ausgetragen habe, geheim und verschlossen und hatten zumeist nichts mit meiner Arbeit oder der Botschaft in Paris zu tun. Dennoch habe ich sie aus Neugierde immer wieder geöffnet und gelesen. Auch die Erwiderungen der Regierungschefin bekam ich auf diese Weise mit. Die Telegramme, die Golda Meir aus ihrem Büro, aus dem Büro des Verteidigungsministers Moshe Dayan, aus dem Hauptquartier der Streitkräfte und vonseiten der Geheimdienste erreichten, waren alarmierend und berichteten detailliert vom militärischen Säbelrasseln in Nahen Osten. Jedes Mal, wenn ich all dies las, war ich aufgewühlt und anschließend sehr verwundert, wenn ich die Ministerpräsidentin beim Lesen der Berichte beobachtete und feststellen musste, wie gleichgültig sie äußerlich blieb.

An einem Tag durfte der zufällig anwesende Botschafter die Telegramme mitlesen. Ganz außer sich fragte er Meir, ob diese Berichte ihr keine Sorgen bereiteten.

»Nein«, erwiderte sie unbewegt, fast uninteressiert. »Das alles hat keine Bedeutung.«

Viel mehr als der drohende Kriegsausbruch interessierte, ja nervte sie das Verhalten des österreichischen Bundeskanzlers Bruno Kreisky. Dies bekam ich mit, als ich Meir von Paris aus nach Straßburg begleitete, wo sie vor dem Europarat eine bewegende Rede hielt, in der sie sich auf Bruno Kreisky konzentrierte. Sie legte das vorbereitete Manuskript beiseite und sprach frei.

Was Meir so beschäftigte, während ihr Land vor dem Abgrund stand, war Folgendes: In den frühen Siebzigerjahren hatten die Russen, zunächst eher zurückhaltend und schrittweise, begonnen, Juden aus der Sowjetunion herauszulassen, allerdings unter der Voraussetzung, dass ihr Ziel nicht Israel sei. Natürlich wusste die russische Regierung, dass die Juden letztlich nach Israel auswanderten, aber sie musste ihr Gesicht wahren und die Wahrheit verheimlichen. In dieser Situation erklärte sich Kreisky freiwillig bereit, die russischen Juden in Österreich aufzunehmen. Die Exilanten kamen mit Zügen nach Wien, wo sie zunächst in dem provisorischen Lager Schönau im Umland von Wien untergebracht und dann nach einem kurzen Aufenthalt mit israelischen Flugzeugen nach Israel weitergeflogen wurden.

Kurz vor Golda Meirs Parisbesuch hatte eine palästinensische Terrorgruppe einen der Züge aus Russland in Österreich angegriffen. Einige jüdische Auswanderer waren verletzt worden, andere waren bei dem Angriff getötet worden. Vor allem für Österreich war das ein Schock, in dessen Folge Kreisky sofort erklärte, dass er das Übergangslager schließen werde. Für Golda Meir bedeutete dies, dass »der Jude« Bruno Kreisky – so nannte sie ihn – den einzigen Ausweg für die in Russland eingesperrten Juden verschloss.

Das war allerdings nicht Kreiskys Absicht. Er nahm die Juden nach wie vor in Österreich auf, konzentrierte sie aus Sicherheitsgründen aber nicht mehr in einem Lager, sondern brachte sie in verschiedenen Hotels in Wien und Umgebung unter. Von dort aus konnten sie dann nach wie vor nach Israel weiterreisen. Das aber wollte Golda Meir nicht sehen; in ihren Augen war Kreisky sowieso schon verdächtig: ein jüdischer Regierungschef, der für die Palästinenser ganz besondere Empathie zeigte und von Israel mehrfach verlangt hatte, dass es sich gemäßigter verhalten solle. Auch wenn sie das Wort nie aussprach, konnte jeder ahnen, dass sie Kreisky für einen Verräter hielt. In ihrer Rede vor dem Europarat sagte sie: »Was in Wien geschehen ist, ist, dass eine demokratische Regierung, eine europäische Regierung, zu einem Einverständnis mit Terroristen gekommen ist. So hat sie Schande auf sich gehäuft. So hat sie das Grundprinzip der Rechtsstaatlichkeit, das Grundprinzip der Freizügigkeit von Menschen – oder sollte ich sagen: die Freizügigkeit der Juden, die aus Russland fliehen? – verletzt. Oh, was für ein Sieg dies für den Terrorismus ist!«

Von Straßburg aus, wo ich mich von Golda Meir verabschiedete, flog sie zu einem kurzen Treffen mit Bruno Kreisky in Wien und von dort nach Tel Aviv, wo sie eine Pressekonferenz abhielt, in der sie Kreisky beschimpfte und sich auf Nebensächlichkeiten konzentrierte wie die, dass er ihr »nicht einmal ein Glas Wasser angeboten« habe.

Während sich unsere Ministerpräsidentin in dieser Weise mit Kreisky beschäftigte, galt das Interesse und die Sorge der Bevölkerung den aktuellen Entwicklungen im Nahen Osten. Jeder wusste, dass ein Krieg bevorstand. Dass Golda Meir und ihre Regierung ein paar Monate später zurücktreten mussten, lag hauptsächlich daran, dass die Bevölkerung ihr vorwarf, sie hätte die Anzeichen des Kriegs nicht ernst genommen, die nötigen Vorbereitungen vernachlässigt und sich von Ägypten überraschen lassen.

Am meisten vom Ausbruch des Krieges überrascht war jedoch ich selbst. Ich hatte zwar alle Vorwarnungen gesehen, aber meiner Chefin Meir geglaubt, dass all dies nicht ernst zu nehmen sei. Sie behauptete später sogar, dass ihr Verteidigungsminister, der »große Moshe Dayan«, wie sie ihn sarkastisch nannte, diese Warnungen nicht ernst genommen habe. Woher sollte ich dann ahnen, dass wahr gewesen war, was ich in den Geheimberichten gelesen hatte?

Da meine großen Chefs meine Bedenken ausgeräumt hatten, hatte ich für die zweite Oktoberwoche 1973 in Pompadour einen Familienurlaub in einem Club Méditerranée gebucht. Das Dorf Pompadour war damals etwas Besonderes, denn es war ganz und gar auf den Reitsport ausgerichtet. Eine große Auswahl an Pferden, gut ausgebildete Reitlehrer, olympische Reitplätze und wunderschöne Möglichkeiten auszureiten standen zur Verfügung. Um sich nach dem Reiten zu erholen, konnte man ins Schwimmbad gehen, und am Abend gab es Reitvorführungen.

Ich war, wie erwähnt, von Kindesbeinen an ein leidenschaftlicher Reiter und hatte mir nach meiner Rückkehr aus Afrika sogar ein eigenes Pferd gekauft. Diese Begeisterung für Pferde hatte ich auch an meine Söhne weitergegeben, die inzwischen acht Jahre alt waren und kurz vor unserem Urlaub mit dem Ponyreiten begonnen hatten. Sie waren von dem bevorstehenden Urlaub ganz begeistert und schon sehr aufgeregt. Einige Jahre zuvor hatten sie mich einmal nach Pompadour begleitet, ohne allerdings selbst reiten zu können, weil sie damals noch zu jung gewesen waren. Endlich konnten sie wie Papa Reiter werden.

Wir verließen Paris am frühen Morgen, und wie immer schaltete ich im Auto das Radio ein. Die Nachrichten waren nicht erfreulich. Alle sprachen von dem immer intensiver werdenden Säbelrasseln im Nahen Osten. Nach einigen Stunden entschied ich mich, dass die Lage doch deutlich ernster war als gedacht und beileibe nicht nur reine Propaganda. Ich drehte also zur großen Enttäuschung der Kinder um und sagte den Urlaub ab. Nachmittags war ich wieder zuhause, übergab die Kinder an Miki und fuhr sofort in die Botschaft. Dort herrschte bereits große Aufregung, weil die Nachrichten aus Tel Aviv andeuteten, dass ein Krieg ausgebrochen war. Die ersten schlechten Nachrichten schienen mir nicht glaubwürdig zu sein. Ich konnte mich ja an die ersten Tage des Sechs-Tage-Krieges erinnern, als die Ägypter, die den Krieg wegen der Angriffe der israelischen Luftwaffe schon in den ersten Stunden verloren hatten, noch lange von ihren Siegen berichtet hatten. Auch die Syrer taten dies.

»Es wird wohl genauso sein wie damals«, dachte ich daher. »Diesmal haben zwar die Ägypter und die Syrer als Erste angegriffen, aber wahrscheinlich haben unsere schlauen Streitkräfte ihnen eine Falle gestellt.«

Enge französische Freunde kamen in die Botschaft, weil sie sich Sorgen machten, meinten aber, dass sie beruhigt seien, weil wir so zuversichtlich seien.

Es hat noch eine Weile gedauert, bevor wir begriffen, wie naiv wir gewesen waren. Unsere Linien an der ägyptischen und syrischen Front wurden allesamt durchbrochen, und zwar hauptsächlich, weil Israel auf den Angriff nicht vorbereitet gewesen war. Wie falsch die Lage eingeschätzt worden war, zeigten die israelischen Zeitungen, die wir zwei Tage nach Kriegsausbruch erhielten. In allen fanden sich riesige Anzeigen der regierenden Arbeitspartei, die sie noch am Abend vor Ausbruch des Krieges geschaltet hatte. Israel befand sich im Wahlkampf, die Wahlen hätten noch im Oktober stattfinden sollen. Der triumphale Wahlslogan der Arbeitspartei lautete entsprechend: »Die Linie

Bar-Lev.« Jeder Israeli wusste, was das bedeutete: Chaim Bar-Lev war zwischen 1968 und 1970 der oberste Befehlshaber der Streitkräfte gewesen und hatte den Plan entwickelt, entlang des Suezkanals, dessen östliches Ufer wir im Sechs-Tage-Krieg 1967 erobert hatten, eine Reihe von Festungen zu bauen, um die Ägypter von jeglichem Invasionsgedanken abzuschrecken. Entstanden war so etwas wie die Maginot-Linie, die Frankreich nach dem Ersten Weltkrieg an der Grenze zu Deutschland geschaffen hatte.

Der Slogan lautete weiter: »So wie die Bar-Lev-Linie für Israels Verteidigung vollkommen verlässlich ist, so ist die Arbeitspartei, die die Linie gebaut hat, der beste Schutz und die beste Chance für Israels Zukunft.«

Als wir das lasen, mussten wir traurig lachen. Die Bar-Lev-Linie war zu diesem Zeitpunkt schon vollständig in die Hände der Ägypter gefallen, die israelischen Verteidiger waren in Gefangenschaft geraten oder gefallen. Mir ging nicht aus dem Kopf, wie Golda Meir die Warnungen der israelischen Geheimdienste eine Woche zuvor ignoriert hatte. Selbst »der große Dayan«, der immer den Eindruck eines mächtigen Felsens gemacht hatte, brach zusammen und sprach vom bevorstehenden Ende Israels, von – so formulierte er es – »der Zerstörung des dritten Tempels«. Damit verglich er die aktuelle Niederlage mit der Zerstörung des Jerusalemer Tempels durch Babylon im 7. Jh. v. Chr. und durch Rom im 1. Jh. n. Chr. Nun sollte es der dritten Auferstehung des jüdischen Volkes, dem Staat Israel, ebenso ergehen?

Auf mich wirkten der Krieg und der Umgang mit ihm ein wenig wie eine Götterdämmerung. Ich hatte schon lange Zweifel an unserer Politik gehegt, vor allem an unserer Propaganda. Nach dem Sechs-Tage-Krieg 1967 war ich von unserer Politik, von unseren Streitkräften und von unserer Rechtfertigung vollkommen überzeugt gewesen, aber in den letzten Jahren hatte sich das geändert. Die israelische Bevölkerung, die israelische Führung und vor allem die israelische Militärführung schienen mir unerträglich hochnäsig geworden zu sein. Man war wegen der eindeutigen Siege so arrogant geworden, dass es mir für uns gefährlich schien. Als ich in Paris saß und mich immer wieder mit hochrangigen israelischen Besuchern unterhalten durfte, ging ich wegen der wachsenden Hybris der Israelis in zunehmend düstererer Stimmung aus diesen Gesprächen.

Nur wenige schienen meine Einschätzung zu teilen. Zu ihnen gehörte der ehemalige Luftwaffengeneral Paul Kedar, mit dem ich mich in Paris angefreundet hatte. Er war Admiral Limons Nachfolger als Leiter der Vertretung des israelischen Verteidigungsministeriums in Paris. Kedar stammte aus einer ultranationalistischen Familie und war selbst Kämpfer in der Irgun-Untergrundbewegung gegen die Engländer gewesen, aber auch er bekam angesichts der psychologischen Entwicklung Israels langsam ein Gefühl von Beklommenheit. Kedar interessierte sich genauso für Geschichte wie ich. So sprachen wir oft von der historischen Lehre der Nationen, die nach großen Siegen zu selbstbewusst geworden waren, was zu ihrer Hybris und letztlich zu ihrem Untergang geführt hatte.

Der Jom-Kippur-Krieg schien uns recht zu geben. Hinzu kam, dass die verwirrten israelischen Behörden und Leiter der Streitkräfte, die den Kontakt zu den Truppen verloren hatten, einen Propagandakrieg führten, den wir aus der Entfernung als unglaubwürdig einschätzten. Die Zeiten, in denen wir jedes Wort unserer Propaganda geglaubt und den Feind für seine wahnsinnige Fantasie belächelt hatten, waren lange her.

Die Niederlage in diesem Krieg, der für uns so katastrophal begonnen hatte, konnte allmählich doch abgewendet werden, wenn auch nicht ohne massive amerikanische Hilfe. Unsere Behörden waren derart unvorbereitet gewesen, dass nicht nur die Streitkräfte nicht vorgewarnt gewesen waren, sondern weder Vorräte noch Waffenarsenale für einen ernsten Krieg zur Verfügung standen. Anfangs drohte die Armee daher, ohne Munition und allgemeinen militärischen Nachschub dazustehen.

Der amerikanische Außenminister Kissinger rettete uns, indem er eine amerikanische Luftbrücke initiierte, die uns Tag und Nacht mit Ausrüstung versorgte. Zu vergleichen war das nur mit der Berliner Luftbrücke von 1948. Nur mit dieser Hilfe konnten wir die Ägypter und die Syrer endlich zurückschlagen und sogar neue Gebiete westlich des Suezkanals in Ägypten und neue Territorien östlich der Golanhöhen in Syrien erobern. Ein Siegesgefühl gab es in Israel dieses Mal dennoch nicht. Im besten Fall sagten die Israelis, dass sie sich dank ihrer Bemühungen, ihres Ehrgeizes und ihrer Fantasie sowie der Hilfe der Amerikaner hatten retten können.

Abgesehen von der Enttäuschung und Verbitterung, die ich fühlte, sind mir zwei besondere Episoden in Erinnerung geblieben. Die erste ist eine private: Am ersten Abend des Kriegs kam ich spätnachts von der Botschaft nach Hause, um mich ein wenig auszuruhen. Miki wartete natürlich auf mich, aber die Kinder schliefen bereits. Ich schaute kurz ins Kinderzimmer hinein und sah, dass die Kinder ihre Decken auf den Boden gelegt hatten und darauf schliefen. Am nächsten Morgen fragte ich sie, warum sie das getan hätten. Da sagte mir der damals achtjährige Adar: »Wenn unsere Soldaten um unser Überleben kämpfen, dann können wir es uns nicht erlauben, in gemütlichen Betten zu schlafen. Wir müssen auch etwas leisten.« Wie konnte ich auf diese unschuldige kindliche Geste reagieren? Berührt streichelte ich meinem Sohn über den Kopf.

Die zweite Episode war tragischer Natur. Am 22. Oktober, als die militärische Lage für uns schon viel besser aussah, erhielt mein Botschafter Ben-Natan ein Telegramm aus Jerusalem, das ihn darüber informierte, dass unser Außenminister Abba Eban aus Washington zurück nach Israel fliege und in Paris umsteigen müsse. Der Minister würde am frühen Morgen ankommen, und der Botschafter wurde gebeten, ihn am Flughafen zu treffen. Ben-Natan entschied sich, mich mitzunehmen.

Auf dem Weg zum Flughafen hörten wir Radionachrichten und erfuhren so, dass Kissinger nachts von Washington nach

Moskau geflogen war, um gemeinsam mit seinem russischen Kollegen Andrei Gromyko einen sofortigen Waffenstillstand im Nahen Osten zu erzwingen. Wir konnten nicht glauben, was wir hörten, denn es hatte keinerlei Vorzeichen für so eine Initiative gegeben. Sie hätte zudem unsere militärischen Erfolge infrage gestellt, hatten wir doch das dritte ägyptische Armeekorps südlich und westlich des Suezkanals eingekreist. Die Ägypter saßen in der Wüste in dem Kessel fest und hatten nicht einmal Zugang zu Wasser, da wir die Wasserleitungen eingenommen hatten. In Israel nahm man an, unsere Streitkräfte würden das feindliche Armeekorps entweder vernichten oder zumindest gefangen nehmen. Und jetzt schien Kissinger uns unseres bevorstehenden, entscheidenden Sieges zu berauben. Das ging gegen die westlichen Interessen und kam den Interessen der Sowjetunion zugute. Warum wollte unser Freund uns das antun?

Ben-Natan und ich beruhigten uns damit, dass wir bald bestens informiert sein würden, da Abba Eban in Washington Gespräche mit Kissinger geführt hatte und uns sicherlich davon berichten würde. So kamen wir in die Lounge des Flughafens, die wir für den Außenminister reserviert hatten, und warteten auf die Landung der Maschine aus Washington. Auf einmal rief man mich zum Telefon. In der Leitung war Paul Kedar. »Wo ist Arthur? Ruf ihn bitte ans Telefon. Lass ihn aber nicht allein, bleib bei ihm.«

Ben-Natan nahm den Hörer, hörte zu und wurde kreidebleich. Er packte mich am Arm, krallte seine Finger hinein, hörte aber weiter zu, was Kedar sagte. Die bittere Nachricht, die er erhielt, war, dass sein einziger Sohn, der in den ersten Stunden des Krieges mobilisiert worden war und von dem er seit Wochen keine Nachricht bekommen hatte, gefallen war. Wie konfus Israels Streitkräfte damals handelten, hätten wir nicht deutlicher erfahren können – die höchstorganisierte Armee hatte es bislang nicht geschafft, einem Vater mitzuteilen, dass sein Sohn schon am 7. Oktober, also vor drei Wochen und am ersten Tag des Krieges, in seinem Panzer gefallen war!

Ben-Natan legte auf und sagte mir, dass ich den Minister in Empfang nehmen müsse. Er selbst würde seine Frau holen und sofort nach Israel fliegen. So wartete ich allein in der Lounge auf Abba Eban.

Eban war jovial und gut gelaunt. »Alles ist wunderbar, unsere Situation war noch nie so gut wie jetzt«, sagte er. Dann bemerkte er, dass der Botschafter nicht da war. Als ich ihm die Situation erklärte, wurde er ruhiger und setzte sich hin. Ich fragte ihn, ob er mir die überraschende Moskaureise Kissingers erklären könne.

»Wovon reden Sie? Woher haben Sie solche Fantasiegeschichten?«

Ich verstand seine Erwiderung nicht und stotterte: »Das habe ich im Radio gehört.«

»In welchem? Im französischen? Die Franzosen wissen heute gar nichts mehr. Wir sind nicht mehr im Sechs-Tage-Krieg, als sie unsere Verbündeten waren.«

Obwohl mir Ebans Antwort wenig glaubwürdig erschien, sagte ich nichts. Auch Eban saß ein paar Minuten schweigend da, dann sprang er gehetzt auf und fragte, wo er ein Telefon finden könne. Ich sagte: »Ich kann Ihnen eins organisieren. Wen wollen Sie anrufen?«

»Den Botschafter in Washington natürlich.«

Ich stellte die Verbindung mit dem Botschafter in Washington her, den ich dafür wecken musste, und entfernte mich. Wenige Minuten später kam Abba Eban zurück in die Lounge und setzte sich. Von seiner jovialen Art war nichts geblieben, er wirkte ungeduldig. »Wann geht meine Maschine? Wann fliege ich ab? Fragen Sie noch einmal nach«, wiederholte er wieder und wieder. Erzählt hat er nichts.

Was an diesem Tag wirklich geschah, erfuhr ich erst 1995, zweiundzwanzig Jahre später, in Berlin von Kissinger persönlich. Ich war zu dieser Zeit Botschafter in Bonn und als Redner zu einer großen Veranstaltung in Berlin geladen. Der Ehrengast und zugleich zweite Festredner des Abends war Henry Kissinger. Ich erinnere mich noch genau, wie er seine Rede auf Deutsch begann und nach ein paar Sätzen sagte: »Ich werde jetzt Englisch sprechen, weil ich Sie mit meinem bayrischen Akzent nicht belasten will.« Ab da sprach er Englisch – mit bayrischem Akzent.

Nach der Veranstaltung gab es ein Abendessen, und als Festredner wurden Kissinger und ich nebeneinander gesetzt. Es war das einzige Mal in meinem Leben, dass ich die Gelegenheit hatte, mit dem berühmten ehemaligen amerikanischen Außenminister zu sprechen. Man kann nicht wirklich sagen, dass wir ein Gespräch führten. Es war eher so, dass Kissinger ununterbrochen sprach und ich zuhörte. Nicht, dass ich mich beschweren wollte. Kissingers Erzählungen faszinierten mich. Ich konnte ihm im Laufe des Abends dennoch zwei Fragen stellen. Zunächst wollte ich wissen, was an jenem 22. Oktober 1973 nachmittags in Washington geschehen war.

Kissinger erzählte mir, dass er Abba Eban in seinem Auswärtigen Amt empfangen hatte. Sobald das Gespräch beendet und Abba Eban auf dem Weg hinaus gewesen war, habe er selbst das Büro durch eine Seitentür verlassen und sei im Geheimen zum Flughafen gebracht worden, um nach Moskau zu fliegen.

Warum hatte er das seinem israelischen Kollegen nicht erzählt?, wollte ich wissen.

Kissinger erklärte es so: Er habe kurz vor dem Gespräch mit Eban mit Ministerpräsidentin Golda Meir in Jerusalem telefoniert und ihr von seiner Absicht, nach Moskau zu fliegen, erzählt. Meir habe ihn gefragt, ob er den Außenminister schon gesehen habe. Als Kissinger dies verneinte, habe Golda Meir ihn darum gebeten, ihrem Außenminister nichts davon zu sagen. Der Bitte sei er nachgekommen.

Ich hörte Kissinger verblüfft und schweigend zu, doch dann fragte ich nach: »Eines verstehe ich nicht: Sie haben das dritte ägyptische Armeekorps gerettet und einen Waffenstillstand erzwungen, ohne uns darüber zu informieren. Warum haben Sie das mit uns nicht koordiniert?«

»Weil ihr unehrlich wart«, sagte er. »Ich habe euch mit der Luftbrücke gerettet, ihr habt mir aber nie erzählt, was ihr in Ägypten mit eurer Invasionsarmee gemacht habt. Das wusste ich von unseren Satellitenbildern, nicht von euch. Warum sollte ich euch dann von meinen Absichten erzählen?«

An diesem Abend in Berlin habe ich mit Hilfe Kissingers noch ein anderes Rätsel entschlüsseln können. Etwa zwei Jahre, nachdem Kissinger den Waffenstillstand erzwungen und damit den Jom-Kippur-Krieg beendet hatte, hatte er sich eine Weile in Jerusalem niedergelassen, um an einer weiteren Verbesserung der Beziehungen zwischen Israel, Ägypten und Syrien zu arbeiten. Sein Plan war es, den Abzug der israelischen Armee vom Suezkanal durchzusetzen. Die Soldaten sollten sich zu den etwa dreißig Kilometer entfernten Felsen zurückziehen, von wo aus sie das Tal überwachen konnten. Das geräumte Land sollte dann bis zu einem Friedensschluss Niemandsland sein. Das sollte den Ägyptern ermöglichen, ihre zerbombten Städte am Westufer des Suezkanals wieder aufzubauen. Zudem – und das war noch wichtiger – hätten die Ägypter den Suezkanal wieder für den internationalen Schiffsverkehr öffnen können, was einen langjährigen Waffenstillstand gesichert hätte. Wie sollten die beiden Kontrahenten schließlich aufeinander schießen, wenn zwischen ihren Gebieten ein dichter internationaler Schiffsverkehr floss? Daneben sollte Israel sich an der syrischen Front von dem vierzig Kilometer breiten Landstreifen trennen, den es im Jom-Kippur-Krieg erobert hatte, und sich zu den Grenzen zurückziehen, die vor dem Krieg existiert hatten. Das geräumte Land sollte eine entmilitarisierte Zone werden.

Kissinger pendelte in diesen Jahren zwischen Jerusalem, Kairo und Damaskus. Ägypten und Syrien stimmten seinen Vorschlägen zu, Israel allerdings nicht. Kissinger wurde daher zunehmend nervös. Ich erinnere mich, dass er damals den Journalisten erklärte, er würde vor lauter Frust ununterbrochen essen und habe viel zugenommen, was ihn noch nervöser mache. Schließlich

warf er das Handtuch, verließ den Nahen Osten und erklärte, er
würde in Washington ein *Reassessment*, eine Neubewertung der
amerikanischen Politik im Nahen Osten vornehmen. Eine Weile
geschah gar nichts. Dann aber wurde der Kissinger-Plan ohne jegliche Pressemitteilung, Vorankündigung oder Ähnliches in die
Tat umgesetzt.

Ich hatte nie verstanden, wie es Kissinger gelungen war, seinen Plan trotz aller Widerstände umzusetzen. Nun, 1995, und damit zwanzig Jahre später, fragte ich ihn danach.

»Ach«, seufzte er, »das weiß ich nicht. Den Abzug Israels aus
dem ägyptischen Gebiet und aus Syrien habe ich nie verstanden«,
sagte er dann voller Ironie. »Es gab damals viele Dinge, die ich
nicht verstehen konnte. Zum Beispiel gab es plötzlich unverständ-
liche technische Schwierigkeiten in unserer Rüstungsindustrie,
und wir konnten eurer Luftwaffe auf einmal keine Ersatzteile
mehr schicken. Das war fürchterlich. Wir wussten doch, dass die
israelische Luftwaffe ohne den stetigen Zufluss von Ersatzteilen
aus Amerika innerhalb von zwei Wochen gestrandet wäre. Und
für uns war die Sicherheit Israels doch so wichtig. Wir drängten
die Industrie, die technischen Schwierigkeiten zu überwinden.
Das war aber nicht einfach. Ihre Regierung, Herr Primor, war empört und beschwerte sich, aber natürlich nur hinter vorgehaltener
Hand, denn man wollte nicht, dass die Feinde Israels von der
Schwäche der israelischen Luftwaffe erfuhren. Und dann funktionierte auf einmal alles wieder, und ich weiß nicht, warum. Ihre
Truppen zogen sich vom Suezkanal und von den Golanhöhen
zurück, und wie durch ein Wunder arbeitete unsere Rüstungsindustrie auf einmal wieder zuverlässig. Fragen Sie mich nicht,
wie dieser Zufall zustande kam …«

Ich dachte lange darüber nach und bin von der Gerissenheit
Kissingers immer noch begeistert. Kissinger musste Druck auf
die israelische Regierung ausüben, um sein Ziel zu erreichen,
wollte aber nicht, dass die Öffentlichkeit davon erfuhr, damit
die amerikanische Regierung nicht selbst unter Druck geriet. Er

wusste, dass die israelische Regierung den Stopp der Lieferungen an die Luftwaffe nicht öffentlich machen würde und deshalb nicht auf die Hilfe der christlich-fundamentalistischen oder der jüdischen Lobbygruppen zählen könnte. Tatsächlich kam er zu seinem Ziel, ohne dass in den Medien auch nur ein Wort durchsickerte. Das ist fast das einzige Mal, dass Amerika Druck auf Israel ausübte, um Israel in eine Richtung zu drängen, in die Israel nicht gehen wollte. Normalerweise rügt die amerikanische Regierung bei Verstimmungen mit Israel die israelische Regierung öffentlich. Sobald Washington eine Fehde mit Israel an die Öffentlichkeit bringt, übt jedoch der große Kreis der christlichen Fundamentalisten und der jüdischen Lobby großen Druck auf die amerikanische Regierung aus und zwingt Washington, nachzugeben. Allein Kissinger wusste den Balanceakt zu gehen, Israel im Jom-Kippur-Krieg zu helfen und uns gleichzeitig effizient in die gewollte Richtung zu drängen.

Der Waffenstillstand, den Kissinger und Gromyko im Oktober 1973 erzwungen hatten, sollte weitere Folgen haben. So erklärten Russen und Amerikaner am 23. Oktober 1973 in Moskau, dass dem Waffenstillstandsabkommen Friedensverhandlungen folgen sollten – die ersten unmittelbaren Friedensverhandlungen zwischen Israel und den arabischen Staaten. Bereits im Dezember 1973 fanden diese Verhandlungen in Genf statt, Schirmherr war die UN unter Führung des Generalsekretärs Kurt Waldheim, der später wegen seiner Wehrmachtstätigkeiten einen weltweiten Skandal auslösen sollte; Kissinger und Gromyko waren stellvertretende Vorsitzende.

Zu den Verhandlungen waren Delegationen aus Israel, Jordanien und Ägypten nach Genf gekommen. Auch Syrien hätte teilnehmen sollen, blieb aber letztlich fern.

Ich begleitete Abba Eban, der Leiter unserer Delegation war, zu den Vorgesprächen bei Waldheim, Kissinger und Gromyko. Bei Kissinger war das Gespräch sachlich, bei Gromyko etwas

emotionaler. Es änderte jedoch nichts daran, dass wir ein großes Problem damit hatten, dass Russland den Vorsitz innehaben sollte. Schon sieben Jahre zuvor hatte der gesamte Sowjet-
block mit Ausnahme Rumäniens in Folge des Sechs-Tage-Kriegs
die diplomatischen Beziehungen zu Israel abgebrochen. Ein Vor-
sitzender, der zu uns keine diplomatischen Beziehungen pfleg-
te, war für uns nicht akzeptabel. Kissinger ließ uns letztlich keine
Wahl, Eban beschwerte sich aber dennoch bei Gromyko, dass
die Russen keine Vermittler sein könnten, so lange sie nicht objektiv wären und diplomatische Beziehungen mit uns aufnäh-
men.

Gromyko reagierte mit Vehemenz: »Wie können Sie mir un-
terstellen, dass ich Israel nicht anerkenne und kein Vermittler
sein könnte! Ich war sowjetischer Botschafter bei der UN 1947.«
Er hob den rechten Arm und zeigte mit dem Zeigefinger der linken Hand darauf. »Diesen Arm habe ich 1947 in der UN für die
Entstehung Israels erhoben. Ich und kein anderer.«

Das machte ihn natürlich sympathisch, hatte aber keine Auswirkungen auf unsere aktuelle Lage. Erst kurz vor dem Untergang
der Sowjetunion nahm Moskau die diplomatischen Beziehungen
mit Israel wieder auf. Der allerletzte sowjetische Botschafter, der
einem Staatsoberhaupt sein Beglaubigungsschreiben überreichte,
war 1991 neuer Botschafter in Israel.

Nach den Vorgesprächen warteten wir, wie auch die vielen
Hundert Medienvertreter warten mussten, die zu dieser »historischen« Konferenz gekommen waren. Kern des Streits war das
Fernbleiben Syriens, von dem wir als Vorbedingung für Verhandlungen eine Liste mit den Namen aller Kriegsgefangenen aus
dem Jom-Kippur-Krieg verlangten. Wir sprachen noch nicht von
einem Gefangenenaustausch, sondern wollten lediglich wissen,
wer gefangen und wer gefallen war. Die Ägypter waren dazu bereit, die Syrer nicht. Sie benutzten die Gefangenen als Druckmit-
tel und versäumten lieber die Konferenz in Genf, als auf diesen
Trumpf zu verzichten.

Die Spannungen in Genf nahmen während der zweitägigen Wartezeit zu, und die Medien standen unter enormem Druck, etwas von der Konferenz, die noch nicht begonnen hatte, zu berichten. Schließlich ergriff ich die Initiative: Ich bat um einen Saal für eine Pressekonferenz und lud alle Journalisten ein. Das war gewagt, denn im UN-Gebäude in Genf befanden sich viele hochkarätige internationale Persönlichkeiten, unter ihnen der UN-Generalsekretär, die Außenminister von Amerika, Russland, Ägypten, Jordanien und Israel. Und da sollte ausgerechnet ein kleiner Pressesprecher eine Pressekonferenz einberufen? Wer sollte diesem Ruf folgen?

Ich dachte mir aber, dass die Journalisten so sehr nach Nachrichten hungerten, dass sie jede Gelegenheit nutzen würden, an Informationen zu kommen. Hätte ich mit meiner Einschätzung falsch gelegen, hätte ich mich schön blamiert, doch tatsächlich war der Saal nicht nur voll, sondern überfüllt: Journalisten saßen und standen, wo immer es ging. Mich amüsierte das sehr, weil ich eigentlich nichts zu berichten hatte und so viel Propaganda machen konnte, wie ich nur wollte. Die Journalisten nahmen mir alles ab, und ich konnte es danach weltweit in allen Medien lesen. Das war für mich das erste Mal, dass ich der ARD ein Fernsehinterview gab – und zugleich das erste und letzte Mal, dass ich im deutschen Fernsehen Französisch sprach.

Irgendwann wurde klar, dass die Friedenskonferenz ohne die Syrer würde stattfinden müssen, und so traten die anderen Teilnehmer in einem Saal mit sechs großen Tischen zusammen. Hinter jedem Tisch nahm eine Delegation Platz. Die Leiter der Delegationen hielten der Reihe nach höchst emotionale, angeblich historische Reden, in denen sie der Welt eine neue Zukunft im Nahen Osten versprachen, das endgültige Ende der Kriege und einen echten Frieden. Die Kontrahenten im Nahen Osten fügten ihren Reden außerdem viel Propaganda hinzu. Zwar waren keine Journalisten im Saal, aber es war klar, dass diese Reden auch für sie gehalten wurden. So hatte ich die Aufgabe, die Rede meines

Ministers unmittelbar nach der Konferenz an alle Journalisten zu verteilen.

Ungeachtet aller schönen Reden war die Konferenz letztlich ein Fehlschlag. Nicht nur gab es keine unmittelbaren Verhandlungen zwischen den Kontrahenten, es gab überhaupt keine Verhandlungen. Alles war lediglich eine Bühne für die Propaganda der Staaten.

Ich war enttäuscht und frustriert. Alle meine großen und »historischen« Hoffnungen waren zerplatzt wie ein Ballon. Auch schämte ich mich und fühlte mich wie ein Narr, weil ich so naiv gewesen war. Wie hatte ich die Illusion hegen können, dass es Frieden geben würde? Wäre ich doch etwas nüchterner gewesen!

Ich verließ Genf und fuhr zurück, um in Paris meine Arbeit wieder aufzunehmen, nun allerdings als Gesandter.

Über Europa zum Mossad – Zwischenjahre

Wegen der beschriebenen Fehlentscheidungen im Jom-Kippur-Krieg wurde die Golda-Meir-Regierung 1974 abgewählt. Neuer Ministerpräsident wurde Yitzhak Rabin, der Oberbefehlshaber des Sechs-Tage-Krieges. Zu seinem Stellvertreter und Außenminister ernannte er Yigal Allon, seinen Befehlshaber während des Unabhängigkeitskriegs 1948. Wie allen israelischen Politikern dieser Zeit galt auch Allons Interesse Frankreich, und auch ihn trieb die Hoffnung, die Beziehungen wieder auf den glücklichen Stand von vor 1967 zu bringen. Sein erster Auslandsbesuch brachte ihn also nach Paris, wo ich ihn im Auftrag des Botschafters begleitete.

Augenscheinlich machte ich einen guten Eindruck auf ihn, denn ein Jahr später lud er mich nach Brüssel ein. Es ging um die Unterzeichnung des Freihandelsabkommens mit der Europäischen Gemeinschaft, eine für Israel ungeheuer wichtige Vereinbarung. Nicht nur, weil ein Freihandelsabkommen mit der Europäischen Gemeinschaft für jedes Land sehr viele wirtschaftliche Vorteile mit sich bringt, sondern auch, weil Israel, ohnehin teilweise international belagert, nach dem Jom-Kippur-Krieg unter besonderem Druck stand. In Folge dieses Krieges hatten die arabischen Ölproduzenten nämlich einen internationalen Ölboykott ausgerufen, unter dem zwar auch europäische Länder litten, dessen Hauptziel aber Israel war. Vor der Vollversammlung der UN war es den arabischen Staaten zudem gelungen, eine beachtliche Mehrheit für die Verurteilung Israels zu gewinnen und eine Resolution zu erreichen, die den Zionismus als Form von Rassismus verurteilte. Ausgerechnet in dieser düsteren Lage für Israel, in einer Zeit, in der auch noch die Kissinger-Verhandlungen scheiterten und Israels Beziehung zu den USA unsicherer wurde, hatte sich die Europäische Gemeinschaft entschieden, ein Freihandelsabkommen mit Israel zu schließen.

Grundlage dieser Entscheidung war die Beharrlichkeit einiger weniger klarsichtiger israelischer Experten, die über Jahre hinweg auf die Annäherung Israels an Europa hingearbeitet hatten: Zum 1. Januar 1958 war die Europäische Gemeinschaft (EG) durch die Billigung der Römischen Verträge durch die sechs Gründungsmitglieder – Belgien, die Bundesrepublik Deutschland, Frankreich, Italien, Luxemburg und die Niederlande – ins Leben gerufen worden. Dieses neue Gremium, das sich in Brüssel etablierte, war sehr auf internationale Anerkennung erpicht, doch die Welt betrachtete die neue Gemeinschaft eher skeptisch. Nur wenige Länder waren bereit, sie anzuerkennen. Zu denen, die damals die Anerkennung der EG ablehnten, gehörten sogar einundzwanzig Länder, die heute Mitglieder der Europäischen Union, der Nachfolgeorganisation der EG, sind. Nur drei Länder weltweit erkannten die Europäische Gemeinschaft sofort an – zunächst die Vereinigten Staaten, die, wenngleich sie aus ihrem Skeptizismus gegenüber der EG keinen Hehl machten, es sich als Supermacht zum Ziel gesetzt hatten, alles anzuerkennen; daneben Griechenland, das damals schon die Idee hegte, sich der Europäischen Gemeinschaft anzuschließen, und schließlich Israel.

Es war nicht so, dass die israelische Bevölkerung die Gründung der EG überhaupt wahrnahm oder dass die israelischen Spitzenpolitiker etwas davon verstanden oder sich dafür interessierten. Es gab vielmehr einen Kreis von Experten im Auswärtigen Amt, im Finanzministerium und im Handels- und Industrieministerium, die ihre jeweiligen Spitzenpolitiker zu einer Anerkennung der Europäischen Gemeinschaft drängten. Um die Politiker davon zu überzeugen, konnten die Experten sich jedoch nicht auf die Argumente berufen, an die sie selbst glaubten. Besonders die Wirtschaftsexperten erhofften sich von den Vertragsbeziehungen zur EG eine Art Zwangsöffnung der israelischen Wirtschaft. Diese war damals eine geschlossene und bürokratisch dirigierte Wirtschaft, in vielerlei Hinsicht in einer überholten sozialistischen Art und Weise. Um sie nach außen zu öffnen und zu liberalisieren, bedurfte es daher einer Verbindung mit einem modernen Weltwirtschaftsblock, die wiederum eine Öffnung zur Weltwirtschaft mit sich bringen würde. Um eine Verbindung mit einer Organisation wie der EG einzugehen, müssten die israelische Wirtschaft und die Unternehmer sich nämlich der internationalen Marktwirtschaft anpassen. Da wie alle Reformen auch diese die Privilegien vieler Interessengruppen berührt hätten, schreckten viele Politiker vor ihnen zurück. Um sie von der Bedeutung der Anerkennung der EG zu überzeugen, beriefen die Experten sich daher nicht vorrangig auf wirtschaftliche Argumente, sondern argumentierten vor allem politisch und typisch israelisch: Sie behaupteten, dass diplomatische Beziehungen zu einem neuen internationalen Gremium einen weiteren Keil in die Belagerungsmauer um Israel treiben würde.

Nur widerwillig hatten die Politiker damals dem Druck ihrer Experten nachgegeben. Die unerwartete Pionierleistung von 1958 brachte uns aber jetzt, 1975, Privilegien, von denen wir unter den damaligen Umständen sonst nur hätten träumen können: die Freihandelszone. Sie war für die israelische Regierung eine unverhoffte Errungenschaft in düsteren Zeiten, und Außenminister Yigal Allon flog nach Brüssel, um die Unterzeichnungszeremonie dazu zu nutzen, positive Weltaufmerksamkeit zu erreichen.

Da ich Allon bei seiner Mission unterstützen sollte, über die Europäische Gemeinschaft aber nicht mehr wusste als die durchschnittlichen israelischen Beamten und Politiker, musste ich mich mit dem Thema sehr schnell vertraut machen. Das war für mich eine große Herausforderung, eine neue Welt und eine neue

Wissenschaft. Seither ist mein Interesse für die Europäische Gemeinschaft jedoch stetig gewachsen und hat mich dazu gebracht, mich diesem Thema weiter zu widmen.

Ein weiteres Jahr später rief Yigal Allon mich zu sich nach Jerusalem und bat mich, sein Sprecher und Leiter der Medienabteilung des Auswärtigen Amtes zu werden. Für mich bedeutete das den Abschied von Paris. Ich habe mich im Laufe meiner Karriere mehrfach von Botschaften, Städten, Aufgaben und Menschen verabschieden müssen. Dabei habe ich mich nie endgültig verabschiedet, sondern stets den Kontakt mit den Gastländern und vor allem mit den Freunden dort aufrechterhalten.

Dennoch war der Abschied von Paris für mich besonders emotional. Am Vorabend der Abreise ging ich mit Miki in der Stadt spazieren und erzählte ihr aus irgendeinem Grund zum ersten Mal, wie ich diese Stadt als 17-Jähriger für mich entdeckt hatte. Ich war auf der Rückreise aus New York gewesen, hatte aber keinen durchgängigen Flug nach Israel bekommen und daher eine Verbindung mit einem Zwischenstopp in Paris gebucht, bei dem ich erst am Folgetag nach Israel weiterreisen würde. Nach meiner Ankunft in meinem Pariser Hotel war ich ein wenig in der Stadt spazieren gegangen. Es war Liebe auf den ersten Blick. Ich hatte mich sofort entschieden, meine kleinen Ersparnisse aus New York zu »verschwenden« und meinen Aufenthalt in Paris zu verlängern. Im Hotel buchte ich Touristenausflüge, um die Stadt zu besichtigen – Bustouren mit englischsprachigen Fremdenführern, die mir die Stadt, für die ich mich mehr und mehr begeisterte, erklärten. Dabei war ich doch gerade aus New York gekommen und nicht aus einer Kleinstadt in der israelischen Provinz! Die einzige Sache, die mich nervte, war, dass ich mit den Menschen auf der Straße nicht sprechen konnte, weil ich kein Französisch beherrschte.

Nach vier Tagen in Paris hatte ich mir eingestehen müssen, dass von meinen Ersparnissen kein Pfennig übrig war, und bei meinem Weiterflug hatte ich mir am Flughafen nicht einmal mehr ein Getränk leisten können. Ich war glücklich, hatte aber das Gefühl, dass ich nur einen Vorgeschmack von Paris bekommen hatte. Seitdem hatte ich den Plan gehegt, einmal länger in Paris zu leben. Der trockene Mund hatte dem keinen Abbruch getan.

Als ich Miki diese Geschichte erzählte, sagte sie: »Dein leichtsinniger Umgang mit dem Geld erinnert mich an das Theaterstück, das wir letztens gesehen haben: *Cyrano de Bergerac*. Weißt du noch? Das Stück beginnt damit, dass Cyrano mit einem Freund ins Theater geht. Damals verfolgten die Zuschauer das Geschehen auf der Bühne noch stehend und mussten keinen Eintritt zahlen. Erst nach Ende des Stücks warfen sie den Schauspielern Münzen zu, wenn sie mit der Aufführung zufrieden waren. Cyrano hatte das Stück nicht gefallen, und er protestierte lang und beschimpfte die Schauspieler laut. Als es den Zuschauern nicht gelang, ihn zu beruhigen, verließen sie den Saal allmählich, und die Schauspieler gingen leer aus. Als nur noch Cyrano und sein Freund den Schauspielern gegenüberstanden, beschwerten diese sich, dass sie den Abend verloren und kein Geld bekommen hätten und nun hungern müssten. Da nahm Cyrano seinen Geldbeutel und warf ihn auf die Bühne. Sein Freund schaute ihn verblüfft an und sagte: ›Was für ein Wahnsinn, das war doch dein ganzes Geld für diesen Monat.‹ ›Ja!‹, rief Cyrano laut und begeistert. ›Was für ein Wahnsinn! Aber was für eine Geste!‹«

Miki schaute mich amüsiert an und sagte abschließend augenzwinkernd: »Als du all deine Ersparnisse für ein paar Tage Paris ausgegeben hast, warst du auch eine Art Cyrano. Dennoch verstehe ich nicht, warum du Tränen in den Augen hast.«

Die Arbeit als Sprecher Yigal Allons war für mich nicht nur spannend, sondern umfasste auch ein ungeheuer breites Spektrum. Bis zu diesem Zeitpunkt hatte ich mich immer mit einem bestimmten Aspekt der auswärtigen Politik beschäftigt und mich auf ihn spezialisiert. Nun, in Jerusalem, war die gesamte Welt meine Bühne, und die Beschäftigung mit allen Problemen Israels war meine Aufgabe. Als Sprecher hatte ich das Privileg, an den Sitzungen der Ministeriumsleitung teilzunehmen, um mich mit allen Angelegenheiten vertraut zu machen. Diese Erfahrung durfte ich bis zu den Wahlen im Mai 1977 machen. Dann verlor die Arbeitspartei zum ersten Mal in der Geschichte Israels die Wahlen, und nach sieben gescheiterten Versuchen kam das erste Mal der Likud an die Macht. Das war das Ende für mich als Sprecher. Wie erwähnt, wurde ich vom neuen Außenminister Moshe Dayan sofort entlassen.

Aus dem Ministerium selbst konnte Dayan mich nicht entfernen, und da ich bestätigter Abteilungsleiter war, musste er mir auch eine andere Abteilung zuweisen. Er wählte die UN-Abteilung. Auch wenn dies durchaus interessant klingen mag: Das Ministerium sorgte dafür, dass meine Kompetenzen begrenzt blieben und ich aus allem ausgegrenzt wurde, weshalb ich einen Ausweg aus der vertrackten Situation suchte.

Es kam mir mein Freund David Kimche zu Hilfe. Er war während meiner Afrikajahre mit Sitz in Abidjan Vertreter des Mossad in Afrika gewesen und inzwischen zum Vizebefehlshaber des Mossad aufgestiegen. Er bat mich nun, dass ich vorübergehend zu ihm kommen möge, um eine Sonderaufgabe für den Mossad zu übernehmen. Das freute mich in vielerlei Hinsicht: Erstens konnte ich mich so von Außenminister Dayan entfernen und war dem Druck seiner Mitarbeiter nicht länger ausgesetzt, und zweitens freute ich mich darauf, eine neue Welt zu entdecken: die glänzende und reizende Geheimwelt des Mossad.

Ich sagte also freudig zu, stellte jedoch die Bedingung, dass ich vom Auswärtigen Amt lediglich beurlaubt werde. Mir war klar, dass mein Leben, meine Karriere und meine Zukunft nicht dem Mossad, sondern dem Auswärtigen Amt gehörten, und wollte die Brücken hinter mir nicht abbrechen.

Kimche sprach mit Dayan, der ihm sagte, er könne mich haben: »Von mir aus gleich heute. Wir stellen ihm ein One-Way-Ticket aus. Keine Rückfahrkarte.«

Da der Mossad unmittelbar dem Ministerpräsidenten unterstellt ist, bat Kimche Begin um Hilfe, und Begin, der ein Faible für mich hatte, zwang Dayan, mich zu beurlauben.

1977 war das Jahr, in dem sich die geheimen israelischen Sonderbeziehungen zu den verschiedenen christlichen Fraktionen im Libanon stark weiterentwickelten. Beauftragt, diese Beziehungen zu knüpfen und zu pflegen, war vor allem der Mossad, und innerhalb des Mossad war Kimche dafür verantwortlich.

Meine Mission war natürlich nicht, mich mit den militärischen oder Geheimdienstbeziehungen zu beschäftigen. Ich wurde vielmehr der Gruppe zugeteilt, die die zukünftigen politischen Beziehungen zwischen den Christen im Libanon und Israel entwerfen würde. Vor allem kam mir die Aufgabe zu, die maronitischen Christen beim Aufbau einer Infrastruktur für ihre weltweite Kommunikation zu unterstützen. Kimche vertraute mir diese Aufgabe aus zwei Gründen an: wegen meiner langjährigen Erfahrung als Sprecher und wegen meiner Französischkenntnisse, da wir mit den Christen meist auf Französisch kommunizierten. Oft fuhr ich nachts auf den Kriegsschiffen der israelischen Marine zur Stadt Juniyah, nördlich von Beirut, zum Hauptquartier der Maroniten. Die Schiffe, die mich nachts dort absetzten und noch vor dem Morgengrauen von dort wieder abholten, waren dieselben Schiffe, die damals in den Werften von Cherbourg für Aufsehen gesorgt hatten. Für mich war das ein freudiges Wiedersehen. Die Freude währte aber nicht sehr lange, weil ich schnell entdecken musste, dass ich für Seekrankheit anfällig bin, und die Stunden auf dem Schiff meist damit verbrachte, mich zu übergeben.

Juniyah war für mich eine neue Welt – nicht nur menschlich und politisch, sondern auch kulinarisch. Die köstlichen und üppigen libanesischen Mahlzeiten, mit denen unsere Gastgeber uns empfingen, waren für einen Israeli, der aus einem Land kam, das damals kaum etwas von guter Küche verstand, ein Paradies. War das ein Schmaus, war das eine Wonne! Es erinnerte mich zudem an die langen Mittagessen mit den libanesischen Offizieren während meiner Zeit in der Waffenstillstandsabteilung. Dabei ging es in Juniyah noch wesentlich üppiger und reichhaltiger zu. Ich hatte immer ein schlechtes Gewissen, weil ich mich nicht beherrschen konnte und viel zu viel aß.

Die Idee, ein freundschaftliches Verhältnis zu den Christen aufzubauen, war keine neue. Manche Spitzenpolitiker gingen davon aus, dass Israel sich mit den muslimischen Nachbarn nie würde anfreunden können. Um die Isolation zu unterbrechen, dachten sie daher an eine Allianz zwischen Israel und den nichtmuslimischen beziehungsweise nicht arabischen Gruppen in der Region. Wir dachten an Äthiopien, mit dessen Kaiser Haile Selassie wir in enger Verbindung standen. Wir dachten an die Türkei, die einzige islamische, jedoch nicht arabische Nation, mit der es uns gelungen war, diplomatische Beziehungen aufzunehmen. Wir dachten an den Iran, ein weiteres nicht arabisches und islamisches, wenngleich schiitisches Land, mit dem wir in fast jedem Bereich eng zusammenarbeiteten, obwohl es keine offiziellen diplomatischen Beziehungen gab. Und wir dachten an einen weiteren potenziellen Partner, der unmittelbar an unsere Grenzen stieß: den angeblich christlichen Libanon.

Die Idee einer Verbindung zu den Christen im Libanon erwies sich als Fehlschlag. Ihre Schwäche zeigte sich, als es den Christen 1982 mit Hilfe der israelischen Armee gelang, die Macht im Libanon zu übernehmen. Der Grund: Die Machtübernahme kam für die Christen zu spät. Seit den Zwanzigerjahren war die christliche Gemeinde im Libanon durch Auswanderung unaufhörlich geschrumpft, während die Bevölkerung der muslimischen Gemeinden, insbesondere der Schiiten, immer weiter zugenommen hatte. Derart in der Unterzahl hatten die Christen auch mit israelischen Bajonetten keine Chance, den Libanon zu beherrschen.

Auch die gute Verbindung zu Äthiopien war nicht von Dauer: Schon nach dem Fall Haile Selassies 1975 begann Äthiopien, sich von uns zu entfernen. 1979, nach dem Fall des Schahs, wurden alle Beziehungen zu uns abgebrochen, und der Iran der Fundamentalisten wurde aus »ideologischen« Gründen zum schlimmsten Feind Israels.

Auf der anderen Seite gelang uns immerhin ein Durchbruch in die arabisch-islamische Welt: ein Friedensschluss mit dem wichtigsten arabischen Staat, Ägypten. Ob wir es wollen oder nicht – heute müssen wir eingestehen, dass unsere Zukunft mit der arabisch-islamischen Welt verbunden ist. Offensichtlich verstehen auch die Christen im Libanon heute, dass ihre Zukunft von ihrer Verbindung zu den islamisch-arabischen Partnern abhängt und nicht von anderen Verbündeten. Schließlich sind sie eine schwindende Minderheit in der Region.

Meine Arbeit für den Mossad war von vergleichsweise kurzer Dauer. 1980 wurde Dayan wegen wachsender Meinungsverschiedenheiten mit dem Ministerpräsidenten Menachem Begin zum Rücktritt aus dem Auswärtigen Amt gedrängt. Zu seinem Nachfolger wählte Begin dieses Mal einen Mann aus seinem Lager, einen Likud-Mann, den damaligen Vorsitzenden des israelischen Parlaments, Yitzhak Shamir. Shamir, der zu Zeiten des britischen Mandats Befehlshaber der extremistischen Untergrundbewegung *Lehi* gewesen war, hatte nach dem Abzug der Briten für den Mossad gearbeitet und sich dort mit David Kimche angefreundet. Eine seiner ersten Amtshandlungen als neuer Außenminister war es, einen neuen Generalsekretär zu ernennen: unseren gemeinsamen Freund David Kimche.

Kimche bat mich sofort, mit ihm ins Auswärtige Amt zurückzukehren, und bot mir an, die Leitung der Westeuropäischen Abteilung zu übernehmen. Das Angebot nahm ich mit der größten Freude an. Ich konnte mir gar nichts Besseres vorstellen. Schließlich war Europa seit 1975 zu meiner intellektuellen Leidenschaft geworden.

Als ich ins Amt kam, erwartete mich allerdings eine große

Enttäuschung: Der Leiter der Personalabteilung teilte mir mit, Kimche habe seine Meinung geändert und wolle mir statt der Europaabteilung die Afrikaabteilung anbieten. Das war für mich ein Schock. Nicht nur würde ich die begehrte Europaabteilung verlieren, ich würde zudem auch einer Abteilung vorstehen, die seit Jahren so gut wie nicht mehr existierte. In der Tat hatte die Afrikaabteilung nach Abbruch der diplomatischen Beziehungen zu fast allen afrikanischen Staaten um 1973 jegliche Bedeutung verloren und bestand inzwischen aus einem kleinen Raum, in dem eine Sekretärin saß, die fast seit Entstehung des Amtes für die Abteilung arbeitete. Wir hatten zwar nach wie vor Botschaften in Südafrika sowie in Malawi und Swasiland, aber in den beiden letztgenannten Ländern auch nur deshalb, weil sie mit Südafrika verbunden waren und aus diesem Grund die Beziehungen nicht abgebrochen hatten. Allesamt waren sie aber eher mit dem Verteidigungsministerium verbunden als mit uns. Die Rolle der langjährigen Sekretärin beschränkte sich daher darauf, die Berichterstattung der afrikanischen Medien zu verfolgen und einen wöchentlichen Pressespiegel zu erstellen.

Was sollte ich in dieser Wüste anfangen? Und warum bestrafte mein Freund mich auf einmal so?

Gestatten, Albert Primor

Meine Freundschaft mit Kimche reichte, wie erwähnt, in unsere erste gemeinsame Zeit in Afrika zurück und hatte wenig mit unseren beruflichen Tätigkeiten zu tun. Was er in Afrika im Auftrag des Mossad tat, war für mich ein Geheimnis, und er mischte sich ebenso wenig in unsere Botschaftsarbeit ein. Die Verbindung war dadurch vor allem privat: So wie Claus von Amsberg mir das Wasserskilaufen beigebracht hatte, so hatte ich es David Kimche beigebracht, und damit hatte unsere Freundschaft begonnen. Was also sollte er jetzt für einen Grund haben, mich zu bestrafen? Diese Frage beschäftigte mich sehr, und so bat ich um einen Termin beim Generalsekretär, um mich zu beschweren.

Kimche empfing mich mit glücklicher Miene. Sein neuer Posten begeisterte ihn, und er nahm an, dass auch ich mich über die Rückkehr ins Amt gefreut hätte. Ich aber kam, um mich über den Verlust der Europaabteilung zu beschweren.

Er hörte mich an und sagte schließlich: »Wenn du heute nicht mehr der Avi bist, den ich in Afrika oder im Mossad kennengelernt habe, wenn du keinen energischen, unabhängigen und kreativen Kopf mehr hast, wenn du dich in den klassischen, alten Diplomaten verwandelt hast, wenn du in Hausschuhen hinter einem Schreibtisch sitzen willst, dann hast du recht, dann steht dir die Europaabteilung zu. Wenn du aber immer noch der unkonventionelle Avi bist, mit dem unabhängigen Geist, den ich in Afrika und im Mossad kennenlernen durfte, dann empfehle ich dir, die Afrikaabteilung zu übernehmen. Da gilt es, alles wieder aufzubauen. Nichts existiert, und nichts ist selbstverständlich. Und ich erwarte von dir nicht nur, eine Abteilung, sondern vor allem die Beziehungen zu Afrika wieder aufzubauen, was sehr viel Erfindungsreichtum, Initiative und kühnen Geist in Anspruch nimmt. Das wird eine sehr schwierige Mission sein, aber eine unheimlich lohnenswerte Aufgabe.«

Er erzählte mir auch eine uralte Geschichte aus dem 19. Jahrhundert: Eine europäische Schuhfabrik schickte zwei Verkäufer nach Afrika, einen nach Ostafrika, einen nach Westafrika, um die Märkte dort zu sondieren. Einer telegrafierte: »Hier laufen alle Leute barfuß, hier gibt es nichts zu tun.« Der andere telegrafierte: »Hier laufen alle Leute barfuß, unbegrenzte Möglichkeiten.«

Kimche schaute mir tief in die Augen und schwieg. Ich glaube nicht, dass er mich in diesem Moment überzeugt hat. Mir war aber klar, dass ich trotz der scheinbaren freien Entscheidung, die er mir ließ, keine wirkliche Alternative zu Afrika hatte. Für ihn war die Sache endgültig entschieden.

Sehr schnell sollte es sich erweisen, dass Kimche alles richtig vorausgesehen hatte. Nie zuvor (und wahrscheinlich nie seither) wurde einem Abteilungsleiter so viel Unabhängigkeit zugestanden wie mir in dieser, meiner zweiten Afrikazeit. Ich erhielt jede Menge Entscheidungsfreiheit, neue Mitarbeiter, finanzielle Mittel und Reisefreiheit, so viel ich nur wollte – eine große Ausnahme in der Geschichte des Auswärtigen Amts.

Kimche räumte der Wiederaufnahme der diplomatischen Beziehungen zu Afrika eine hohe Priorität ein. Das konnte er sich leisten, weil er der mächtigste Generalsekretär war, den das Amt je sehen sollte, und von seinem Minister freie Hand bekommen hatte. Er war fest davon überzeugt, dass Afrika für uns immer noch von sehr großer Bedeutung war.

Meinen ersten Erfolg erzielte ich mit einem kleinen, einzigartigen Land: Liberia. Liberia ist das einzige Land in Afrika, dessen Geschichte enger mit den USA als mit Europa verknüpft ist, eine

Demokratie war es jedoch nie. 1980 übernahm nun ein neuer Diktator die Macht durch einen Militärstreich: ein Gefreiter namens Samuel Doe, der die Aufständischen angeführt hatte und aus den niedrigsten Schichten stammte. Mit Mühe gelang es mir, einen Kontakt zu Doe herzustellen, und ich reiste nach Monrovia, in Liberias Hauptstadt, um ihn dort zu treffen.

In Monrovia sah es immer noch wie nach einem Bürgerkrieg aus, und die Bevölkerung lebte im Chaos. Es gab nur ein einziges anständiges Hotel, das von einem israelischen Unternehmer gebaut worden war, und ich kann mich noch gut daran erinnern, dass ich ständig Magenprobleme hatte, weil ich das Essen nicht vertrug. Aber das Entscheidende war: Als ich zu meinem Treffen mit Doe ging, konnte ich nicht verdrängen, dass ich einen blutrünstigen Diktator besuchen würde, der ein Gefreiter gewesen war. Das erinnerte mich an jemanden, der vom deutschen Staatsoberhaupt zum Kanzler ernannt worden war, obwohl dieser ihn als Gefreiten offen verachtete ... Doch natürlich war Doe keineswegs mit einem Nazi zu vergleichen, und als Diktator war er in Afrika auch keine Ausnahme.

Doe saß in einem riesengroßen Büro hinter einem Schreibtisch, der auf einem Podest stand. Ich wusste, dass Doe leidenschaftlicher Fußballspieler war, und so hatte ich mich darauf vorbereitet, über internationalen Fußball zu sprechen, mit dem ich mich normalerweise nicht auskannte.

Von den diplomatischen Beziehungen zwischen Israel und Liberia wusste Doe wenig. Ihn interessierte allein israelische Militärhilfe. Dafür aber waren andere zuständig. So lud ich Doe, ohne das zuvor mit meinem Vorgesetzten abgestimmt zu haben und entsprechend ohne jegliche Genehmigung, offiziell zu einem Staatsbesuch nach Israel ein und versprach ihm auch, mit unserer militärischen Führung Gespräche über eine mögliche Unterstützung zu führen. Ich lud ihn sogar ein, in Jerusalem Fußball zu spielen. Die Fußballwelt in Israel war begeistert, an einem diplomatisch-sportlichen Spiel teilzunehmen.

Die Gespräche mit Doe in Jerusalem waren schließlich recht belanglos. Wir konnten jedoch die Aufnahme diplomatischer Beziehungen vereinbaren, was für uns wichtig war, weil Liberia damit das erste afrikanische Land war, das Israel wieder anerkannte.

Wir feierten den Abschluss auf dem Fußballfeld. Doe spielte – sogar erstaunlich gut – als Teil einer israelischen Mannschaft, und wir, unter uns auch der israelische Staatspräsident Chaim Herzog, jubelten ihm zu.

So einfach wie mit Liberia war es mit den anderen afrikanischen Ländern nicht. Sogar um diese Länder zu besuchen, musste ich mir Dinge einfallen lassen, die so unkonventionell waren, wie man es sich nur vorstellen kann. So musste ich unter falschem Namen reisen, oft mit falschen Pässen. Wie macht man so etwas? Der Mossad, der es Kimche verübelte, dass er ihn zugunsten des Auswärtigen Amtes verlassen hatte, wollte uns nicht helfen. Ich kannte jedoch einen Italiener, der Honorarkonsul von Burkina Faso in Mailand war, und mir auf meine Bitte einen Diplomatenpass von Burkina Faso ausstellte. Das war nicht ideal, denn man fragte mich in Afrika häufig, warum ich als Nichtafrikaner einen Diplomatenpass aus Burkina Faso habe. Mit diesem Pass zu reisen war also riskant, weshalb mein Freund mir einen gefälschten italienischen Pass besorgte. Nun war ich Albert Primor, geboren im Aostatal, wo es eine französischsprachige Minderheit gab, die meine fehlenden Italienischkenntnisse erklären würde.

Kimche warnte mich davor, mit meinem gefälschten und zugleich mit meinem echten israelischen Diplomatenpass zu reisen. Als erfahrener Geheimdienstler wusste er, dass man, sollte irgendjemand in Afrika mich mit beiden Pässen erwischen, nicht den italienischen Pass für gefälscht halten würde, sondern den echten Diplomatenpass. Ich würde sofort im Gefängnis landen, und da wir keine diplomatischen Beziehungen zu diesen Ländern hatten, würden wir die Hilfe des Mossad benötigen, um mich aus dieser Klemme wieder herauszuholen. Angesichts des schwierigen Verhältnisses zwischen dem Mossad und Kimche würden wir diese allerdings nicht so schnell bekommen.

Ich reiste dennoch mit beiden Pässen, weil ich mich außerhalb Afrikas mit dem gefälschten italienischen Pass nicht sicher fühlte. Auch das war nicht ohne Risiko: Um nach Afrika zu gelangen, musste ich damals in Europa zwischenlanden und von dort aus über Nordafrika weiter gen Süden fliegen. Auch im Falle einer Notlandung wäre ich mit meinen merkwürdigen Pässen in Bedrängnis gekommen. Um das zu vermeiden, hätte ich weite Umwege nehmen können. Das allerdings hätte mich viel Zeit gekostet, und ich war damals noch leichtsinnig genug, solch ein Risiko einzugehen.

Es ging zum Glück tatsächlich alles gut, und die Zwischenstopps erlaubten mir, alte Bekannte zu treffen, zum Beispiel den ehemaligen Präsidenten von Dahomey, Émile Derlin Zinsou, der zu meinen Zeiten in Dahomey Außenminister gewesen war und nun seinen Ruhestand in Brüssel verbrachte. Er empfahl mich seinen afrikanischen Kollegen, und er war nicht der Einzige, der das tat. So gelang es mir, im Geheimen und völlig inoffiziell von afrikanischen Spitzenpolitikern empfangen zu werden.

Einer von ihnen war der neue Staatspräsident der Zentralafrikanischen Republik, General André Kolingba. Er beauftragte Vertreter seines Geheimdienstes, mich am Flughafen von Bangui zu empfangen und mich in einer Residenz des Staates unterzubringen, damit niemand mich zufällig in einem Hotel sehen würde. Er stellte mir auch einen offiziellen Wagen mit Fahrer zur Verfügung, obwohl ich nirgends hinfahren wollte. Ich wartete vielmehr in der Residenz darauf, eine Einladung zur Audienz beim Präsidenten zu bekommen.

Während ich wartete, erfuhr ich, dass der Präsident von Zaire, Mobutu Sese Seko, ebenfalls in Bangui vorbeikommen sollte. Mobutu flog aus seiner Hauptstadt Kinshasa wie üblich nach Paris oder Brüssel und landete kurz in Bangui, um seinen Kollegen

Kolingba am Flughafen zu treffen. Obwohl es nur eine kurze Zwischenlandung war und er am Flughafen blieb, musste das Protokoll befolgt werden, als handele es sich um einen Staatsbesuch. Das hieß, dass ihn nicht nur eine Ehrengarde in Empfang nahm, sondern dass alle, die in der Zentralafrikanischen Republik Rang und Namen hatten, zum Flughafen kommen mussten, um den Gast zu begrüßen. Das galt auch für die ausländischen Diplomaten.

Ich nutzte diese einmalige Möglichkeit, indem ich mich von meinem Fahrer im offiziellen Wagen des Präsidialamtes zum Flughafen fahren ließ. Dort hatten sich die Ehrengarde und die anderen Diplomaten bereits vor dem Terminal in einer Reihe aufgestellt, protokollarisch nach Seniorität geordnet. Ich stellte mich kurz entschlossen ans Ende der Diplomatenreihe. Derjenige, der am Ende der Reihe stünde, würde ja derjenige sein, der erst vor Kurzem nach Bangui gekommen war, sodass es die Diplomaten nicht verwirren würde, einen Unbekannten in ihrer Reihe zu sehen. Ich sprach niemanden an, und niemand sprach mich an.

Wir warteten – stehend – sehr lange. Als Mobutu endlich ankam, begrüßte er erst die wichtigen Persönlichkeiten des Staates, dann kam er zu den Diplomaten und schüttelte auch ihnen der Reihe nach die Hände. Als die Reihe an mich kam, drückte ich ihm einen Zettel in die Hand, den ich vorher vorbereitet hatte. Auf ihm stellte ich mich und meine Mission vor und bat um ein kurzes Gespräch mit ihm.

Mobutu schaute sich den Zettel nicht an, steckte ihn aber in seine Tasche. Danach gingen die beiden Präsidenten in den Ehrensalon, um sich dort zu unterhalten, während die Gäste (also die gesamte Spitze des Staates und die Diplomaten) auf die Zeremonie zum Abschied Mobutus warten mussten. Auch ich wartete und vermied weiter jeglichen Kontakt mit den anderen Gästen, damit niemand die Wahrheit über mich herausfinden würde. Ich hegte nicht viel Hoffnung, dass mein Zettel etwas bewirken würde, hatte aber auch nichts Besseres zu tun.

Etwa eine Stunde später trat der Protokollchef Mobutus in einer aufwendigen Uniform in den Wartesaal und rief laut: »Botschafter Alberto! Botschafter Alberto!«

Damit meinte er ohne Zweifel mich. Ich ging auf ihn zu, und er sagte: »Sie wollten den Präsidenten sehen? Folgen Sie mir in den Ehrensalon.«

Im Ehrensalon hielten sich Mobutu und seine Mitarbeiter in einer Ecke des Saals auf, während Kolingba und seine Mitarbeiter in der gegenüberliegenden Ecke Platz genommen hatten. Ich ging auf Mobutu zu, stellte mich noch einmal vor, bedankte mich für die Einladung und erklärte, dass ich nach Kinshasa kommen und um eine Audienz bitten wolle, weil ich ihm neue Angebote bezüglich der Beziehungen zwischen Zaire und Israel anzubieten habe.

Mobutu hatte eine Eigenart, an die ich mich erst nach mehreren Treffen mit ihm gewöhnte: Er starrte seine Gesprächspartner streng an und behielt dabei ein Pokerface. Man wusste dadurch nie, was er dachte, was für seine Mitarbeiter bisweilen auch gefährlich wurde. Nachdem ich ihm mein Anliegen erläutert hatte, schwieg er eine Weile, was mich nervös machte. Dann sagte er: »Warum können Sie es mir nicht jetzt sagen?«

Ich wusste, dass er vor seinem Abflug nur ein paar Minuten Zeit hatte, sagte also: »Ich werde Ihnen das Thema jetzt unterbreiten, aber ich glaube, wir brauchen dann etwas mehr Zeit, um die Einzelheiten zu erörtern.«

Mit unverändert strenger Miene antwortete er trocken: »Warum brauchen Sie mehr Zeit?«

Ich sagte: »Herr Präsident-Gründer (Mobutu nannte sich *President-fondateur*, Gründer Zaires, und so musste man ihn auch ansprechen), als Sie die diplomatischen Beziehungen 1973 abgebrochen haben, sagten Sie: ›Es gibt Momente, in denen eine Nation zwischen den Freunden und der Familie wählen muss wie ein Individuum. Ihm können die Freunde sympathischer sein, er wird aber doch die Familie wählen müssen.‹« Mit »Familie« hatte er das afrikanische Land Ägypten gemeint, das sich damals im Jom-Kippur-Krieg mit Israel befunden hatte. Der Freund war Israel. »Echte Freunde«, fügte ich hinzu, »haben einander viel zu sagen.« Endlich lächelte er und bat mich um die Zusammenfassung meines Anliegens. Anschließend lud er mich zu einem weiteren Termin ein, statt nach Kinshasa allerdings nach Nairobi in Kenia. Das lag daran, dass kurz nach unserem Treffen ein Gipfeltreffen von afrikanischen Staatsmännern in Nairobi stattfinden sollte. »Nach Nairobi zu gelangen ist für Sie einfacher«, sagte Mobuto, »außerdem können Sie dort noch andere Staatsoberhäupter treffen.« Um mir zu demonstrieren, was er meinte, wandte er sich an seinen Kollegen Kolingba: »André, kennst du den Mann, mit dem ich hier sitze? Ich wette mit dir, dass du nicht einmal weißt, wer er ist, obwohl er dein Gast ist. Ich weiß auch nicht, ob du die Absicht hast, ihn zu empfangen. Ich würde es dir aber sehr empfehlen.«

Sofort bekam ich die Audienz mit Kolingba, auf die ich so lange gewartet hatte.

Sowohl Mobutu als auch Kolingba und viele andere Spitzenpolitiker, die ich in diesen Jahren traf, erhofften etwas anderes von mir, als sie es in den Sechzigerjahren von Israel bekommen hatten und was Israel damals in Afrika beliebt gemacht hatte. Von den späten Fünfziger- bis zu Beginn der Siebzigerjahre hatten wir Hilfe im technischen und medizinischen Bereich, in Sachen Landwirtschaft und auf dem Gebiet der Erziehung geleistet. Dieses Mal wollten meine beiden Gesprächspartner in Bangui und viele andere hauptsächlich militärische Hilfe: Waffen und Ausrüstungsexperten. Für mich war das ein gravierendes Problem, weil dem Auswärtigen Amt in Jerusalem weder Waffen noch militärische Ausbilder zur Verfügung standen. Auch Geld für eine militärische Ausrüstung war nicht im Budget des Auswärtigen Amtes enthalten.

Ich beriet mich mit meinem Vorgesetzten David Kimche. Er war schließlich ein großer Afrikaliebhaber und überzeugter Initiator der neuen israelischen Afrikapolitik. Aber auch er wusste nicht, wie man den Wünschen von Mobutu und Kolingba nachkommen solle. Er sagte: »Wir müssen den Verteidigungsminister davon überzeugen, uns Hilfe zu leisten.« Da er nicht an einen Erfolg glaubte, wagte er nicht selbst, die Generäle mit unseren Wünschen zu konfrontieren, sondern schickte mich. Immerhin kündigte er mich dem Leiter des Nationalen Sicherheitsrates, General Abrascha Tamir, dem engsten Berater und Freund des Verteidigungsministers Ariel Sharon, telefonisch an.

Tamir erklärte sich bereit, mich zu empfangen, und so fuhr ich ins Verteidigungsministerium nach Tel Aviv – allerdings vergeblich. General Tamir war sehr höflich, erteilte mir aber sofort eine Absage: »Beziehungen zu Afrika sind nicht unsere Sache, und ich sehe nicht, warum wir dafür auf nur einen Pfennig unseres Budgets verzichten sollten.«

Es hatte keinen Sinn, zurück zu Kimche zu fahren, um zu jammern. Ich musste selbst eine Lösung finden.

Ein afrikanisches Land, das damals viel in den Nachrichten war, war der Tschad, ein Staat in der Mitte des Kontinents, südlich von Libyen. Der Tschad bestand zu großen Teilen aus Wüste, verfügte jedoch über ein wenig Erdöl. Da die Bevölkerungsmehrheit von Muslimen gestellt wurde, die darüber hinaus zum großen Teil mehr wie Araber als wie Afrikaner aussahen, hegte der libysche Staatschef Muammar al-Gaddafi Ambitionen, das Land unter seine Kontrolle zu bringen. Nach mehreren Anläufen war es ihm gelungen, im Tschad eine Marionettenregierung zu installieren, gegen die jedoch ein Aufstand unter der Führung des charismatischen Kämpfers Hissène Habré ausbrach. Habré hatte nach einem das Land verwüstenden Bürgerkrieg die prolibysche Regierung vertrieben und die Macht übernommen. Dafür befand er sich nun im Kriegszustand mit Libyen.

Das brachte mich auf eine Idee: Sollte es mir gelingen, Hissène Habré zu treffen und ihm als Gegenleistung für diplomatische Beziehungen Militärhilfe anzubieten, würde ich mehrere Fliegen mit einer Klappe schlagen: diplomatische Beziehungen mit einem afrikanischen Land, diplomatische Beziehungen mit einem größtenteils muslimischen Land und die Stärkung der Feinde Libyens, was von Vorteil für unsere Nahostpolitik war. Ich erinnerte mich an die Hilfe, die wir in den Siebzigerjahren den Kurden im Norden Iraks in ihrem Kampf gegen den Irak hatten zukommen lassen. Das war doch ein Plan, dem auch die Verteidigungselite zustimmen müsste!

Kimche reagierte auf meinen Plan zurückhaltend. »Das ist sehr kühn, was du vorschlägst«, sagte er, »aber auch riskant. Wir könnten in einen Krieg zwischen dem Tschad und Libyen geraten. Darüber müssen wir mit dem Minister sprechen.«

Yitzhak Shamir gab mir grünes Licht und sorgte dafür, dass sein Kollege in der Regierung, Ariel Sharon, mich ebenfalls empfing. Sharon hatte keine Ahnung von Afrika, seine Kontakte beschränkten sich auf das Apartheitsregime in Südafrika. Er schmunzelte und machte sich über mich lustig, weil ich mich mit solchen »Nebensächlichkeiten« beschäftigte. Als ich aber meine Trumpfkarte »Tschad und der Krieg gegen Libyen« zog, veränderte sich seine Miene. »Bringen Sie mir einen Beweis dafür, dass Sie einen Gesprächstermin mit Hissène Habré bekommen können. Ich sehe nicht, wie das passieren soll.«

»Und wenn ich einen Termin mit ihm bekomme?«

»Dann kommen Sie zurück zu mir.«

Ich wusste, dass Habré Unterstützung aus Paris bekam, und versuchte daher, seine Kontakte in Paris aufzusuchen. Ein ehemaliger Afrikaberater des französischen Präsidenten, inzwischen im Ruhestand, den ich noch aus meiner Amtszeit in Paris kannte, half mir weiter und ermöglichte es »Alberto Primor«, nach N'Djamena zu fliegen.

Es gab allerdings noch ein Hindernis: Weltweit gab es nur eine einzige Fluglinie, die N'Djamena anflog, eine französische Fluggesellschaft namens *Union de Transports Aériens* (UTA). Sie flog einmal wöchentlich von Paris nach N'Djamena und von dort weiter nach Brazzaville, in die Hauptstadt des französischen Kongos, von wo aus sie am nächsten Morgen über N'Djamena nach Paris zurückkehrte. Diese eine wöchentliche Maschine war ständig ausgebucht, und um auch den Rückflug zu erreichen, musste man sichergehen, dass man all seine Termine im Laufe des Nachmittages und der Nacht erledigte; andernfalls hätte man eine Woche auf die nächste Maschine warten müssen.

Zunächst musste ich also dafür sorgen, überhaupt einen Platz zu bekommen. Ich recherchierte und entdeckte, dass der Leiter der Fluggesellschaft UTA ein Mann namens Antoine Veil war – der Ehemann der berühmten französischen und europäischen Politikerin Simone Veil. Zu Simone Veil hatte ich einen guten Draht. Sie sprach mit ihrem Mann, und ich bekam tatsächlich einen Platz in der nächsten Maschine nach N'Djamena.

Nun musste ich noch sicherstellen, dass ich den Präsidenten noch am selben Tag würde treffen können. Mein Kontaktmann versprach mir, das möglich zu machen. Mir war bewusst, dass man sich angesichts der afrikanischen Gepflogenheiten, die ich bis dahin kennengelernt hatte, auf solch ein Versprechen nie verlassen kann. Ich ging das Risiko aber dennoch ein und flog auf gut Glück.

Wie in den anderen afrikanischen Staaten wurde ich am Flughafen von den Geheimdienstlern der Regierung empfangen und in eine Villa gebracht. Schon in der Maschine nach N'Djamena hatte ich mich nicht wohlgefühlt, als ich gesehen hatte, dass wir stundenlang über weite Wüste geflogen waren. Weit und breit war kein Dorf zu sehen. Die Fahrt vom Flughafen zur Regierungsvilla war dann eine außergewöhnliche Erfahrung für sich. Die Menschen in den Straßen sahen aus wie Beduinen oder Tuaregs, Wüstenkämpfer. Die Stadt war vollkommen zerstört und erinnerte mich an Bilder von Dresden oder Berlin nach dem Zweiten Weltkrieg. Das war das Ergebnis des Bürgerkrieges, der erst vor Kurzem geendet hatte. Eine Phantomstadt in der Mitte der Wüste.

»Gott«, dachte ich, »was mache ich, wenn ich morgen nicht mit der Frühmaschine zurückfliegen kann …«

Die Regierungsvilla, vor der die Fahrt schließlich endete, war eines der wenigen Gebäude, die noch unversehrt waren. Sie war groß, so gut wie leer und hatte einen Lehmboden; in der kleinen Küche gab es kein Gas, dafür dank eines Generators ein wenig Strom und eine Unmenge an Dienern, die sich aus Langeweile förmlich überschlugen, etwas für mich zu tun. Da kein Telefon vorhanden war, kommunizierte ich mit dem Büro des Präsidenten Habré per Zettel, die der Fahrer von der Villa zum Regierungspalast und zurück brachte. Die Diener kochten ununterbrochen einen grünen Tee, der so süß war, dass er beinahe wie Honig schmeckte. Da ich sehr hungrig war, störte mich das jedoch nicht.

Jedes Mal, wenn der Fahrer zurückkehrte, fragte ich, wann ich den Präsidenten treffen dürfe.

»Das werden Sie schon erfahren.«

Ich hatte es nach meinen bisherigen Erfahrungen in Afrika nicht anders erwartet. Doch mit jeder erfolglosen Nachfrage wuchs meine Sorge, dass ich Habré bis zum Morgengrauen nicht würde treffen können. Ich wartete, wartete und wartete und konnte natürlich nicht schlafen gehen. Auch zu duschen war nicht wirklich möglich. Zwar gab es Wasser, aber als Dusche fungierte ein Schlauch. Ich litt unter der Hitze, aber zumindest war es eine trockene Hitze.

Um drei Uhr morgens erschien der Fahrer endlich wieder und sagte die ersehnten Worte: »Der Präsident erwartet Sie.«

Wenig später waren wir dort. Der Palast sah erstaunlich gut, ja sogar prunkvoll aus. Ob der Krieg den Palast verschont hatte oder er sofort saniert worden war, habe ich nicht in Erfahrung gebracht. Hissène Habré beeindruckte mich jedenfalls wie fast kein anderer afrikanischer Spitzenpolitiker. Er war ein Wüstenkämpfer ohne jegliche Ausbildung, sprach aber dennoch ein exzellentes Französisch mit einem sehr reichen Wortschatz. Er war ungeheuer charismatisch, groß und schlank und sprach selbstbewusst, ohne

1 Trotz des Zweiten Weltkriegs erlebten mein Bruder Shimon (rechts) und ich eine weitgehend normale Kindheit. Das Foto zeigt uns beide mit unserer Mutter Selma.

2 Die Wohnung meiner Eltern in einem Haus in Ramat Gan war etwa hundert Meter von der einzigen gepflasterten Straße entfernt. Heute ist alles darum zugebaut.

3 Als 17-Jähriger in New York – zum ersten Mal erlebte ich das Gefühl grenzenloser Freiheit.

4 Militärdienst 1954/57. Er brachte mir eine bleibende Erinnerung: ein gebrochenes Bein, das mich lange ans Krankenbett fesselte.

5 Glück im Unglück: Im Lazarett lernte ich Miki kennen, die ich 1960 heiratete. Das Hochzeitsfoto zeigt uns gemeinsam mit meiner Mutter Selma (links), meinem Vater Joseph (2. von rechts) und meiner Schwester Ilana.

6 Claus von Amsberg war der erste Deutsche, den ich kennenlernte. Wir blieben bis zu seinem Tod eng verbunden – auch nach seiner Hochzeit mit Beatrix von den Niederlanden, der damaligen Thronfolgerin. Gemeinsam unternahmen wir unter anderem zahlreiche Bootsausflüge, hier zusammen mit meinem Sohn Daniel.

7 Bei unserer ersten Begegnung war ich befangen – bis Beatrix mich und meine erste Frau Miki mit offenen Armen begrüßte. Uns verbindet u.a. eine gemeinsame Leidenschaft: das Reiten. Im Hintergrund: meine zweite Frau, Ziona, und unser gemeinsamer Sohn Daniel.

8 Das königliche Paar und ein Teil der Familie Primor: Prinz Claus, Königin Beatrix, ich selbst, Daniel und Ziona.

9 Während meiner ersten Entsendung nach Afrika galt es, die israelische Botschaft in Abidjan aufzubauen. Miki und ich freuten uns, das Land und die Leute kennenzulernen. Das Bild zeigt uns und den Informationsminister der Elfenbeinküste, Amadou Thiam, samt Gattin bei einer Neujahrsfeier.

10 Zu meinen Aufgaben als Botschafter in Dahomey, dem heutigen Benin, gehörte auch die Begleitung von Staatsbesuchen nach Israel, hier bei einem Treffen des Regierungschefs von Dahomey, Justin Ahoma-degbé (Mitte), mit der israelischen Außenministerin Golda Meir (links) und dem amtierenden Ministerpräsidenten Abba Eban (rechts).

11   In meine Zeit als Presseattaché in Paris fiel Golda Meirs (Mitte) Besuch auf der
Sozialistischen Internationale im Herbst 1973. Ich überbrachte ihr als Bote Telegramme
in die Residenz und war erschüttert, wie gleichgültig sie auf die Hinweise auf einen
drohenden Krieg reagierte.

12   Kurz nach unserer Rückkehr von Paris nach Israel erfuhren wir, dass meine Frau Miki
schwer an Brustkrebs erkrankt war. Dennoch bestand sie darauf, mit mir gemeinsam noch
einmal in den Skiurlaub zu fahren.

13 Während meiner zweiten Afrikazeit arbeitete ich weiter auf einen diplomatischen Durchbruch hin. Dazu begleitete ich Ariel Sharon, damals Verteidigungsminister, auf seinen Reisen.

14 In den Gesprächen mit afrikanischen Regierungen ging es zumeist um israelische Militärhilfe, so auch bei den Gesprächen zwischen dem israelischen Staatspräsidenten Chaim Herzog (3. von links) und dem Staatspräsidenten von Zaire, Mobuto Sese Seko (Mitte).

15 Diplomatische Kontakte mit dem Tschad aufzunehmen bedeutete zugleich, mit
einem afrikanischen und mit einem muslimischen Land sowie mit einem Feind Libyens in
Beziehungen zu treten. Tatsächlich gelang es mir, Gespräche zwischen Ariel Sharon und
dem Außenminister des Tschad zu arrangieren.

16 Nach zähem Ringen gelang es uns 1987 endlich auch, offizielle diplomatische Beziehungen zur Elfenbeinküste aufzunehmen. Zur Verkündigung begleitete ich Ministerpräsident
Yitzhak Shamir (rechts) zum Gespräch mit Felix Houphouët-Boigny (2. von links, vorne).

17 Gleich zu Beginn meiner Zeit als Botschafter in Brüssel hatte ich die Ehre, gemeinsam mit dem dänischen Außenminister und amtierenden Ratspräsidenten (Mitte) den Kooperationsvertrag zwischen Israel und der EG zu unterzeichnen. Rechts Jean Durieux, Generaldirektor der D. G. I.

18 Claude Cheysson (Mitte), Europakommissar und ehemaliger französischer Außenminister, war mir von meinen Gesprächspartnern in Israel als gefährlicher Israelfeind angekündigt worden. Tatsächlich half mir keiner so sehr wie Cheysson, die Interessen Israels in Europa zu vertreten.

19   Politik wird nicht nur im Parlament gemacht, sondern auch bei Abendessen im kleine-
ren Kreis. Hier zum Beispiel in meiner Brüsseler Botschaftsresidenz mit dem belgischen
Regierungschef Wilfried Martens (ganz links), dessen Gattin Lieve Verschroeven (verdeckt),
Willy de Klerk, Jean Durieux und dem israelischen Außenminister David Levy (rechts oben).

20   In Brüssel war ich dreifach akkreditiert – als Botschafter für die Europäische Gemeinschaft, für Belgien und das Großherzogtum Luxemburg. Hier begleitete ich den israelischen
Außenminister Moshe Arens (Mitte) bei einem Besuch bei Jean von Nassau, Großherzog
von Luxemburg (rechts).

21   Am 26. November 1993 empfing mich Bundespräsident Richard von Weizsäcker zur Übergabe meines Beglaubigungsschreibens als Botschafter in der Villa Hammerschmidt in Bonn. Was würde mich in Deutschland erwarten?

22   Kurz nach meiner Amtseinführung galt es schon, eine erste Krise beizulegen. Nach Interviewaussagen Yitzhak Rabins war es zu Spannungen zwischen Israel und Deutschland gekommen. Daher flog der israelische Premierminister (vorne Mitte) zu einem Blitzbesuch nach Bonn, um sie im Gespräch mit Bundeskanzler Helmut Kohl (vorne rechts) beizulegen.

23   Einen großen Teil meiner Beliebtheit habe ich dem Geschick und dem Charme meiner Frau Ziona (links) zu verdanken. Sie begleitete mich bei vielen Anlässen, unter anderem 1994 zur Amtsübergabe von Bundespräsident Richard von Weizsäcker (2. von rechts) an seinen Amtsnachfolger Roman Herzog (Mitte).

24   Enger Kontakt auch mit dem Zentralrat der Juden in Deutschland. Dessen langjähriger Präsident Ignatz Bubis (2. von links) verstarb unmittelbar vor unserer Abreise nach Israel. Rechts meine Frau Ziona (von hinten) mit Christiane Herzog.

25   Vor seiner zweiten Reise nach Israel hatte Helmut Kohl Sorge, dass er dort nicht willkommen sei. Ich organisierte für ihn einen Abend mit israelischen Intellektuellen und begleitete ihn auch zu Ehud Olmert (Mitte), damals Bürgermeister von Jerusalem.

26   Politiker beider Länder miteinander ins Gespräch bringen, das betrachte ich als Hauptaufgabe eines Diplomaten – hier Kanzler a. D. Helmut Schmidt (links), zusammen mit dem israelischen Außenminister Shimon Peres (2. von rechts) und Johannes Rau (rechts), damals Ministerpräsident von Nordrhein-Westfalen.

27 Vom 28. Oktober bis 2. November 1995 begleitete ich den SPD-Vorsitzenden Rudolph Scharping auf seiner Antrittsreise nach Israel. Er war der letzte ausländische Staatsgast, den Premierminister Yitzhak Rabin empfing, bevor er am 4. November ermordet wurde.

28 Israel galt Privatinverstoren aus dem Ausland lange Zeit als zu unsicher. Erst 1996 wurde der erste Kooperationsvertrag zwischen dem Automobilbauer VW und den israelischen Salzmeer-Werken abgeschlossen. Anlässlich der Einweihung einer Magnesiumfabrik am Toten Meer begleitete ich VW-Chef Ferdinand Piëch (2. von links) und Gerhard Schröder (rechts), damals Ministerpräsident von Niedersachsen.

29　Nach der Premiere des Films »Schindlers Liste« 1993 zeigte sich Bundespräsident
Richard von Weizsäcker (links) sehr bewegt. Bei der Premiere ebenfalls anwesend
waren unter anderem Regisseur Steven Spielberg (3. von links) und Richard Holbrooke
(4. von links), Botschafter der USA in Deutschland.

30　Seine Äußerungen zu Israel haben immer wieder für Aufsehen gesorgt.
Nach seinem Gedicht »Was gesagt werden muss« verhängte Israel gegen Günter Grass
sogar ein Einreiseverbot, gegen das ich protestierte. Rechts Ulrich Wickert.

31 Kurz nach meiner Ankunft in Deutschland lud Helmut Herles (Mitte), damals Chef-redakteur des »Bonner General-Anzeigers«, Abdallah Frangi (rechts) und mich zu einem »Dialog« in die Redaktion ein. Noch heute verbindet uns das gemeinsame Engagement für die Verständigung zwischen Israelis und Palästinensern, für das wir 2013 gemeinsam mit dem Erich-Maria-Remarque-Friedenspreis der Stadt Osnabrück geehrt wurden.

32 Man muss einander zuhören, um die Argumente des anderen kennenzulernen, auch wenn man sie selbst für falsch hält. Aufeinandertreffen mit Palästinenserführer Jassir Arafat anlässlich der Verleihung des Deutschen Medienpreises am 23. November 1995.

33   Als ich 1999 auf dem Bonner Petersberg zu einem Abschiedsempfang einlud, kamen
tausend Gäste, um sich zu verabschieden – unter anderem Bundeskanzler Gerhard
Schröder (Mitte) und der ehemalige Verteidigungsminister Volker Rühe (rechts).

34   Nach meinem Abschied aus dem diplomatischen Dienst erfüllte ich mir einen lang
gehegten Traum: die Koordination eines inzwischen trilateralen Studiengangs, in dem
Studenten aus Israel, Palästina und Jordanien fit für Europa gemacht werden. Hier bei einer
Feierstunde in Düsseldorf mit Königin Beatrix von den Niederlanden (Mitte), Bundesprä-
sident Joachim Gauck (Mitte rechts), der nordrhein-westfälischen Ministerpräsidentin
Hannelore Kraft (Mitte rechts), Daniela Schadt (rechts) und den Studenten der drei Länder.

arrogant zu wirken. Wir redeten so lange miteinander, dass mein anschließender Bericht für die Regierung dreißig Seiten umfasste. Wir sprachen über Afrika, Europa, den Nahen Osten, den Tschad und den Krieg mit Libyen.

Habré war sehr an israelischer Militärhilfe interessiert und versprach mir dafür die Aufnahme diplomatischer Beziehungen, allerdings erst nach Ablauf einer Frist von neun Monaten. »Sie müssen verstehen: Ich und meine Anhänger sind Muslime, und wir kämpfen gegen ein anderes islamisches Land«, sagte er. »Es fehlt nicht viel, und man wird mich zum Verräter an der muslimischen Gemeinschaft erklären. Um es mir leisten zu können, meine Zusammenarbeit mit Israel bekannt zu machen, muss ich mich noch eine Weile bewähren.«

Ich bat ihn um einen weiteren Termin, da ich nicht bevollmächtigt war, diese Angelegenheit detailliert und verbindlich zu erörtern; dafür brauchte ich das Verteidigungsministerium.

Zwei Wochen später wiederholte ich die gleiche Reise mit General Tamir, den Sharon mir als Begleiter zur Seite gestellt hatte. Ich schilderte Tamir die Bedingungen in N'Djamena im Voraus, um ihn vorzubereiten, und dennoch war er sehr verwundert, als wir ankamen, weil er meinen Schilderungen keinen Glauben geschenkt hatte. In der Villa sagte er: »In meinem ganzen Leben habe ich noch nie so eine Sehnsucht nach einem Flugzeug gehabt wie heute hier.«

Auch diesmal empfing Präsident Habré uns erst nach Mitternacht. Das Ergebnis des Gesprächs war, dass wir einige Wochen später eine militärische Ausbildungsmannschaft mit Waffen, Ausrüstung und Ausbildern in den Tschad schickten. Das war möglich, weil es mir mittlerweile gelungen war, mit dem Nachbarstaat Kamerun diplomatische Beziehungen aufzunehmen, und die Regierung Kameruns Hissène Habré freundlich gesinnt war. Anders als geplant blieb unsere Mannschaft jedoch keine neun Monate im Tschad, weil es den Libyern in der Zwischenzeit gelungen war, Idriss Déby, den prolibyschen Feind von Hissène

Habré, zu unterstützen und Habré damit zu stürzen. Über Kamerun kehrte unsere Mannschaft zurück nach Israel.

Die ganze Geschichte war dennoch ein Erfolg für mich, denn durch sie hatte ich mir und meiner Afrikaarbeit bei unserem Militärestablishment einen Namen gemacht. Nun konnte ich Ariel Sharon davon überzeugen, selbst nach Afrika zu fliegen, um mit den afrikanischen Präsidenten über militärische Zusammenarbeit und die Wiederaufnahme diplomatischer Beziehungen zu sprechen. In einer Sondermaschine flogen wir zunächst nach Bangui und zweimal nach Nairobi und Kinshasa. Alle diese Flüge mussten geheim gehalten werden, da wir schließlich keine offiziellen Beziehungen mit diesen Ländern unterhielten, die mit den arabischen Staaten verbunden waren.

Die Flüge mit Sharon waren für mich eine Erfahrung und eine Lehre. Sharons Begleiter waren allesamt hohe Offiziere aus dem Generalstab oder hohe Beamte aus dem Verteidigungsministerium. Der einzige »Outsider« in diesem Kreis war ich. Ich hatte den anderen gegenüber aber einen entscheidenden Vorteil: Ich war der einzige Afrikakenner und der einzige Französischsprachige. Ich diente also unter anderem auch als Sharons Dolmetscher.

Außergewöhnlich an Sharon war, dass er über ein Land, das er besuchte, alles wissen wollte. Während des Flugs saß er mit einem kleinen schwarzen Notizbuch neben mir und stellte mir Fragen über das Ziel unserer Reise und kritzelte meine Erwiderungen mit einem Bleistift in sein Heft. In einem befehlshaberischen Ton stellte er eine Frage nach der anderen. Es fühlte sich an wie ein Verhör.

Ich bewunderte diese Neugierde zunächst. Seine Fragen überraschten mich bisweilen aber auch. So legten wir auf dem Rückweg unserer Reisen nach Schwarzafrika immer auch einen Zwischenstopp in Südafrika ein, mit dem ich mich eigentlich nicht wirklich auskennen konnte. Zwar unterhielten wir eine Botschaft in Südafrika und sie war offiziell meiner Abteilung im Auswärtigen Amt unterstellt, tatsächlich aber arbeitete der Botschafter – ein Likud-Politiker und kein Berufsdiplomat – mit dem Verteidigungsminister oder dem Ministerpräsidenten direkt zusammen.

Israels Beziehungen zum Apartheitsregime in Südafrika waren sehr eng und tief greifend, fast ausschließlich jedoch im militärischen Bereich. Die militärischen Beziehungen mit diesem Land hatten nach dem Sechs-Tage-Krieg begonnen, nachdem Frankreich, unser Hauptlieferant für Waffen, das Waffenembargo gegen Israel verhängt hatte. Südafrika, ebenfalls ein Kunde Frankreichs, hatte uns damals angeboten, verschiedene Waffen und Ersatzteile, besonders für die Luftwaffe, an uns weiterzuverkaufen. Danach hatten sich die Beziehungen zwischen den beiden Staaten viel weiter entwickelt, als man es sich im Voraus vorgestellt hatte. Während die schwarzafrikanischen Staaten die Beziehungen zu Israel abbrachen, festigten sich die Beziehungen zum »weißen Regime« im Süden. Nicht nur verkauften die Südafrikaner Waffen an uns weiter, sie wurden auch gute Kunden unserer Rüstungsindustrie und investierten in sie, manchmal entwickelten sie auch Waffen mit uns gemeinsam. Zu meinem Bedauern blieb diese Zusammenarbeit jedoch nicht auf den Rüstungsbereich begrenzt; wie im Fall des iranischen Schahs unterstützten wir die Südafrikaner auch im Bereich der Polizei und der Geheimdienste. All dies hatte mit unserer Botschaft aber nicht viel zu tun.

Im Falle von Südafrika hielt ich es daher für unnötig, dass Sharon mir Fragen stellte, da seine Leute sich doch viel besser damit auskannten als ich. Dennoch gab es auch hierzu ein Verhör, dicht, aber begrenzt. Sharon befragte mich nicht zu Südafrika im Allgemeinen und noch weniger zur Apartheid – er hatte keine grundsätzlichen Einwände gegen die Apartheid, wenngleich er nicht von ihr überzeugt war und nicht glaubte, dass sie von Dauer sein würde –, was ihn besonders interessierte, waren vielmehr die sogenannten *Homelands*, die man vornehm »Bantustans« nannte. Er wollte wissen, wie die Bantustans, die Südafrika offiziell als unabhängig anerkannte, regiert wurden. Ich erklärte ihm, dass es sich bei ihnen nicht um unabhängige Gebiete handle, sondern um Enklaven innerhalb des südafrikanischen Territoriums, deren Grenzen willkürlich von der südafrikanischen Regierung gesetzt worden und deren Regierungen Marionettenregierungen der südafrikanischen Regierung seien.

Als Nächstes fragte Sharon, wie Südafrika diese Bantustans kontrollierte. Ich erklärte ihm, dass die Staaten als Enklaven keine Grenzübergänge hätten, die nicht von Südafrika kontrolliert würden. Das schloss auch Import und Export und den Luftverkehr ein.

Und was geschehe mit der afrikanischen Bevölkerung am Rande der Bantustans?, wollte Sharon wissen.

»Die werden willkürlich zu Staatsangehörigen der Bantustans gemacht und damit tolerierte Ausländer in Südafrika.« Menschen also, die in Südafrika keine politischen Rechte haben.

Je mehr Fragen Sharon mir zu den Bantustans stellte, desto klarer wurde mir, dass er gar nicht an Südafrika, sondern an die palästinensischen Gebiete dachte. Als Sharon im Jahr 2002 erklärte, dass er die Besetzung der palästinensischen Gebiete beenden und den Palästinensern das geben würde, was sie in ihrer Geschichte nie hatten und nie von jemandem bekommen würden – einen Palästinenserstaat –, begriff ich dank unserer Gespräche in Südafrika zwanzig Jahre zuvor sehr schnell, was er meinte. Er dachte an ein in drei Teile gestückeltes Palästina, dessen Teile keinen geografischen Kontakt zueinander haben würden: zwei Teile des Westjordanlandes, insgesamt vierzig Prozent des Gebiets, und der Gazastreifen. Alle drei Gebiete wären von Israel umringt und infolgedessen kontrolliert. Die Palästinenser des Westjordanlandes, die nicht in diesen Landesteilen lebten, sollten dennoch Staatsangehörige des sogenannten Palästinenserstaates werden. Da Israel die Teile des Westjordanlandes, die nicht Teil des Palästinenserstaates werden sollten, später annektieren würde, würden die Palästinenser in diesen Gebieten tolerierte

Ausländer ohne politische Rechte bleiben. Damit beantwortete Sharon auch die Frage, was mit der Bevölkerung des Westjordanlands geschehen sollte. Er und das gesamte rechte Lager in Israel gingen nämlich davon aus, dass wir zumindest das Westjordanland behalten und im Laufe der Zeit in unser Staatsgebiet eingliedern sollten.

Die meisten, die sich in Israel aus historischen oder religiösen Gründen für die Annektierung von Gebieten aussprechen, verdrängen die Tatsache, dass sie dann nicht nur eine Fläche annektieren, sondern auch Menschen. Sharon bedachte das. Ihm war bewusst, dass er der palästinensischen Bevölkerung die israelische Staatsangehörigkeit würde gewähren müssen, sollte er das Land annektieren. Ihm war auch klar, dass sich die annektierte Bevölkerung dann der nicht jüdischen Minderheit mit israelischer Staatsangehörigkeit – zumeist israelische Araber – anschließen würde, wodurch Israel eine nicht jüdische Minderheit von etwa fünfundvierzig Prozent aufweisen würde. Angesichts der rasanten demografischen Entwicklung der Palästinenser würden diese innerhalb kurzer Zeit die Bevölkerungsmehrheit im Land stellen und könnten als Wähler die Mehrheit im Parlament gewinnen und in der Knesset ganz legal und legitim den jüdischen Staat abschaffen.

Sharon wusste, dass ein Apartheitsregime wie in Südafrika in Israel nicht funktionieren würde. Die Bantustan-Lösung schien ihm daher der beste Ausweg zu sein, um das Land zu annektieren, ohne den Palästinensern die israelische Staatsbürgerschaft und damit politische Rechte zu gewähren.

Im Sommer 2003 veröffentlichte ich beim Düsseldorfer Droste Verlag ein Buch mit dem Titel *Terror als Vorwand*. Es war die Zeit der amerikanischen Invasion im Irak, gegen die ich in meinem Buch plädierte, obwohl es in Israel fast einen Konsens zugunsten dieser Invasion gab. Der Titel meines Buchs bezog sich unter anderem deshalb auf den Irakkrieg, weil ich die amerikanische Aussage, sie würden damit den Weltterrorismus bekämpfen,

als Vorwand betrachtete. Genauso empfand ich die Aussage der
Siedler, dass Siedlungen ein Bollwerk gegen den Terrorismus bil-
deten, als Ausrede.

In diesem Buch beschrieb ich auch den Sharon-Plan und die
Bantustan-Idee, wie ich sie unseren Gesprächen in Südafrika ent-
nommen hatte. Es war mir zudem gelungen, eine Landkarte des
Bantustan-Plans ausfindig zu machen, die ich in diesem Buch ver-
öffentlichte. Wie war ich an diese Karte gekommen? Letztlich
war das gar nicht so schwierig gewesen, denn in der damaligen
Koalition des Likud von Sharon gab es die rechtsreligiöse Partei
HaIchud HaLeumi (»Nationale Union«), eine der Vorfahrinnen
der heutigen Bennet-Partei *HaBait HaYehudi* (»Das jüdische
Heim«). Sie bekämpfte hinter den Kulissen die Bantustan-Idee
Sharons, weil sie schlicht und einfach das gesamte Land annektieren wollte. Der Chef dieser Partei, Tourismusminister Benjamin
Elon, verteilte die Landkarte an seine Anhänger, um die Idee
zu bekämpfen, und so fiel sie auch mir irgendwann in die Hände.
Für diese Veröffentlichung erhielt ich ausgerechnet aus Deutschland negative Briefe von sogenannten Israelfreunden, die mich
beschimpften, weil ich es gewagt hatte, den israelischen Regierungschef »zu verleumden«.

Ich erwähnte bereits, dass ich 1982 in Kamerun einen besonderen
Erfolg erzielte. Präsident Paul Biya hatte mich mehrfach empfangen und zugesagt, die diplomatischen Beziehungen zu Israel
aufzunehmen. Auch er hatte allerdings eine Bitte, die sich für
mich wie eine Bedingung anhörte: Wenn er der Welt offiziell die
Wiederaufnahme der diplomatischen Beziehungen verkündete,
wollte er den israelischen Ministerpräsidenten zu Gast in Kamerun haben.

Mir war klar, dass es schwierig sein würde, ihm diesen Wunsch
zu erfüllen. Es war die Zeit der sogenannten Rotationskoalitio-
nen in Israel. Die Wahlen hatten einen Gleichstand zwischen
dem Likud und der Arbeitspartei zum Ergebnis gehabt, und keine

der Parteien hatte für sich eine Koalition bilden können. In dieser ausweglosen Lage wurde entschieden, eine Große Koalition zu bilden und die Führung dieser Koalition zeitlich zu teilen. In den ersten zwei Jahren sollte Shimon Peres, Anführer der Arbeitspartei, Premierminister sein, und Yitzhak Shamir, Anführer des Likud, sollte Außenminister bleiben. Nach zwei Jahren sollten sie die Rollen wechseln. Yitzhak Shamir war ein Falke wie kein zweiter, Peres hingegen stand für Verständigung mit den Palästinensern. Politisch stand ich ganz und gar hinter Peres. Aber als Mitarbeiter war es mir, und nicht nur mir, sehr viel angenehmer, mit Shamir zu arbeiten als mit Peres. Warum, lässt sich sehr gut daran zeigen, wie sie ihre Rollen zu Zeiten der Rotationsbewegung verstanden und lebten.

Als ich mit der guten Nachricht der bevorstehenden Aufnahme diplomatischer Beziehungen aus Kamerun zurückkam, war Shamir Außenminister und Peres Ministerpräsident. Kimche, dem ich den Wunsch Biyas mitteilte, hatte mir schon angekündigt, dass es Schwierigkeiten geben würde. Shamir würde nicht verstehen, warum nicht er als Außenminister nach Kamerun fahren sollte, sondern Peres, prophezeite er.

»Du weißt doch, wie die Afrikaner sind«, sagte ich. »Biya wird sich mit einem Außenminister nicht abfinden, und wenn wir ablehnen, wird das die Aufnahme der diplomatischen Beziehungen gefährden.«

»Das weiß ich«, entgegnete Kimche, »aber du musst nicht mich überzeugen, sondern Shamir.«

Der Außenminister gratulierte mir zum Erfolg in Kamerun, verstand aber tatsächlich nicht, warum nicht er nach Kamerun fliegen sollte. »Das ist doch das Ressort des Außenministers«, sagte er, »und nicht das des Ministerpräsidenten.«

Ich erklärte ihm die besonderen Gepflogenheiten der Afrikaner und bestand darauf, dass eine Absage die diplomatischen Beziehungen torpedieren könne. Er überlegte es sich kurz und sagte dann: »Gut, dann gehen Sie doch zum Ministerpräsidenten.«

Als Peres mich empfing und meine Geschichte einschließlich Biyas Wunsch hörte, sagte er nur: »In Ordnung, ich fliege da hin.« Besprechen sollte ich das Ganze mit einem seiner Mitarbeiter.

Ein Jahr später kam ich aus Togo zurück, wieder mit der Nachricht, dass diplomatische Beziehungen aufgenommen werden sollten. Ich musste innerlich lächeln, als Präsident Gnassingbé Eyadéma den Wunsch äußerte, dass der israelische Ministerpräsident nach Lomé kommen solle, um die Wiederaufnahme der diplomatischen Beziehungen zu feiern. Inzwischen hatte die Rotation stattgefunden: Shamir war Ministerpräsident und Peres Außenminister. David Kimche allerdings war inzwischen nicht mehr Generalsekretär im Auswärtigen Amt, sondern Yossi Beilin, ebenfalls ein Freund von mir und ein enger Vertrauter von Shimon Peres. Er gratulierte mir zum Erfolg in Togo, warnte mich aber davor, Peres zu sagen, dass nicht er, sondern Shamir nach Togo fliegen solle. Alle meine Erklärungen nutzten nichts. Er bot aber an, mich zum Außenminister zu begleiten, um mir gegen Peres' Zorn zur Seite zu stehen.

Tatsächlich reagierte Peres wütend, als er Eyadémas Wunsch hörte. »Kommt nicht infrage«, sagte er. »Dies ist die Sache des Außenministers. Ich fliege nach Togo.«

Ich plädierte inständig dafür, Eyadémas Wunsch nachzukommen. Peres hörte mir merklich ungeduldig zu. Als Beilin aber auch noch versuchte, mir den Rücken zu stärken, riss Peres der Geduldsfaden und er warf uns beide aus dem Büro.

»Ich habe dich gewarnt«, sagte Beilin draußen.

»Ja«, sagte ich, »aber sollen wir deshalb auf die diplomatischen Beziehungen mit Togo verzichten?«

»Ich bin ratlos«, sagte Beilin.

Ich dachte eine Weile in Ruhe nach und bat dann um einen neuen Termin bei Peres. Widerwillig schenkte mir Peres »fünf Minuten meiner Zeit und keine Minute mehr«. Um Peres zu überzeugen, stützte ich mich dieses Mal auf innenpolitische Argumente. Ich sagte ihm, dass es in Israel keine guten Schlagzeilen für den Außenminister geben würde, sollte durchsickern, dass die diplomatischen Beziehungen mit Togo geplatzt seien.

Peres warf die Arme in die Luft und sagte verärgert: »Gut, Togo ist doch nicht so wichtig wie Kamerun. Gehen Sie halt zu Shamir. Gehen Sie, aber gehen Sie sofort, und lassen Sie mich in Ruhe!«

Ministerpräsident Shamir empfing mich, hörte sich meine Togogeschichte an und reagierte ganz anders als erwartet und anders, als Peres es getan hatte, als ich ihm die Kamerungeschichte unterbreitet hatte. Anstatt zu sagen, er fliege nach Togo, fragte er: »Was sagt der Außenminister dazu?«

»Herr Ministerpräsident«, sagte ich, »wenn der Außenminister, mein Vorgesetzter, mir keine Genehmigung dazu erteilt hätte, wäre ich nicht zu Ihnen gekommen.«

»In dem Fall«, sagte er, »bin ich bereit, nach Togo zu fliegen.«

Nach einer Reihe von Erfolgen war ich dennoch frustriert, weil ich in der Elfenbeinküste mit meinen Bemühungen nicht weiterkam. Der glorreiche Patriarch Afrikas, Felix Houphouët-Boigny, der mich Jahre zuvor persönlich dafür ausgezeichnet hatte, dass ich der erste ansässige israelische Diplomat in seinem Land war und dort eine Botschaft gegründet hatte, wollte mich nun nicht mehr empfangen, und das, obwohl er genau wusste, was die Absicht meines Besuches war. Mit Hilfe von Kontakten, die ich in der Elfenbeinküste hatte, gelang es mir immerhin, bei Houphouët-Boigny einen Termin für Außenminister Shamir zu bekommen.

Das Gespräch, das während eines Besuchs in Genf stattfand, war sehr angenehm, beinhaltete eine ausführliche Analyse der gesamten Weltpolitik, blieb für uns aber ohne Ergebnis. »Was die Wiederaufnahme der diplomatischen Beziehungen anbelangt, so werde ich darüber nachdenken«, war das einzige Zugeständnis Houphouët-Boignys.

Dennoch blieb mir diese Reise nach Genf sehr deutlich in Erinnerung. Wir flogen zu dritt: Shamir, ein Sicherheitsbeamter und ich. In der Maschine besprach ich verschiedene Arbeitsangelegenheiten mit Shamir, und wir bereiteten uns auf das Gespräch mit Houphouët-Boigny vor. Danach wollte Shamir plaudern.

Da er sich darauf vorbereitete, das Gespräch in Genf auf Französisch zu führen, erzählte er mir, wie und warum er die Sprache so gut gelernt hatte – eine merkwürdige Geschichte und sicherlich so einzigartig, dass es lohnt, sie hier zu erzählen: Shamirs Familie stammte aus dem zaristischen Russland. Seine Eltern waren Kommunisten und hatten vor dem Ersten Weltkrieg im Untergrund gegen das zaristische Regime gekämpft. Als Shamir in den Zwanzigerjahren im damals russischen Polen aufwuchs, hatten seine Eltern zwar bereits nichts mehr mit dem Untergrund zu tun, gesprochen haben sie darüber aber sehr gerne, wenngleich nicht mit ihrem Sohn Yitzhak, sondern mit ehemaligen Kameraden aus dem Untergrund. Die Treffen der Untergrundveteranen fanden oft in der Wohnung der Shamirs statt, wo sich die Damen und Herren Heldengeschichten aus der zaristischen Zeit erzählten. Da die Eltern nicht wollten, dass diese Geschichten in Kinderohren gelangten, durfte der junge Shamir an den Treffen nicht teilnehmen. Er aber, so erzählte er mir, wollte nicht mit Gleichaltrigen draußen spielen, er wollte Untergrundgeschichten hören. So gewöhnte er sich an, sich im Wohnzimmer hinter dem Sofa zu verstecken, um den spannenden Geschichten der Veteranen zuzuhören.

1947, Jahre später, war aus dem Untergrundamateur Yitzhak Shamir der Befehlshaber der extremistischsten jüdischen antibritischen Untergrundorganisation *Lechi* geworden. Er wurde jedoch von den Briten aufgespürt und in Kenia interniert. Irgendwie gelang es Shamir, aus dem Gefangenenlager in Kenia zu flüchten und die Grenze nach Dschibuti zu überqueren. Die Engländer verlangten von den französischen Behörden Dschibutis die Auslieferung Shamirs. Die Franzosen verhafteten ihn, wollten ihn aber nicht ausliefern. Sie warteten noch auf Instruktionen aus Paris, und Paris zögerte. So saß Shamir monatelang, wenn auch unter verhältnismäßig bequemen Bedingungen, in Dschibuti im Gefängnis. Dort bekam er eines Tages Gesellschaft – einen blinden Passagier, den die französischen Behörden im Hafen von Dschibuti auf einem Schiff von Marseille nach Vietnam aufgegriffen hatten. Es handelte sich um einen vietnamesischen Kommunistenführer, einen der engsten Vertrauten des damals bereits berühmten Aufständischen Hồ Chí Minh.

Shamir sprach zu diesem Zeitpunkt nur wenig Französisch und konnte sich deshalb mit dem Vietnamesen, der keine andere europäische Sprache sprach, nicht gut unterhalten. Er entdeckte dennoch sehr schnell, dass der Kommunistenführer wenig Ahnung vom Kommunismus hatte und noch weniger von den Ursprüngen des Kommunismus in Russland. Er machte, so erzählte er mir, dem Vietnamesen deshalb ein Angebot: Shamir, der mittlerweile zum Kommunistenhasser geworden war, würde dem Vietnamesen Kommunismustheorien beibringen und würde dafür Französischstunden bekommen. Monatelang verbrachten die beiden so ihre Zeit im Gefängnis. »Bis die Franzosen sich entschieden, mich nicht den Briten auszuliefern, sondern mich auf freien Fuß zu setzen.«

Im Gespräch mit Houphouët-Boigny zeigte sich, was für ein guter Französischlehrer der vietnamesische Kommunist gewesen war.

Mit Shamir machte ich noch eine weitere amüsante Erfahrung. Nachdem ich 1984 zum stellvertretenden Generalsekretär des Ministeriums befördert worden war, waren mir die Afrika-, die Asien- und die Ozeanienabteilung unterstellt. 1985 gelang es uns zum ersten Mal, eine offizielle Einladung für einen israelischen Außenminister nach Japan zu bekommen. Wie üblich, hielt Shamir auch in Tokio eine Pressekonferenz ab, die ich moderierte. Anwesend waren nicht nur japanische, sondern auch viele internationale Journalisten. Unter anderem stellte ein pakistanischer Korrespondent mit lauter, näselnder Stimme eine Frage: »Herr Minister, ich habe in Ihrem Lebenslauf gelesen, dass Ihr Name

Shamir ein hebräisierter Name ist. Ursprünglich hießen Sie Jaziernicky. Ist es wirklich so unmöglich, dass Jazier Nicky und Jasser Arafat sich verstehen können?« Bewusst sprach er die beiden ähnlich klingenden Namen so aus, dass man meinen könnte, es handele sich um den gleichen Vornamen.

Der humorlose Shamir winkte mit einer Hand ab und fragte verärgert, was die nächste Frage sei.

Ich dagegen musste angesichts der Frage und der Stimme des Reporters schmunzeln.

Es dauerte bis 1986, bis ich endlich einen Termin beim Präsidenten der Elfenbeinküste in Abidjan bekam. Wie in Afrika üblich, wurde der Tag des Termins festgelegt, nicht aber die Stunde. Ich landete am Tag zuvor in Abidjan und wurde – inzwischen war ich daran gewöhnt – von Mitarbeitern des Geheimdienstes abgeholt und ins *Hotel Ivoire* gebracht, wo für »Alberto Primor« ein Zimmer reserviert war. Die Geheimdienste empfahlen mir, im Hotel zu bleiben, um auf eine Nachricht über den genauen Termin zu warten. Am Nachmittag wurde ich von der Rezeption des Hotels darüber informiert, dass ein Brief für mich angekommen sei.

Ich war verwundert – wer in Abidjan könnte mir einen Brief schreiben? Eigentlich war es doch ein Geheimnis, dass ich zu diesem Termin hier war. Ich riss den Umschlag auf und sah, dass der Brief an Avi Primor adressiert war, nicht an Alberto, und vom Leiter des Hotels kam.

Die Geschichte des Hotel Ivoire, damals das eleganteste und luxuriöseste Hotel Westafrikas, war eine Geschichte, mit der ich gut vertraut und eng verbunden war. Vor ihrer Unabhängigkeit war die Elfenbeinküste ein autonomer Staat im Kolonialgebiet der Franzosen gewesen, schon damals regiert von Felix Houphouët-Boigny, der nebenher auch Minister in verschiedenen Regierungen in Paris war. 1958 hatte er an einer interafrikanischen Konferenz im liberianischen Monrovia teilgenommen. Als er von dort nach Paris zurückkehrte, bestellte er in seiner Funktion als

Minister den israelischen Botschafter zu sich. Walter Eytan hatte soeben erst seinen Posten angetreten und kannte sich mit Afrika so gut wie nicht aus. Houphouët-Boigny erzählte ihm ausführlich von dem Hotel, in dem er in Monrovia übernachtet hatte. Ein wunderschönes, modernes Hotel sei es, und Israelis hätten es gebaut. Es sei sein Wunsch, dass diese israelische Gesellschaft ein ähnliches, wenngleich doppelt so großes Hotel in Abidjan bauen würde.

Eytan, der keine Ahnung hatte, wovon Houphouët-Boigny sprach, berichtete Jerusalem von dem Gespräch. Das Hotel in Monrovia war von sehr bekannten Unternehmern, den Mayer-Brüdern, erbaut worden, die unter anderem auch das erste Hochhaus in Tel Aviv finanziert hatten. Sie erklärten sich sofort bereit, die Möglichkeiten für solch ein Projekt in Abidjan zu sondieren, machten aber zur Bedingung, dass die israelische Regierung ihnen Garantien für ihre persönlichen Investitionen geben sollte.

Als ich 1961 als erster israelischer Vertreter nach Abidjan gekommen war, hatte ich dort eine Delegation der Mayer-Brüder getroffen, die vom Familienoberhaupt der Mayer-Familie, Moshe Mayer, geleitet wurde. In meiner ersten offiziellen Post, die ich damals aus Israel bekam, hatte sich auch ein Brief befunden, der mich bevollmächtigte, die israelischen Garantien für die Mayer-Brüder im Namen der Regierung zu unterschreiben. Ich freundete mich mit der Delegation an, weil wir wochenlang gemeinsam im Park Hotel untergebracht waren, einem in die Jahre gekommenen Hotel im alten Kolonialstil. Die Mayer-Brüder, die schon lange mit Beamten der Elfenbeinküste zu tun hatten, waren verwundert, dass niemand von ihnen Schmiergeld verlangt hatte. Sie konnten gar nicht glauben, dass es in Afrika ein Land ohne Korruption gebe.

Das wiederum verwunderte mich, und so fragte ich, warum das eine Ausnahme sein solle.

»Das einzige afrikanische Land, das wir bis jetzt kannten, war Liberia«, sagten sie.

Dann erzählte Moshe Mayer mir seine Geschichte aus Liberia. »Das Hotelunternehmen in Monrovia habe ich mit dem liberianischen Präsidenten Tubman ausgehandelt«, sagte er. »Nachdem wir alle finanziellen Details vereinbart hatten, bat er mich, die technischen Details mit dem Arbeitsminister zu besprechen. Nach diesem Treffen fragte mich der Arbeitsminister, ob ich für die Bauarbeiten keine Lkws bräuchte. ›Natürlich‹, sagte ich, und daraufhin fragte er, wie viele und welcher Art. Ich sagte: ›Etwa vierzig und am besten die größten, die es gibt.‹ ›Und die haben Sie in ihrem Besitz?‹, fragte der Arbeitsminister mich. ›Nein, natürlich nicht, die müsste ich mieten oder aus dem Ausland herbringen.‹ ›Dann könnten Sie vielleicht meine mieten‹, bot er mir an. ›Das wäre schön. Welche haben Sie denn und wie viele?‹ ›Genau die, die Sie beschrieben haben, und genau die Anzahl.‹ ›Was für ein schöner Zufall! Das Angebot nehme ich gerne an.‹ ›Sehr schön‹, sagte der Minister, ›Sie kaufen die Lkws, bringen sie ins Land, geben sie mir, und dann vermiete ich sie Ihnen.‹ Ich war sprachlos und rechnete mir aus, wie viel teurer der Hotelbau dadurch werden würde und wie die Endrechnung für die liberianische Regierung aussehen würde. Der Minister war glücklich, wir verabschiedeten uns als beste Freunde, und ich war zufrieden, weil ich davon ausging, dass die Arbeiten nun zumindest reibungslos verlaufen würden. Ein paar Wochen später kehrte ich zurück nach Liberia und bat um einen Termin mit ›meinem‹ Minister. Ein Termin mit dem Arbeitsminister wurde festgelegt, nur war es inzwischen ein neuer Minister. ›Mein‹ Minister war versetzt worden. Wütend bat ich um einen Termin bei Präsident Tubmann. ›Sie haben mich doch zum Arbeitsminister geschickt, und ich habe alles genau so getan, wie Sie es wollten. Und jetzt finde ich auf einmal einen anderen Minister vor.‹ ›Na und?‹, fragte der Präsident. ›Alle müssen doch ein bisschen verdienen, oder?‹«

Das Hotel, das die Mayer-Brüder seither in Abidjan gebaut hatten, war nicht nur doppelt so groß wie das in Monrovia, sondern mindestens vier Mal so groß: ein riesiger Bau mit zwei Türmen. Zwischen diesen befand sich ein künstlicher See zum Schwimmen, und auch in den Türmen gab es Schwimmbäder. In der großen Halle, die die Türme miteinander verband, fand man die elegantesten Läden, die besten Restaurants (einschließlich eines Restaurants, das im *Guide Michelin* drei Sterne bekommen hatte und damit das Einzige seiner Art in Afrika war), mehrere Kinosäle und sogar eine Eissporthalle. Im Vertrag mit den Mayer-Brüdern war auf Wunsch des Präsidenten der Elfenbeinküste festgelegt worden, dass der Leiter des Hotels ein Israeli sein müsse.

Fünfundzwanzig Jahre später lud mich der israelische Hoteldirektor in seinem Brief zum Abendessen ein. In seiner höchst eleganten Wohnung, einem Penthouse in der Spitze von einem der Türme, ließ er uns ein üppiges Essen aus dem Drei-Sterne-Restaurant servieren. Im Laufe des Gesprächs gestand mir der Hoteldirektor, dass er ein Anliegen habe. »Ich weiß, dass Sie morgen vom Präsidenten empfangen werden.«

»Sie wissen aber viel!«, sagte ich.

»›Viel‹ ist nicht das richtige Wort, ich weiß *alles*, was sich hier abspielt«, sagte er. »Ich möchte Sie bitten, dem Präsidenten morgen etwas zu unterbreiten. Ich bin vor sieben Jahren mit einem Fünfjahresvertrag hierhergekommen. Nach fünf Jahren wollte ich zurück nach Hause, doch der Präsident befahl mir, meinen Vertrag um noch ein Jahr zu verlängern. Nach dem sechsten Jahr erhielt ich den gleichen Befehl. Nun sind sieben Jahre vorbei, und ich will wirklich nach Hause. Der Präsident aber verlangt, dass ich ein achtes Jahr bleibe. Ich habe hier keinen Grund zur Klage, mein Gehalt ist mehr als befriedigend. Meine Lebensbedingungen sind, wie Sie sehen, nicht bescheiden. Ich werde von allen wie ein hoher Staatsbeamter behandelt. Aber alles muss ein Ende haben, und ich will schlicht und einfach nach Hause. Sagen Sie bitte dem Präsidenten, dass er mich nicht braucht. Die Zeiten, in denen er einen ausländischen Direktor für sein Hotel brauchte, sind vorbei. Wir haben in den letzten Jahren die begabtesten Absolventen der Universitäten bei uns eingestellt. Wir haben sie zu Hotelfachleuten ausgebildet und danach zur Lehre in die besten Hotels in Europa geschickt. Ihm steht eine große Auswahl zur Verfügung, aus der er einen würdigen Nachfolger für mich aus seinem eigenen Land wählen kann.«

Ich sagte dem Hoteldirektor, dass ich wegen einer bestimmten Mission hier sei, sein Anliegen also nur erwähnen könne, wenn das Gespräch beendet und die Stimmung so gelassen sei, dass es angebracht sei.

»Das ist mir klar«, sagte er. »Mehr verlange ich auch nicht.«

Der Präsident empfing mich erst am nächsten Abend nicht in seinem Büro, sondern in seiner Residenz. Er hatte gute Laune und wollte lange plaudern. Nachdem ich die Gelegenheit bekommen hatte, mein Anliegen ausführlich zu besprechen und der Präsident endlich die Wiederaufnahme der diplomatischen Beziehungen zugesagt hatte, bekam ich den Eindruck, dass der Präsident in der Stimmung war, weiterzureden. Also erlaubte ich mir, das Anliegen des Hoteldirektors vorzubringen. Ich bat den Präsidenten um die Erlaubnis, ein Thema anzusprechen, das mich eigentlich nichts anginge. Er erteilte sie mir, und ich begann mit meiner Geschichte.

Kaum fing ich an zu sprechen, hob der Präsident jedoch seine Hand, um mir zu signalisieren, dass ich schweigen solle. »Sagen Sie gar nichts, ich sage Ihnen etwas«, sagte er. »Der Mann kam für fünf Jahre, ich zwang ihn, ein sechstes, dann ein siebtes Jahr hierzubleiben, jetzt hat er Sehnsucht nach seiner Heimat und will unbedingt zurück. Er hat so viele wundervolle Nachfolger ausgebildet, ich bräuche ihn gar nicht mehr ...« Er wiederholte die Geschichte so, wie ich sie am Abend zuvor gehört hatte, und schloss mit den Worten: »Der Mann bleibt hier!«

»Das verstehe ich nicht«, maßte ich mir an zu sagen. »Warum muss er bleiben, wenn seine Version der Geschichte doch stimmt?«

»Das können nur Afrikaner verstehen«, sagte er. »Um das zu verstehen, muss man unsere Sitten, Gepflogenheiten und Traditionen kennen. Es stimmt: Ich könnte ohne Weiteres einen bestens ausgebildeten Afrikaner finden, der das Hotel leitet. Aber in dem Moment, in dem ich einen Afrikaner zum Direktor ernenne, wird das Hotel Pleite machen. Ein Mann in einer hohen Position in Afrika wird sofort von seinem Stamm oder von seiner entfernten Familie in Anspruch genommen. Die Solidarität des traditionellen afrikanischen Lebens verlangt, dass man alles mit dem Stamm teilt. Wenn ein Stammesangehöriger kein Essen hat, dann sorgt der Stamm dafür. Alles wird geteilt. Und wenn ein Stammesangehöriger reich wird, muss er den Stamm unterstützen. Der Stamm wird nie verstehen, dass ein Direktor eines solchen Hotels selbst kein reicher Mann, sondern nur ein Angestellter ist. Also wird der Hoteldirektor, um seinen Stamm zufriedenzustellen, stehlen müssen. Damit er stehlen kann, muss er auch seine engsten Mitarbeiter stehlen lassen. Das Hotel wird dann von Korruption zerfressen und geht Pleite. Das können wir uns nicht leisten. Das Hotel ist Bestandteil unseres Prestiges; es hat Anziehungskraft und ist Werbung für Investoren aus aller Welt. Außerdem leistet das Hotel, solange es effizient geführt wird, einen Beitrag zum Staatseinkommen. All das können wir uns nicht leisten zu verlieren. Ihr Mann bleibt hier.«

Mein Hotelgastgeber ließ es sich dieses Mal nicht mehr gefallen und reiste auf eigene Faust nach Israel aus. Er wurde von einem Schweizer ersetzt. Nach dem Tod Houphouët-Boignys bekam das Hotel dann tatsächlich erstmals einen afrikanischen Direktor – und machte Pleite. Ich besuchte das Hotel Anfang 2010. Es war eine Ruine.

Das System Houphouët-Boigny, das die Entwicklung der Elfenbeinküste zu einer Erfolgsgeschichte gemacht hatte, basierte auf derselben Philosophie, die er in Bezug auf seine Hotelgeschichte vertrat. Schon als autonomer Regierungschef der Elfenbeinküste in den Fünfzigerjahren, dann, ab 1960, als Präsident der unabhängigen Republik ernannte er afrikanische Minister. Ihnen wurde zwar alle Ehre zuteil, sie hatten aber nicht die echte Macht inne. Hinter den Kulissen agierte in jedem Ministerium ein französischer Berater »des Ministers«, der in Wirklichkeit unmittelbar dem Präsidenten unterstellt war. Dadurch konnte der Präsident die Korruption in Grenzen halten und die Verwaltung effizient führen, wodurch er die Elfenbeinküste für Investoren attraktiv machte. Nach Houphouët-Boignys Tod 1993 lockerte sich das System, das er über fast fünfzig Jahre aufgebaut hatte. In der Folge entwickelte sich die Elfenbeinküste – sehr zu ihrem Nachteil – wie die anderen afrikanischen Staaten. Allerdings verfügte sie mit ihrer reichen Wirtschaft und Infrastruktur bereits über einen soliden Hintergrund.

Ich sah Houphouët-Boigny 1987 zum letzten Mal, als ich anlässlich der Wiederaufnahme der diplomatischen Beziehungen unseren Ministerpräsidenten Yitzhak Shamir in die Elfenbeinküste begleitete. Dieses Mal empfing Houphouët-Boigny uns in seiner Heimatstadt Yamoussoukro. Er war körperlich schwach, geistig aber vollkommen kontrolliert. Wie er es immer in jedem Bereich war.

Parallel zu meinen jahrelangen Bemühungen, wieder Beziehungen zu Afrika aufzubauen, hatte ich mit der südafrikanisch-israelischen Politik zu ringen. Das weiße Südafrika war schon vor dem Apartheitsregime ein großer Freund Israels gewesen. Die prägende Politikerpersönlichkeit Südafrikas, General Jan Christiaan Smuts, hatte die zionistische Bewegung und die Unabhängigkeit Israels beharrlich unterstützt, und mit dem Erlass der Apartheitsgesetze hatte sich in den Beziehungen zu Israel nicht viel geändert. Inhaltlich hatten sie damals aber auch noch keine große Bedeutung gehabt. Erst nach dem französischen Embargo im Umfeld des Sechs-Tage-Krieges 1967 war Südafrika für uns wirklich interessant geworden. Mit der Lieferung der von den Südafrikanern für uns erworbenen Waffen und Ersatzteile hatten sich intensive Beziehungen zwischen den beiden Ländern entwickelt, die auch zu einer Zusammenarbeit der Armeen, der Rüstungsindustrien und

der Geheimdienste führten. Israelische Waffenexporte nach Südafrika wurden ein wichtiges Element für die Entwicklung der israelischen Rüstungsindustrie, und auch die gesamtwirtschaft-
liche Entwicklung wurde davon beeinflusst. Es gab sogar
Gerüchte, dass die israelische Nuklearentwicklung ebenfalls in
Zusammenarbeit mit Südafrika geschah. Ob das tatsächlich der
Fall ist, kann ich nicht beurteilen.

Aus Staatsräson zu handeln, kann ich als Diplomat natürlich
nachvollziehen, und letzten Endes war das Interesse meines
Staates auch für mich immer vorrangig. Ich fand jedoch, dass eine
Zusammenarbeit mit dem weltweit einzigen Staat, der nach der
Nazizeit Rassegesetze eingeführt hatte, stinkt, und zwar außer-
ordentlich.

Was mich besonders verdross, waren die emotionalen Beziehungen, die sich zwischen den israelischen Verteidigungs- und
Militärbehörden und ihren Kollegen in Südafrika entwickelt hatten. Südafrika war für sie nicht nur zu einem Partner, sondern
zu einem Freund, ja sogar einem Bruderland geworden. Ich war
überzeugt davon, dass ich unbedingt ein Mittel finden müsste,
um zumindest diese Beziehungen zu lockern, aber als Leiter der
Afrikaabteilung hatte ich nur wenig Einflussmöglichkeiten. Wie
erwähnt, hatte unsere Botschaft in Südafrika entweder keine
große Bedeutung oder sie unterstellte sich den Verteidigungsbe-
hörden, wie es zu den Zeiten gewesen war, in denen wir einen
Likud-Botschafter hatten.

Erst in der ersten Rabin-Regierung fand ich für meine Bestrebungen endlich einen Verbündeten. Rabin selbst hatte keine
Hemmungen und hätte in Bezug auf Südafrika so weitergemacht
wie seine Vorgänger. Sein junger Generalsekretär, der zukünftige
Minister Yossi Beilin, war jedoch anderer Ansicht. Gemeinsam
mit ihm habe ich versucht, die Regierung in unserem Sinne zu
beeinflussen, bis wir so weit waren, um zumindest offiziell ein
Waffenhandelsverbot mit Südafrika zu verhängen. Damit wurde
der Waffenhandel zwar nicht beendet, da die Vereinbarung lau-

tete, dass die unterschriebenen Verträge bis zum Ende respektiert würden; neue Verträge würden aber nicht unterschrieben.

Obwohl sich vor Ort nichts änderte, war es für mich eine Erleichterung. Jüdisch-amerikanische Organisationen, die damals wegen der israelischen Südafrikapolitik in den afroamerikanischen Kreisen in Bedrängnis gerieten, hatten mich schon vor dem Waffenhandelsverbot mehrfach nach Amerika eingeladen, damit ich vor afroamerikanischem Publikum über die Beziehungen zwischen Israel und Schwarzafrika sprach und bewies, dass wir nicht gegen Schwarze waren. Das neue Waffenhandelsverbot erleichterte mir diese Arbeit.

Ich bemühte mich nicht nur, die Beziehungen zum Apartheitsregime in Südafrika abzubrechen, sondern auch, Kontakte zu den Schwarzen in Südafrika aufzubauen. So drängte ich unsere Abteilung für Internationale Kooperation dazu, Ausbildungskurse für schwarze Südafrikaner bei uns zu organisieren. Viel Unterstützung habe ich dabei von der *Histadrut*, der Föderation der Gewerkschaften in Israel, bekommen.

1982 trat eine bekannte afrikanische Wochenzeitung namens *Afrique à la Une* an mich heran. Sie arbeitete von Genf aus, weil sie nur außerhalb Afrikas wirklich unabhängig sein konnte und weil die Zeitung von dort aus im gesamten französischsprachigen Afrika verbreitet werden konnte. Der Chefredakteur Jacques NZambe bat mich um ein Interview mit Ministerpräsident Menachem Begin. Mir war klar, dass Begin so ein Interview nicht geben würde. Ich hatte aber ein großes Interesse daran, dass unsere Version der Dinge auch in dieser Zeitung erscheinen würde. Also ließ ich mir Folgendes einfallen: Ich bat NZambe darum, dass er mir die Fragen schriftlich zuschickte, und versprach ihm, dafür zu sorgen, dass Begin sie beantwortete. Ich ging damit ein gewisses Risiko ein, denn ich konnte nicht wissen, ob Begin das akzeptieren würde. In der Tat rechnete ich eher damit, dass Begin den Vorschlag eher ablehnen würde. Um mich dagegen zu wappnen, beantwortete ich die Fragen selbst.

Das Interview bestand aus zwei Teilen. Der erste war dem Nahen Osten gewidmet, der zweite den Beziehungen zwischen Israel und Afrika, darunter waren auch Fragen zum Apartheitsregime. Ich tat mein Bestes, um inhaltlich und stilistisch so zu schreiben, wie ich mir das von Begin vorstellte. Bei den Fragen zum Nahen Osten ließ ich mich nicht von meinen eigenen Vorstellungen beeinflussen, es musste alles »rein Begin« sein. Auch im zweiten Teil imitierte ich den Begin-Stil, erlaubte mir aber inhaltlich mehr Freiheiten. Vor allem bei der Beantwortung der Südafrikafragen war ich kühn. Ich schrieb, dass wir als Juden keineswegs Rassegesetze unterstützen dürften, die wir eigentlich bekämpfen müssten. Dass wir mit dem südafrikanischen Regime nur aus Not und so wenig wie möglich kooperierten und dass wir auch das nicht verlängern wollten. Und natürlich erzählte ich von unseren Ausbildungskursen für Schwarze aus Südafrika. Nun musste ich nur noch dafür sorgen, dass Begin das Interview las und unterschrieb.

Um das zu erreichen, musste ich Begins Mitarbeiter umgehen. Ich ging also in die Knesset und lauerte Begin dort auf. Als ich ihn im großen Korridor erblickte, ging ich ohne zu zögern auf ihn zu.

Begin, der, wie erwähnt, eine besondere Sympathie für mich hegte, blieb stehen und begrüßte mich sehr freundlich. Ich erklärte ihm mein Anliegen so kurz und präzise wie möglich. Die Mitarbeiter, die natürlich merkten, dass ich sie umging, sahen mich höchst verärgert an, Begin aber lächelte und sagte, dass er noch ein paar Minuten habe, bevor er seine Rede im Plenarsaal halten müsse. »Kommen Sie mit in mein Knesset-Büro, und wir besprechen die Sache.«

Er schloss hinter uns die Tür und ließ niemanden herein, sodass wir zwei allein in seinem Büro waren. Ich zog meinen Text aus der Tasche und sagte ihm, dass ich mir erlaubt habe, die Fragen für ihn zu beantworten, um ihm die Arbeit zu erleichtern.

Begin schaute mich überrascht an. »Das ist unüblich. Ich lasse mir weder Reden noch Interviews von irgendjemandem schreiben, ich mache das immer selbst.« Er zögerte einen Moment und sagte dann: »Na gut, da Sie die Arbeit schon geleistet haben, zeigen Sie einmal her.« Er las den ersten Teil zum Nahen Osten sehr langsam und sorgfältig. Nach jeder Antwort nickte er und sagte: »Sehr gut geantwortet. Sehr richtig. Gute Arbeit.« Zweimal fügte er ein paar Worte handschriftlich hinzu. Als er den gesamten ersten Teil durchgelesen hatte und sehr zufrieden war, sagte er: »Der zweite Teil hat doch mit Afrika zu tun. Da sind Sie ja unser Experte, und ich verstehe nicht viel davon. Da vertraue ich Ihnen vollkommen.« Dann unterschrieb er das ganze Interview als Bestätigung.

Ich tat mein Bestes, dieses Interview, das ich für Begin auf Hebräisch geschrieben hatte, mit Hilfe von Übersetzern so ins Französische zu übertragen, dass beide Versionen gleich waren. Dann schickte ich NZambe das gesamte »Begin-Interview« zu, und er machte daraus einen großen Artikel in seiner Wochenzeitung.

Ich glaube nicht, dass NZambe wusste, was für einen fleißigen Verkäufer er für seine Zeitung in mir gefunden hatte. Meine Mitarbeiter und ich setzten alles daran, die Zeitung so weit wie möglich in Afrika und in afrikanischen Kreisen in Europa zu verteilen. Auch benutzte ich meine Aussagen über die Apartheid und über Südafrika bei allen sich bietenden Gelegenheiten als »Begin-Zitat«. Bei offiziellen afrikanischen Staatsbesuchen in Israel und bei Besuchen von Israelis in Afrika war ich in der Regel für das Verfassen der israelischen Reden verantwortlich. In allen befand sich das »Zitat« über die Rassegesetze.

Als ich das erste Mal eine Afrikarede für Staatspräsident Chaim Herzog schrieb, schaute er mich prüfend an und sagte: »Das kann nicht sein, dass Begin so etwas gesagt hat. Das entspricht doch gar nicht seiner Politik.«

Ich war auf diesen Einwand natürlich bestens vorbereitet und zeigte dem frankophonen Herzog das Zitat in der Wochenzeitung. »Unglaublich«, staunte Herzog, »aber wenn Begin so etwas sagt, kann ich mir das auch leisten.« Und das tat er mit Freude.

Meine Afrikajahre waren voller Herausforderungen, Abenteuer, Enttäuschungen und Erfolge. Leicht war es nicht immer. Anfänglich war es für mich sogar schmerzlich, überhaupt ins Ausland zu reisen.

Das hatte einen Grund: Kurz nachdem wir aus Paris nach Jerusalem zurückgekehrt waren, war bei meiner Frau Miki ein Tumor in der Brust entdeckt worden. Ein ganz kleiner, der ihr auch keine Schmerzen bereitete. Zunächst waren weder die Ärzte noch Miki selbst besonders beeindruckt gewesen. Nach den üblichen Untersuchungen wurde entschieden, sie zu bestrahlen. Die Ärzte gingen davon aus, dass eine gezielte Bestrahlung, mehrmals wiederholt, den Tumor beseitigen würde.

Etwa zur gleichen Zeit fand Miki eine Arbeit in Jerusalem, die ihr viel Freude bereitete. Seit geraumer Zeit hatte sie von dem berühmten Bürgermeister Jerusalems, Teddy Kollek, geschwärmt, und sie hatte, schon von Paris aus, oft ehrenamtlich Aufgaben für ihn erledigt. Nun bot Kollek ihr den Posten der Leiterin der Zuwanderungsabteilung in der Jerusalemer Stadtverwaltung an. Das war eine heikle Aufgabe. Miki und ihre Mitarbeiter sollten den Zuwanderern, die nach Israel kamen und sich in Jerusalem niederließen, das Leben erleichtern und ihnen in jeder Hinsicht Hilfe leisten, vor allem im Umgang mit der israelischen Bürokratie. Ich war über Mikis Begeisterung für dieses Angebot verwundert, wäre ich selbst zu so einer Arbeit doch wahrscheinlich nicht fähig gewesen – sich Tag und Nacht mit unzufriedenen und unglücklichen Menschen zu beschäftigen, mit Menschen, die Schwierigkeiten haben, sich im neuen Land zu integrieren, und sich zu bemühen, ihnen zu helfen, wo immer es möglich ist, wäre nichts für mich gewesen. Ihr aber bereitete es große Freude, weil sie den Eindruck hatte, hier eine menschliche wie auch patriotische Herausforderung gefunden zu haben, die zudem anders als jede andere Verwaltungsaufgabe viel Erfindungsreichtum erforderte.

»Warum bist du so erstaunt, dass ich diese Arbeit liebe?«,

fragte sie mich. »Du liebst es, ein unkonventioneller Diplomat zu sein. Ich will eine unkonventionelle Stadtbeamtin sein.«

Durch Mikis Arbeit kam ich in unmittelbaren Kontakt mit Immigranten, hauptsächlich aus der Sowjetunion und aus Argentinien, die in diesen Jahren das Gros der Zuwanderer stellten. Es waren Menschen, die ich sonst wahrscheinlich nie kennengelernt hätte, denn sie kamen aus Ländern, die mir unbekannt waren.

Die Freude an der Arbeit und ihre Beschäftigung mit unseren Söhnen Guy und Adar, die sich auch an das neue Land gewöhnen mussten, verdrängten bei Miki die Sorge um den Tumor. Sie ging ab und zu zur Bestrahlung, wie sie auch ab und zu zur Kosmetikerin ging; als sei es eine Nebensächlichkeit.

Unsere Kinder, die bei unserem Umzug nach Israel noch keine sechs Jahre alt gewesen waren, hatten während unserer Zeit in Frankreich eine israelische Schule besucht, die es damals noch gab. Es war eine Schule für israelische Kinder gewesen, deren Eltern auf verschiedenen Missionen in Paris waren. Die Lehrer waren Israelis, der Unterricht und der Lehrplan waren identisch mit dem in Israel; der einzige Unterschied war, dass die Kinder zusätzlich auch Französisch lernten. So waren unsere Zwillinge mit einem israelischen Kulturhintergrund aufgewachsen, obwohl sie später auch französische Freunde hatten. Daher hatten wir angenommen, dass sie nach der Rückkehr nach Israel keine Probleme haben würden, sich zu integrieren. Wir machten uns lediglich Gedanken, was wir tun könnten, damit sie nach der Rückkehr nach Israel den Vorteil, den sie sich in Paris erarbeitet hatten – die französische Sprache –, nicht verlieren würden.

Ich schlug vor, ihnen Französischstunden zu bezahlen. Miki war dagegen. »Das wird nicht funktionieren«, sagte sie. »Die Kinder kommen nach einem langen Unterrichtstag nach Hause, müssen Hausaufgaben machen und wollen dann wie alle Kinder spielen und nicht weiter pauken, wenn andere Feierabend haben.«

Die Lösung war schließlich so einfach wie effektiv: Wir kauften ihnen Unmengen von Comic-Heften auf Französisch. Die

Methode erwies sich als voller Erfolg, schließlich war Comics zu lesen keine Arbeit, sondern Spaß. Wenn die Kinder aus der Schule kamen, stürzten sie sich mit so großer Begeisterung auf die Comics, dass wir sie ihnen manchmal wegnehmen mussten, damit die Hausaufgaben nicht zu kurz kamen. Dank der leichten und lustigen Lektüre erweiterten die Kinder im Laufe der Zeit ihre Französischkenntnisse sogar noch. Die Gewohnheit, auf Französisch zu lesen, hat sie in späteren Jahren immer näher an die französische Sprache herangeführt.

Unsere erfolgreich getestete Methode habe ich in späteren Jahren auch bei meinem jüngsten Sohn Daniel eingesetzt. Als wir aus Deutschland zurückkamen, habe ich ihn regelmäßig mit deutschen Comics versorgt. Daniel, der heute fünfundzwanzig Jahre alt und Naturwissenschaftler ist, liest immer noch mit Begeisterung deutsche Comics.

Die Integration der Kinder in unserer israelischen Heimat verlief dennoch nicht reibungslos. Wir hatten gefürchtet, dass die Kinder sich in Jerusalem verlaufen würden, weil sie die Straßennamen nicht kannten. Aber das ging auch anderen Kindern so, die zum Beispiel aus Tel Aviv nach Jerusalem gezogen waren. Das Problem war ein anderes: Tatsächlich waren die Kinder anfänglich von der Schule erschreckt. Das wurde uns bewusst, als der elfjährige Adar nach zwei oder drei Tagen schlecht gelaunt aus der Schule zurückkam und sagte: »Ich gehe da nicht wieder hin. Das sind keine normalen Kinder, das sind Wilde! Ungezogen, ohne Kultur, alle brutal und alle laut.«

Uns Eltern war offensichtlich nicht klar gewesen, dass der Französischunterricht in Paris nicht der einzige Unterschied zwischen den israelischen Schulen in Frankreich und den Schulen in Israel war. Auch das Umfeld hatte in Paris Auswirkungen auf den Unterricht gehabt, und so war die Stimmung dort viel weniger rau gewesen, als sie es typischerweise in Israel war. Man sprach in Paris leise, hörte zu und war gehorsam – ganz anders als während des Unterrichts in Israel.

Im Endeffekt war dieses anfängliche Befremden unserer Kinder aber kein großes Problem: Nach kurzer Zeit legten sie ihr französisches Verhalten ab wie ein Kleidungsstück und wurden genauso rau wie die israelischen Kinder, über die Adar sich anfänglich beschwert hatte.

Erst 1981 verschlechterte Mikis Gesundheit sich merklich. Die Bestrahlung, die den Krebs wahrscheinlich eine Zeitlang in Grenzen gehalten hatte, konnte die Metastasierung nicht weiter aufhalten. Die Ärzte empfahlen eine Mastektomie, die Miki aber strikt ablehnte. Stattdessen begann sie mit der schmerzlichen und bedrückenden Chemotherapie. Miki war immer ein optimistischer Mensch gewesen, fast immer gut gelaunt und voller Lebensfreude. Auch während der Behandlungen bestand sie darauf, mit mir im Winter in Frankreich Ski zu laufen, und tat so, als sei sie nicht krank. Sie ermutigte mich auch, keine Rücksicht auf ihre Behandlungen zu nehmen und meine Reisen nach Afrika nicht zu unterbrechen. Dann aber kam die Zeit, in der sich ihr Zustand so verschlechterte, dass die Ärzte sie zur weiteren Behandlung ins Krankenhaus einwiesen. Ich unterbrach meine Auslandsreisen und ging jeden Tag nach der Arbeit zu Miki ins Krankenhaus, wo ich bis spät abends blieb. Obwohl Miki zunehmend unter Schmerzen litt, war sie immer noch gut gelaunt. Sie sprach sehr nüchtern von ihrem Tod und bemühte sich, die Kinder durch offene Gespräche darauf vorzubereiten.

Wochenlang hörte ich spätabends im Auto auf dem Weg vom Krankenhaus nach Hause Johann Sebastian Bachs *Matthäuspassion* im Auto. Den Text des Oratoriums konnte ich damals noch nicht verstehen, die Musik aber liebte ich. Dadurch hat sich diese Musik in meinem Kopf untrennbar mit Mikis Leidensweg verbunden. In späteren Jahren, als ich in Bonn mit meinem Deutschstudium so weit war, dass ich die Matthäuspassion auch sprachlich verstehen konnte, beschlich mich ein Gefühl von Unbehagen: Die Geschichte der Matthäuspassion ist ja die der schlimmsten antijüdischen Ausfälle der christlichen Kirche. Die Parolen der

Matthäuspassion waren diejenigen, die beinahe zweitausend Jahre lang den religiösen Antijudaismus genährt hatten. Zu der Zeit, als Matthäus sein Evangelium schrieb, hatten die frühen Christen bereits mit der Missionierung der Heiden begonnen. In seiner Version der Passion nahm Matthäus daher Pontius Pilatus in Schutz und machte die Juden für den Tod Jesu verantwortlich. Das Stigma der Gottesmörder blieb jahrhundertelang an den Juden haften und tritt auch in der Matthäuspassion deutlich zutage.

Dadurch bleibt dieses Meisterwerk für mich aus zwei Gründen eine Ausnahme innerhalb des großen Kanons der klassischen Musik: Ich kann es heute nicht mehr hören.

Anfang 1982 sagten die Ärzte uns, dass sie keine Hoffnungen mehr hätten, Mikis Leben zu retten. Meine Frau entschied sich daraufhin, das Krankenhaus zu verlassen: »In dem Fall will ich nach Hause. Ich will nicht im Krankenhaus sterben.«

Als sie nach Hause kam, war sie plötzlich so glücklich, als sei sie neu geboren. Ich werde nie vergessen, wie überrascht ich von dieser Freude war. *La Traviata* kam mir in den Sinn, wo Violetta, als sie im Sterben liegt, plötzlich glaubt, sie sei neu geboren und »*Rinacci, rinacci*« singt; dann aber stirbt sie. Als Mikis Schmerzen dann aber schlimmer wurden und sie nicht immer nur von Morphin betäubt sein wollte, bat sie mich eindringlich, ihr beim Sterben zu helfen.

Ich war verwirrt. Erstens wusste ich gar nicht, wie man so etwas macht, zweitens hätte ich es unter keinen Umständen übers Herz gebracht. Ich sprach mit ihrem Arzt, der sagte: »Sie ist bei Sinnen, sie weiß, dass es ihr nicht mehr besser gehen wird und sie unter immer schlimmeren Schmerzen leiden wird, ihr Wunsch macht Sinn. Ich aber kann aus juristischen Gründen nicht helfen.«

Jahre später, als ich Botschafter in Brüssel war und mich zu einem Besuch im Europäischen Parlament in Straßburg befand, rief mich mein Freund Edwin Eytan aus Paris an. Er war krebskrank, und ich hatte ihn während seiner Krankheit mehrmals besucht. Diesmal klang seine Stimme sehr bestimmt: »Ich will, dass du sofort nach Paris kommst!«

»Was heißt ›sofort‹?«, fragte ich. »Ich habe noch einen Tag Termine im Europäischen Parlament, und dann kann ich kommen.«

»Nein«, sagte er, »du lässt alles stehen und liegen und kommst sofort.«

Es war frühmorgens, ich stieg ins Auto und fuhr nach Paris. Edwin bestellte, obwohl er schwer krank war und unter Schmerzen litt, ein üppiges Drei-Sterne-Mittagessen aus einem Restaurant. Er konnte kaum mehr essen, und mir blieb das Essen angesichts der Situation im Hals stecken. Er bemühte sich, mit mir über Politik und meine Arbeit zu sprechen, obwohl sein Interesse offensichtlich nur geheuchelt war. Dann sagte er: »Jetzt sage ich dir, warum ich dich unbedingt sofort sehen wollte: Ich weiß, dass jeder israelische Botschafter eine Pistole hat. Gib mir jetzt sofort deine Pistole. Ich will mich umbringen.« Er nahm meine Hand und zog mich in sein Schlafzimmer. Er hatte alles vorbereitet, damit sein Blut das Zimmer nicht beschmutzte. Alles war organisiert, nur meine Pistole fehlte.

Nicht nur hätte ich den Mut, ihm die Pistole zu geben, nicht gehabt. Ich hatte sie auch gar nicht dabei. Trotz der Anweisungen unserer Sicherheitsbehörden trug ich meine Waffe nie. Nur einmal im Monat, wenn ich die obligatorischen Schießübungen absolvieren musste, nahm ich die Pistole aus dem Safe, in der ich sie, auch um sie von den Kindern fernzuhalten, aufbewahrte. Ich hatte nie verstanden, wie sie mir nutzen sollte. Ich wurde doch ohnehin von Sicherheitsbeamten begleitet. Wenn Terroristen diese Profis überwältigen würden, dann würden sie mich – mit oder ohne Pistole – ebenfalls überwältigen.

Wohlwissend, dass Edwin mir meine Geschichte nicht glauben würde, sagte ich: »Edwin, du weißt doch, dass ich meine Pistole nur in dem Land tragen darf, in dem mein permanenter Sitz ist, also in Belgien. Nur dort habe ich von den Behörden die Erlaubnis, sie zu tragen. Als du mich angerufen hast, war ich doch in

Straßburg, daher habe ich meine Pistole nicht dabei, das tut mir leid.«

»Das verstehe ich«, antwortete Edwin. »Dann aber bitte ich dich um Folgendes: Fahr nach Brüssel, und bring mir die Pistole.«

»Das kann ich machen«, sagte ich, »vorausgesetzt, dass du vorher etwas für mich tust.«

»In Ordnung«, sagte er.

»Du kennst doch den Krebsspezialisten Professor Dr. Léon Schwartzenberg. Er ist jetzt Abgeordneter im Europaparlament, und daher kenne ich ihn. Ich werde ihn anrufen und möchte, dass du ihn vorher noch einmal siehst.«

»Das wird nichts bringen«, sagte Edwin.

»Das kann sein«, sagte ich, »aber das ist mein Wunsch beziehungsweise meine Bedingung, bevor ich dir die Pistole bringe.«

Schwartzenberg war von dem damaligen Präsidenten François Mitterrand aus seinem Krankenhaus abbestellt worden, um in seiner Regierung Gesundheitsminister zu werden. Kurz darauf hatte er in einer Pressekonferenz gesagt, dass er Sterbehilfe befürworte. Da waren manche Kreise in Frankreich, insbesondere die Kirche, Sturm gelaufen, und sehr schnell war es dem berühmten Arzt genug gewesen. Er hatte das Handtuch geworfen und war von seinem Amt zurückgetreten. Da er mittlerweile den Kontakt zu seinem Krankenhaus verloren hatte, war Schwartzenberg auf Wunsch des Präsidenten ins Europäische Parlament gegangen. Ich dachte nicht nur an ihn, weil er Krebsexperte war, sondern vor allem als an einen Befürworter von Sterbehilfe. Natürlich sagte ich Edwin all dies nicht. Ich stellte es vielmehr so dar, als sei ein Treffen mit Schwartzenberg ein letzter Versuch, sein Leben zu retten. Edwin erkannte Schwartzenberg als Koryphäe an und akzeptierte meine Bedingung.

Ich fuhr zurück nach Straßburg, suchte Professor Schwartzenberg auf und unterbreitete ihm meine Bitte. Ich sprach das Thema Sterbehilfe nicht an, aber Schwartzenberg verstand mich auch so. »Ich hoffe Sie sprechen nicht von Sterbehilfe«, sagte er. »So etwas tue ich nicht, das ist gesetzwidrig. Aber ich bin bereit, ihn zu untersuchen.«

Edwins Frau erzählte mir später, dass Schwartzenberg eine Woche lang täglich kam, aber schon nach der ersten Untersuchung blieb Edwin mehr oder weniger betäubt. Er verstarb am Ende der Woche. Sein Wunsch war, dass ich bei der Beerdigung die Trauerrede halten sollte.

Zum ersten Mal in meiner Karriere als Redner war ich während einer Rede nervös und hatte Herzklopfen. Das zweite Mal, das mir das geschah, war, als ich 2002 im Königspalast in Den Haag die Trauerrede auf Claus von Amsberg hielt.

Meiner Frau Miki half letztlich niemand beim Sterben. Eines Morgens ging ich ins Badezimmer, um zu duschen. Unter der Dusche hörte ich Miki in einem verzweifelten Ton nach mir rufen. Nass, wie ich war, zog ich einen Bademantel an und rannte zu ihr ins Zimmer. Miki versuchte, sich aufzurichten, schaute mich an und versuchte, mir etwas zu sagen, was ich nicht verstand. Dann erkannte ich, dass sie mich auf Spanisch ansprach. In unseren Pariser Jahren hatte sie aus Liebe zur Sprache Spanischkurse besucht. Sie benutzte die Sprache aber kaum, und schon gar nicht mit mir, weil ich kein Spanisch verstand. Ich hatte daher schon fast vergessen gehabt, dass sie Spanisch sprach. Nun aber sprach sie mich auf Spanisch an, und so werde ich nie wissen, was sie mir noch sagen wollte. Ich verstand nur, dass sie sterben würde, und flehte sie aufgewühlt an: »Bitte geh nicht, Miki, bitte geh nicht.« Ich nahm sie in meine Arme, und im gleichen Moment war sie weg.

Ein paar Minuten lang saß ich auf der Bettkante und war wie betäubt. Seit Monaten wusste ich, dass Mikis Situation hoffnungslos war, sie selbst hatte ganz offen darüber gesprochen. Es war klar gewesen, dass der Tod für sie wahrscheinlich eine Erlösung sein würde, weil sie derartig unter Schmerzen gelitten hatte. Dennoch hatte ich das Gefühl gehabt, dass sie da war, gleich ob krank, leidend oder betäubt. Sie war voll und ganz da gewesen, und jetzt war sie voll und ganz weg. Da ging es nicht um einen allmählichen

Prozess, sondern um einen einzigen brutalen Schritt. Ich kann mich nicht mehr erinnern wie lange ich auf der Bettkante sitzen blieb. Ich schaute Miki lange an und prägte mir jeden einzelnen ihrer Gesichtszüge ein, als hätte ich Angst, sie zu vergessen.

In Israel finden Beerdigungen am Tag des Todes oder spätestens am Tag danach statt. In diesem Fall fand die Beerdigung noch am selben Nachmittag statt, weil Miki frühmorgens verstorben war. Es war der Tag, an dem Mitterrand zum Staatsbesuch kam. Es war der allererste Staatsbesuch eines französischen Präsidenten in Israel und erregte viel Aufsehen in Israel und Frankreich. Mitterrand wurde von vielen Prominenten begleitet und von noch viel mehr französischen Journalisten. Auf welchem Weg sie alle von Mikis Tod erfahren haben, habe ich nie rausgefunden. Überrascht war ich, bei der Beerdigung Scharen von Franzosen zu sehen: Freunde und Bekannte, Menschen, die wir in Paris getroffen hatten. Das hat meine Trauer noch verstärkt.

Die Erfahrung, Witwer zu sein, kam ebenfalls überraschend. Ich hatte nie darüber nachgedacht, wie man so etwas durchlebt. Mein erster Gedanke war, dass ich mit den Kindern nun allein bleiben würde. Ich wollte niemanden treffen, niemanden sehen außer meinen Arbeitskollegen. Zur Arbeit ging ich nämlich wie ein Besessener. Ich vertiefte mich in meine Arbeit, weil sie das Einzige war, was mich von meiner Trauer und meinen schwarzen Gedanken ablenkte. Gleichzeitig verspürte ich Reue. Plötzlich stellte ich mir die Frage, ob ich genug getan hatte, ob ich mich Miki in den schwierigen Zeiten genug gewidmet hatte, ob ich während ihrer Krankheit nicht zu viel Zeit auf die Arbeit verschwendet hatte.

Die Kinder und ich hatten diese letzte Zeit des langsamen Sterbens gemeinsam durchlebt. Wir waren täglich bei ihr im Krankenhaus gewesen oder hatten zuhause an ihrem Krankenbett gesessen. Miki hatte versucht, uns auf ihren Tod vorzubereiten. Wir, die Kinder und ich, waren wie eine Schicksalsgemeinschaft und wollten nach ihrem Tod unter uns sein. Ihr

Verlust war unsere persönliche Erfahrung, die wir mit niemandem teilen wollten.

Ich war überrascht, wie viele Leute mir helfen wollten. Ich bekam ununterbrochen Einladungen zum Essen oder Angebote, zu mir zu kommen, um den Haushalt zu organisieren und Essen vorzubereiten. Schnell bemerkte ich, dass diese große Hilfsbereitschaft fast immer von alleinstehenden Frauen kam. Ich wusste vorher gar nicht, wie viele alleinstehende Frauen ich in meinem Bekanntenkreis hatte. Für diese Frauen war ich nun ein Objekt, ein neuer alleinstehender Mann auf dem Markt. Da ich die unterschwelligen Absichten der Frauen nicht immer sofort begriff, weil ich so sehr mit mir selbst beschäftigt war, habe ich manches Mal einen Schnitzer gemacht und damit, ohne es zu wollen, einige Frauen auch verletzt.

Erst Jahre später, als meine Söhne ihren Militärdienst absolvierten und das Haus auf einmal leer war, begann ich die Einsamkeit zu spüren. Wieder rettete mich die Arbeit, die ich mit der größten Energie wieder aufnahm, auch die Reisen nach Afrika.

Auf der Rückkehr von einer dieser Reisen entdeckte ich in der Maschine von Paris nach Tel Aviv eine junge Dame, die mich faszinierte. Ich konnte meinen Blick kaum von ihr wenden, was ihr etwas peinlich war.

Zwei Jahre später heiratete ich Ziona, diese faszinierende junge Dame.

Neue Welten –
Asien und Ozeanien

1984 wurde ich, wie erwähnt, zum Stellvertreter des Generalsekretärs des Auswärtigen Amtes befördert. Mir waren nun drei
Abteilungen unterstellt: nach wie vor Afrika, allerdings jetzt unter einem neuen Leiter, daneben Asien und Ozeanien. Mir lag die
Afrikaarbeit noch immer besonders am Herzen, da ich mein Ziel
noch nicht erreicht hatte und weiter an der Aufnahme diplomatischer Beziehungen arbeiten musste und wollte. Ozeanien beinhaltete Australien und Neuseeland, aber auch eine Fülle von In-
selstaaten, die, so winzig sie auch sein mögen, in der UN für Israel
eine große Unterstützung waren. Der riesige Kontinent Asien
wiederum war reizvoll, aber für uns mehr oder weniger stabil. Zu
vielen Ländern pflegten wir bereits diplomatische Beziehungen,
mit anderen, wie zum Beispiel mit dem muslimischen Malaysia,
waren Beziehungen per se ausgeschlossen. Indien hatte uns nicht
anerkannt, aber zumindest unterhielten wir in Bombay ein Konsulat, das uns inoffiziellen Kontakt mit Indien ermöglichte. China
hingegen war Israel gegenüber völlig verschlossen und feindselig
und stand ganz und gar auf der Seite unserer Feinde. Jenseits der
arabischen und islamischen Welt gab es nur noch zwei Länder, die
Israel gegenüber so feindselig waren: Nordkorea und die DDR.

Eigentlich gab es für die chinesische Feindseligkeit keinen
Grund. Unter amerikanischem Druck hatten die meisten Länder
der Welt die Chiang-Kai-shek-Regierung anerkannt, die ins Exil
nach Taiwan geflohen war. Das »Rote China« hingegen wurde
nicht anerkannt. Nach und nach hatten in späteren Jahren einige

Länder die amerikanische diplomatische Blockade durchbrochen und Peking anerkannt. Das bedeutendste von ihnen war 1964 de Gaulles Frankreich. Israel hingegen hatte bereits 1950, nach der endgültigen Machtübernahme der Kommunisten, das »Rote China« anerkannt, in der Hoffnung, dass ihm damit der Durchbruch in die »Dritte Welt« gelänge. Das hatte uns zwar in große Schwierigkeiten mit den Vereinigten Staaten gebracht, aber damals waren wir noch nicht so abhängig von Amerika wie heute. Die Chinesen, die sehr auf internationale Anerkennung erpicht waren, hatten unsere ausgestreckte Hand dennoch abgelehnt. Sie spekulierten auf die Anerkennung durch die arabische und islamische Welt und wollten daher keine Beziehungen zu einem umstrittenen Land wie Israel aufnehmen. Dadurch konnten wir weder mit Maos »Rotem China« noch mit Chiang Kai-sheks nationalistischem China in Beziehungen treten. Die Bedeutung Chinas an sich und für unsere Beziehungen zu Asien muss man nicht erklären.

Kimche sagte mir angesichts dieser Ausgangslage: »Wenn du einen Durchbruch in China erzielst, wird das eine größere Bedeutung haben als all deine Erfolge in Afrika zusammengenommen. Aber ich habe keine großen Hoffnungen. Diese chinesische Mauer wirst du nicht überwinden können.«

Wie immer gab es aber selbst für die Chinesen einen Köder: die israelische Rüstungsindustrie. Die Chinesen interessierten sich sehr für einige hochtechnologische Bereiche, da sie damals ihre Armee modernisieren wollten. Darauf war Saul Eisenberg aufmerksam geworden, ein Wiener Jude, dem es während des Zweiten Weltkriegs gelungen war, nach Japan zu fliehen, wo er Geschäfte mit westlichen Gütern machte, die für den Wiederaufbau des zerstörten Landes gebraucht wurden. Er hatte sich später mit seinem japanischen Pass in Israel niedergelassen und nutzte nun seine japanischen Kontakte für seine Geschäfte. Es waren letztlich seine japanischen Geschäftspartner, die ihn auf das chinesische Interesse an der israelischen Rüstungsindustrie hingewiesen und ihn mit einem chinesischen Geschäftsmann bekannt gemacht hatten, der in Singapur lebte. Kimche empfahl mir, mich mit eben diesem »Japaner« in Verbindung zu setzen.

Ich war der Ansicht, dass die Chinesen, wenn sie an der Rüstungsindustrie interessiert waren, auch an anderen Geschäften interessiert sein würden, sofern diese für sie günstig wären und ihre diplomatische Weltanschauung nicht allzu sehr berührten. Ich wollte den Kontakt mit dem Chinesen in Singapur daher erweitern, und tatsächlich konnten wir ihn nach langen Gesprächen über unsere Botschaft und zwei Besuchen in Singapur davon überzeugen, dass wir eine israelische Delegation, die ausschließlich aus Fachleuten bestand, nach China schicken würden. Sie sollten in verschiedenen Bereichen Kontakt aufnehmen: in der Landwirtschaft, der Medizin, der Biologie und der Elektrotechnik.

Die Delegation aus siebzehn Fachleuten flog nach Singapur und von dort verdeckt nach Peking weiter. Ihre Reise war so geheim, dass wir während der zwei Wochen ihres Aufenthalts keinen Kontakt zu unseren Fachleuten aufnehmen konnten. Es wurde nur vereinbart, dass unser Botschafter in Singapur einmal am Tag aus dem Büro des chinesischen Geschäftsmanns ein kurzes Telefonat mit der Delegation führen würde, um zu hören, ob es ihnen gut ging. Was die Delegation erreichte, welche Gespräche sie führte und welche Kontakte sie knüpfte, erfuhren wir nicht. Wir wussten lediglich, dass es unseren Leuten gut ging und dass sie zufrieden waren. Am Tag vor der Rückreise nach Singapur gab es dann das letzte Telefonat, in dem unser Botschafter die Delegation fragte: »Wenn Sie morgen zurück nach Singapur kommen, möchten Sie, dass ich etwas für Sie vorbereite?«

Das Gespräch war ein Konferenzgespräch, und alle riefen wie mit einer Stimme: »Ja, Brot! Wir wollen Brot, wir wollen Brot essen!« Damals gab es in China noch kein Brot, und die Reisenden hatten sich zwei Wochen lang mit Reis abfinden müssen, was ihnen ganz offensichtlich schwergefallen war.

Die Beziehungen, die sich damals zwischen Israel und China zu entwickeln begannen, waren zwar ein erster Schritt, führten aber erst in den Neunzigerjahren zu wirklichen diplomatischen Beziehungen unter gegenseitiger Anerkennung. Wir hatten uns bemüht, den Chinesen zu beweisen, dass Israel ihren Interessen dienlich sein konnte. Gleichzeitig taten wir alles, damit die Chinesen sich keine Sorgen um die Beziehungen zur arabischen Welt machten, und hielten deshalb die Kontakte streng geheim. Nach der Unterzeichnung der Osloer Verträge 1993 wurden die Boykottandrohungen der arabischen Staaten obsolet, was es China ermöglichte, uns auch offiziell anzuerkennen.

Zu meinen Erfahrungen mit Asien und Ozeanien zählte auch der erste Besuch dieser Kontinente durch ein israelisches Staatsoberhaupt, Chaim Herzog. Als stellvertretender Generalsekretär war es meine Aufgabe, diese Reise vorzubereiten, und diese Aufgabe war nicht einfach. Sogar von den Ländern, zu denen wir diplomatische Beziehungen führten, waren nur wenige bereit, ein israelisches Staatsoberhaupt zu empfangen – auch hier galt die Sorge dem Verhältnis zu den arabischen und muslimischen Staaten. Daher war es für uns schwierig, eine Einladung nach Singapur zu bekommen, obwohl wir seit geraumer Zeit diplomatische Beziehungen mit diesem Stadtstaat und auch andere sehr enge Beziehungen führten. Vor allem, wenig überraschend: im Rüstungsbereich. Weder der Außenminister noch der Ministerpräsident oder der Staatspräsident des Stadtstaates konnten uns helfen. Keiner der drei hatte in Singapur wirklich die Macht, es herrschte vielmehr ein Mann, der inzwischen keinen offiziellen Titel mehr trug: der Initiator der Unabhängigkeit Singapurs und langjährige Staatspräsident Lee Kuan Yew. Er erschien nur noch selten zu offiziellen Veranstaltungen, hielt aber noch jahrelang die Fäden in den Händen. Er hatte damals auch die Beziehungen zu Israel aufgenommen und zwang nun die Regierung, uns einzuladen.

Die Regierung fürchtete nicht nur die arabische Welt, sie

fürchtete vor allem den großen islamischen Nachbarn Malaysia. Obwohl Singapur deutlich fortschrittlicher und weiter entwickelt als Malaysia war, blieb es doch eine kleine Insel, die geografisch mit dem großen Nachbarland verbunden war. Und tatsächlich reagierten die Malaien sofort auf unseren Besuch in Singapur: Schon bei unserer Landung drohte die malaysische Regierung, die Leitungen, die Singapur mit Wasser versorgten, zu sperren. Lee Kuan Yew ließ sich jedoch nicht einschüchtern, und der Besuch verlief offiziell und mit allen Ehren eines Staatsbesuchs.

Chaim Herzog sollte aber nicht nur Singapur, sondern auch Australien, Neuseeland, die Republik Fidschi, Hongkong, die Philippinen und Sri Lanka besuchen. Für die Reise hatten wir eine große Maschine der israelischen Luftwaffe, eine Boeing 707, zur Verfügung. Sie war notwendig, da eine Delegation von achtzig Begleitern den Staatspräsidenten begleitete: Sicherheitsleute, Geschäftsleute und viele Journalisten.

Das erste Problem, das es für mich zu überwinden gab, war, die richtige Route zu finden. Mit einem Staatsoberhaupt, noch dazu, wenn es das eines für andere problematischen Landes wie Israel ist, kann man nicht einfach überall herumfliegen. So konnten wir nicht über die feindseligen arabischen Staaten fliegen, und auch nicht über sogenannte Freundesstaaten wie die Türkei; auch kommunistische Länder konnten wir nicht überfliegen. Es war also sehr kompliziert. Die Lösung fand ich wieder einmal in Frankreich. Wir würden nachts von Israel südlich zum Roten Meer fliegen, dann entlang der ostafrikanischen Küste bis zur südöstlichen französischen Insel La Réunion. Die Franzosen waren bereit, uns dort landen und tanken zu lassen. So hatten wir weder mit afrikanischen noch mit asiatischen oder islamischen Ländern zu tun.

Tatsächlich landeten wir wie geplant nach acht Stunden Flug frühmorgens auf einem Militärflughafen auf La Réunion, wo wir von einem französischen Befehlshaber und seinen Offizieren zum Frühstück eingeladen wurden. Von dort aus flogen wir nach

Australien weiter und landeten nach sechs Stunden in der west-
australischen Metropole Perth. Von dort aus setzten wir unseren
Flug quer über Australien nach Melbourne fort, wo wir nach weiteren vier Stunden landeten.

In all seinen Gesprächen mit den jüdischen Gemeinden in
Australien drängte Herzog die Zuhörer, häufiger nach Israel zu
kommen. Als die Juden sich beschwerten, dass das für sie schwierig sei, weil es im besten Fall sechsunddreißig Stunden in der
Luft bedeutete, zeigte sich Herzog künstlich überrascht: »Wieso?
Ich bin doch auch nur vierzehn Stunden geflogen: acht von Israel
nach La Réunion und sechs von La Réunion nach Australien. Ha-
haha.«

Mit der Landung in Australien waren für mich nicht alle Probleme gelöst: Während unserer langen Reise durch die verschiedenen australischen Städte erreichte mich aus Manila die Botschaft, dass es in den Philippinen den Versuch eines Staatsstreichs
gegeben hatte, um die Präsidentin Corazon Aquino zu stürzen. Es
war nicht der erste Versuch eines Staatsstreichs gewesen, und da
sie einen weiteren Versuch fürchten musste, hielt sie unter diesen
Umständen einen Staatsbesuch für unmöglich.

Was macht man in so einem Fall mit einer Militärmaschine
mit dem Staatspräsidenten und achtzig Begleitern an Bord, weit
von der Heimat entfernt und aus Sicherheitsgründen ohne die
Möglichkeit, irgendwo in einem Touristenhotel unterzukommen?
Ich zerbrach mir den Kopf, wie ich inmitten all der feindlichen
Länder eine Lücke von drei Nächten und zwei Tagen überbrücken
sollte. Dann fiel mir ein, dass der Leiter der mir unterstellten
Ozeanienabteilung, Zohar Raz, ein Jahr zuvor von israelischen
Geschäftsleuten erfahren hatte, dass der Kronprinz von Tonga als
Geschäftsmann privat, inkognito und inoffiziell nach Israel kom-
men würde. Damals hatte er mich gefragt, was er tun solle. Ich
hatte gesagt: »Wir sind zu nichts verpflichtet, denn der Prinz hat
keinen Kontakt zu uns aufgenommen und sein Besuch ist inoffiziell. Aber versuch doch mal, ihn im Privaten zum Abendessen

einzuladen.« Dafür hatten die israelischen Kontakte gesorgt, und der Abteilungsleiter war nach Tel Aviv gefahren, wo er den Prinzen in ein Restaurant eingeladen hatte. Ich erinnerte mich noch, wie er mir am nächsten Tag erzählt hatte, wie unterhaltsam der Prinz gewesen sei. Er habe gesagt: »Mein Vater lässt nicht zu, dass ich mich in die Staatsangelegenheiten Tongas einmische. Er sagte mir: ›Flieg mal herum, und lern die Welt kennen.‹ So entschied ich mich, vorübergehend Geschäftsmann zu werden, und stieß ausgerechnet auf jüdische Geschäftsleute in New York, mit denen ich mich anfreundete und die mir auch die Kontakte in Israel ermöglichten. Nun habe ich Geschäftskontakte in aller Welt und bin ›ein echter Macher‹ geworden.« Zohar Raz war damals sehr beeindruckt davon gewesen, dass der Prinz Jiddisch sprach.

An diese Geschichte erinnerte ich mich nun, als ich in Australien in der Klemme steckte.

Der Leiter der Ozeanienabteilung war mit uns unterwegs. Ich konnte ihn daher direkt fragen, ob er Kontakt mit dem Prinzen aufnehmen könne. »Ich habe keine Ahnung, wo er ist«, sagte er, »und ich habe auch keine Telefonnummer.«

»Ruf doch seine israelischen Geschäftskontakte an, die werden dir helfen«, empfahl ich ihm.

Und so war es auch. Nach vielen Versuchen gelang es uns, den tongalesischen Kronprinzen in Lateinamerika ausfindig zu machen. Abteilungsleiter Raz unterbreitete ihm meine Bitte, kurzfristig eine Einladung durch seinen Vater nach Tonga möglich zu machen. Der Prinz, der heute König von Tonga ist, sagte laut lachend: »Sie wissen doch, dass ich mich in die Staatsangelegenheiten nicht einmischen darf. Aber da ich so weit weg von meinem Vater bin, kann ich mir alles leisten. Ich rufe ihn an.« So bekamen wir tatsächlich eine Einladung nach Tonga.

Eine Woche später, nach unserem Besuch auf Fidschi und in Neuseeland, flogen wir drei Stunden in Richtung Osten nach Tonga. Dort allerdings gab es das nächste Problem: Die Landebahn des Flughafens auf Tonga war zu kurz für eine so große Maschine

wie die Boeing 707. Nach Regeln der IATA war es verboten, dort
zu landen, sogar streng verboten. Zum Glück waren unsere Piloten
israelische Kampfpiloten. »Wir werden niemanden um Erlaubnis bitten«, sagten sie. »Es wird knapp werden, aber wir schaffen
es. Sagen Sie nur dem Präsidenten und dem Sicherheitspersonal
nichts.«

Als wir uns Nuku'alofa, der Hauptstadt Tongas, näherten, luden die Piloten mich ins Cockpit ein: »Sehen Sie, da unten, das ist
Tonga.«

Ich schaute nach unten und sah gar nichts.

»Doch, doch, schauen sie noch mal. Da unten.«

Ich blickte noch einmal nach unten und sah einen kleinen
schwarzen Punkt im Ozean. »Da sollen wir landen?«, fragte ich
ungläubig. »Das sieht ja kaum größer aus als eine Briefmarke.«

»Ja, viel größer ist es auch nicht«, sagte der Pilot.

Kurz vor der Insel flogen wir so tief, dass wir beinahe das
Wasser berührten, damit wir die Landebahn vom ersten Meter an
treffen würden. Auf dem Boden fuhr die Maschine quer über die
Insel und hielt ganz knapp vor dem Ozean an. Ich stieß die Luft
aus und merkte erst dann, dass ich sie angehalten hatte. Was für
ein Schrecken!

Wie es sich für einen Staatsbesuch gehört, wurden wir mit
viel Aufwand empfangen. Zu unserem anfänglichen Erstaunen
waren die Menschen – Soldaten, Politiker, Frauen, Männer – alle
groß gewachsen und kräftig gebaut. Erst da erinnerte ich mich
dunkel an englische Wochenschauen, die ich in der Nachkriegszeit gesehen hatte. Dort hatte ich die Siegesparade in London gesehen, bei der nicht nur englische Soldaten mitmarschiert waren,
sondern auch Soldaten aus den Ländern des Commonwealth.
Unter anderem eine Gruppe aus Tonga, angeführt von der damaligen Königin, der Mutter des tongalesischen Prinzen. Sie war
eine große, stattliche Frau mit breiten Schultern und deshalb die
Hauptattraktion der Parade gewesen.

Nach dem feierlichen Empfang wurden wir in ein großes

Gästehaus der Regierung gebracht, wo uns ein Mittagessen serviert wurde. Präsident Herzog und seine Gattin wollten sich nach dem Essen ausruhen und zogen sich zurück. Der Rest der Delegation ging spazieren, um Tonga zu erkunden. Wir schlenderten am Strand entlang und sahen dort einen Tiefseetaucher, der mühsam mit seiner schweren Ausrüstung aus dem Wasser stieg. Wir blieben stehen, um ihn zu beobachten. Er näherte sich uns, öffnete die Schrauben seines Helmes und sprach uns auf Hebräisch an: »Seid ihr die Begleiter des Präsidenten?«

Wir waren verblüfft – bis sich herausstellte, dass er ein Israeli war, der als Tiefseetaucher auf Tonga lebte und arbeitete. Die eigentlich unmögliche, weil höchst unwahrscheinliche Situation, so weit in der Fremde einen Israeli anzutreffen, erinnerte mich an eine alte chinesische Geschichte: Jemand antwortete »zwölf Millionen« auf die Frage, wie viele Juden es auf der Welt gebe, und auf die Frage, wie viele Chinesen es gebe, »eine Milliarde«. Daraufhin sagte der Fragesteller: »Das kann nicht sein. Einen Chinesen sieht man selten, aber einen Juden sieht man immer und überall.« Heute würde ich das Gleiche über Israelis sagen: Einen Israeli trifft man überall, und nicht nur in Großstädten wie Berlin.

Am Nachmittag jenes Tages kam eine offizielle Garde zu unserem Gästehaus, um den Präsidenten zum König zu bringen. Ich begleitete Herzog – und war wieder erstaunt. Das Könighaus wirkte nicht wie ein Schloss, sondern wie ein aufwendiges Schweizer Chalet in den Alpen: weiß gestrichen, mit roten Dachziegeln, innen modern möbliert.

Das Gespräch mit diesem König einer kleinen Insel mitten im Ozean fühlte sich an, als sprächen wir mit einem weltoffenen Londoner Geschäftsmann. Unser Gespräch beschränkte sich nicht auf den Nahen Osten und schon gar nicht auf Ozeanien. Stattdessen sprachen wir über Weltpolitik und vor allem über die Weltwirtschaft, die ihn besonders interessierte. Das hätte man von einem König einer so abgelegenen Insel nicht unbedingt erwartet. Es gab ja noch kein Internet und keine Handys.

Das anschließende Staatsbankett war so einzigartig, wie ich es nie zuvor erlebt hatte und wohl auch nie wieder erleben werde. Das Essen fand nicht in der Residenz statt, sondern auf Reisstrohmatten in einem Garten. Wir saßen einander – milde gesagt: nicht sehr bequem – auf diesen Matten am Boden gegenüber. An einem Ende nahmen der Präsident und der König Platz, die es etwas bequemer hatten, weil sie auf drei Teppichen saßen. Aber auch sie hatten keine Rückenlehnen. Hinter jedem von uns stand ein junges Mädchen, das einen dünnen flexiblen Stock hielt, mit dem es die Fliegen über unseren Köpfen vertrieb. Die etwa zwei Meter zwischen den beiden Reihen wurden mit riesigen Töpfen vollgestellt, und in jedem Topf war ein anderes Gericht: Fleisch, Meeresfrüchte, Fisch, Obst, Gemüse. Jeder tongalesische Stamm hatte eine Spezialität zubereitet. Es war sicherlich genug Essen für achthundert Menschen, und nicht nur für uns achtzig. Die fliegenvertreibenden Mädchen hinter uns ermutigten uns ununterbrochen, mehr und mehr zu essen und von allem zu kosten. Am Ende gab es die obligatorischen Reden der Staatsoberhäupter, und dann gingen wir alle auf Verdauungsspaziergänge.

Ein Jahr nach dieser unvergesslichen Reise wurde ich zum Botschafter in Brüssel ernannt und verließ das Auswärtige Amt in Jerusalem in Richtung Belgien.

Botschafter im Herzen Europas

1987 hielt ich die Zeit für reif, mich von der »Dritten Welt« zu verabschieden und mich stattdessen mit einem alten Traum zu beschäftigen: mit Europa beziehungsweise der Europäischen Union. Wie es im Auswärtigen Amt üblich ist, erkundigte ich mich, welche Botschafter am Ende ihrer Amtszeit standen, und erfuhr dadurch, dass der Botschafter in Brüssel seine Amtszeit im Sommer 1987 beenden wollte. Er wollte jedoch nicht nach Jerusalem zurückkehren, ohne Aussicht auf eine neue Stelle im Amt zu haben. Ich schlug Außenminister Peres daher vor, mich nach Brüssel zu schicken und dem bisherigen Botschafter, Joseph Hadass, meinen Posten anzubieten. Das war für alle eine gute Lösung, und so wurde ich nach Brüssel entsandt.

Wie jeder Botschafter in einem neuen Land musste ich zunächst akkreditiert werden, in diesem Fall direkt dreifach: von der Europäischen Union, dem Großherzog von Luxemburg und dem belgischen König. Da mich die Belgier vorgewarnt hatten, dass meine Tätigkeiten beschränkt sein würden, solange mein Beglaubigungsschreiben nicht überreicht war, hatte ich es eilig, diese Pflicht zu erfüllen. Mir wurde allerdings signalisiert, dass ich lange auf einen Termin mit dem König warten müsste: Es sollte einen Sammeltermin geben, der eine Stunde dauern sollte und an dem vier neue Botschafter ihre Beglaubigungsschreiben überreichen würden. Da König Baudouin eine Staatsreise geplant hatte, sollte der Termin erst in sechs Wochen stattfinden.

Das dauerte mir zu lange, und so bat ich den langjährigen belgischen Außenminister Leo Tindemans um Hilfe. Er sollte König Baudouin auf der Staatsreise begleiten und überzeugte ihn, eine Ausnahme zu machen und mich noch vor der Reise zu empfangen. Tindemans war kurz vorher in Israel gewesen und hatte mich dort zum Reiseleiter und Fremdenführer gehabt. Dank seiner Unterstützung wurde mir eine doppelte Ehre zuteil: Nicht nur durfte ich sofort zum König, sondern ich hatte sogar anstatt der üblichen fünfzehn Minuten sogar eine ganze Stunde mit ihm.

König Baudouin empfing mich zwar allein, hatte aber die Gewohnheit, diesen Terminen eine Stunde zu widmen. In unserem Gespräch erzählte er mir unter anderem von der anstehenden Staatsreise nach Ozeanien und Südostasien. Er sollte fast dieselben Länder besuchen, die ich ein Jahr zuvor mit unserem Präsidenten besucht hatte, und so berichtete ich ihm davon. Er stellte interessiert Fragen und machte sich Notizen. Zwei Monate später kam ein Sonderbotschafter aus dem Königshaus in meine Botschaft und brachte mir ein persönliches Geschenk des Königs: eine Videokassette von Baudouins Reise. Beigefügt war ihr eine kurze Notiz: »Schauen Sie sich diesen Film an, und sagen Sie mir, ob bei mir alles so lief wie bei Ihrem Präsidenten.«

Ich wurde also herzlich in Belgien empfangen. Die jüdischen Gemeinden in Brüssel waren allerdings deutlich weniger begeistert von mir als von meiner Frau Ziona. So eine junge, hübsche, strahlende Botschaftsgattin hatten sie noch nie erlebt. Sofort bekam sie das Angebot, Präsidentin der jüdischen Frauenorganisation Wizo in Belgien zu werden. Ich schlug Ziona vor, dafür Französisch zu lernen, und zwar am besten mit Privatstunden.

»Mach dir darum keine Sorgen«, sagte meine Frau. »Ich werde in ganz kurzer Zeit Französisch können. Nicht gut, nicht fehlerfrei, nicht ohne Akzent, aber man wird mich verstehen und ich werde das Französische verstehen.«

»Und wie willst du das machen?«

»Ich will gar nichts machen, das kommt einfach so, das kommt aus der Luft.«

Sieben Jahre später wiederholte sich die gleiche Geschichte in Deutschland, wo ich Ziona wieder empfahl, Privatstunden zu nehmen. Ihre Antwort war die Gleiche. Und sie sollte recht behalten. Innerhalb kürzester Zeit lernte sie in Brüssel Französisch und in Bonn Deutsch. Und das ohne Unterricht! Ich kann es mir immer noch nicht erklären.

In Brüssel wie auch später in Bonn wollte unsere Verwaltung die Botschaftsresidenz für uns renovieren. Ziona empfand beide Residenzen als furchtbar düster. »Wenn man sie renovieren muss, dann nehmen wir auch Bau- und Dekoänderungen vor«, beschloss sie.

Die Verwaltung reagierte zunächst abweisend und fragte, mit welchem Geld sie das machen solle. Glücklicherweise ist Ziona von Beruf Innenarchitektin. Sie antwortete: »Mit dem Geld, das uns für die Renovierungen zur Verfügung steht, kann ich, wenn ich die Verantwortung übernehme, selbst die Pläne mache und die Bauunternehmer aussuche, alles finanzieren, um nicht nur zu renovieren, sondern die Residenz außerdem umzugestalten.«

Zum Glück gehörte der Chef der Verwaltung im Auswärtigen Amt in Jerusalem zu unserem Freundeskreis. Da er Ziona und ihre berufliche Expertise gut kannte und ihren Geschmack schätzte, akzeptierte er ihr Angebot. Das sollte sich für beide Seiten als Glücksfall erweisen: Ziona blieb nicht nur innerhalb des Budgets, sondern konnte vor allem ein herausragendes Ergebnis vorweisen. Das würdigte auch das Auswärtige Amt, das ihr nach Abschluss der Bauarbeiten in der Brüsseler Botschaft anbot, Teil der Gruppe der Innenarchitekten des Auswärtigen Amtes für die Botschaftsresidenzen zu werden. Das aber wollte Ziona nicht annehmen. Sie wollte lieber bei mir in Brüssel bleiben und hegte im Geheimen auch schon den Wunsch, ein Kind zu bekommen.

Ziona, die nicht mit mir in den diplomatischen Dienst hineingewachsen ist und nicht wie die anderen Botschaftergattinnen alle Stationen mit ihrem Mann gemeinsam durchlaufen hatte, sondern von Anfang an Ehefrau des Botschafters war, hätte angesichts der Hofierungen durch die jüdische Gemeinde leicht hochnäsig werden können.

Eine Geschichte ist mir besonders in Erinnerung geblieben: Ich war von einer großen jüdischen Organisation in Antwerpen als Festredner zu einer jährlichen Veranstaltung eingeladen worden. Kurz vor dem Antwerpener Abend bekam ich vom Auswärtigen Amt allerdings den Auftrag, zu einer Sonderkonferenz der Botschafter nach Jerusalem zu fliegen. Ich rief den Präsidenten der Antwerpener Organisation an, um mich zu entschuldigen und ihm zu erklären, dass ich nicht, wie versprochen, sein Redner sein könne. Ich bat ihn, meine Stellvertreterin, die Gesandte, als Ersatz zu akzeptieren, da sie eine sehr erfahrene Diplomatin und Rednerin sei.

Der Mann war total aufgewühlt und versuchte, mich mit aller Kraft davon zu überzeugen, dass ich zu ihm kommen müsse, statt nach Jerusalem zu fliegen. Als er endlich verstand, dass ich dem Ruf meines Ministers in Jerusalem folgen musste, sagte er verzweifelt: »Gut, aber dann will ich nicht die Gesandte hier haben, sondern Ihre Frau.«

»Was wollen Sie von meiner Frau?«, fragte ich. »Sie ist doch keine Diplomatin, kein Profi, hält keine Reden, und schon gar nicht auf Französisch.«

»Das ist mir völlig egal«, erwiderte mein Gesprächspartner. »Das macht mir nichts aus. Sie hat den Titel ›Botschafterin‹, und das ist alles, was für mich zählt.«

Meine Frau hätte sich darauf wirklich etwas einbilden können, doch für Ziona war der Titel »Botschaftsgattin« ein oberflächlicher Titel und der Zustand vorübergehend. Ihr entspannter und unprätentiöser Umgang mit ihrer Position machte sie in der Gesellschaft, sowohl in Brüssel als auch später in Bonn, sehr beliebt und für mich zu einer unschätzbaren Hilfe und Unterstützung. Das zeigte sich beispielhaft, als ich im Herbst 2013 den Dolf-Sternberger-Preis in der historischen Aula der Heidelberger Universität entgegennahm. Die Laudatio auf mich hielt der Herausgeber der *Frankfurter Allgemeinen Zeitung*, Günther Nonnenmacher. Obwohl Ziona gar nicht anwesend war, erwähnte er in seiner Laudatio, was für eine wundervolle Gastgeberin sie immer gewesen sei und dass dadurch die Abende in der Residenz des israelischen Botschafters bei Weitem die angenehmsten Abende in Bonn gewesen seien.

Belgien und Luxemburg waren neue Länder für mich, die es daher kennenzulernen galt. In Belgien wurde die Politik seit vielen Jahrzehnten durch das Ringen zwischen den Wallonen und den Flamen dominiert. Vor allem ging und geht es dabei um eine Konkurrenz der Sprachen.

Ich konnte kein Flämisch oder Niederländisch und musste meine Vorträge in Flandern infolgedessen auf Französisch halten, was ja alle verstanden. Um mich dafür bei den Flamen zu entschuldigen, bediente ich mich immer einer Geste: Ich ließ mir ein paar Sätze auf Niederländisch aufschreiben, die ich auswendig lernte und so häufig benutzte, dass ich sie bis heute noch im Schlaf sagen kann. Mit diesen Sätzen entschuldigte ich mich dafür, meine Rede nicht auf Flämisch halten zu können, weil ich noch keine Gelegenheit gehabt hatte, die Sprache zu lernen. Daher würde ich um Erlaubnis bitten, meine Rede in einer anderen offiziellen Sprache Belgiens zu halten, nämlich auf Französisch. Dafür bekam ich immer sehr viel Beifall und damit die Absolution.

Als ich Jahre später Botschafter in Deutschland war, erhielt ich eine Einladung nach Amsterdam, wo ich eine Rede vor der Niederländisch-Deutschen Gesellschaft halten sollte. Man schrieb mir, ich müsse natürlich nicht Niederländisch sprechen, sondern könnte Deutsch sprechen, was alle Mitglieder verstünden. Das tat ich auch, dachte aber, dass es schön wäre, meine Rede in deutscher Sprache mit meinen auswendig gelernten Sätzen zu eröffnen. Diesmal allerdings wartete ich vergeblich auf den Applaus. Mein Publikum schaute mich vielmehr an, als sei ich blöd. Ich hatte den Eindruck, sie würden denken: »Wenn der Mann kein Holländisch kann, muss er kein Theater machen und uns nicht wie ein Papagei unnötige Sätze vorplappern.« Das war der Unterschied zwischen den Flamen und den Niederländern. Die Holländer haben kein Problem mit ihrer und mit anderen Sprachen.

1991 war das Jahr des Zweiten Golfkrieges, der auch als »Erster Irakkrieg« bekannt ist. Die gesamte arabische Welt unterstützte damals den Krieg der Vereinigten Staaten gegen Saddam Husseins Irak. Zu den wenigen, die Saddam Hussein offen unterstützten, zählte erstaunlicherweise Palästinenserpräsident Jassir Arafat. Er provozierte dadurch nicht nur die Amerikaner und den gesamten Westen, sondern auch seine arabischen Unterstützer. Der Hauptgrund für seine Entscheidung war innenpolitischer Natur. Die Palästinenser waren für Hussein, weil er nicht nur gegen den Westen war, sondern vor allem den palästinensischen Erzfeind, Israel, mit Raketen beschoss.

Ich wurde in dieser Situation vom belgischen Fernsehen eingeladen, live eine Podiumsdiskussion mit dem PLO-Vertreter Chawki Armali in Brüssel zu führen. Leider konnte ich diese Einladung jedoch nicht annehmen, da meine Anweisungen aus Jerusalem mir jegliche Zusammenkunft mit einem PLO-Mann strengstens untersagten. Der israelische Vize-Außenminister war damals Benjamin Netanyahu. Ich war aber der Meinung, dass eine Diskussion mit einem PLO-Vertreter zu befürworten wäre. Erstens kommt es in der modernen westlichen Welt nie gut an, wenn man einen Dialog ablehnt. Zweitens war ich immer noch Propagandaprofi und ging davon aus, dass ich unter den genannten Umständen in der Diskussion die Oberhand behalten würde. Da fast niemand die Entscheidung Arafats nachvollziehen konnte, hielt ich den PLO-Vertreter für ein leichtes Opfer in einem Wortgefecht. Schließlich vertrat er den Unterstützer des allseits verhassten Saddam Hussein. Ich hingegen vertrat eines der Opfer Saddam Husseins. Israel wurde in der ersten Phase des Krieges nämlich heftig aus dem Irak beschossen, erwiderte zum Erstaunen der Weltgemeinschaft den Beschuss aber ausnahmsweise nicht. Mit gutem Grund, denn eine Erwiderung des Beschusses hätte die Koalition der Vereinigten Staaten mit den arabischen Staaten gefährdet, weil die arabischen Staaten ein Land, das von Israel beschossen wird, unterstützen müssten.

Ich wusste, dass es nichts gebracht hätte, bei meinem Vorgesetzten in dieser Sache noch einmal vorzusprechen. Hätte man mir abgesagt, hätte ich keinen Spielraum gehabt. Also trickste ich. Schließlich war ich damals nicht nur bei der Europäischen Union und in Belgien akkreditiert, sondern auch in Luxemburg. So sagte ich dem belgischen Fernsehen, dass ich leider am Tag der geplanten Sendung nicht in Brüssel sein könne, da ich Termine in Luxemburg habe. Ich rechnete damit, dass die Fernsehleute mir daraufhin eine Liveschalte vorschlagen würden. Und ich hatte recht. Also diskutierte ich live mit dem PLO-Vertreter, konnte meinen Vorgesetzten in Jerusalem aber naiv sagen, dass ich ja nicht mit ihm zusammen im Studio gewesen sei.

Die Diskussion lief übrigens genau so, wie ich sie mir vorgestellt hatte. Beinahe tat der PLO-Vertreter mir leid, schließlich befand er sich in einer unmöglichen und äußerst unkomfortablen Situation.

Armali traf ich, nachdem wir beide im Ruhestand waren, noch ein paarmal privat in Brüssel, und wir freundeten uns ein wenig an.

Meine Hauptaufgabe in Brüssel war die Zusammenarbeit mit der Europäischen Gemeinschaft. Ich hatte das Glück, mich zu einer Zeit mit der EG vertraut zu machen, als sie nach langer Stagnation dank des sagenumwobenen Präsidenten der Europäischen Kommission, Jacques Delors, wieder im Aufschwung war. Meiner Ansicht nach haben die Europäische Kommission und die Europäische Gemeinschaft nach dem Ende seiner Amtszeit nie wieder solch einen Glücksfall wie ihn erlebt. Delors hat sowohl in der Vertiefung der Zusammenarbeit der Mitgliedstaaten, die er bis zum Vertrag von Maastricht geführt hat, als auch in Bezug auf die Effizienz der Arbeit der Kommission, der Erweiterung der Gemeinschaft und vor allem der Währungsunion Fortschritte erzielt.

Schon bei der Überreichung meines Beglaubigungsschreibens an Delors entdeckte ich in ihm zudem einen großen Freund Israels. Er bewunderte Israel nicht nur sehr, sondern war auch sehr neugierig und wollte, obwohl er viel über Israel wusste, immer noch mehr wissen. Erstaunlicherweise hat er Israel nie besucht. Meines Wissens bis heute nicht. Ich versuchte zwar mehrfach, ihn nach Israel einzuladen, er wollte aber nie kommen. Mir ist das zum Vorteil geworden, denn weil er selbst nie dorthin reiste, aber weiterhin so an Israel interessiert war, empfing er mich immer sehr gerne, um mir Fragen über Israel zu stellen. Das erleichterte meine Arbeit mit der Kommission natürlich erheblich. Nicht nur, weil ich einen unkomplizierten Zugang zu ihrem Präsidenten hatte, sondern auch, weil die anderen Kommissare und besonders die Beamten der Kommission sich meines guten Kontakts zum Chef bewusst waren.

Meine Arbeit bei der Europäischen Gemeinschaft begann dennoch mit Schwierigkeiten. Kurz nach meiner Ankunft hatte ich das Privileg, neue Verträge mit dem Rat zu unterschreiben. Es ging darum, dass die Europäische Gemeinschaft zwei neue Länder – Spanien und Portugal – aufnahm, zwei Länder, deren Beziehungen zu Israel damals noch schwierig waren. Mit Portugal führten wir halbherzige diplomatische Beziehungen, mit Spanien noch gar keine. Zugleich war auch der Handel zwischen unseren Ländern beeinträchtigt, da wir in mehreren landwirtschaftlichen Bereichen unmittelbare Konkurrenten waren und Spanien und Portugal am Handelsvertrag zwischen der EG und Israel nicht beteiligt waren. Um all diese Schwierigkeiten auszuräumen, hatte mein Vorgänger neue Verträge mit der Gemeinschaft ausgehandelt, darunter auch die Aufnahme diplomatischer Beziehungen zwischen Spanien und Israel. Ich kam zur feierlichen Unterzeichnung dieser Verträge, mit deren Aushandlung ich noch nichts zu tun gehabt hatte, nach Brüssel.

Nach der Unterzeichnung der Verträge fragte ich den turnusgemäß Vorsitzenden des Europäischen Ministerrates, den Außenminister Dänemarks, ob wir nicht sofort mit den Verträgen nach Straßburg fahren sollten, um dafür zu sorgen, dass das Europäische Parlament sie ratifiziert.

»Quatsch«, sagte er lächelnd, »das brauchen wir nicht. Die Verträge werden per Post geschickt und vom Parlament automatisch ratifiziert.«

Ich hatte bis dahin angenommen, dass das Gewicht und der Einfluss des Parlaments nach Einführung der direkten Wahlen 1970 erheblich zugenommen hätten. Ich war daher skeptisch, ob es die Verträge tatsächlich einfach so durchwinken würde, und entschied mich, allein nach Straßburg zu fahren. Mein Bauchgefühl, so sollte es sich herausstellen, war begründet: Ich traf auf ein widerwilliges Parlament, das unsere Verträge nicht bestätigen wollte. Der Grund für die Ablehnung waren allerdings weder Israel noch die Verträge selbst. Wir waren vielmehr ein zufälliges Opfer im Machtkampf zwischen dem Rat und dem Parlament, das damals dem Rat zunehmend Gewicht und Einfluss nehmen wollte.

Ich versuchte in dieser vertrackten Situation mein Bestes, um uns mit Hilfe der Freunde Israels im Parlament aus diesem Ringen herauszuhalten und dafür zu sorgen, dass unsere Verträge doch noch ohne Verzögerung genehmigt würden. Dabei traf ich jedoch auf ein neues Hindernis: den Ausbruch der ersten Intifada im Dezember 1987. Dieser Aufstand in den von Israel besetzten palästinensischen Gebieten war für unser Ansehen in Europa natürlich per se schädlich; hinzu kamen aber auch noch arrogante Aussagen von israelischen Spitzenpolitikern, die die Lage noch weiter verschlechterten. So erklärte der israelische Verteidigungsminister Yitzhak Rabin, der die Intifada anfänglich nicht richtig einzuordnen wusste, dass »wir ihnen (den palästinensischen Jugendlichen) die Knochen zerbrechen werden«.

Unter diesen Umständen gelang es mir natürlich nicht, das Parlament zu überzeugen. Im Gegenteil: Die Stimmung schwang über Nacht um und war so schlecht, wie sie nur sein konnte. Von den Verträgen war keine Rede mehr.

Die Maßnahmen der israelischen Regierung gegen die Aufständischen wurden unterdessen immer härter. Schnell sperrten unsere Behörden die Universitäten und Fachhochschulen in den besetzten Gebieten, deren Studenten nationalistisch tätig waren. Die Europäische Gemeinschaft reagierte darauf mit dem Aussetzen der bestehenden Verträge im kulturellen und wissenschaftlichen Bereich. So lange Israel den Palästinensern keine Kultur und Wissenschaft eingestand, so lange wollten die Europäer den Israelis in diesem Bereich ebenfalls keine Hilfe leisten. Damit verhängte die Europäische Gemeinschaft zum ersten und bisher einzigen Mal Sanktionen gegen Israel. Zwar bezeichnete die EG diesen Rückzug nicht als »Sanktionen«, sondern als »Maßnahmen«, es waren aber praktisch Sanktionen. Nun musste ich mir nicht nur um die Ratifizierung meiner Verträge Sorgen machen, sondern vor allem gegen die Sanktionen ankämpfen, von denen ich befürchtete, dass es mit der fortschreitenden Intifada noch weitere geben würde.

Als man mich im Auswärtigen Amt in Jerusalem auf meine Funktion in Europa vorbereitete, hatte man mich vor einem gefährlichen Feind Israels in der Kommission gewarnt. Es ging dabei um den Kommissar, mit dem ich am meisten zusammenarbeiten sollte: Claude Cheysson. Er sei schon seit seiner Zeit als französischer Ministerpräsident ein Israelhasser und Palästinenserfreund, sagte man mir in Jerusalem. Und man legte mir verschiedene Unterlagen vor, um mir zu zeigen, wie er Israel mehrmals öffentlich kritisiert und die Palästinenser unterstützt hatte.

»Da habe ich echt Pech!«, dachte ich mir. »So soll ich meine Arbeit in Brüssel beginnen? Mit dem größten Hindernis, das ich mir vorstellen kann?« Dennoch bat ich kurz nach meinem Treffen mit Delors um ein Treffen mit Cheysson.

Cheysson, dem ein Ruf als harter und strenger Mann vorauseilte, empfing mich unerwartet freundlich. Er widmete mir sehr viel Zeit und überzeugte mich davon, dass er unheimlich viel von Israel und vom Nahen Osten verstand und wusste. Ich hatte überhaupt nicht den Eindruck, dass er uns gegenüber feindselig war. »Was soll das bedeuten?«, fragte ich mich. »Ist er ein Heuchler, der mich zu betrügen versucht?«

Im Laufe der Zeit stellte sich heraus, dass mir in Brüssel keiner so oft weiterhelfen sollte wie Cheysson. Bei meinen Bemühungen, die Verträge zu ratifizieren, und bei der Bekämpfung der Sanktionen konnte ich mich auf niemanden so verlassen wie auf ihn. Woher rührte diese Diskrepanz zwischen dem, was man mir erzählt hatte, und meinen eigenen Erfahrungen? Ich führte im Laufe der Jahre viele Gespräche mit Cheysson und konnte es irgendwann verstehen: Cheysson, der am Ende des Zweiten Weltkrieges als Offizier in der französischen Armee gedient hatte, hatte in dieser Funktion die befreiten Konzentrationslager in Deutschland und in Polen kennengelernt. Das hatte ihn, wie die meisten, zutiefst geprägt, und er war seitdem ein großer Befürworter der zionistischen Bewegung gewesen. 1947 wurde er als UN-Beobachter in den Nahen Osten entsandt. Er entdeckte das jüdische Palästina und war davon begeistert. Dann aber erlebte er unseren Unabhängigkeitskrieg mit, der im November 1947 ausbrach und bis Anfang 1949 andauerte – einen Krieg, der Leiden und Flucht der Palästinenser verursachte. Cheysson, der offensichtlich empfindsam war, wurde auch vom Leid der Palästinenser berührt. Seither war er davon überzeugt, dass man alles Mögliche für beide leidenden Bevölkerungen tun müsse – sowohl für die israelische als auch für die palästinensische. Obwohl er seit dem Sechs-Tage-Krieg der israelischen Politik in den besetzten Gebieten kritisch gegenüberstand, hatte er nie am Existenzrecht Israels gezweifelt und war immer davon überzeugt gewesen, dass Israel ein mächtiges Land sein müsse und jegliche Unterstützung verdiene. Dass man sowohl pro-israelisch als auch pro-palästinensisch sein kann, verstehen die meisten Israelis jedoch nicht. Meine Kollegen, die mich vor meiner Abfahrt nach Brüssel brieften, ignorierten daher Cheyssons pro-israelische Aussagen und Taten und fokussierten sich nur auf seine Kritik an Israel. Cheysson war es damit ergangen, wie es vielen Europäern im Zusammenhang mit Israel ergeht.

Was für ein Mann Claude Cheysson wirklich war, sollte sich Ziona und mir noch bei einer weiteren Gelegenheit zeigen. Als er das erste Mal zu uns in die Residenz zum Abendessen kam, war zufällig Zionas Mutter zu Besuch. Meine Schwiegermutter war eine Holocaustüberlebende, hatte mehrere Konzentrationslager durchlebt und gehörte zu den sehr wenigen Auschwitzüberlebenden. Sie stammte aus Polen, sprach aber, wie viele polnische Juden damals, ziemlich gut deutsch. Cheysson bemerkte sie schon während des Empfangs vor dem Essen. Er ging auf sie zu, versuchte vergeblich, sich mit ihr auf Französisch zu unterhalten, entdeckte aber, dass er mit ihr deutsch sprechen konnte. Er war fasziniert von ihrer Geschichte und wollte trotz der vielen Prominenten, die am Abendessen teilnahmen, nur noch mit ihr sprechen. So bat er Ziona, während des Abendessens neben ihrer Mutter sitzen zu dürfen. Als er nach dem Abendessen ging, erzählte meine Schwiegermutter, wie begeistert sie von ihm war, weil er unheimlich viel über den Holocaust wusste und ihr unbegrenzte Sympathie entgegengebracht hatte.

Die Erfahrung, die ich mit Cheysson machte, hat mich geprägt und begleitet mich überall. Seither vertrete ich die Einstellung, dass es in internationalen Beziehungen am wichtigsten ist, den Blickwinkel des anderen kennenzulernen. Das bedeutet nicht, dass man den anderen unterstützen muss. Man kann die Meinung des anderen für falsch halten oder sogar vehement ablehnen. Kennenlernen muss man sie dennoch, und verstehen sollte man sie auch. Diese Überzeugung bildet auch die Grundlage meiner Vorträge vor meinen israelischen, palästinensischen und jordanischen Studenten, die gemeinsam in Düsseldorf studieren. Ich sage den Studenten im Voraus, dass ich niemanden überzeugen will. Ich will weder die Palästinenser und Jordanier von den israelischen Thesen überzeugen noch die Israelis von den Thesen der anderen. Jeder soll nur wissen, wie der andere denkt und warum er so denkt, auch wenn er subjektiv im Unrecht sein mag. Sie sollen lernen, den anderen zuzuhören und ihnen nicht immer nur, wie Israelis es so gerne tun, zu predigen. Wenn einem das gelingt, kann man mit dem anderen auch in einen echten Dialog treten und sich mit dem Gegenüber trotz Meinungsverschiedenheiten sogar anfreunden.

Aus dem Ringen mit der Kommission und dem Parlament, Ende 1987 und Anfang 1988, zog ich ebenfalls eine Lehre, nämlich die, dass wir in einer ganz anderen Art und Weise mit der Europäischen Gemeinschaft verbunden sein müssten als bisher. Es durfte nicht noch einmal geschehen, dass unsere Kooperationsverträge im wirtschaftlichen, wissenschaftlichen, technologischen und kulturellen Bereich infrage gestellt wurden, sobald wir politische Meinungsverschiedenheiten hatten. Auch wenn wir kein Mitgliedstaat werden können, müssten wir, davon war ich überzeugt, in der Europäischen Gemeinschaft fest verankert werden. So verankert, wie ein Baum, der tiefe Wurzeln hat und nicht jeden Sturm fürchten muss.

Es ist mir während meiner vier Jahre in Brüssel nicht gelungen, dieses Ziel zu erreichen. Ich habe aber begriffen, dass Brüssel vielleicht nicht der richtige Ort für solch ein Anliegen ist. So eine grundlegende Verbindung zwischen Israel und der EG hängt letzten Endes nicht von den Gremien der Europäischen Gemeinschaft, sondern von den Mitgliedstaaten und vor allem von Deutschland und Frankreich ab. Daher habe ich mich mit dieser Frage unmittelbar nach meiner Ankunft in Deutschland 1993 wieder beschäftigt. Dank der Bundesregierung erreichten wir unser Ziel schließlich, als sich der Gipfel der Europäischen Gemeinschaft unter deutscher Präsidentschaft 1994 in Essen für eine Sonderbeziehung zwischen der EG und Israel aussprach. Das war noch nicht das Ende der Geschichte der israelischen Verankerung in der heutigen EU, es war jedoch ein Anfang.

Schon in Brüssel war mir bewusst, dass die Europäische Gemeinschaft für Israel zunehmend wichtig und sogar unentbehrlich wurde. In manchen Bereichen hat sich unsere Abhängigkeit von der EU seither noch stärker entwickelt als unsere Abhängigkeit von den USA. Gleichzeitig musste ich feststellen, dass die Ignoranz in Israel gegenüber Europa so weitreichend war, dass es mich fast hoffnungslos machte. Ich nahm zur Kenntnis, dass die israelischen Unternehmen in Brüssel allesamt mit belgischen Beratern arbeiteten, statt auf eigene Fachleute zurückzugreifen. Das war für die israelischen Unternehmer zum einen mit viel größeren Ausgaben verbunden, da ausländische Berater immer viel teurer sind. Es war zudem eine Frage der Sicherheit, denn ein Land sollte sich in seinen Hauptinteressen nicht hauptsächlich auf Ausländer verlassen.

Seitdem hegte ich den Ehrgeiz, mich irgendwann der Ausbildung der israelischen Jugendlichen in Sachen Europäischer Union zu widmen. Das konnte ich natürlich erst nach meinem Ausscheiden aus dem diplomatischen Dienst.

Brüssel war für Ziona und mich insgesamt eine sehr angenehme Erfahrung. Wir liebten die Stadt, wir liebten Belgien, wir liebten auch Luxemburg, wohin wir gerne und oft fuhren.

Wo auch immer ich war, ging ich regelmäßig reiten. In Belgien bot man mir ein herrliches Pferd zum Erwerb an, die schönste Stute, die ich je geritten bin. Ich kaufte den schönen Fuchs *Gazelle* und hatte dadurch auch den Ansporn, jeden Morgen früh reiten zu gehen. Glücklicherweise war der Reitstall nur ein paar Hundert Meter von der Botschaft entfernt. Als ich nach vier Jahren nach Jerusalem zurückkehrte, kaufte mein Reitlehrer mir *Gazelle* ab und schickte mir noch jahrelang Fotos von diesem Pferd, das er auf internationalen Turnieren ritt.

Das Allerschönste aber, was uns in Brüssel und überhaupt passierte, war die Geburt unseres Sohnes Daniel zwei Jahre nach unserer Ankunft in Belgien. Als ich Ziona kennenlernte und unsere Beziehung enger wurde, bat ich sie, mit mir zusammenzuziehen, fügte aber hinzu, dass ich nicht die Absicht hätte, ein weiteres Mal zu heiraten. Ich sagte ihr, dass ich zu alt dazu sei und dass wir das in unserer modernen Welt gar nicht mehr bräuchten. Wir könnten zusammen wohnen, ohne die Rabbiner in unser Leben zu involvieren – in Israel gibt es bis heute keine Zivilehe. Ziona, schlau und sanft, willigte ein, hatte aber nie die Absicht, auf eine Ehe zu verzichten. Erst als wir zusammenlebten, begann sie zu bohren: »Aber die Familie ... meine Eltern ... die Tradition ...« Schließlich gab ich nach. Nur eines konnte ich durchsetzen: Die Hochzeit sollte ganz klein und bescheiden sein und im engsten Familienkreis stattfinden. Und ich stellte noch eine weitere Bedingung: Wir würden keine Kinder haben. Ich hatte ja schon erwachsene Kinder und würde mich in meinem Alter nicht lächerlich machen, indem ich noch einmal Vater wurde. Wieder verhielt Ziona sich schlau und sanft und gab dem Anschein nach nach. Dann begann sie aber wieder zu bohren und nannte ein Argument, auf das ich keine Erwiderung wusste. Sie sagte: »Wieso hat jede Frau das Recht auf ein Kind, außer deiner Frau?«

Und so kam Daniel am 26. August 1989, im Jahr des Mauerfalls, auf die Welt und in unser Leben. Auch wenn ich bis dahin Hemmungen, Vorbehalte und sogar Ängste vor einem neuen Kind hatte, so lösten all diese Gedanken sich bei seiner Geburt in Luft auf. Um meine Komplexe zu überwinden, wiederholte ich im Scherz überall die Aussage von Yves Montand, dem großen französischen Sänger und Kinoschauspieler, der im Alter von siebzig Jahren noch Vater geworden war und gesagt hatte: »Das ist doch sehr einfach, meine Enkelkinder erzeuge ich mir selbst.«

Vom Auswärtigen Amt an die Universität

Kurz vor dem Ende meiner Dienstzeit in Brüssel lernte ich den Präsidenten der Hebräischen Universität in Jerusalem kennen, der in Brüssel zu Besuch war. Er machte mir ein Angebot: Ich solle mich vom diplomatischen Dienst verabschieden und als Vizepräsident zu ihm an die Universität kommen.

Damit überraschte er mich sehr. Mit Universitäten kannte ich mich gar nicht aus, und die Idee, den diplomatischen Dienst zu verlassen, jagte mir Angst ein. Dennoch dachte ich lange darüber nach. Schon seit Jahren machte ich mir Gedanken über den Ruhestand. Zu oft hatte ich in meiner Karriere stolze, ruhmreiche, glänzende Kollegen gesehen, die nach ihrem Ausscheiden aus dem Dienst zu einem Schatten ihrer selbst geworden waren. Ich hatte beispielsweise einmal einen Abteilungsleiter im Auswärtigen Amt gehabt, den ich ganz besonders bewunderte. Dann, wie es im auswärtigen Dienst häufig vorkommt, trennten sich unsere Wege. Er ging ins Ausland, dann ging ich ins Ausland, und wir haben uns nicht wiedergesehen. Jahre später ging ich in Jerusalem im Supermarkt einkaufen und sah einen alten Mann, der ganz langsam und gebückt mit einer Plastiktüte in der Hand an mir vorbeiging. Ich sah ihn an und traute meinen Augen nicht. Es war mein ehemaliger Vorgesetzter, kaum mehr zu erkennen.

Ich ging auf ihn zu und fragte: »Herr Savir?«

Er schaute mich an und murmelte: »Äh, ja.«

Ich sagte: »Ich bin Avi Primor, erkennen Sie mich nicht?«

Er schaute mich müde an. »Doch, ich weiß, wer Sie sind.«

»Herr Savir, wie geht es Ihnen?«

»Nun ja«, erwiderte er. »Man lebt noch. Solange ich noch einkaufen gehen kann, ist alles nicht so schlimm.« Er kehrte mir den
Rücken zu und ging weiter.

Ich war entsetzt. Der Mann war keine siebzig Jahre alt und
wirkte doch so viel älter.

Ich erinnerte mich auch an meinen Vater, der ebenfalls nur
noch ein Schatten seiner selbst war, als er in den Ruhestand ging.

Alle sagen immer: »Ach, wie schön wird das sein, wenn wir
mal im Ruhestand sind. Dann können wir all das tun, wofür wir
nie Zeit hatten. Dann werden wir die Bücher lesen, die wir immer
lesen wollten und zu denen wir nie gekommen sind. Wir werden
uns mit den Enkelkindern beschäftigen, mit dem Garten. Wir
werden herumreisen, und vor allem werden wir Ruhe haben und
keine Sorgen mehr.« Wenn überhaupt, dann stimmt all dies nur
für eine kurze Zeit. Dann wird man gleichgültig und uninteressiert. Ein Schatten seiner selbst.

Ich schwor mir, diesem Schicksal zu entgehen.

Als Professor Yoram Ben Porath mir in Brüssel das Angebot
machte, Vizepräsident der Universität zu werden, kam mir der
Gedanke, dass dies vielleicht tatsächlich ein Weg sein könnte,
den baldigen Ruhestand zu vermeiden. Im Öffentlichen Dienst,
dem ich als Mitarbeiter des Auswärtigen Amtes angehörte, musste ich laut Gesetz mit fünfundsechzig in den Ruhestand gehen.
An der Universität, wo ich einen privaten Vertrag bekommen
würde, könnte ich hingegen so lange bleiben, wie die Universität
und ich es wollten.

So sagte ich mit einem Seufzen zu. Weil ich die Brücken hinter
mir nicht ganz abbrechen wollte, ließ ich mich allerdings nur beurlauben und schied noch nicht endgültig aus dem diplomatischen Dienst aus.

Zum Abschied gaben meine Kollegen in Jerusalem ein Essen
für mich, bei dem ich eine kurze Rede hielt. »Ich verlasse den auswärtigen Dienst in aller Zufriedenheit«, sagte ich. »Ich habe eine

faszinierende und bunte Karriere gehabt und beginne jetzt ein anderes Leben mit einer ganz neuen Herausforderung.« Mehr am Rande ergänzte ich schließlich: »Wenn es noch einen Posten geben könnte, der mich im auswärtigen Dienst interessieren könnte – und das meine ich rein theoretisch –, dann wäre das der Botschaftsposten in Deutschland, weil er eine außerordentliche Herausforderung wäre. Aber das ist natürlich Vergangenheit und hat eigentlich keine praktische Bedeutung.«

Die Hebräische Universität war für mich zwar eine neue Erfahrung, aber nicht unbedingt eine, die mich besonders begeisterte. Als einer der Vizepräsidenten musste ich mich viel mit Verwaltung und Fundraising, besonders in Amerika, beschäftigen. Beides Dinge, die mir nicht zuflogen.

Ein Ziel verfolgte ich neben der ganzen Verwaltungsarbeit dennoch: meinen Traum zu verwirklichen, Studenten die Europäische Gemeinschaft näherzubringen. Doch ich war zu einer unglücklichen Zeit an die Hebräische Universität gekommen, da sie gerade die größten finanziellen Schwierigkeiten ihrer Geschichte durchlebte. Auf der Tagesordnung standen Kürzungen, und von neuen Projekten wollte keiner etwas hören. Ich konnte zwar letzten Endes doch noch ein Zentrum für die Europäische Union gründen; es handelte sich dabei jedoch nicht um ein Studienzentrum, sondern um ein Zentrum für kulturelle Veranstaltungen, die mit Europa und der Europäischen Union zu tun hatten. Regelmäßig gab es Vorträge über die Europäische Union, es wurden Filme gezeigt und Gäste aus Europa eingeladen. Die Studenten waren immer eingeladen, und doch war es nicht die Art von Studienprogramm, die ich im Sinn hatte.

Vier Jahre später, im Juni 1995, reiste ich als israelischer Botschafter in Begleitung des Bundeskanzlers Helmut Kohl bei seinem Staatsbesuch in Israel nach Jerusalem. Bei dieser Gelegenheit veranstaltete »mein« Europazentrum eine Gala zu Ehren Helmut Kohls und benannte sich nach ihm. Der erste Leiter dieses Zent-

rums war allerdings nicht ich, sondern der in Deutschland bekannte israelische Historiker Moshe Zimmermann.

Das Zentrum hielt sich auch nach meinem Abschied und hat
sich heute zu einem regelrechten Studienzentrum entwickelt. Es
bietet inzwischen nicht mehr nur unregelmäßige Veranstaltungen, sondern regelmäßige Kurse für Studenten.

Auf dem Weg
nach Deutschland

Meine Karriere als Vizepräsident der Hebräischen Universität endete beinahe so unvermittelt, wie sie angefangen hatte. Nachdem die Arbeitspartei 1993 nach den gewonnenen Wahlen zurück an die Macht gekommen war, bestellte der neue Außenminister der zweiten Rabin-Regierung, Shimon Peres, mich zu sich. Meine Kollegen hätten ihm von meiner Rede bei meiner Verabschiedung und von meinem einzigen verbleibenden Ziel im Auswärtigen Amt, dem Botschafterposten in Deutschland, erzählt, sagte er.

»Ja, das stimmt«, antwortete ich. »Das hat aber mit der Realität kaum etwas zu tun. Ich habe mich doch vom diplomatischen Dienst verabschiedet und bin jetzt Vizepräsident der Hebräischen Universität.«

»Ich habe mich erkundigt«, sagte Peres. »Du bist vom Auswärtigen Amt lediglich beurlaubt, der Weg zurück ist möglich.«

»Ja«, sagte ich, »das stimmt. Ich habe aber einen Vertrag mit der Universität.«

»Das kriegen wir schon hin«, sagte er ungeduldig. »Ich möchte dich als Botschafter nach Deutschland schicken. Was sagst du dazu?« Noch bevor ich antworten konnte, fügte er rasch hinzu: »Ich weiß, dass du kein Deutsch sprichst, aber auch das kriegen wir hin, und du hast noch ein paar Monate, bevor du nach Deutschland gehst, um Privatunterricht zu nehmen.«

Ich bat um etwas Bedenkzeit, und er gab mir vierundzwanzig Stunden.

Ich war ratlos und bekam wirklich Bauchschmerzen, weil ich nicht wusste, was ich tun sollte. So ging ich nach Hause, um mich mit Ziona zu beraten. Ich plädierte – wahrscheinlich nicht sehr überzeugend – gegen das Angebot von Peres. Ich sagte: »Ich bin an die Universität gegangen, um nicht mit fünfundsechzig in den Ruhestand gehen zu müssen. Wenn ich jetzt in den diplomatischen Dienst zurückkehre, was hat es dann gebracht? In sieben Jahren muss ich in den Ruhestand treten, und dann wird nicht noch einmal ein Wunder passieren; kein Universitätspräsident wird mir aus heiterem Himmel ein Angebot machen. Wunder wiederholen sich nicht.«

Ziona erwiderte: »Was du sagst, ist natürlich vernünftig. Aber was du von Herzen wirklich willst, ist nicht die Universität, sondern der diplomatische Dienst. Das ist dein Leben, das ist deine Leidenschaft, und man lebt nur ein Mal. Was nach Deutschland geschieht, das werden wir dann sehen. So wie unsere Nachbarn es sagen: *Allahu akbar.*«

Wenn ich heute ganz ehrlich darüber nachdenke, muss ich eingestehen, dass Ziona mir damals sagte, was ich hören wollte. Dennoch: Hätte sie mir in unserem Gespräch gesagt, ich solle an der Universität bleiben, so wäre ich geblieben.

Nachdem das Auswärtige Amt mich zum Botschafter in Bonn ernannt und die Regierung dies bestätigt hatte, erlebte ich noch eine weitere Überraschung: Yossi Beilin, der stellvertretende Außenminister, rief mich an und bat um ein diskretes Gespräch.

»Alles ist abgeschlossen«, sagte er. »Du bist Botschafter in Deutschland, und dennoch möchte ich dich etwas fragen: Das Land, das du neben Israel am besten kennst, sehr liebst und dessen Sprache du sprichst, ist Frankreich. Was würdest du sagen, wenn ich dir anböte, Deutschland und Frankreich zu tauschen? Wir sind mit dem aktuellen Botschafter in Frankreich aus politischen Gründen nicht zufrieden.« Diese Unzufriedenheit war nicht weiter erstaunlich, denn der israelische Botschafter in Paris war zu diesem Zeitpunkt kein Berufsdiplomat, sondern eine politische Nominierung des Likud. Die neue Regierung der Arbeitspartei wollte verständlicherweise keinen Likud-Politiker in Paris haben.

Ich zögerte nicht lange, bevor ich Beilins Angebot zu seinem offensichtlich sehr großen Erstaunen ablehnte. »Das hätte ich nie geglaubt«, sagte er. »Jeder weiß, dass Primor nur Paris haben will. Wieso lehnst du es jetzt ab?«

»Weil Frankreich und Paris mir zwar am Herzen liegen, aber das ist *du déjà vu*«, sagte ich. »Deutschland ist für mich nicht nur Terra incognita, sondern vor allem eine einmalige Herausforderung. Als ich vor meinem Abschied vor zwei Jahren sagte, dass nur Deutschland mich zurück in den diplomatischen Dienst holen könnte, habe ich es ehrlich gemeint.«

»Willst du es dir nicht noch ein wenig überlegen?«, fragte Beilin. »Soll ich vielleicht mit Ziona sprechen? Die würde bestimmt lieber nach Paris ziehen, als im Bundesdorf zu leben.«

»Das haben wir alles bedacht, Yossi. Wir ziehen nach Deutschland!«

In der Tat war meine größte Sorge in Bezug auf Deutschland zunächst die Sprache. Es gibt Diplomaten, die die Sprache des Gastlandes nicht sprechen und sich auch nicht bemühen, sie zu lernen. Bei ihnen handelt es sich nicht nur um Leute, die nicht sprachbegabt sind, sondern auch um Leute, die den Nutzen der Sprache nicht richtig einschätzen. Ein Diplomat aus einem kleinen Land in Lateinamerika mag sich sagen: »Wozu brauche ich eigentlich die deutsche Sprache? Was ich mit Deutschland zu tun habe, regle ich mit den relevanten Beamten im Auswärtigen Amt, die Spanisch sprechen, und mehr brauche ich nicht. Die Menschen, mit denen ich mich treffe, in deren Gesellschaft sich mein Leben abspielt, sind Kollegen aus Lateinamerika, Mitarbeiter oder andere Landsleute, die sich zufällig in Deutschland befinden. Das reicht mir.«

Viele Afrikaner, die ich kannte, sahen das genauso. Sie blieben untereinander, sahen kaum Leute aus dem Gastland und erledigten ihre Arbeit mit Beamten aus dem Auswärtigen Amt, die entweder Französisch oder Englisch sprechen. In den Achtzigerjahren, als ich mich mit der Wiederaufnahme der Beziehungen zu Schwarzafrika beschäftigte, wurde ich oft von meinen Gesprächspartnern gebeten, ihre Diplomaten in Washington zu unterstützen. Die Legende besagt schließlich, dass Israel in Amerika besonders einflussreich ist, wenn Israel nicht sogar die ganze Stadt Washington an der Nase herumführt. Viele glauben auch immer noch an die verleumderischen Aussagen aus dem gefälschten Dokument *Die Weisen von Zion*, demzufolge die Juden die Welt beherrschen. Als Japan in den Zweiten Weltkrieg eintrat, hatten die Nazis Propagandaexperten nach Japan entsandt, um die Japaner von ihren antisemitischen Lügen zu überzeugen. Unter anderem hatten sie den Japanern erklärt, dass die Juden eine weltverschwörerische Gesellschaft seien und die Welt von ihrem Platz hinter den Kulissen beherrschten. Daraufhin waren die Japaner zu der Schlussfolgerung gekommen, dass sie unbedingt einen Weg finden müssten, sich mit den Juden zu verbinden, weil sie so mächtig seien.

In Washington traf ich auf Diplomaten aus den französischsprachigen Ländern Schwarzafrikas, die sich nicht einmal die Mühe gemacht hatten, Englisch zu lernen. Selbst in der englischsprachigen Welthauptstadt empfanden sie es als ausreichend, mit einigen französischsprachigen Beamten des State Departments zu verkehren, und auch gesellschaftlich waren sie nur in französischsprachigen Kreisen unterwegs. Als ich für sie auf ihre Bitte hin in Washington intervenierte, empfanden sie es als noch überflüssiger, Englisch zu lernen, weil ihnen bei Sprachproblemen nun ja die Israelis halfen.

Israel ist von dieser Haltung so weit entfernt wie nur möglich. Ein israelischer Botschafter weiß genau, dass er sich selbst mit der Weltsprache Englisch nicht begnügen kann. Dies sollte eigentlich

auch den anderen Diplomaten bewusst sein. Ich habe beispielsweise einmal erlebt, wie ein amerikanischer Botschafter in Bonn,
Richard Holbrooke, wegen seiner Unkenntnisse der deutschen
Sprache in Bonn in Verlegenheit geriet. Natürlich war die deutsche Oberschicht daran interessiert, sich mit ihm anzufreunden,
und natürlich spricht diese Schicht der deutschen Bevölkerung
Englisch. Dennoch: Ich war einmal zu einem Abendessen mit
Holbrooke in Bonn eingeladen, bei dem alle anderen Gäste Deutsche waren. Alle sprachen zu Ehren des Botschafters Englisch –
fünf Minuten lang. Dann ließ die Selbstdisziplin nach, und alle
wechselten ins Deutsche. Holbrooke blieb isoliert, bis jemand
ausrief: »*Oh, let us speak English! We have the American ambassa-
dor as guest of honor.*« So wechselten die Gäste den ganzen Abend
zwischen Englisch und Deutsch.

Der bedauernswerte Holbrooke war kein typischer Amerikaner, der keine Fremdsprachen spricht. Er beherrschte sowohl die
französische als auch die japanische Sprache, denn er hatte sich
immer gewünscht, Botschafter in Paris oder Tokyo zu sein. Seine
Verwaltung aber hatte ihn nach Deutschland entsandt, dessen
Sprache er nicht gelernt hatte ...

Einem Israeli wird so etwas kaum passieren, weil jeder israelische Botschafter weiß, dass er, um für die Interessen seines Landes zu ringen, nicht nur mit den Diplomaten und Spitzenpolitikern seines Gastlandes verkehren muss, sondern auch mit der
Bevölkerung. Er muss Fernsehinterviews geben, er kämpft um
die öffentliche Meinung. Selbst in Ländern, die Israel gegenüber
feindselig sind und in denen der israelische Botschafter weiß,
dass er keine Chance bei den Behörden hat, wird er versuchen, die
öffentliche Meinung für sich zu gewinnen, damit diese zugunsten
Israels Druck auf die Regierung ausübt. Das liegt in der Tradition
der israelischen Diplomatie, die ihre Wurzeln in den Jahren der
Entstehung des Staates hat. Stets musste Israel um Anerkennung
kämpfen, und oft haben unsere Diplomaten ihre Ziele über die
öffentliche Meinung erreicht und nicht über die Behörden.

Jetzt, nach meiner Berufung zum Botschafter Israels in Deutschland, stand ich vor einer Mission, die ich als besonders wichtig, heikel und schicksalhaft betrachtete, und beherrschte die Sprache meines Gastlandes nicht. Ich war der erste in Israel geborene Botschafter Israels in Deutschland. Alle meine Vorgänger waren entweder in Deutschland oder in Österreich geboren worden und dort aufgewachsen. Alle waren erst nach Israel ausgewandert, als sie bereits mindestens Gymnasiasten waren. Allein das flößte mir Angst und Schrecken ein – in Bonn musste man sicherlich annehmen, dass der israelische Botschafter immer ein deutscher Muttersprachler war. Und jetzt sollte einer kommen, der auf Deutsch nicht einmal stottern konnte.

Wie anfangs erwähnt, ist meine Mutter in Frankfurt am Main aufgewachsen. Sie hat in Israel aber sehr schnell Hebräisch gelernt und in dieser Sprache mit meinem Vater und auch mit uns Kindern kommuniziert. Dennoch war mir der Klang der deutschen Sprache vertraut, denn meine Mutter hatte viele deutschsprachige Freunde und Freundinnen, mit denen sie natürlich Deutsch sprach. Auch viele einzelne Worte oder Begriffe kannte ich. Ich dachte daher, dass ich zumindest ein wenig Deutsch verstehen würde. Als mich der Fahrer der Botschaft bei meiner Ankunft in Deutschland vom Flughafen abholte und das Radio anmachte, um Nachrichten zu hören, musste ich jedoch bitter überrascht entdecken, dass ich nichts, aber auch gar nichts von den Nachrichten verstehen konnte. Als man mich später fragte, ob Deutsch etwa nicht meine Muttersprache sei, sagte ich daher: »Es stimmt schon, dass Deutsch die Sprache meiner Mutter ist, aber es ist nicht meine Muttersprache.«

Noch vor meiner Ankunft in Bonn hatte ich die Botschaft gebeten, einen passenden Intensivkurs für mich zu finden. Ich hatte schließlich das Recht, mich einen Monat lang auf Kosten der Botschaft ausschließlich dem Erlernen der Sprache zu widmen. Die Botschaft fand den richtigen Kurs im Goethe-Institut in Mannheim. Als ich mit Ziona und Daniel im Frühherbst 1993 in Frankfurt landete, brachte ein Fahrer mich daher direkt nach Mannheim, ein anderer brachte meine Familie nach Bonn. Ziona kümmerte sich um Daniel, um den Umbau und die Renovierung der Residenz, und ich ging zur Schule.

Die Botschaft hatte mir ein Hotel im Norden Mannheims besorgt, während sich das Goethe-Institut im Süden der Stadt befand. Das war Absicht, damit ich außerhalb des Unterrichts von den anderen Schülern getrennt war – ein Ergebnis der strengen Sicherheitsbestimmungen und noch lange nicht alles: Von Anfang an hatte ich wegen meines Mannheimaufenthalts ein Problem mit unseren Sicherheitsbehörden. Sie verlangten, dass ich mit Sicherheitsbeamten in die Schule gehe. »Ein israelischer Botschafter darf sich in seinem Gastland nicht ohne Leibwächter bewegen«, hieß es.

Ich plädierte dagegen: »Das kann ich mir nicht leisten. Ich werde in dieser Schule ohnehin ein merkwürdiger Vogel sein. Wer macht schon einen Intensivsprachkurs in Deutschland? Meistens Studenten, die hier studieren wollen, und vor allem sind es junge Leute.« Ein 58-Jähriger, wie ich es damals war, würde ohnehin herausstechen, argumentierte ich: »Und dann soll ich auch noch von Leibwächtern flankiert kommen? Das ist grotesk, das will ich nicht.«

Nach vielem Hin und Her gaben die Sicherheitsbehörden nach. »Gerettet« hat mich letztlich, dass ich dem Bundespräsidenten mein Beglaubigungsschreiben noch nicht überreicht hatte. Ich war also noch nicht bekannt, und man konnte eventuell noch ein kleines Risiko eingehen. Es gab aber zwei Voraussetzungen: Ich sollte weit entfernt von der Schule übernachten, und ich würde meine Identität verheimlichen müssen, mich also unter falschem Namen einschreiben.

Der Verwalter der Botschafter dachte lange darüber nach, welcher falsche Name am geläufigsten und typischsten Deutsch war, damit er nicht auffallen würde, und schrieb mich als »Schmidt«

ein. Allerdings war er von seiner Lösung so begeistert, dass er vergaß, einen Vornamen anzugeben. In der ersten Stunde sprach die Lehrerin jeden Schüler an, um ihn kennenzulernen. Als ich an die Reihe kam, sagte sie zögerlich: »Herr Schmidt? Wie heißen Sie denn mit Vornamen?«

Nun kann man natürlich nicht zögern, wenn man nach dem eigenen Namen gefragt wird. Ich musste mir also schnell etwas einfallen lassen. In den Sinn kam mir zuerst der Name aus meinem falschen italienischen Pass, und so sagte ich: »Albert.«

Von da an nannten alle mich Albert. Und noch viel später, nachdem ich schon Botschafter in Bonn war, korrespondierte ich noch mit dieser Lehrerin, die mich beharrlich weiter Albert nannte.

Natürlich fragte sie in unserer ersten Stunde auch: »Albert, wieso haben Sie einen deutschen Namen?«

Da ich mich zu diesem frühen Zeitpunkt auf Deutsch ohnehin nicht erklären konnte, zuckte ich nur mit den Schultern. Dann kam die Frage, warum wir eigentlich Deutsch lernen wollten. Meinen Namen musste ich zwar verheimlichen, aber nicht meine Herkunft. Ich gab also an, Israeli zu sein, und erfand zum Hintergrund meines Aufenthalts eine Geschichte. Ich sagte kurzerhand, dass ich Journalist und von meiner Zeitung entsandt worden sei, um Korrespondent in Bonn zu sein. Das glaubten mir alle, und das erklärte auch mein Alter.

Einen Monat später, am Ende des Kurses, saß ich am Tag vor meiner Abreise in der Mediathek, als der Leiter des Instituts auf mich zukam. »Herr Schmidt, ich habe eine Bitte an Sie. Meine Frau ist Journalistin bei der *Zeit* und soll einen Artikel über ausländische Korrespondenten in Deutschland schreiben. Sie möchte gerne ein Interview mit Ihnen führen.«

Da zögerte ich natürlich und sagte: »Sie wissen, ich kann zu dem Thema wenig sagen, denn ich habe meine Arbeit als Auslandskorrespondent ja noch gar nicht begonnen.«

»Das weiß ich«, sagte der Institutsleiter, »aber meine Frau hat auch schon genug Interviews mit erfahrenen Korrespondenten zusammen. Von Ihnen möchte sie wissen, was Ihre Zeitung von Ihnen erwartet, warum sie Sie als Korrespondent entsandt hat, was die Themen sind, an denen Sie interessiert sind.«

Dem konnte ich natürlich nichts entgegensetzen, und so versprach ich, das Interview zu geben: »Aber bitte nicht heute. Heute bin ich zu beschäftigt, machen wir es morgen. Und nicht allzu früh, machen wir es gegen Mittag.« Ich wusste, dass mein Dienstwagen mit dem Fahrer und der gepanzerte Wagen mit den Leibwächtern um diese Zeit schon da sein würden, und dachte daher, dass ich mein Geheimnis nicht länger für mich behalten müsste.

Am nächsten Tag kam die Dame und sprach mich offiziell und sachlich an: »Herr Schmidt, wo können wir Platz nehmen, um das Interview zu beginnen?«

»Bevor wir uns hinsetzen«, sagte ich, »muss ich Ihnen etwas erzählen. Und damit Sie mir auch glauben, möchte ich Ihnen zunächst einmal meinen Pass zeigen.« Ich reichte ihn ihr, damit sie ihn sah und sie mir meine Geschichte glaubte.

Sie schaute den Pass an, öffnete ihn aber nicht, sondern sagte: »Ja, das ist der Pass eines Diplomaten. Na und? Was hat das mit uns zu tun?«

»Schauen Sie sich doch das Foto an«, sagte ich.

Sie warf einen Blick auf das Foto, ließ den Pass fallen, als habe sie sich die Finger daran verbrannt, und fragte ganz entsetzt: »Was soll das? Was ist hier los?«, als habe sie eine Spionagegeschichte aufgedeckt.

In meinem gebrochenen Deutsch erklärte ich ihr die Wahrheit. »Sehen Sie«, sagte ich, »ich habe meine Identität verheimlicht und dazu eine falsche Geschichte erzählt. Damit Sie nicht glauben, dass ich immer nur falsche Geschichten über mich erzähle, wollte ich, dass Sie den Pass sehen.«

Die Frau wirkte wie erschlagen und war derart enttäuscht, dass sie mir leidtat. Jetzt hatte sie ihre Geschichte nicht bekommen. Um sie zu trösten, lud ich sie zum Mittagessen ein. Für mich war das sehr lustig, weil es das erste Mal in meinem Leben war, dass ich ein langes Gespräch auf Deutsch führte. Schließlich hatte ich mich während dieses Monats in Mannheim mit niemandem unterhalten dürfen. Auch mit meinen Klassenkameraden wollte ich mich nicht unterhalten. Es ist ja unheimlich heikel und peinlich, sich mit jemandem zu unterhalten, wenn man seine Identität verheimlichen muss.

Mich überraschte, dass die Frau immer noch so enttäuscht und traurig war. Das erinnerte mich an einen Scherz, den ich unter Journalisten in New York gehört hatte: Ein Volontär einer Zeitung hatte den Auftrag bekommen, die Hochzeit von Elizabeth Taylor im Waldorf Astoria zu besuchen. Am nächsten Tag bestellte der Chefredakteur den Volontär zu sich und fragte, warum nichts in der Zeitung stehe. »Es gab nichts zu schreiben, die Braut ist in letzter Minute weggelaufen«, sagte dieser. Statt die viel bessere Geschichte zu nutzen, war er der Meinung gewesen, nichts zu berichten zu haben. So schien es meiner Gesprächspartnerin auch zu gehen. Ich hätte gedacht, sie könne auf ein Interview mit einem Auslandskorrespondenten verzichten, hatte sie davon doch schon so viele zusammen. Die Geschichte vom neuen israelischen Botschafter, der sich unter falschem Namen in Mannheim versteckt, um Deutsch zu lernen, war eigentlich viel interessanter und lustiger.

1997 erschien mein erstes Buch, *Mit Ausnahme Deutschlands*, in dem ich diese Geschichte erzählte. Monate später bekam ich einen Brief aus Kyoto in Japan. Ich schaute auf den Umschlag und wunderte mich, wen ich wohl in Kyoto kennen könnte. Schließlich erkannte ich, dass der Brief vom Leiter des Goethe-Instituts in Kyoto stammte, der zu Zeiten meines Sprachkurses Leiter des Instituts in Mannheim gewesen war. Er schrieb mir, dass er mein Buch bekommen und die Geschichte von sich und seiner Frau gelesen und sehr gelacht habe. Die Geschichte stimme ganz genau, schrieb er. Von der Reaktion seiner Frau habe er bisher nichts gewusst, aber jetzt könne er sich über sie lustig machen.

Der Deutschunterricht an sich war eine große Herausforderung, hat bei mir aber ein Gefühl von Genugtuung hinterlassen. In meinem Hotel stand ich jeden Morgen um sechs Uhr auf, machte morgendliche Turnübungen und versuchte, etwas im Fernsehen zu verstehen und mir neue Worte aufzuschreiben. Ich untersagte es mir, Fernsehen in anderen Sprachen zu schauen. Dann fuhr ich mit meinem Fahrrad quer durch die Stadt die zehn Kilometer zum Goethe-Institut.

Der vierstündige Unterricht im Klassenraum war sehr intensiv und für mich auf jeden Fall sehr nützlich. Wie erwähnt, hatte ich einen riesengroßen Ehrgeiz und Ansporn, weshalb ich als Schüler so fleißig war wie nie zuvor in meinem Leben. Anfänglich fand ich die Sprache grausam schwierig.

Unsere Lehrer versuchten, Humor zu beweisen, und erzählten uns, was Mark Twain, der in Deutschland Deutsch gelernt hatte, über die Sprache gesagt hatte, nämlich, dass es nicht stimmen würde, dass Deutsch eine derart schwierige Sprache sei, die man nicht lernen könne. In Wirklichkeit könnten sehr begabte Leute, wenn sie sich sehr bemühten, innerhalb von dreißig Jahren Deutsch lernen. Und dann erzählten die Lehrer uns einen Witz über jemanden, der ein dreibändiges Buch auf Deutsch las. Auf die Frage, wie das Buch sei, antwortete er: »Das weiß ich nicht, ich bin erst bei Band zwei, und die Verben kommen erst im dritten Teil.« Auch gaben uns die Lehrer nach einigen Wochen einen zehnzeiligen Text von Goethe, der mit den Worten »Er fuhr« begann und zehn Zeilen später mit »ab« endete.

Obwohl ich mein Studium mit der untersten Stufe begann, hatte ich schon nach einer Weile den Eindruck, echte Sprachkenntnisse erlangt zu haben. Deutsch schien doch gar keine so schwierige Sprache zu sein. Auch diese Sprache hatte natürlich ihre Besonderheiten, aber das hat ja jede Sprache. Für einen Schüler positiv ist, dass das Deutsche verglichen mit anderen Sprachen, die ich kenne, eine relativ logische Sprache ist – wenn man richtig zuhört und die Aussprache beherrscht, weiß man normalerweise, wie das Wort geschrieben wird. Im Englischen hingegen – einer Sprache, die als einfach gilt –, gibt es dazu keine Logik, und man muss jedes Wort einzeln schreiben lernen. Außerdem war mir klar, dass es, wenn mir Deutsch schwieriger vorkam als andere Sprachen, die ich gelernt hatte, auch daran lag, dass ich diese Sprache erst so spät in meinem Leben angetastet hatte, während ich die anderen in meiner Jugend gelernt hatte.

Besonders lustig war es, als wir die Umgangssprache lernten. Unsere Lehrerin, eine kleine zierliche und empfindsame Dame, tat sich damit sehr schwer. Von Anfang an war uns klar, dass sie die Umgangssprache nur widerwillig unterrichtete. Als sie im Lehrbuch zu dem Ausdruck »Leck mich am Arsch« kam, errötete sie und sagte: »Das kann ich euch nicht erklären. Wenn ihr die Bedeutung wissen wollt, müsst ihr eure Freunde fragen. Ich kann das nicht.« Nach der Einleitung waren wir natürlich besonders neugierig zu erfahren, was der Ausdruck bedeutete.

Die Mittagspause war immer sehr kurz, und ich verbrachte sie in der Regel gegenüber vom Institut, wo ein Wagen mit Brathähnchen stand. Dreißig Tage lang aß ich gegrilltes Huhn zum Mittagessen, es schmeckte mir aber auch sehr gut. Nach der Mittagspause ging es dann in die Mediathek, die für mich viel nützlicher war, als ich es erwartet hatte. Jeder von uns bekam einen Fernseher und eine Fülle von Filmen zugewiesen. Aus ihnen lernte ich so viel über Deutschland wie noch nie zuvor. Jeden Tag saß ich bewaffnet mit einem Heft und einem Wörterbuch fünf bis sechs Stunden in der Mediathek vor dem Fernseher und schaute mir klassische deutsche Filme, Theaterstücke und Wochenschauen aus den Dreißiger-, Vierziger-, Fünfziger- und Sechzigerjahren an. Darunter waren auch sehr viele Nazi-Wochenschauen und Filme. Das war für mich eine spannende Geschichtslehre, vor allem weil ausgerechnet Deutsche sie mir zugänglich machten. Ich sah es als Zeichen dafür an, dass die Deutschen sich ehrlich von ihrer Vergangenheit gelöst hatten und sie aufarbeiteten.

Immer wieder drückte ich auf »Pause«, um mir Notizen zu machen, blieb ansonsten aber bis zur abendlichen Schließung der Mediathek gebannt vor meinem Fernseher sitzen. Danach fuhr ich mit meinem Fahrrad zurück zum Hotel, kaufte mir etwas zu essen und machte bis spät nachts Hausaufgaben. So verließ ich das Goethe-Institut nach einem Monat sehr zufrieden und mit dem Gefühl, dass man innerhalb eines Monats nicht mehr lernen konnte als das, was ich mitgenommen hatte.

In Bonn begann ich sofort mit dem Privatunterricht. Meine Lehrerin, Rosemarie Toscha, die seit 1953 Privatlehrerin an der amerikanischen Botschaft gewesen war, glaubte mir nicht, als ich ihr erzählte, dass ich meinen Unterricht erst vor einem Monat begonnen hatte. Sie meinte, ich könnte mehr, als man in einem Monat lernen könne. Es sollte ein Kompliment sein, doch ich empfand es nicht so, da ich wusste, dass ich sie wegen meines Akzents täuschte. Ich wusste das, weil ich dies schon im Hinblick auf meine Englisch- und Französischkenntnisse so erlebt hatte. Ich lerne Sprachen nicht schneller oder leichter als andere Schüler, profitiere aber von der Gabe, ein musikalisches Ohr zu haben, und kann gut imitieren. Ich höre meinen Sprachlehrern zu, begreife die Aussprache und wiederhole sie. Meine Sprache kann dann noch so fehlerhaft sein – man meint immer, ich könnte sie besser, als es wirklich der Fall ist.

Unverdiente Komplimente für meine Deutschkenntnisse bekam ich auch für mein erstes Buch, das ich in den Jahren 1995 und 1996 schrieb. Ich diktierte das Buch auf Deutsch, aber in meiner mir eigenen Sprache. Die Sekretärinnen merzten zwar meine Fehler aus, die Sprache blieb aber meine. Der Ullstein-Verlag gab den Text dann einem Lektor, der schon im Ruhestand war, Hans-Georg Puchert. Ihm gefiel mein Text, und er entschied sich, sich die Mühe zu machen und aus ihm ein wirklich gutes Buch zu machen. Er korrigierte meine Sprache nicht, sondern las jedes Kapitel sorgfältig, verinnerlichte den Inhalt und schrieb die Geschichte dann in seiner Sprache neu. Zweifellos ist *Mit Ausnahme*

Deutschlands dasjenige unter meinen Büchern, das in der schönsten deutschen Sprache geschrieben ist. Nur steht das Lob nicht mir zu.

Das Ende meines Deutschkurses in Mannheim bedeutete für mich zugleich das Ende meiner Freiheit. Ich hatte in Mannheim einen Monat lang nicht ein einziges Mal ein Auto benutzt, bin überallhin entweder zu Fuß gegangen oder mit dem Fahrrad am Rhein entlanggefahren. Am Wochenende kamen Daniel und Ziona mit dem Zug aus Bonn zu Besuch, und wir gingen viel spazieren, als wären wir ganz normale Leute.

Ohne die Leibwächter, die mich als Botschafter sonst stets begleiteten, konnte ich jede Ecke in Mannheim besuchen, sodass ich am Ende sagte: »Mannheim ist meine deutsche Heimatstadt.« Nicht nur war Mannheim die erste Stadt, die ich in Deutschland kennengelernt hatte, sondern auch die einzige, die ich wirklich kennenlernen durfte, weil ich sie nicht nur mit dem Auto durchquert habe.

Von dort aus aber ging es nach Bonn, und erst dort begann mein wirkliches Deutschlandabenteuer.

Botschafter in Bonn – Auftakt mit gemischten Gefühlen

Erst in Bonn begann ich, meine Mission wirklich ernst zu nehmen. Normalerweise lese und schreibe ich im Auto, wenn ich nicht selbst am Steuer sitzen muss. Auf der Fahrt von Mannheim nach Bonn las ich weder, noch schrieb ich. Ich machte mir vielmehr Gedanken über meine Deutschlandmission. Zur Vorbereitung auf meine neue Aufgabe hatte ich unter anderem ein Buch von Yohanan Meroz, einem meiner Vorgänger, gelesen. Meroz war zu Zeiten Willy Brandts und Helmut Schmidts israelischer Botschafter in Deutschland gewesen. Er war der Sohn eines sehr bekannten Arztes in Berlin, und es war ihm noch gelungen, in Berlin das Abitur abzulegen, bevor die Familie vor den Nazis floh. Nach seiner Amtszeit in Deutschland schrieb er ein Buch mit dem Titel *In schwieriger Mission*. Ich verschlang das Buch, denn ich wollte unbedingt wissen, was an dieser Mission, die jetzt meine sein würde, so schwierig gewesen war.

Meroz erzählte davon, wie er in den Siebzigerjahren in Bonn mit Leuten hatte verkehren müssen, die in einem Alter waren, dass sie sich zur Nazizeit hätten schuldig gemacht haben können. Er wollte natürlich immer wissen, ob und was sie während der Nazizeit getan hatten, konnte es sich aber nicht leisten, indiskrete Fragen zu stellen. Und die meisten seiner Gesprächspartner, so schrieb er, sprachen von sich aus nicht darüber. Seine Fantasie lief Sturm, und er stellte sich immer die schlimmsten Geschichten vor, und dennoch musste er zu diesen Menschen höflich sein und einen freundlichen Dialog mit ihnen führen. Schließlich war seine Aufgabe, die Beziehungen mit Deutschland und den Deutschen zu entwickeln.

Ich nahm an, dass mich diese Probleme von Meroz nicht mehr betreffen würden. Diejenigen, die in der Nazizeit aktiv gewesen waren, müssten inzwischen sicher bereits im Ruhestand sein, dachte ich. Zudem ging ich davon aus, dass ich insgesamt wenig mit der Vergangenheit zu tun haben würde. Mir schien es, dass ich über die Nazizeit fast alles wusste, was man wissen könnte. Dieses Thema begleitete mich immerhin seit meiner Kindheit – seitdem ich denken kann, habe ich ununterbrochen von der Nazizeit und vom Holocaust gehört, viel darüber gelernt und gelesen, Filme gesehen und mit Zeitzeugen gesprochen. Was sollte ich noch dazulernen können?

So hoffte ich, dass ich mich während meiner Amtszeit hauptsächlich mit der tiefgreifenden Zusammenarbeit beschäftigen würde, die sich in den letzten Jahren unerwartet und unverhofft zwischen der Bundesrepublik Deutschland und Israel entwickelt hatte. Deutschland war damals und ist für uns nach den USA nach wie vor der wichtigste Partner, und wir kooperieren in fast allen Bereichen mit Deutschland: politisch, wirtschaftlich, wissenschaftlich, kulturell. Es gibt inzwischen mehr Städtepartnerschaften und Jugendaustausch mit Deutschland als mit irgendeinem anderen Land, einschließlich der USA. Da eine Zusammenarbeit mit Israel immer auch das Militär und die Rüstungsindustrie einschließt und wir ausgerechnet zum Zeitpunkt meiner Ankunft in Deutschland Boote von der Bundesrepublik bekamen und in Verhandlungen waren, um weitere zu bestellen, nahm ich an, dass die öffentliche sowie die geheime Zusammenarbeit die Themen sein würden, die meinen Arbeitsalltag bestimmen würden.

War ich aber darauf vorbereitet? Merkwürdigerweise hatte ich trotz meines großen Interesses an Deutschland nie deutschen Boden betreten. Jahrelang hatte ich zunächst eine Abneigung gegen Deutschland gehegt und später Hemmungen gehabt. Als Siebzehnjähriger hatte ich gemeinsam mit einer großen Menge an

Zuhörern auf dem Mugrabi-Platz in Tel Aviv gestanden und einer Rede des Oppositionsführers Menachem Begin zugehört. Er stand, wie er es liebte, auf einer Terrasse und hielt mit ausladenden Gesten eine emotionale Rede. Viele Leute erinnerte das unangenehm an Mussolini, der von einer Terrasse an der römischen Piazza Venezia solche Reden gehalten hatte. Nicht aber mich. Ich war von den Parolen Begins aufgewühlt und mitgerissen. Er sprach sich in seiner Rede gegen das Wiedergutmachungsabkommen mit Deutschland aus und verlangte, dass man jeglichen Kontakt zu Deutschen verweigerte.

In den Pässen stand damals noch: »Ist für alle Länder gültig, mit Ausnahme Deutschlands.« War das gerechtfertigt? Als man diese ersten Pässe ausstellte, herrschte bei uns Kriegszustand. Nach der Waffenruhe 1949 wurde der Kriegszustand aufrechterhalten, in vielerlei Hinsicht noch bis heute. Es wäre vielleicht sinnvoll gewesen, unsere Feinde als Ausnahmen zu nennen. Mit Deutschland aber führten wir keinen Krieg – weder mit der Bundesrepublik noch mit der DDR.

Zur gleichen Zeit predigte Ben-Gurion uns, dass der Kontakt mit Deutschland nötig sei. Dass dort eine neue parlamentarische Demokratie entstehe und dass es für uns eine Notwendigkeit sei, diejenigen moralisch zu unterstützen, die sich für ein neues Deutschland einsetzten, die sich bemühten, der deutschen Jugend eine neue Erziehung angedeihen zu lassen. Wir stimmten ihm nicht zu. Nie hatten Israelis einen Politiker so verehrt, und doch konnten wir ihm hier nicht folgen. Wir wussten damals noch nicht, dass Ben-Gurion im Geheimen bereits Kontakte zu Bundesdeutschen unterhielt. Dies musste im Geheimen geschehen, denn er wusste natürlich, dass die Gesamtbevölkerung Israels einen Kontakt mit Deutschland vehement ablehnte.

Warum lehnten wir das neue Deutschland so ab? Sei es die Bundesrepublik, sei es die DDR, mit der wir anfänglich noch keine Probleme hatten? Es hatte natürlich auch mit der NS-Vergangenheit Deutschlands zu tun, doch wir hegten damals eine

Abneigung gegen jegliche Deutsche, nicht nur gegen Nazis und ehemalige Nazis. Es war die parlamentarische Demokratie der Bundesrepublik, die wir ablehnten und als Heuchelei empfanden. Was sahen wir damals schließlich von Deutschland? Immer wieder ging es darum, dass die Deutschen ihre Vergangenheit verdrängten oder gar leugneten. Und diejenigen, die weder verdrängten noch leugneten, behaupten, sie hätten erst nach dem Krieg von den Naziverbrechen gehört. Das konnten wir nicht glauben. Ich habe dies bereits an anderer Stelle erwähnt und auch auf die Wochenschauen hingewiesen, die zeigten, wie die Zivilbevölkerung Weimars auf den Gang durch das Konzentrationslager Buchenwald reagiert hatte.

Bei uns wurde damals viel über die spanische Geschichte geschrieben. Nach dem Ende der Reconquista, während der die Mauren am Ende des 15. Jahrhunderts wieder aus Spanien vertrieben worden waren und durch die Spanien wieder christlich vereint war, hatte das Königspaar Ferdinand und Isabella entschieden, dass Spanien nun vollkommen christlich sein müsse. Man müsse dafür sorgen, dass es keine Muslime, keine Heiden und keine Ketzer mehr im Land gebe. Und wer war es, der damals noch in Spanien lebte und nicht christlich war? Natürlich die Juden. Also verlangte man von den Juden, dass sie sich taufen ließen oder das Land verließen. Für die Juden, die sich als echte spanische Patrioten fühlten, war dies ein Schock, den sie nie überwunden haben. Sie schworen, nie wieder Kontakt mit Spanien aufzunehmen. Nie wieder, so sagten die Juden, solle ein Jude den spanischen Boden betreten, nie wieder solle ein Jude Kontakt mit einem Spanier haben. Der Bann gegen Spanien wurde erst 1992 symbolisch aufgehoben, als sich die Vertreibung der Juden aus Spanien zum fünfhundertsten Mal jährte und unsere Staatsoberhäupter, Staatspräsident Chaim Herzog und König Juan Carlos, einander trafen.

Wenn so ein Bann gegen Spanien verhängt worden war, so sagten wir uns damals, wie sollten wir dann erst Deutschland be-

gegnen? Die Spanier hatten uns Juden zwar vertrieben, aber nicht
ermordet. Die Deutschen hatten uns im Gegensatz zu den Spa-
niern, die es immerhin den zum Christentum konvertierten Juden erlaubten, im Land zu bleiben, keinen Ausweg gelassen. Sie
hatten uns gedemütigt, entmenschlicht und ermordet. Wenn wir
nun einen Bann gegen Spanien ausgesprochen hatten, so war dies
doch das Mindeste, was wir gegen Deutschland tun konnten. Aus
diesem Grund gab es die entsprechende Einschränkung in unseren Pässen, die Ben-Gurion gar nicht wollte und die die Behörden
nur auf den Druck der Bevölkerung hin genehmigt hatten.

Die Rede Begins am Mugrabi-Platz in Tel Aviv richtete sich
nicht nur gegen das Wiedergutmachungsabkommen, sondern
vor allem gegen die Aufforderung Ben-Gurions, mit Deutschen
in Kontakt zu treten. Und Begin war keine Ausnahme, selbst in
Ben-Gurions Arbeitspartei gab es eine Mehrheit für eine Kon-
taktsperre mit Deutschland beziehungsweise den Deutschen.

Welche Ausmaße diese Ablehnung erreichte, zeigte sich beispielhaft 1952, als die Geheimverhandlungen zwischen Ben-Gurion und Adenauer über ein Wiedergutmachungsabkommen
schon weit fortgeschritten waren. Bei einem Treffen der Sozialistischen Internationale wurde Israel von Golda Meir vertreten und
die deutsche SPD von ihrem Vorsitzenden Kurt Schumacher.
Wenn es einen Deutschen gibt, den man als absoluten Gegner der
Nationalsozialisten beschreiben kann, so trifft dies auf den ein-
armigen Schumacher zu. Er hatte den Großteil der Nazijahre wegen seiner offenen Opposition in KZs verbracht und kämpfte in
der Nachkriegszeit unter anderem gegen jegliche Rehabilitation
von ehemaligen Nazis. Als er Golda Meir bei der Sozialistischen
Internationalen sah, ging er auf sie zu und reichte ihr seine verbliebene Hand. Meir wusste genau, wer Kurt Schumacher war,
kehrte ihm aber dennoch den Rücken zu. So sehr lehnte sie es ab,
irgendeinen Kontakt mit irgendeinem Deutschen aufzunehmen.
Das war nicht im Sinne Ben-Gurions, entsprach aber der Mehr-
heitsmeinung der israelischen Bevölkerung. Damals war bei uns

viel von der »Kollektivschuld« die Rede, auch wenn der große Chef Ben-Gurion dies als absurd empfand.

Ich zählte zu denen, die es genau so sahen wie Golda Meir und Menachem Begin.

Dass sich dieses Verhältnis zu Deutschland irgendwann zu ändern begann, gehörte zu den unvorhergesehenen Auswirkungen des Wiedergutmachungsabkommens. Wieso war es überhaupt zu Verhandlungen hierzu gekommen? In den Nachkriegsjahren hatte Ben-Gurion die Auffassung vertreten, dass kein Volk ein so großes Anrecht auf Reparationen habe wie das jüdische Volk. Er hatte sich daher an die vier Siegermächte gewandt, die souverän in Deutschland herrschten, und um Reparationen von Deutschland gebeten. Die drei westlichen Besatzer Deutschlands hatten seinen Brief mit einer Absage erwidert. Sie könnten Deutschland nicht dazu zwingen, antworteten sie, weil sie in diesem Fall auch die Interessen der anderen Staaten unterstützen müssten, was eine zu große Bürde sei. Die Russen, zu denen Israel damals sehr gute Beziehungen hatte, hatten seinen Brief überhaupt nicht beantwortet. Sie waren zu sehr damit beschäftigt, ihre Besatzungszone für sich selbst auszubeuten. Nachdem Konrad Adenauer jedoch am 27. September 1951 im Bundestag gesagt hatte, dass Deutschland sich mit den Juden versöhnen müsse, um wieder in die Weltgemeinschaft aufgenommen zu werden, dachte Ben Gurion, dass er in Adenauer einen Deutschen gefunden habe, mit dem man einen Dialog führen könne.

Für Ben-Gurion stand es außer Frage, dass man den Holocaust an sich wiedergutmachen könne. Auch das geraubte Vermögen der Juden aus Europa könne man nicht wiederherstellen, sagte er. Dennoch hätten die Deutschen die moralische Pflicht, denjenigen, die die tiefsten seelischen und körperlichen Narben davongetragen hätten, ein neues Leben zu ermöglichen. Dazu gehörten aber zwei, und die israelische Bevölkerung war dagegen.

Israel befand sich damals in einer kritischen Situation. Nach dem Ende des Unabhängigkeitskrieges 1949 blieb das Land, wie erwähnt, im Kriegszustand und belagert. Zugleich begann die Bevölkerung wegen der Zuwanderung rasant zu wachsen – zunächst wegen der Holocaustüberlebenden aus Europa und etwas später wegen der Flüchtlinge aus den arabischen Ländern. Sie alle kamen mittellos zu uns, und die Bevölkerung verdoppelte sich innerhalb eines Jahres von 600.000 Menschen auf etwa 1,2 Millionen. Das Land war arm, hatte wenig Landwirtschaft und kaum Industrie. Es musste nicht nur die Flüchtlinge versorgen, sondern wegen des andauernden Kriegszustandes auch dringend Waffen kaufen. Unter solchen Umständen sind ausländische Investitionen dringend nötig, um eine Volkswirtschaft am Leben zu erhalten. Die bekam Israel aber nicht. Keine Regierung weltweit wollte Israel unterstützen oder in Israel investieren. Die Vereinigten Staaten, die uns seit Jahrzehnten so gut wie bedingungslos unterstützen, leisteten uns damals weder militärisch noch wirtschaftlich noch politisch Hilfe. Wie alle anderen Länder waren auch sie damals mehr an Beziehungen zur arabischen Welt interessiert, die im Vergleich zum winzig kleinen Israel riesig war und vor allem erdölreich. Auch Privatinvestoren gab es nicht. Erstens wurde überall der gegen Israel verhängte arabische Boykott gefürchtet, und zweitens galt eine Investition in Israel als hoch riskant, weil man davon ausging, dass Israel nicht überlebensfähig sei. Ein Teufelskreis: Je ärmer und hilfloser Israel war, desto geringer war die Bereitschaft, dort zu investieren. Ben-Gurion benötigte also dringend finanzielle Hilfe und glaubte, diese aus moralischen und historischen Gründen in Deutschland finden zu können. Wenn die Deutschen uns halfen, unsere Wirtschaft aufzubauen, dann halfen sie uns schließlich gleichzeitig, den Shoa-Überlebenden eine Unterkunft zu geben und ihnen ein neues Leben zu ermöglichen.

Ben-Gurion bat nicht um Geld. Er wollte von Adenauer deutsche Industriegüter: Maschinen, Ersatzteile, Lokomotiven, Schiffe und dergleichen – Elemente einer Infrastruktur, auf deren Basis eine Volkswirtschaft aufgebaut werden konnte. Dieser Wunsch Ben-Gurions entsprach sehr wohl Adenauers Möglichkeiten. Die

Bundesrepublik war damals noch nicht so reich, wie sie es später werden sollte, Bargeld stand dem Kanzler nicht wirklich zur Verfügung. Industriegüter zu liefern war daher auch für ihn das Richtige, weil das auch dabei half, die deutsche Industrie in der Nachkriegszeit weiter anzukurbeln. So waren die ersten Schiffe, die die deutschen Werften in der Nachkriegszeit bauten, für das Wiedergutmachungsabkommen bestimmt. Bis dahin hatten sich die Werften in Deutschland hauptsächlich mit Schiffsreparaturen über Wasser gehalten.

Durch diese Vereinbarungen gerieten wir jedoch in ein neues Dilemma: Durch die Zusammenarbeit und die Importe war es nötig, dass wir uns mit der deutschen Industrie und den deutschen Produkten vertraut machten. Wie sollte dies geschehen, wenn man jeglichen Kontakt mit den Deutschen ablehnte? Nur Broschüren und Gebrauchsanweisungen zu lesen, war wenig sinnvoll. Es gab daher keine Alternative dazu, Experten nach Deutschland zu schicken. In schwierigen Situationen finden sich zum Glück immer Leute, die sich freiwillig bereit erklären, eine heikle Mission zu übernehmen. So gab es auch damals israelische Fachleute und Ingenieure, die widerstrebend bereit waren, nach Deutschland zu reisen. Auf der Gegenseite fanden sich auch deutsche Fachleute, die bereit waren, in diesem Rahmen nach Israel zu kommen, auch sie allerdings oft mit Bedenken.

Während meiner Amtszeit in Bonn lernte ich einen solchen Ingenieur, inzwischen im Ruhestand, kennen. Er erzählte mir, dass er in Not und arbeitslos gewesen war und sich deshalb trotz seiner Ängste bereit erklärt hatte, nach Israel zu fahren. Seine Familie war empört und besorgt gewesen: »Zu den Juden? Die sind doch rachsüchtig. Du kommst nie wieder zurück, und wenn, dann in einem Sarg!«

Die Israelis, die nach Deutschland fuhren, versprachen damals allen – vor allem sich selbst –, dass sie die Bedienung der Maschinen lernen, aber nicht mit den deutschen Kollegen gesellschaftlich verkehren würden. Diese Trennung von Arbeit und Leben hörte sich in der Theorie schön an, war aber natürlich nicht wirklich umsetzbar: Man arbeitete gemeinsam und blieb auf die Arbeit konzentriert, doch irgendwann kam die Frühstückspause und man schaute sich schüchtern an, begann, sich behutsam Fragen zum Leben und zur Geschichte, vor allem auch während des Krieges, zu stellen. Schritt für Schritt entwickelten sich dadurch persönliche Beziehungen, und langsam begriffen die Deutschen, aber noch viel mehr die Israelis, dass ihnen keine Gespenster aus der Vergangenheit gegenübersaßen, keine Vertreter einer Historie, sondern Menschen. Normale Menschen, die sympathisch oder unsympathisch, interessant oder uninteressant waren. Menschen wie überall. Die Beziehungen, die sich aus diesen Kontakten entwickelten, waren unerwartet, unverhofft und vor allem unerwünscht, aber sie entwickelten sich dennoch. Mit der Zeit waren immer mehr Menschen involviert.

Auch in Israel waren die Deutschen von dem Empfang, der ihnen durch ihre Gastgeber bereitet wurde, überrascht. Es gab sehr viele Israelis, die nicht mit Deutschen sprechen wollten, die jeglichen Kontakt ablehnten. Es gab aber nicht, wie befürchtet, Zwischenfälle, in denen Israelis einen Deutschen beschimpften oder attackierten. Stattdessen gab es viele Israelis, die neugierig darauf waren, einen Deutschen kennenzulernen. Israelis deutscher Abstammung waren oft darauf erpicht, wieder Kontakt mit Deutschland oder Deutschen aufzunehmen. Das haben auch deutsche Diplomaten in Israel später immer wieder überrascht zur Kenntnis genommen.

Diese zwischenmenschlichen Beziehungen waren nicht auf das Wiedergutmachungsabkommen begrenzt. Es gab allerdings ohnehin zwei Abkommen: eines zwischen der Bundesrepublik und Israel, das andere zwischen der Bundesrepublik und der *Claims Conference*, der internationalen Organisation, die jüdische Holocaustüberlebende auf der ganzen Welt vertritt. Das Abkommen zwischen den beiden Staaten wurde am 19. September 1952 in einer feierlichen Zeremonie in Luxemburg unterschrieben und auf zwölf Jahre begrenzt. Israel wurde von Außenminister Moshe Sharett vertreten, für Deutschland unterschrieb Bundeskanzler Konrad Adenauer, der zugleich auch Außenminister war. In Israel hatten sich im Vorfeld der Unterzeichnung viele prominente Politiker und Intellektuelle, unter ihnen Ben-Gurion, an der Ausarbeitung der Rede beteiligt. Nach langen Diskussionen war entschieden worden, eine milde Rede zu halten, um den Bundeskanzler nicht in die Bredouille zu bringen, und dem deutschen Bundeskanzler den Text am Tag vor der Unterzeichnung vorzulegen. Adenauer las ihn und lehnte ihn sofort ab. Sharett gegenüber begründete Adenauer diese Ablehnung im Vorgespräch folgendermaßen: »Ich kann mir leisten, mir so eine Rede anzuhören. Die deutsche Bevölkerung aber ist noch nicht so weit.«

So wurde es entschieden, keine Reden zu halten.

Wenn man sich Sharetts Text heute anschaut, ist man verblüfft. Heute würde kein Deutscher wagen, eine derart milde Rede über nationalsozialistische Verbrechen zu halten. Doch damals war die Stimmungslage in Deutschland eine andere und die ganz große Mehrheit der Deutschen lehnte Meinungsumfragen zufolge das Wiedergutmachungsabkommen oder auch nur die Idee einer Wiedergutmachung ab. Nicht nur Ben-Gurion hatte ein Problem, das Abkommen im Parlament durchzusetzen. Adenauer ging es ähnlich, wenngleich seine Opposition nicht so vehement und aggressiv dagegen war und er das Abkommen ohne die SPD nicht hätte durchbringen können.

Nach den vertraglich vereinbarten zwölf Jahren lief das Wiedergutmachungsabkommen zwischen den Staaten 1964 aus. Deutschland exportierte immer noch Industriegüter nach Israel, jetzt aber nicht mehr auf Kosten der Bundesrepublik, sondern auf Kosten der israelischen Regierung oder der Unternehmer. Nach all den Jahren hatten die Israelis sich an die deutschen Industriegüter gewöhnt. Wenn man sich heute, fünfzig Jahre später, die israelische Bahn ansieht, dann wird man erkennen, dass die Waggons und Lokomotiven aussehen wie deutsche Regionalzüge.

Als ich in den Neunzigerjahren als Botschafter in Bonn war,
wollte die israelische Regierung, Eigentümerin des nationalen
israelischen Stromlieferanten, wegen der geringeren Preise Tur-
binen aus einem anderen Land importieren. Ich sprach damals
mit dem Vorsitzenden des Vorstandes von Siemens, Heinrich
von Pierer. Er erschien mir wegen der israelischen Überlegungen
zum Anbieterwechsel überhaupt nicht besorgt zu sein. Zu Recht,
wie sich bald zeigte – alle israelischen Fachleute widersetzten sich
den Plänen der Regierung entschieden. Sie kamen seit Langem
bestens mit den Siemens-Produkten zurecht und wollten keine
Änderung. Letztlich setzten sie sich auch durch.

Als die Weltwirtschaft zunächst in Japan und Südkorea und
dann in weiteren südasiatischen Ländern neue Werften entdeckte, blieb Israel auch den deutschen Werften aus Gewohnheit treu
und baute seine Schiffe weiterhin ausschließlich in Deutschland.
Zusammen mit den anderen Importen hat das dazu geführt, dass
die Handelsbilanz zwischen Israel und Deutschland und damit
auch die zwischen Israel und der Europäischen Union unausge-
wogen ist – wir importieren deutlich mehr, als wir exportieren.
Manche Politiker sind mit dieser Unausgewogenheit unzufrieden,
die israelische Industrie und Unternehmer interessiert das jedoch
nicht. Sie importieren weiter deutsche Güter. Ein positiver Ne-
beneffekt: Der Handelsverkehr und die wirtschaftliche Zusammenarbeit haben die Beziehungen zwischen Deutschland und Israel
so weiterentwickelt und geprägt, dass sie nicht mehr allein von
den Behörden und Diplomaten abhängig sind.

Die Franzosen sagen, dass Staaten und Regierungen kalte
Monster seien. Sie hätten keine Emotionen, sondern ausschließlich Interessen, und Interessen sind wechselhaft. Allein zwischenmenschliche Beziehungen hätten tiefe Wurzeln. Jetzt, im Herbst
2014, da ich dieses Buch schreibe, herrscht Verstimmung zwischen den Spitzenpolitikern Israels und Deutschlands. Der Zank-
apfel ist die israelische Besatzungs- und Siedlungspolitik. Netanyahu hat, wie er es in Privatgesprächen mit ausländischen

Regierungschefs gerne tut, sicherlich auch der Bundeskanzlerin mehrfach versprochen, ehrliche Friedensverhandlungen mit den Palästinensern zu führen und den Siedlungsbau zu unterbrechen. Im Moment des Gesprächs sind seine Gesprächspartner von diesen Zusagen meist beeindruckt. Wenn sie aber die Realität betrachten, bleiben ihre Hoffnungen enttäuscht.

Die aktuelle Verstimmung bleibt aber hinter den Kulissen verborgen und nimmt keinen Einfluss auf die weitverbreitete Zusammenarbeit zwischen Deutschland und Israel. Ich würde sogar noch weitergehen und behaupten, dass die israelische Regierung und Politik die Sympathie der deutschen Bevölkerung zum größten Teil verloren haben. Auch das jedoch beeinflusst die Beziehungen zwischen Deutschen und Israelis auf privater Ebene kaum.

Wie wichtig zwischenmenschliche Beziehungen sein können, habe ich von meiner Mutter gelernt. Wie erwähnt, wollte meine Mutter nach dem Krieg nie wieder etwas von Deutschland hören und auch nicht mit Deutschen in Kontakt treten. Sie weigerte sich auch, Wiedergutmachungszahlungen anzunehmen. 1980 bekam sie jedoch einen Brief vom Frankfurter Oberbürgermeister Walter Wallmann. Er lud sie ein, als Gast der Stadt nach Frankfurt am Main zu kommen. Der Regierende Bürgermeister von Berlin, Klaus Schütz, hatte in den Siebzigerjahren damit begonnen, ehemalige Bewohner, die vertrieben oder geflohen waren, in die Stadt einzuladen. Seitdem waren andere Bürgermeister seinem Beispiel gefolgt.

Meine Mutter warf die Einladung weg, sie wollte damit nichts zu tun haben. Mein Vater war jedoch anderer Meinung. »Du solltest diese Einladung annehmen«, sagte er. »Nicht, um den Deutschen einen Gefallen zu tun, sondern für dich selbst, für deine innere Ruhe. Du musst einmal mit der deutschen Realität konfrontiert werden. Das ist heute ein anderes Deutschland, das sind andere Menschen, und es ist eine andere Realität. Damit du endlich zur Ruhe kommen kannst, musst du es dir anschauen.«

Meine Mutter reagierte wütend, aber mein Vater gab nicht auf.
Er bohrte und bohrte so lange, bis meine Mutter nachgab. Sie
stellte jedoch eine Bedingung: »Wir fliegen nach Frankfurt. Allerdings mit der Maschine um fünf Uhr morgens, verbringen den
Tag in Frankfurt, und von dort aus fahren wir weiter und machen
Urlaub in Europa. In Deutschland übernachten werde ich nicht.«
Für meinen Vater war das in Ordnung, denn es war auch für ihn
das erste Mal, dass er nach Deutschland reisen sollte. Und so flog
meine Mutter 1980 zum ersten Mal, seitdem sie das Land 1932 verlassen hatte, nach Deutschland.

Meine Eltern blieben nicht einen Tag in Deutschland, sondern
volle zwei Wochen. Sobald meine Mutter Kontakt mit Deutschen
hatte, fielen ihre Ängste, Gespenster und Vorurteile von ihr ab.
Von diesem Besuch an flog meine Mutter, um Urlaub zu machen,
nur noch nach Deutschland. Nicht unbedingt nach Frankfurt.
Ihre Geburtsstadt hatte keine große Bedeutung mehr für sie, weil
sich die Stadt sehr verändert hat, fast als sei sie eine ganz andere
Stadt geworden, und Freunde und Bekannte hatte sie dort ohnehin nicht mehr. Was für sie auf einmal wichtig war, war vielmehr
der Kontakt mit den Deutschen an sich. Das hat uns Kindern das
Gefühl gegeben, eine ganz neue Mutter zu haben. Für mich ist
die Geschichte meiner Mutter außerdem ein Beispiel dafür, was
zwischenmenschliche Beziehungen leisten können. Wäre ich
vor 1980 als Diplomat nach Deutschland gegangen, hätte meine
Mutter den Kontakt zu mir sicherlich abgebrochen. Als es 1993
dann so weit war, war sie aber wahnsinnig stolz. Noch glücklicher
war sie, als wir ihr erzählten, dass wir vorhatten, Daniel in den
deutschen Kindergarten und die deutsche Schule zu schicken.
Begeistert sagte sie: »Ich werde ein Enkelkind haben, das Deutsch
spricht. Wer hätte das gedacht!«

Meine eigene, früher so kritische Einstellung zu Deutschland, der
Wandel in den deutsch-israelischen Beziehungen, die Geschichte
meiner Mutter – all dies ging mir während meiner Fahrt nach

Bonn durch den Kopf. Angesichts all dieser Geschehnisse und Entwicklungen fragte ich mich, ob es berechtigt sei, in Hinblick auf meine Mission ein Gefühl von Beklommenheit zu haben.

Bei der Aufnahme der diplomatischen Beziehungen mit Deutschland 1965 war ich noch der Meinung gewesen, dass ich persönlich nichts damit zu tun haben wollte, auch wenn die Beziehungen für Israel von unabdingbarem Interesse waren und damit auch für mich hätten akzeptabel sein müssen. Ich hatte damals auch immer noch zu denen gezählt, die kein deutsches Produkt nach Hause bringen würden, erst recht nicht ein deutsches Auto.

Das Verhältnis zu deutschen Produkten war zu dieser Zeit – nebenbei bemerkt – in Israel ein Spezielles. Der erste Autohersteller, der es gewagt hatte, sich auf dem israelischen Markt niederzulassen, war Volkswagen. Das Unternehmen bot den israelischen Kunden besonders gute Konditionen an, und daher gab es auch Kunden, die sich darauf einließen, ein Produkt zu kaufen, das ihnen das Leben nicht einfach machte. Oft fanden sie morgens ihr Auto mit einem Hakenkreuz beschmiert, manches Mal wurde es auch in den Lack gekratzt. Und auch an anderer Stelle gab es Auseinandersetzungen um die deutschen Autos: Im israelischen Staatsradio, dem einzigen Radiosender des Landes, hatte man in den späten Fünfzigerjahren begonnen, Werbung zu schalten. Die Moderatoren bekamen während der Sendung Zettel mit den Werbebotschaften, die sie dann vorlesen mussten. Yael Ben-Yehuda, eine sehr bekannte Radiojournalistin, erhielt während ihrer Nachrichtensendung einen Zettel, auf dem stand: »Volkswagen, ein Auto ohne Probleme.« Sie weigerte sich, den Zettel vorzulesen, warf ihn in den Papierkorb und wurde dafür von ihrem Vorgesetzten getadelt. Sie erwiderte: »Für mich ist Volkswagen mit Problemen beladen.« Daraufhin wurde sie vom Radiosender entlassen, was einen Sturm der Entrüstung auslöste und den Radiosender zwang, sie wieder einzustellen und sogar zu befördern. Ich konnte mich mit Yael Ben-Yehuda damals ganz und gar identifizieren.

Es war, wie eingangs erwähnt, schließlich die Achtundsechzigerbewegung, die einen besonderen Einfluss auf mein Verhältnis – und ich darf sogar behaupten: auf das Verhältnis meiner Generation – zu Deutschland hatte. Dass die Studentenbewegung die Verdrängung der Vergangenheit offen ablehnte, signalisierte uns, dass die Deutschen ihre Vergangenheit nicht mehr grundsätzlich verdrängen wollten. Und eben diese Verdrängung war der Grund unserer Abneigung gegenüber den Deutschen gewesen. Auch beeindruckten uns die Beziehungen zwischen Deutschland und Frankreich. Die Bilder und Filme der Begegnungen zwischen de Gaulle und Adenauer wirkten auf uns wie ein Wunder. Ich selbst empfand diese Versöhnung zwischen den beiden Erzfeinden lange Zeit als Heuchelei oder zumindest als etwas Oberflächliches und Vorübergehendes. Mit der Zeit musste ich aber einsehen, dass ich ein wirkliches, historisches Ereignis verfolgen konnte.

Diese Annäherung Deutschlands und Frankreichs erlebte ich kurz nach meiner Ankunft in Deutschland hautnah. Zu dieser Zeit bemühte ich mich darum, Kontakte zur deutschen Wirtschaft aufzunehmen, und vereinbarte dazu Besuchstermine bei den großen Unternehmen. Mein Ziel war, deutsche Unternehmen dazu zu ermutigen, in Israel zu investieren, denn es gab seitens der Privatwirtschaft erstaunlicherweise noch immer keinerlei Investitionen bei uns. Die Zurückhaltung der deutschen Unternehmer hatte sicherlich auch mit der deutschen Vergangenheit zu tun, besonders beeinflusst aber war sie von den Boykottdrohungen der arabischen Länder. Schließlich wollten die Unternehmen ihre lukrativen Geschäfte in der arabischen Welt nicht gefährden. Jetzt aber, 1993, hatte durch den Osloer Friedensprozess endlich auch im Bereich des arabischen Boykotts ein Politikwechsel eingesetzt.

Unter anderem empfing mich der Vorstandsvorsitzende der Daimler-Benz AG, Edzard Reuter. Als ich ihn auf mögliche Investitionen ansprach, sagte er: »Was mich in Israel interessieren

könnte, wäre die Eisenbahn. Die ist in Israel derart unterent-
wickelt, dass sie für uns von Interesse sein könnte.«

»Ich kenne mich in diesem Bereich nicht aus«, gestand ich,
»aber als Zeitungsleser weiß ich, dass die Franzosen Interesse an
diesem Bereich bekundet haben und mit der Absicht, bei uns zu
investieren, die Lage sogar sondiert haben.«

»Das ist für uns überhaupt kein Problem«, sagte er belustigt.

Ich nahm zuerst an, die Franzosen machten ihm als Konkurrenz keine Angst, weil er ohnehin gewinnen würde. Das meinte
Reuter aber nicht.

»Wenn wir so etwas machen würden, dann würden wir es eh
mit den Franzosen zusammen machen«, erklärte er. »Es ist also
für uns von Vorteil, dass sie die Lage schon sondiert haben.«

Dass die deutsch-französischen Interessen sich nicht nur auf
die Treffen zwischen den Spitzenpolitikern begrenzten, sondern
so weit verzweigt waren, dass die Spitzenpolitiker keine andere
Wahl mehr hatten, als miteinander zu kooperieren, war für mich
neu. Ich hatte damals und habe seither mehrfach erlebt, wie sich
ein neuer Bundeskanzler gegen die zu intimen Beziehungen zu
Frankreich aussprach und eine Vertiefung der Beziehungen zu
England, zu Polen oder Italien suchte. Das Gleiche habe ich immer wieder in Frankreich beobachten können, wenn ein neu ge-
wählter Präsident sich von Deutschland lösen wollte. Immer wieder und immer sehr schnell fanden die Partner jedoch den Weg
zueinander, auch wenn sie einander nicht mochten.

Ein weiterer Aspekt, der dazu beigetragen hatte, dass ich 1993 mit
einem positiven Deutschlandbild nach Bonn kam, war die deutsche Europapolitik. So wie ich gegenüber den französisch-deut-
schen Beziehungen lange argwöhnisch gewesen war, so konnte
ich an die Europapolitik Deutschlands ebenfalls nicht ohne Weiteres glauben. Ich hielt auch sie vielmehr zunächst für eine vorübergehende Taktik zugunsten der jeweiligen deutschen Interessen.
Mit der Zeit musste ich mir aber auch hier eingestehen, dass jede

deutsche Regierung und jeder deutsche Kanzler tatsächlich an die Idee einer europäischen Vereinigung glaubte und ihre Verwirklichung anstrebte. Irgendwann habe ich auch verinnerlicht, dass die Deutschen längst vom Traum eines deutschen Europa Abschied genommen hatten und sich nun ehrlich ein europäisches Deutschland wünschten.

Schon während meiner Zeit in Brüssel war ich mit den deutschen Diplomaten bei der Europäischen Union in Kontakt gekommen, hatte gelegentlich mit ihnen zusammengearbeitet und mich viel mit ihnen unterhalten. Auch das trug dazu bei, dass sich mein Deutschlandbild endgültig verwandelte. Dennoch konnte ich mich weiterhin, obwohl ich nur etwa hundertzwanzig Kilometer von der deutschen Grenze entfernt lebte, nicht dazu durchringen, Deutschland zu besuchen. Obwohl ich es mir rational nicht erklären konnte, fühlte ich mich in Bezug auf Deutschland immer noch beklommen.

Nun aber, unterwegs von Mannheim nach Bonn, das für die kommenden Jahre meine Heimat sein sollte, fühlte ich mich wie der Schwimmer, der es endlich gewagt hat, ins kalte Wasser zu springen.

Obwohl Ziona mir bei ihren Besuchen in Mannheim viel von Bonn erzählt hatte, überraschte die Stadt mich. Zum einen war es eine Stadt, die der mächtigen und wiedervereinten Bundesrepublik nicht entsprach. Den Begriff »Bundesdorf« hatte ich schon mehrfach gehört, und doch hatte ich etwas Mächtigeres erwartet. Andererseits erschien mir Bonn nett und sympathisch. Als ich später von Daniel sein Kindergartendeutsch lernte, hätte ich zur Beschreibung Bonns wohl das Wort »putzig« benutzt.

Tatsächlich erwiesen die Lebensbedingungen in dieser Stadt sich für mich als besonders angenehm. Die Residenz, das Haus des Botschafters, stand uns wegen Zionas Umbauarbeiten nur eingeschränkt zur Verfügung, aber das, was ich sah, erschien mir bequem und gemütlich zu sein, wenn auch im Vergleich zu anderen Residenzen eher bescheiden. Die Botschaft hingegen erschreckte mich beinahe. Die Franzosen haben ein Sprichwort, das etwa so lautet: »Um etwas so Hässliches zu finden, muss man sehr früh aufstehen.« Oft hat man mich in Bonn gefragt, wie ich in so einem hässlichen Gebäude arbeiten könne. Meine Antwort lautete stets: »Nur in diesem Gebäude kann man hier arbeiten, weil man nur aus diesem Gebäude heraus keine Aussicht auf es hat.«

Mit dem Umzug der Botschaft nach Berlin am Ende meiner Amtszeit wollten wir das Gebäude verkaufen. Ich war der Meinung, dass niemand etwas so Hässliches kaufen würde, höchstens wegen des zentral gelegenen Grundstücks. In diesem Fall könnte man das Gebäude ja abreißen und etwas Neues bauen. Ein paar Jahre später besuchte ich Bonn und meine ehemalige Botschaft und traute meinen Augen nicht: Die neuen Eigentümer hatten das Gebäude nicht abgerissen, sondern es äußerlich so verändert, dass es tatsächlich recht schön geworden ist – und ich meine »schön« und nicht einfach »nicht hässlich«. Als ich Ziona davon erzählte, sagte sie amüsiert: »Du wirst es vielleicht nie glauben, aber Architekten und Innenarchitekten können Wunder wirken.«

So wie auch die Residenz war die Botschaft von innen nicht aufwendig, aber funktional gestaltet, und trotz allem habe ich mich letztzen Endes auch da sehr wohlgefühlt. Im Rheinland fühlen sich sehr viele so wohl, dass die hitzige Diskussion um den Umzug der Hauptstadt vom rheinischen Bonn ins preußische Berlin zum Zeitpunkt meiner Ankunft noch nicht nachgelassen hatte, auch wenn eigentlich seit zwei Jahren alles entschieden war. Das bekam ich bei einem Abendessen zu spüren, das ein hoher Beamter des Auswärtigen Amtes gab. Die meisten Gäste waren keine Diplomaten, sondern alteingesessene Rheinländer. Alle sprachen sich aufgeregt gegen den Umzug nach Berlin aus. Ich verstand ihre Argumente nicht wirklich, wollte aber keine Fragen stellen, weil ich mich mit meinem Deutsch noch nicht sicher fühlte. Als es eine Gesprächspause gab, ergriff ich die Chance und flüsterte meinem Nachbarn leise ins Ohr: »Warum sind hier alle gegen Berlin? Ist Berlin nicht die historische Hauptstadt?« Ich dachte an Berlin ein wenig so, wie wir Israelis an Jerusalem denken.

Der Mann sah mich verärgert an: »Wessen historische Hauptstadt? Preußens?«

Damit war mir alles klar, und ich stellte keine weiteren Fragen.

Im Laufe meiner Jahre in Bonn machte ich mir häufiger Gedanken über die Bedeutung Berlins als Hauptstadt Deutschlands. Dass Berlin Bonn als Hauptstadt ablösen sollte, war wie vieles andere erst durch die Wiedervereinigung möglich geworden. Den historischen Tag des Mauerfalls am 9. November 1989 hatte ich in Brüssel verbracht. Den ganzen Abend und die halbe Nacht hatten Ziona und ich wie so viele andere vor dem Fernseher gesessen und die Ereignisse in Berlin fasziniert beobachtet. Es ging für uns damals nicht nur um Berlin und um Deutschland. Die Öffnung der Mauer bedeutete für uns auch das Ende des sowjetischen Reiches, das Ende des Reiches also, das der amerikanische Präsident Ronald Reagan »das Reich des Bösen« genannt hatte. Für uns war es ein historisches Ereignis und durch die Befreiung der Ostdeutschen, die mit dem Fall der Mauer für uns bereits zur Gewissheit wurde, zugleich eine äußerst erfreuliche Nachricht.

Am Tag darauf traf ich mehrere europäische Kollegen im Berlaymont-Gebäude, dem Hauptgebäude der Europäischen Kommission, und ich beobachtete die Belgier auf den Straßen Brüssels. Zu meiner Überraschung war die Stimmung geteilt. Viele freuten sich wie wir über den Fall der Mauer und das Ende des sowjetischen Regimes, andere äußerten jedoch Besorgnis über die bevorstehende Entwicklung Deutschlands. Mehrfach hörte ich an diesem Tag den Begriff »das Vierte Reich«, und das war nicht ironisch gemeint. Im Berlaymont-Gebäude fragten sich viele Kollegen, ob Deutschland in den kommenden Jahren in der Europäischen Gemeinschaft immer noch ein ehrlicher Partner sein würde. Ich fand das alles zumindest übertrieben. Würde so ein großes, vereintes Deutschland nicht zu mächtig, um wieder ehrgeizige oder gar wahnhafte Ideen zu entwickeln? Ich hielt das für unwahrscheinlich, denn ich war der Meinung, dass Deutschland sich inzwischen in andere Richtungen entwickelt und sich von seiner expansionistischen Vergangenheit distanziert hatte.

Wütend wiederholten viele meiner Gesprächspartner ihre Ansicht: »Eine Wiedervereinigung Deutschlands wird es nicht geben. Auch ohne Kommunismus werden zwei Staaten bestehen bleiben.« Man zitierte den alten Scherz der Fünfzigerjahre: »Ich liebe Deutschland, ich liebe Deutschland so, dass ich mich freue, dass es sogar zwei davon gibt.«

Ich hielt das für einseitiges Wunschdenken und war in Hinblick auf die deutsche Entwicklung optimistisch.

In späteren Jahren haben die neuen Bundesländer mich besonders interessiert, und ich habe sie häufig besucht. Wenn ich den Menschen dann von meinen Erlebnissen vom 10. November 1989 berichtete, sagten viele von ihnen zu meiner Überraschung: »Auch wir waren überzeugt, dass es auch ohne den Kommunismus und die russische Herrschaft weiterhin zwei deutsche Staaten geben würde.«

In Brüssel habe ich damals auch von dem geheimen Briefwechsel zwischen Bundeskanzler Helmut Kohl und Ministerpräsident Yitzhak Shamir erfahren. Shamir hatte diesen Briefwechsel initiiert und Kohl darin empfohlen, die Wiedervereinigung nicht durchzusetzen. Kohl hatte den Brief mit einem sehr langen und höflichen Schreiben beantwortet, in dem er diesen Vorschlag natürlich ablehnte. Daraufhin schrieb Shamir einen weiteren Brief, in dem er auf seiner Empfehlung beharrte, und zwar mit noch deutlicheren Worten. Auch er hegte nämlich die Hoffnung, dass es keine Wiedervereinigung geben würde. Er tat dies aus zwei Gründen: Zum einen fürchtete er wie alle die Entwicklung eines zu großen und zu mächtigen Deutschlands. Er meinte, dass den Deutschen, selbst wenn sie wohlwollend seien, der Appetit immer noch mit dem Essen komme. Zum anderen hegte er eine besondere israelische Sorge: Die Bundesrepublik und ihre Bevölkerung hatten sich in den letzten Jahrzehnten immer mehr zu einer echten parlamentarischen Demokratie entwickelt. Parallel dazu hatten wir mit der allergrößten Mühe gute und wichtige Beziehungen zu Westdeutschland aufgebaut. Was sollte aus denen jetzt werden? Mit der DDR würde sich der Bundesrepublik ein Teil Deutschlands anschließen, der weder demokratisch noch israelfreundlich war. Von allen sowjetischen Satellitenstaaten war die DDR Israel gegenüber das feindlichste Land gewesen, der einzige Satellitenstaat, der Israel nie anerkannte, eine Hasspropaganda gegen uns verbreitete und die schlimmsten anti-israelischen terroristischen Bewegungen militärisch und finanziell unterstützte. Es war anzunehmen, dass die Bevölkerung nach so vielen Jahren der Indoktrination, erst durch die Nazis und dann durch die Kommunisten, von Israelhass erfüllt war. Welchen Einfluss würden die Ostdeutschen auf die Westdeutschen nehmen?

Ich erwähnte bereits, dass mich die neuen Bundesländer während meiner Amtszeit in Bonn besonders interessierten. Vieles interessierte mich, unter anderem natürlich auch die Meinung der Bevölkerung über Israel. Ich suchte und suchte und konnte dennoch keine Spur von Israelhass finden. Ich glaube deshalb, dass die Bevölkerung der DDR die israelfeindliche Propaganda der Regierung wie viele andere Dinge nicht ernst genommen hat. Die DDR war für sie ein aufgezwungenes Regime mit einer von außen kommenden Propaganda, mit dem man sich nicht schlecht stehen wollte, aber von dem man, war man kein Nutznießer des Systems, auch nicht viel hielt.

Was ich stattdessen beobachtete, war sehr viel Unwissen bezüglich Israel. Ich hörte die absurdesten Fragen über Israel. Fragen, wie sie mir zu meiner Zeit in Westdeutschland nie begegnet sind. Die lustigste Geschichte erlebte ich Ende 1994 in einer ostdeutschen Kleinstadt, deren Bürgermeister mich eingeladen hatte, damit ich dort eine Rede über den Nahostkonflikt hielt. Wie es für die DDR-Mentalität typisch gewesen war, saßen die Leute mit unbewegten Gesichtern im überfüllten Saal der Stadtverwaltung.

Meistens spreche ich frei und versuche, die Leute im Publikum zu beobachten, um zu sehen, ob sie zuhören, ob meine Worte sie interessieren, ob sie mich verstehen oder ob sie vielleicht einschlafen.

Dieses Publikum verzog keine Miene, und ich sah keine Anzeichen dafür, was die Zuhörer fühlten. Ich geriet daher ein bisschen in Verlegenheit, weil ich nicht wusste, ob meine Worte sie überhaupt interessierten. Am Ende sagte ich, ich sei bereit, Fragen zu beantworten. Lange herrschte ein peinliches Schweigen. Endlich meldete sich ein junger Mann: »Ich möchte wissen, wie viele Einwohner Israel hat.«

Ich sagte: »In etwa sechs Millionen.«

Er schaute mich an und fragte: »Was? Nur sechzig Millionen? Das kann nicht sein.«

Überrascht korrigierte ich ihn: »Ich habe nicht ›sechzig‹, sondern ›sechs‹ gesagt.« Da winkte er ab, sagte »Was für ein Quatsch!« und setzte sich hin.

Keiner im Saal lachte oder reagierte. Ich wusste nicht, was ich sagen sollte. Endlich meldete sich eine ältere Dame, die meine Verzweiflung offensichtlich erkannt hatte, und sagte: »Ich werde es Ihnen erklären. Uns hat man immer gesagt, die USA und Israel seien unsere größten Feinde. Also sind manche von uns davon ausgegangen, dass Israel eine Großmacht sein muss.«

Die beschriebenen israelischen Sorgen hinsichtlich der Gefahren der Wiedervereinigung waren bei meiner Ankunft in Bonn bereits verblasst. Mich interessierten andere Dinge als die Vergangenheit in den neuen Bundesländern. Dass diese der Bundesrepublik angeschlossene Bevölkerung den Westen weder ändern noch beeinflussen würde, war mir klar. Aber wie würde der Westen die neuen Bundesländer beeinflussen?

Verblüfft nahm ich die Höhe der westlichen Hilfen und Investitionen im Osten zur Kenntnis: Eine Bevölkerung von sechzehn Millionen Einwohnern erhielt jährlich Transferleistungen

in Höhe von 150 Milliarden D-Mark, also in nur einem einzigen
Jahr so viel, wie Israel und alle Holocaustüberlebenden zusammen in den vergangenen fünfzig Jahren an Wiedergutmachungs-
leistungen bekommen hatten. Alles wurde modernisiert und neu
gebaut: Telefonleitungen, Straßen, Flughäfen und vieles mehr.
Noch nie in der Geschichte hatte es einen Fall gegeben, wo einer
Bevölkerung von außerhalb pro Kopf so viel Hilfe zuteil geworden war. Selbst der Marshallplan lag sehr weit hinter dem, was die
Bevölkerung in den neuen Bundesländern bekam. Und dennoch
war die Bevölkerung verbittert.

Ich verglich die Situation im Osten Deutschlands mit der in
den anderen Staaten, die soeben ebenfalls das Joch der Sowjetunion abgestreift hatten. Sie, die kaum Hilfe bekommen hatten,
waren im Gegensatz zur Bevölkerung der neuen Bundesländer
eher zufrieden. Ich konnte nachvollziehen, dass die Privilegierten
des alten Systems verbittert waren. Auch konnte ich verstehen,
dass diejenigen, die ihre Arbeit verloren und keine Hoffnung auf
eine neue Anstellung hatten, verbittert waren. Aber alle anderen?

Ich dachte hierüber lange nach und verglich ihre Position
schließlich mit der Bevölkerung Israels. Zu uns waren in den
Fünfzigerjahren Scharen von Zuwanderern gekommen, vor allem
Juden aus der islamischen Welt. Es kamen nicht die Reichen und
sehr wenige von den gut Ausgebildeten, die es aus den nordafrikanischen Staaten oft eher nach Frankreich zog. Zu uns kamen die
Ärmsten. Sie brauchten alles, materielle Hilfe in jeder Hinsicht:
Ausbildung, Wohnraum, alles, was man sich vorstellen kann, um
einem armen Menschen aus der »Dritten Welt« zu helfen, rasch
Teil eines weiter entwickelten Landes zu werden. Israel war da-
mals bei Weitem noch nicht so fortschrittlich wie heute, enga-
gierte sich aber in großem Umfang für seine neue Bevölkerung.
Die Hilfe, die diese Zuwanderer bekamen, war zwar eine große
Bürde, wurde von den meisten Israelis aber als Erfüllung eines
Ideals empfunden. Dadurch konnten die Zuwanderer sich in kur-
zer Zeit im Land integrieren und in allen Bereichen des Lebens

Karriere machen und oft auch Vermögen aufbauen. Trotzdem blieb zumindest ein Teil dieser Bevölkerung auch in der dritten und vierten Generation noch verbittert.

Natürlich sind die beiden Fälle nicht vergleichbar. Sie haben aber einen gemeinsamen Nenner: In beiden Fällen hat eine gut etablierte Bevölkerung der anderen, der kleineren, die aus Gründen bedürftig war, für die Letztere nicht verantwortlich war und für die sie nichts konnte, großartige Hilfe geleistet. In beiden Fällen waren die Behörden, die sich für diese Hilfe ausgesprochen hatten, wohlwollend motiviert und sahen darin auch ein nationales Interesse. In beiden Fällen hat die Bevölkerung diese Aktion auch unterstützt, meistens sogar leidenschaftlich. Aber in beiden Fällen muss man sich auch die Frage stellen, wer die Hilfspolitik in die Tat umsetzte: Wer waren die Israelis, die mit den Zuwanderern aus den islamischen Ländern direkt in Kontakt traten, um ihnen zu helfen? Wer waren die Westdeutschen, die mit den Menschen aus den neuen Bundesländern direkt in Kontakt traten? In beiden Fällen waren das oft kleine Beamte, die nicht immer auf diese Aufgabe vorbereitet waren, die nicht immer viel Geduld hatten und die vor allem von Psychologie nur sehr wenig verstanden – kleine Beamte aus einem reichen Land, die es mit Leuten zu tun hatten, die die Welt, in der sie aufgewachsen waren, verloren hatten. Natürlich waren nicht alle so, und es gab auch Menschen, die diese Arbeit freiwillig und sogar leidenschaftlich und ideologisch motiviert getan haben. Diese waren aber leider in der Minderheit.

Oft sagten diese Beamten: »Ihr wisst nichts! Ihr könnt nichts! Aber wir werden euch helfen, wir werden euch alles beibringen und euch lotsen.« Beinahe hätten sie gesagt: »Wir werden aus euch echt neue Menschen machen.« In beiden Fälle waren die Beamten der Meinung, dass sie Menschen helfen. Aber die Ostdeutschen und die Zuwanderer aus der arabischen Welt waren keine kleinen Kinder, die von ihren Eltern etwas lernen wollten, sondern erwachsene Leute, die in ihrer Welt und in ihrem Beruf vielleicht schon sehr gut ausgebildet, erfahren und erfolgreich waren. Und nun wurden sie wie Analphabeten behandelt. Am schlimmsten war das für die ältere Generation, die aus den islamischen Ländern gewohnt war, dass die älteren, die Großeltern, besonders geehrt wurden.

In beiden Fällen ging es also um die Würde der Menschen, die nicht richtig geachtet wurde, und das schlug eine offene Wunde, die nicht innerhalb einer Generation verheilt.

Als ich 1993 nach Bonn kam, war die Shamir-Ära längst vorbei, und mit seinem Briefwechsel mit Kohl, in dem er gegen die Wiedervereinigung argumentierte, musste ich mich nicht beschäftigen. Shamir hatte mir aber ein anderes Problem hinterlassen: die ungelöste Frage, ob und in welchem Umfang Deutschland die Zuwanderung von Juden aus der ehemaligen Sowjetunion zulassen sollte.

Der Zerfall der Sowjetunion hatte es möglich gemacht, dass endlich auch Juden aus den ehemaligen sowjetischen Gebieten nach Israel emigrieren konnten. Wir Israelis hatten uns seit Jahrzehnten mit diesem Problem beschäftigt, und ganz gleich in welchem Bereich man arbeitete: Die Befreiung der Juden aus der Sowjetunion hatte stets eine große Rolle gespielt und war von nationalem Interesse gewesen. Nun konnten die Juden ausreisen, doch nicht alle wollten unbedingt nach Israel; manche zog es nach Amerika, andere auch nach Deutschland. Das verärgerte die Israelis im Allgemeinen und Ministerpräsident Shamir ganz besonders. Als Zionisten waren wir ja davon überzeugt, dass alle Juden in Israel leben sollten. Wie konnten die russischen Juden da, nach all dem, was wir für sie getan hatten, nicht zu uns kommen, sondern woanders hinziehen wollen?

Shamir hatte sich auch in dieser Sache an den deutschen Bundeskanzler gewandt und von Kohl verlangt, dass die Juden aus der Sowjetunion nicht nach Deutschland hineingelassen würden. Die Bundesregierung war nicht daran interessiert, mit Israel über solche Dinge zu streiten, stand diesmal jedoch zwischen den Fronten, da die jüdische Gemeinde in Deutschland ganz im Gegensatz zur israelischen Regierung verlangte, dass so viele Juden wie möglich aus der Sowjetunion nach Deutschland gelassen würden. Das Letzte, was die Bundesregierung wollte, war, in den Streit zwischen diesen zwei jüdischen Gemeinschaften hineingezogen zu werden. Es wäre für sie ohnehin schwierig gewesen, zu erlassen, dass Flüchtlinge aus der Sowjetunion zwar grundsätzlich nach Deutschland kommen können, aber nicht wenn sie Juden sind. Der Bundesregierung konnte es daher nur recht sein, dass Ministerpräsident Shamir 1992 die Wahlen verlor und eine Regierung der Arbeiterpartei unter Rabin und Peres an die Macht kam. Diese Regierung war es auch, die mich zum Botschafter in Deutschland ernannte.

Da die von Shamir aufgeworfene Frage noch nicht beantwortet war, sprach ich Peres, unseren neuen Außenminister, darauf an, wie nun unsere diesbezügliche Strategie aussehen sollte. Seine Antwort lautete: »Du bist jetzt unser Vertreter in Deutschland. Schau dir die Sache vor Ort an, und gib uns dann deine Empfehlungen.«

Ministerpräsident Yitzhak Rabin, dem ich die Frage ebenfalls stellte, gab mir eine ähnliche Antwort: »Ich kenne mich in dieser Sache nicht aus. Versuch du, mich zu lotsen, wenn du dich mit dieser Sache besser auskennst.«

Beide warteten also auf meine Empfehlungen. Ich aber lotste weder den Ministerpräsidenten in dieser Frage, noch schickte ich jemals dem Außenminister eine Analyse der Sachlage. Ich ignorierte das Thema vielmehr bewusst und nahm mir vor, meine Meinung dazu nicht zu äußern, solange mich niemand direkt dazu befragte. Mir ging es nicht nur um meine Beziehungen zu den jüdischen Gemeinden in Deutschland, die mir wichtig waren. Die Frage der Zuwanderung von Juden nach Deutschland war für mich vielmehr sowohl eine ideologische als auch eine emotionale Frage.

Als überzeugter Zionist hatte ich immer gedacht, dass ein Jude in Israel wohnen müsse, wenn er sich zu seinem Judentum bekennt. Das war nach der Entstehung des Staates Israel doch die Grundidee des Zionismus: dass Juden nur in ihrer wiederaufgebauten Heimat in Würde leben könnten. Und das war auch die Meinung meiner Landsleute. Wenn wir alle also überzeugt davon waren, dass alle Juden in Israel leben sollten, dann waren wir zugleich dagegen, dass sie im Ausland lebten. Das galt erst recht für das Land der Täter! Jahrelang hatten wir Israelis besonders die Juden in Deutschland verachtet, und dennoch teilte ich die Haltung von Ministerpräsident Shamir nicht.

Wie können wir denn, dachte ich, von den Deutschen verlangen, dass sie per Gesetz Unterschiede zwischen Juden und Nichtjuden machen? Noch ärger: Wie können wir von den Deutschen verlangen, dass sie ein judenfreies Deutschland anstreben?

Ein Großteil der Israelis änderte in dieser Sache allmählich seine Meinung. Wir konnten schließlich nicht auf immer verkrampft auf unserer alten Ideologie beharren, sondern mussten uns mit der Realität abfinden, dass viele Juden nicht in Israel leben wollen. Dass sich selbst der Großteil der Juden, die sich zu ihrem Judentum bekannten, als loyale und zufriedene Staatsbürger ihrer Länder empfand. Wir mussten uns damit abfinden, dass die Juden, so wie alle anderen Menschen auch, selbst entscheiden wollten, wo sie leben. Ein Recht, das sie hatten und das wir akzeptieren mussten – umso mehr, da es mit den Jahren immer mehr Israelis gab, selbst gebürtige Israelis, die ins Ausland auswanderten. Sollten die Juden in Deutschland da eine Ausnahme sein? Und war Deutschland nicht inzwischen eine Demokratie wie die USA oder Großbritannien? Wurden die Menschenrechte in Deutschland nicht genauso geachtet wie in Frankreich oder Kanada? Herrschte in Deutschland etwa mehr Antisemitismus als in Dänemark oder den Niederlanden? Wenn ich die Sache rational betrachtete, musste ich mir eingestehen, dass ich keine Einwände gegen jüdisches Leben in Deutschland haben durfte.

Im Januar 1996 kam der umstrittene Staatspräsident Ezer Weizman zum Staatsbesuch nach Deutschland. Shimon Peres sagte über ihn, dass er wie ein kleines Kind sei, das alt, aber nicht erwachsen geworden sei. Auch bei seinem Besuch in Deutschland verletzte Weizman mehrmals das Protokoll und störte den Ablauf der Veranstaltungen. Dennoch behaupteten alle deutschen Beamten, die mit ihm zu tun gehabt hatten, dass der Besuch sehr erfolgreich verlaufen sei und sie sehr zufrieden mit ihm gewesen seien. Ich kommentierte das damals in meinem Bericht folgendermaßen: »Die Deutschen hatten sich bereits im Vorfeld entschieden, dass der Besuch reibungslos verlaufen und erfolgreich sein würde. Daher wollten sie keine Enttäuschungen zugeben.«

Unglücklich hatte der Besuch schon während der geplanten Begegnung mit den deutschen Juden begonnen. Weizman landete frühmorgens in Berlin-Tempelhof, und schon am späten Nachmittag traf er den Zentralrat der Juden in Deutschland. Die feierliche Begrüßung durch den Vorsitzenden Ignatz Bubis erwiderte Weizman mit nur einer kurzen Frage: »Warum seid ihr hier, in diesem Land, in dem ihr Juden nichts verloren habt?«

Der Vorstand des Zentralrats war sprachlos. Keiner wusste, was er sagen sollte. Weizman war darüber sichtlich amüsiert. Dann ergriff Bubis das Wort und sprach über andere Themen, als habe Weizman nichts gesagt.

Auf der Rückfahrt von der Veranstaltung sprach ich Weizman auf seinen Auftritt an. »Gut«, sagte ich. »Sie haben den Juden gesagt, was Sie gesagt haben. Ich würde Ihnen allerdings empfehlen, dies den Nichtjuden gegenüber nicht zu wiederholen.«

»Warum nicht?«, fragte er. »Es stimmt doch. Ich glaube tatsächlich nicht, dass Juden in Deutschland leben sollten.«

»Das mag sein«, sagte ich. »Aber was wollen Sie den Deutschen damit sagen? Verlangen Sie von den Deutschen, dass sie ein judenfreies Deutschland anstreben? Ist es das, was Sie ihnen sagen wollen?«

Nun war es an Weizman, peinlich berührt zu sein. »Daran habe ich nicht gedacht«, gab er zu. »So habe ich es noch nicht betrachtet.« Ich hatte ihn offenbar überzeugt, und er versprach, seine Aussage so nicht zu wiederholen.

Eine Stunde später wurde er in einem Fernsehstudio gefragt, was er an seinem ersten Tag erlebt habe. Er erwiderte, dass er den Zentralrat getroffen habe und dessen Mitgliedern vorgeworfen habe, dass sie als Juden in Deutschland lebten, und dass er ihnen gesagt habe, dass sie in Deutschland nichts verloren hätten.

Am Abend rief mich ein Vertreter des Morgenmagazins von ARD und ZDF an, um mich zu einem Interview einzuladen. Ich wurde gefragt, was ich zu den Aussagen Weizmans zu sagen hätte. Meine Antwort lautete: »Israel ist ein demokratisches Land. Bei uns hat jeder Mensch das Recht, seine Privatmeinung zu äußern, einschließlich des Staatsoberhauptes.«

Zwei Wochen später war ich in der Residenz des ägyptischen Botschafters in Bonn zu einem Abendessen eingeladen. Der Ehrengast war nicht ich, und ich erinnere mich nicht mehr, wer es war. Der Gastgeber hielt, wie es üblich ist, eine kurze Laudatio auf den Ehrengast, schaute am Ende der Rede jedoch mich an und sagte: »Wir haben heute auch den israelischen Botschafter zu Gast. Ihm muss ich etwas sagen: Man hat mir immer gesagt, Israel sei eine Demokratie, und ich hielt das für Propaganda. Aber vor zwei Wochen habe ich diesem Botschafter, der hier sitzt, im Fernsehen dabei zusehen dürfen, wie er vor laufenden Kameras seinen Staatspräsidenten rügte.« Er pausierte, schaute seine Gäste an und sagte dann laut: »Und er ist immer noch hier. Er ist immer noch Israels Botschafter!«

Zum Thema jüdisches Leben in Deutschland habe ich noch eine weitere Erfahrung gemacht, über die ich bis heute schmunzle: Ende 1994 wurde ich in eine große Universität in einer kleinen Stadt eingeladen. Da ich diese Stadt noch nicht besucht hatte, fragte ich meinen Gesprächspartner, ob es in seiner Stadt eine jüdische Gemeinde gebe.

»Ja, und auch eine sehr schöne Synagoge«, sagte der Professor. Daraufhin bat ich ihn, mir ein wenig Platz im Programm zu lassen, damit ich sie besuchen könne. »Ich werde mehr tun, als Ihnen Zeit zu lassen«, sagte mein Gesprächspartner. »Ich werde auch den Kontakt zur Gemeinde herstellen.«

Eine Weile später rief mich jemand an und stellte sich als der Rabbiner der Gemeinde vor: »Ich habe gehört, Sie sind zu Besuch in unserer Stadt und möchten auch die Gemeinde besuchen? Dann lassen wir uns den Besuch doch festmachen.«

Ich hörte ihm zu und konnte seinen Akzent nicht einordnen. Er war nicht Deutsch, nicht Russisch, nicht Polnisch – wo mochte er bloß herkommen? Schließlich fragte ich den Rabbiner danach.

»Aus Jerusalem«, sagte er überraschend.

»Dann sind wir also Landsleute. Warum sprechen wir Deutsch?«

»Natürlich können wir Hebräisch sprechen«, sagte er und wechselte ins Hebräische. Sogleich erkannte ich, dass er einen starken marokkanischen Akzent hatte. Er war also ein marokkanischer Jude, der aus Jerusalem nach Deutschland ausgewandert war, um dort Rabbiner zu werden.

Als der Tag kam, an dem ich die Stadt besuchte, erwartete der Rabbiner mich am Eingang zur Synagoge, wo er mich zuerst seiner Frau vorstellte, einer Deutschen, die zum Judentum konvertiert war und kein Hebräisch sprach. Dann brachte er mich in den Saal hinein. Die Synagoge war tatsächlich sehr schön und modern und von mittlerer Größe; alle Sitzplätze waren besetzt. Der Rabbiner führte mich zum Podium und bat mich, dem Publikum etwas über Israel zu erzählen und anschließend noch Fragen zu beantworten. Er hatte sich schon umgewandt, drehte sich aber noch einmal um: »Ich habe etwas vergessen. Sprechen Sie Russisch?«

»Nein, Russisch spreche ich leider nicht.«

So winkte er eine Dame herbei, die meine Ansprache übersetzen sollte. Ich sagte also immer ein paar Sätze und pausierte dann, um der Dolmetscherin Zeit für die Übersetzung zu geben. Die ständigen Pausen unterbrachen natürlich meinen Gedankengang, aber ich empfand das als nicht so schlimm, weil ich mir sagte, dass in diesem Publikum zumindest niemand meine Fehler im Deutschen bemerken würde. Was mich jedoch störte, war, dass meine Zuhörer überhaupt kein Interesse an dem zu haben schienen, was ich erzählte. Also fasste ich mich kurz und bat das Publikum recht bald, mir seine Fragen zu nennen. Die Fragen, die daraufhin kamen, hatten überhaupt nichts mit Israel zu tun, sondern eher mit Integrationsproblemen in Deutschland, mit der Arbeitssuche oder Regierungshilfen für die Zuwanderer, kurzum: mit Dingen, mit denen ich nichts zu tun hatte. Wahrscheinlich dachten meine russischen Zuhörer, dass sie es mit irgendjemanden von den deutschen Behörden zu tun hätten, und nutzten die Gelegenheit, um dem Beamten ihre Probleme zu unterbreiten.

Der Rabbiner, der die peinliche Situation bemerkte, hob kurz den Arm, um jemandem ein Zeichen zu geben. Daraufhin öffneten sich zwei große Schiebetüren zu einem anderen Saal, in dem ein langer Tisch mit Heringen und Wodka stand. Ohne lange zu warten, stürzte das Publikum sich darauf. Da erst fiel bei mir der Groschen: Das Publikum hatte tatsächlich keinerlei Interesse an mir oder Israel, die Leute waren nur gekommen, weil der Rabbiner ihnen Wodka und Heringe dafür versprochen hatte, dass sie sich zunächst den Botschafter anhörten.

Als man mich in Israel später fragte, wie es um die jüdische Gemeinschaft in Deutschland stehe, habe ich es immer so zusammengefasst: »Ein Rabbiner aus Marokko, eine nicht jüdische deutsche Ehefrau, eine nicht jüdische russische Übersetzerin und ein Publikum, das sich weder für Israel interessiert, noch Deutsch spricht.«

Heute ist das natürlich oft nicht mehr so, vor allem in der zweiten Generation.

Ich habe bereits erwähnt, dass ich in meiner Anfangszeit in Bonn weiterhin Deutschunterricht nahm, um die Grundkenntnisse, die ich in Mannheim erlernt hatte, weiter auszubauen. Sooft ich konnte, ging ich daher zu meiner liebenswürdigen, wenngleich sehr strengen Deutschlehrerin Rosemarie Toscha. Ich stehe bis heute mit ihr in Verbindung, und wenn ich einen Vortrag in Bonn halte, kommt sie noch heute jedes Mal und korrigiert im Nachhinein meine Fehler, was ich immer noch sehr begrüße.

Ich konnte natürlich nicht jeden Tag kommen. Immerhin ist Deutschland ein dezentrales, föderal strukturiertes Land, damals, als Bonn die Hauptstadt war, noch mehr als heute. Um meine Gesprächspartner zu treffen, reiste ich daher während meiner sechs Jahre in Deutschland ununterbrochen herum. Die verschiedenen Gremien der Bundesrepublik – öffentlich oder privat – befinden sich oft ja nicht in der Hauptstadt. Selbst Persönlichkeiten – Politiker und Spitzenbeamte –, die ihren Amtssitz und ihr Büro in Bonn hatten, waren nicht immer in Bonn anzutreffen. Wenn ich um einen Termin bat, antwortete man mir nicht selten: »Ach, nächste Woche? Könnten wir uns vielleicht in Hamburg (München, Leipzig etc.) treffen?« Alle waren immer unterwegs.

Ich habe diese föderale Struktur immer als Segen für Deutschland und seine Entwicklung empfunden. Im 19. Jahrhundert hatten zentralisierte Staaten wie Frankreich und Großbritannien einen Vorteil. Heute versuchen sie mit der größten Mühe, aber mit wenig Erfolg, diese Zentralisierung abzubauen. Auch für mich persönlich war die föderale Struktur Deutschlands ein Vorteil, weil sie mir erlaubte, große Teile Deutschlands kennenzulernen. Ich fürchtete allerdings, dass der Umzug nach Berlin diesen Vorteil Deutschlands schmälern würde und die Entscheidung für die große Stadt mit der weitreichenden Anziehungskraft zu einer Zentralisierung führen würde. Zum Glück für Deutschland geschah das nur in begrenztem Umfang.

Auf meinen Reisen wie auch im Alltag wurde ich immer von Sicherheitsbeamten begleitet. Jede Woche musste ich den Sicherheitsbehörden meinen Arbeitsplan unterbreiten, damit sie genau wussten, wann ich wo sein würde, und die Möglichkeit hatten, den Ort meines Besuches im Voraus zu inspizieren. Die Sicherheitsbeamten waren nordrhein-westfälische Polizisten, eine Gruppe von zwölf Beamten, die sich »Israelkommando« nannte. Drei von ihnen begleiteten mich immer, und oft erwarteten uns am Besuchsort noch ein oder zwei weitere Kollegen. Wenn ich mit dem Auto reiste, folgte uns ein Panzerwagen mit Leibwächtern. Wenn ich irgendwo hinflog, fuhr ein Panzerwagen vor, um mein Hotel zu inspizieren und mich am Flughafen zu erwarten. Drei Leibwächter begleiteten mich zum Flughafen, und einer von ihnen flog mit mir zusammen. Nicht immer handelte es sich bei den Leibwächtern um Männer, in seltenen Fällen waren uns auch Frauen zugeteilt. Einer von ihnen, einer jungen, gut aussehenden blonden Frau, gestanden die Männer des »Israelkommandos« immer das Privileg zu, mit mir zu fliegen. Dass dies Gerüchte auslöste, kann man sich sicher vorstellen.

Wenn Ziona und ich zu zweit ausgehen und uns frei und inkognito fühlen wollten, mussten wir ins Ausland fahren. Von Bonn aus war das nicht allzu kompliziert – Frankreich, Belgien, die Niederlande oder Luxemburg liegen nur eine Autofahrt entfernt. Die Sicherheitsbeamten begleiteten uns dann bis zur Grenze und kehrten dort um. Sie waren nur in Deutschland für unsere Sicherheit verantwortlich, außerhalb der Landesgrenzen waren wir vogelfrei. Allerdings mussten wir unseren Schutzengeln genau mitteilen, wann sie uns wieder an der Grenze erwarten konnten. Vor allen Dingen mussten wir also pünktlich sein.

Diese Leibwächter sorgten aber nicht nur für meine Sicherheit, sondern halfen mir auch mit meiner Aussprache. Da sie schließlich bei all meinen Vorträgen dabei waren, hatte ich sie gebeten, meine Fehler zu notieren. Anfangs waren sie von dieser Bitte befremdet gewesen, da sie meinten, es stünde ihnen nicht zu, mich zu korrigieren, und es sei nicht ihre Aufgabe. Sie ließen sich aber schließlich von mir überzeugen, und so saßen wir bald nach jeder Rede gemeinsam im Panzerwagen oder im Hotel, und meine Begleiter lasen mir die lange Liste meiner Fehler vor und erklärten mir, wie man es korrekt sagte. Mit der Zeit freundeten sie sich mit dieser »Mission« an, es begann ihnen Spaß zu machen, und sie taten es immer leidenschaftlicher. Die Beziehung zwischen den Sicherheitsbeamten auf der einen und mir, Ziona und Daniel auf der anderen Seite wurde immer enger, und sie waren auch häufig bei uns in der Residenz zu Gast. Dadurch fühlten sie sich mir gegenüber immer weniger befangen und korrigierten bald nicht nur meine Fehler, sondern rügten mich gelegentlich auch. Oft sagten sie mir: »Da haben Sie diesen Fehler gemacht. Diesen Fehler haben wir Ihnen schon mehrfach korrigiert. Wieso wiederholen Sie ihn immer noch?«

Rosemarie Toscha, der ich von meinen reisenden Deutschlehrern erzählte, reagierte überraschenderweise mit Ablehnung. »Das sind aber doch keine Deutschlehrer«, sagte sie.

»Nein«, sagte ich, »aber generell sind sie sehr gut ausgebildet und auch intelligente junge Leute.« Und das stimmte.

Deutschland und die Vergangenheit

Wie ich es in all meinen Gastländern getan hatte, suchte ich auch in Deutschland das Gespräch mit den Menschen jenseits meiner offiziellen Kontakte in den Behörden. Für mich gehört das zum Diplomatenberuf unmittelbar dazu – unsere Aufgabe ist es schließlich, die Menschen auf beiden Seiten zusammenzubringen, nicht nur die Behörden. Vieles interessierte mich selbst, unter anderem natürlich auch, was die Deutschen von der Nazivergangenheit wussten und welche Meinungen sie dazu hatten. Was etwa wurde in den Schulen unterrichtet?

In meinem Buch *Mit Ausnahme Deutschlands* hatte ich am Rande erwähnt, dass ich nie wirklich erfahren hätte, was die deutschen Kinder in den Schulen über die Nazivergangenheit lernten. Zu groß seien die Unterschiede zwischen den Ländern, Städten, Schulen und Lehrern. Als mein Buch erschienen war, bekam ich sehr viele Briefe von mir unbekannten Leuten, die mir schrieben, um mir diese Frage zu beantworten. Nachdem ich all diese Briefe gelesen hatte, wusste ich immer noch nicht wesentlich mehr, denn auch die Briefe waren sehr unterschiedlich und widersprüchlich. Die einzige unmittelbare Erfahrung, die ich mit diesem Thema machte, machte ich über meinem Sohn Daniel, der sowohl den deutschen Kindergarten als auch die deutsche Grundschule besuchte. Als er neun Jahre alt war, kam er aus der Schule nach Hause und fragte uns, ob wir schon einmal von dieser Geschichte gehört hätten, die man »Holocaust« nenne.

Ziona und ich waren sehr überrascht. Wir hatten dieses

Thema mit Daniel noch nicht besprochen, weil wir ihn noch für zu jung hielten. »Woher hast du das?«, fragten wir.

»Das haben wir heute in der Schule gelernt«, sagte er, »und wir werden das in den kommenden Tagen fortsetzen. Aber das Ganze ist doch Quatsch, oder?« Er konnte sich nicht vorstellen, dass das, was er in der Schule gehört hatte, tatsächlich zur deutschen Geschichte gehören könnte. Er kannte ja fast nur Deutsche und hatte fast nur deutsche Freunde, und die mochte er. Wie konnte man also solche Geschichten über sie erzählen?

Daniel war das einzige jüdische Kind an der gesamten Schule. Es war also klar, dass der Unterricht nicht eigens auf ihn ausgerichtet war. In späteren Jahren fragte ich ihn, ob er sich an seine erste Unterrichtsstunde zum Holocaust erinnern könne. »Ja«, sagte er, »und ich kann mich auch an mein Erstaunen erinnern.«

»Und wie haben deine Klassenkameraden reagiert?«

»Ich glaube«, antwortete er, »dass sie genauso reagiert haben wie ich und den Holocaust nicht mit mir in Verbindung gebracht haben. Mit einer Ausnahme: Es gab ein Kind in der Klasse, mit dem ich zerstritten war. Der Junge kam nach dem Unterricht auf mich zu und streichelte mir mit einem traurigen Blick in den Augen den Arm, weil er wusste, dass ich Jude bin, und es ihm leidtat.«

Wie erwähnt war ich bei meinem Amtsantritt davon ausgegangen, dass ich mit der Nazivergangenheit im Rahmen meiner Arbeit wenig konfrontiert werden würde. Das war natürlich naiv gewesen. Schon kurz nach meiner Ankunft bekam ich die erste Einladung, in einem Gymnasium eine Rede über Israel und den Nahen Osten zu halten. Für mich war das eine Art Experiment, und ich bereitete mich mit Hilfe meiner Deutschlehrerin sorgfältig drauf vor. Natürlich erwartete ich auch Fragen zu meinem Thema, und einige Abiturienten meldeten sich zu Wort. Die erste Frage lautete: »Wir haben vor Kurzem einen Ausflug nach Holland gemacht, und als man dort hörte, dass wir Deutsche sind, hat man uns mehrfach beleidigt und ›Nazis‹ genannt. Wie hätten Sie uns empfohlen zu reagieren?«

Auf eine solche Frage war ich überhaupt nicht vorbereitet gewesen. Erst jetzt fiel mir auf, dass ich die Geschichte der Nazizeit zwar bestens kannte, aber nur aus unserem israelischen Blickwinkel. Mir wurde klar, dass ich nie darüber nachgedacht hatte, wie es sich für Deutsche anfühlen müsste, sich mit dieser Geschichte auseinanderzusetzen. Ich kannte alles aus dem Blickwinkel der Opfer oder der Nachkommen der Opfer. Aber was dachten die Nachkommen der Täter?

Diese mir neue Frage weckte meine Neugier. Ich wollte jetzt wissen, was die Deutschen wussten, lernten, lasen, und was sie fühlten. Viel Zeit, mich damit umfassend zu beschäftigen, hatte ich allerdings nicht. Schon bald prasselten weitere Fragen auf mich ein. Ob ich vor der Industrie- und Handelskammer sprach, mich mit Journalisten unterhielt oder einen Vortrag an einer Universität hielt – immer stellte man mir Fragen zur deutschen Vergangenheit, zu nationalsozialistischen Verbrechen und zur Schuld der Deutschen. Ich selbst habe das Thema nie angesprochen, meine Themen waren andere. Aber meine Gesprächspartner fragten immer wieder nach.

Ich erinnerte mich an ein Gespräch mit dem deutschen Botschafter in Israel, Otto von der Gablentz. Vor meiner Abreise nach Deutschland hatte er zu mir gesagt: »Ein israelischer Botschafter in Deutschland ist eine moralische Instanz.« Ich hatte diese Aussage bezweifelt, jetzt aber verstand ich, was von der Gablentz gemeint hatte. Die Fragen, die man mir zur deutschen Geschichte stellte, waren keine Fragen, wie ein ausländischer Diplomat sie normalerweise hörte. Oft erwarteten die Leute von mir nicht nur eine Antwort, sondern auch einen Ratschlag.

Die Geschichte mit den Gymnasiasten erzählte ich Ziona, die ebenfalls erstaunt war. Sie machte aber kurz darauf eine ähnliche Erfahrung. Da sie sich in Bonn und der Umgebung noch nicht so gut auskannte, entschied sie sich eines Tages, mit dem Auto nach Brüssel zu fahren, um dort Verschiedenes einzukaufen. Sie nahm den kleinen Daniel mit, und als sie abends zurückfuhr, hatte sie in

Belgien auf der Autobahn in der Dunkelheit eine Panne. Sie versuchte, andere Autos anzuhalten und um Hilfe zu bitten, aber alle fuhren an ihr vorbei. Erst nach einer ganzen Weile hielt ein Fahrer an. Er sprach sie auf Deutsch an, weil er ihr deutsches Kennzeichen gesehen hatte, und half ihr, den Motor notdürftig zu reparieren. Zur Verabschiedung sagte er: »Sie sind nicht mehr weit von Aachen entfernt. Diese Strecke werden Sie mit dem reparierten Motor gut zurücklegen können. Wenn danach etwas geschieht, wird Ihnen schon nichts passieren, dann sind Sie schließlich in Deutschland, und alle werden Ihnen helfen.«

»Wie meinen Sie das?«, fragte Ziona.

»Es ist doch bekannt«, sagte er, »dass ein Belgier für ein deutsches Auto mit einer Panne nicht anhalten würde.«

Ich glaube, dass das inzwischen überholt ist. Aber für uns war es damals ein seltsames Erlebnis.

Ziona und ich machten allerdings auch andere Erfahrungen. Bei einem der typischen Abendessen im diplomatischen Kreis saß Ziona einmal neben einem Spitzenbeamten, der ihr von den fürchterlichen Dingen erzählte, die die Deutschen unter dem Bombenhagel der Alliierten erlebt hatten. Ziona hörte interessiert zu, aber der Mann hörte einfach nicht auf, ihr eine Geschichte nach der anderen über das Leiden der deutschen Zivilbevölkerung zu berichten, und nach einer Weile hörte Ziona nur noch aus Höflichkeit zu. Irgendwann ging ihr die wasserfallartige Predigt ihres Tischnachbarn auf die Nerven. Sie unterbrach ihn und sagte: »Ja, und meine Mutter saß währenddessen in Auschwitz, und nicht als Wächterin.« Der hohe Beamte kehrte ihr sofort den Rücken zu und unterhielt sich von da an nur noch mit seiner Sitznachbarin auf der anderen Seite.

Eine ganz andere Erfahrung haben wir gemacht, als Ehud Barak, damals noch Oberbefehlshaber der israelischen Streitkräfte, uns in Bonn besuchte. Wir luden ihn mit seinem deutschen Amtskollegen, General Klaus Naumann, dem Generalinspekteur der Bundeswehr, zum Abendessen in die Residenz ein. Zufällig war gerade Zionas Mutter, Regina Herschenberg, eine Woche lang bei uns zu Gast. Wir fragten die Holocaustüberlebende, ob sie an einem Abendessen mit einem deutschen General teilnehmen würde, und sie bejahte es. Nachdem die Gäste gegangen waren, fragten wir sie, was für ein Gefühl es für jemanden, der eine deutsche Uniform zum letzten Mal im KZ gesehen hatte, gewesen sei, mit einem uniformierten Deutschen am Tisch gesessen zu haben. Ziona und ich erwarteten ihre Antwort mit Beklommenheit.

»Das war sehr schön für mich«, sagte meine Schwiegermutter jedoch. »Für mich war es ein Gefühl der Genugtuung und Befriedigung, dass unser jüdischer General auf Augenhöhe mit dem Oberbefehlshaber der Deutschen spricht.«

Diese Aussage ihrer Mutter war für Ziona und mich ein Schock: Kein gebürtiger Israeli hätte das damals so empfunden.

So unterschiedlich unsere Erlebnisse waren – insgesamt bekam ich den Eindruck, dass die Deutschen in den Neunzigerjahren schon weit von der Verdrängungsphase der ersten Nachkriegsjahre entfernt waren. Fast nirgendwo bin ich auf Ignoranz oder Gleichgültigkeit gegenüber der Nazivergangenheit gestoßen. Das ist natürlich kein wissenschaftlicher Beweis dafür, dass die Deutschen sich wirklich verwandelt hatten, aber das war mein Gefühl.

Früher hatte ich mehrfach das Wort »Schlussstrich« gehört – nicht unbedingt von Menschen, mit denen ich sprach, aber oft in den Medien. Im jüdischen Museum in Frankfurt war ich etwa auf eine Zeitung von 1946 gestoßen, deren Leitartikel verlangte, einen Schlussstrich unter die Nazivergangenheit zu ziehen. »Es ist schon ein Jahr her, seitdem der Krieg und die Naziherrschaft vorbei sind«, stand da. »Wir haben genug darüber gesprochen, es reicht. Man muss darunter einen Schlussstrich ziehen.«

Wenn so eine Forderung schon 1946 gestellt wurde – was würde man dann fünfzig Jahre später sagen? Entsprechend gespannt war ich, ob und wie sich die Deutschen zum 50. Jahrestag des Kriegsendes daran erinnern würden.

Das Gedenkjahr 1995 begann für mich mit einer Sonderausgabe des *Spiegels*. Auf dem Titelblatt war ein grauenerregendes Foto aus einem Konzentrationslager, und fast das ganze Heft war dem Holocaust und anderen Naziverbrechen gewidmet. Ich ging davon aus, dass die Abonnenten das Magazin natürlich bekommen würden, dass aber diejenigen, die sich das Magazin gewöhnlich im Kiosk kauften, dieses Mal sicherlich darauf verzichten würden. Zufällig hatte ich kurz nach Erscheinen der Sonderausgabe einen schon lange vereinbarten Termin zu einem Redaktionsgespräch beim *Spiegel*. Wie immer sollte es um den Nahost-Konflikt gehen. Ich nutzte die Gelegenheit, um die Redaktion zu fragen, warum sie so ein Titelblatt gewählt hatte, das die Leser sicherlich nicht anziehen würde. Sei das nur aus Pflichtgefühl geschehen?

Sie bestätigten meine Vermutung: »Wir haben es aus Pflichtgefühl getan und in Kauf genommen, dass wir mit diesem Heft keinen kommerziellen Erfolg haben würden. Zu unserer großen Überraschung jedoch hat sich dieses Heft so gut verkauft wie noch keines zuvor.«

Ich war ebenso überrascht wie meine Gesprächspartner, weil der Erfolg dieses Heftes so sehr im Widerspruch zur gefürchteten »Schlussstrich«-Mentalität stand.

Ich beobachtete in der Folgezeit, wie alle anderen Medien Ähnliches taten wie der *Spiegel*, und das fast ein Jahr lang. Unzählige Artikel über den Zweiten Weltkrieg, über die Zerstörung Deutschlands, aber vor allem über Naziverbrechen und den Holocaust erschienen. Auch in den elektronischen Medien war das Thema allgegenwärtig. Talkshows, in denen die Gräueltaten der Nazis diskutiert wurden, Ausstellungen über den Krieg, einschließlich der Wehrmachtsausstellung – alles hatte beim Publikum großen Erfolg.

Zehn Jahre zuvor, zum 40. Jahrestag des Kriegsendes, hatte Bundespräsident Richard von Weizsäcker eine Rede gehalten, die wie ein Schock auf die Deutschen – und nicht nur auf die Deutschen – gewirkt hatte. Er behauptete in ihr, dass das Jahr 1945 für Deutschland ein Jahr der Befreiung gewesen sei. Weltweit meinte man daraufhin, dass Weizsäcker mit seiner Rede versucht habe, die Deutschen zu entlasten und aus ihnen Opfer statt Täter zu machen. In Israel hatte das viele an Österreich erinnert, das während der NS-Zeit als sogenannte Ostmark Teil des »Dritten Reiches« gewesen, nach dem Krieg aber entlastet worden war. Die Österreicher wurden als »erstes Opfer der Nazis« von der Verantwortung für die Verbrechen freigesprochen; die Amerikaner prägten gar die Formel der »Vergewaltigung Österreichs«. Königin Beatrix erzählte mir einmal, dass die Niederlande den Österreichern 1947 sogar den Erasmuspreis verliehen hätten, um sie als Opfer und Widerstandskämpfer gegen die Nazis auszuzeichnen. Manche in Israel erinnerten sich hingegen eher an den Jubel, mit dem Hitler nach dem Anschluss auf dem Heldenplatz in Wien empfangen worden war. Sollte Weizsäckers Rede also auf einmal auch aus den Deutschen unschuldige Opfer machen?

Auch in Deutschland gab es viele, die aus verschiedenen und einander widersprechenden Gründen Weizsäckers Rede ablehnten. Ich sah es anders. Für mich war diese Rede Weizsäckers ein Zeichen dafür, dass die Mehrheit der Deutschen sich wirklich endlich vom Nazismus lösen wollte. Die breite Zustimmung zu Weizsäckers Rede und die breite Beschäftigung mit dem Thema waren für mich ein Signal dafür, dass die Deutschen ihre Vergangenheit endgültig nicht mehr verdrängen, sondern lernen wollten, mit ihr umzugehen und sich an sie zu erinnern.

Ich vermutete, dass die Deutschen am Ende dieses erneuten Gedenkjahres genug von der Vergangenheit hätten. Tatsächlich gab es eine Meinungsumfrage, der zufolge eine Mehrheit der Deutschen sich nun einen Schlussstrich gewünscht hätte. Dann aber erschien Daniel Goldhagens Buch *Hitlers willige Vollstrecker*. Das Buch unterstützt mehr oder weniger die These einer Kollektivschuld und behauptet, die Deutschen hätten mörderische Gene.

Es war ein dickes Buch, das ich mit der größten Mühe und wirklich nur aus Pflichtgefühl las. Da ich nicht wusste, was ich von ihm halten sollte und wie ich damit umgehen sollte, rief ich den renommierten Historiker Yehuda Bauer in Jerusalem an. Bauer, inzwischen über neunzig Jahre alt, ist für mich der größte Holocaust-Experte. Er ist international anerkannt und Mitglied vieler Gremien, die sich dem Ringen um Menschenrechte weltweit widmen. Ich fragte Bauer, ob er das Buch von Goldhagen gelesen habe.

»Ja«, sagte er, »leider muss ich alles lesen, was zu diesem Thema veröffentlicht wird.«

»Und was halten Sie davon?«

»In diesem Buch stehen sehr viele Sachen, die richtig sind. In diesem Buch stehen sehr viele Sachen, die neu sind. Das Problem ist, dass das, was bei Goldhagen richtig ist, nicht neu ist, und was bei ihm neu ist, nicht richtig ist«, sagte er.

Trotz dieser negativen Einschätzung durch Bauer wurden nicht nur das Buch, sondern auch Goldhagen persönlich erstaunlich erfolgreich. Der Autor dieses Bestsellers wurde in Deutschland wie ein Held empfangen. Er hielt Vorträge in großen Sälen, die alle bereits im Vorfeld ausverkauft waren. Als er am Ende seiner langen Deutschlandtour nach München kam, widmete die *Frankfurter Allgemeine Zeitung* ihm sogar einen Leitartikel, in dem Frank Schirrmacher am Ende schrieb: »Hätte Goldhagen seine Münchener Rede im großen olympischen Stadion gehalten, wäre das Stadion genauso voll gewesen wie der Saal, in dem er seine Rede hielt.«

Der Wunsch nach einem Schlussstrich schien also vergessen zu sein.

Ich halte Schlussstriche in der Geschichte grundsätzlich für problematisch. Vielen Historikern gilt das Jahr 1492 als das Ende des Mittelalters. Als ich das in der Schule lernte, fragte ich mich, ob die Menschen, die damals lebten, wussten, dass sie soeben das Ende des Mittelalters erlebt hatten. Wussten sie überhaupt, dass sie im Mittelalter gelebt hatten? Das Jahr 1492 war durchaus ein historisches Jahr – es bedeutete das Ende der spanischen Reconquista, die Entdeckung Amerikas durch Kolumbus und für uns Juden die Vertreibung der Juden aus Spanien. Die Bedeutung dieser Ereignisse ist der Menschheit allerdings erst viel später klar geworden. Ich dachte an Napoleon, der 1821 starb, also vor fast zweihundert Jahren. Bis heute wird täglich etwa ein Buch über Napoleon veröffentlicht. Wann kommt hier der Schlussstrich? Uns steht es nicht zu, das zu bestimmen. Das bestimmt die Historie.

Je mehr ich über den deutschen Umgang mit der Nazivergangenheit lernte, desto mehr kam ich zu der Schlussfolgerung, dass die Deutschen in Sachen Gewissenserforschung vorbildlich sind. Damit will ich nicht sagen, dass alle Deutschen so sind, und auch nicht, dass man nicht mehr tun könnte. Man kann immer alles besser machen. Aber aus einer historischen Perspektive und mit anderen Ländern verglichen ist Deutschland vorbildlich.

Als ich 1970 Sprecher der israelischen Botschaft in Paris war, bemühte ich mich sehr, Frankreich als Ganzes und nicht nur Paris kennenzulernen. Meine Familie und ich nutzten jede Chance, seien es Wochenenden, Feiertage oder Urlaube, um Frankreich Stück für Stück zu bereisen. Unter anderem kamen wir auch in die schöne Stadt Vichy. Ich wusste nicht, was genau es in dieser Stadt zu besichtigen gab, und ging daher ins Fremdenverkehrsbüro, um mich zu erkundigen. Ich wurde von einer Dame in meinem Alter – damals also um die 35 – empfangen und fragte sie, was es in der Stadt zu sehen gebe. Sie erzählte mir von den schönen Bädern und erklärte mir die verschiedenen Varianten ausführlich, sie erzählte mir auch von den Parks und ähnlichen Ausflugsmöglichkeiten. Ich fragte sie, was es in dieser Stadt Historisches zu sehen gebe.

Kühl antwortete sie mir: »Gar nichts. Das ist ein Badeort, kein historischer Ort.«

Ich traute meinen Ohren nicht und fragte nach: »Es gibt nichts aus der Zeit des Vichy-Regimes?«

»Nein, gar nichts.«

Ich fragte sie, wo ich das Park Hotel finden könne. Sie behauptete, dass es so ein Hotel nicht gebe. Ich hakte mehrmals nach und sagte: »Aber das war doch der Sitz des Vichy-Regimes.«

Sie schaute mich böse an und antwortete in einem strengen und unangenehmen Ton: »Monsieur, wir hier beschäftigen uns nicht mit Politik.«

Ich war erstaunt. Von welcher Politik sprach sie? Von der, die seit fünfundzwanzig Jahren überholt war und nicht mehr existierte und deren Spitzen mittlerweile entweder als Verräter und Kollaborateure eingesperrt oder erhängt worden waren?

Mithilfe alter Fotos fand ich das Park Hotel schließlich. Es hatte seinen Namen geändert.

Geschichten dieser Art kann man auch über andere Länder erzählen. Zum Beispiel waren die Kanalinseln das einzige britische Territorium, das die Wehrmacht erobert hatte. Die Gestapo betrachtete die Engländer von den Kanalinseln im Vergleich zu den Bewohnern der anderen besetzten Gebiete als die vorbildlichsten Kollaborateure. Und was taten die Briten nach dem Krieg? Alle prominenten Bewohner der Kanalinseln wurden vom König geehrt. Ja, die Nazikollaborateure wurden dekoriert, damit es in der Geschichte keine Spuren von Kollaboration geben konnte!

Natürlich kann man die nationalsozialistischen Verbrechen mit nichts in der Geschichte vergleichen. Das Ausmaß dieser Verbrechen ist präzedenzlos. Dadurch kann man natürlich argumentieren, dass die Deutschen es nötiger haben, ihr Gewissen zu erforschen, als andere. Es ist jedoch eine Tatsache, dass die Deutschen dieser Notwendigkeit, wenngleich nicht sofort, nachgekommen sind, und zwar in einer Art und Weise, wie kein anderes Volk es je getan hat. Und sie tun es immer noch und immer mehr.

Man könnte annehmen, dass das Interesse daran, die grausame Vergangenheit wahrzunehmen und immer wieder Lehren aus ihr zu ziehen, verblassen könnte. Mir scheint, dass das Gegenteil richtig ist: Je weiter die jüngeren Deutschen von der Tätergeneration entfernt sind, desto bereitwilliger setzen sie sich mit der Verantwortung auseinander, die sie wegen der deutschen Vergangenheit tragen, weil sie nun nicht mehr persönlich mit den Tätern verbunden sind. Auch ihre Eltern beziehungsweise Großeltern, mit deren persönlicher Vergangenheit man sich früher nicht auseinandersetzen wollte, sind inzwischen nach dem Krieg geboren.

Die Auseinandersetzung mit der Vergangenheit findet auch in der Öffentlichkeit statt. Fast überall in Deutschland stehen Mahnmale, die an die Naziverbrechen erinnern, allein in Berlin gibt es eine große Vielfalt von Mahnmalen in verschiedenen Teilen der Stadt. Das Besondere: Sie wurden zumeist nicht von den Siegermächten erzwungen, sondern die Initiative, sie zu errichten, ging von den Deutschen selbst aus. Nicht alle waren immer unumstritten. So verfolgte ich in meinen Jahren in Deutschland die hitzige Debatte um die Errichtung der zentralen Gedenkstätte zur Erinnerung an die ermordeten Juden Europas. Es ging dabei nicht um die Frage, ob man zur Erinnerung an den Holocaust Mahnmale errichten solle oder nicht, sondern nur darum, wo diese Denkmale stehen sollten, wie groß sie sein dürften und welcher Natur sie sein sollten.

Eine interessante Erfahrung machte ich in diesem Zusammenhang mit dem damaligen Regierenden Bürgermeister von Berlin, Eberhard Diepgen. Irgendwann fiel mir auf, dass Diepgen als einer von ganz wenigen Spitzenpolitikern Deutschlands noch nie nach Israel gekommen war. Ich lud ihn daher offiziell nach Israel ein, er aber wich mir aus. Ich wiederholte meine Einladung mehrfach, doch immer wieder stieß ich auf Ausreden wie »Schwierigkeiten mit dem Terminkalender« und dergleichen – bis mir Diepgen eines Tages gestand: »Ich fürchte mich, nach Israel zu fahren.« Als ich ihn fragte, warum, sagte er: »Sie wissen doch, dass ich einer der wenigen deutschen Politiker bin, die sich gegen die Zentrale Gedenkstätte aussprechen. Ich spreche mich natürlich nicht gegen Gedenkstätten für Opfer des Holocausts aus, aber gegen das Konzept. Ich bin der Meinung, es sollte kleinere, aber dafür mehrere Gedenkstätten in Berlin geben.«

Ich selbst habe mich nie zu diesem Thema geäußert, auch wenn die Medien mich ununterbrochen fragten, was ich über die Zentrale Gedenkstätte dächte. Ich vermied stets, darauf zu antworten. Erstens, weil ich tatsächlich keine Meinung dazu hatte. Ich hatte schlicht nicht genug Fantasie, um mir vorzustellen, wie so eine Gedenkstätte aussehen könnte. Zweitens – und dieses Argument überwog – war ich der Meinung, dass diese Angelegenheit weder eine jüdische noch eine israelische Angelegenheit sei. Die Gedenkstätte war, und so sollte es auch sein, eine deutschdeutsche Auseinandersetzung mit dem Thema. Ein deutsches Problem. Ein deutsches Dilemma. Kein jüdisches, kein israelisches. Meiner Meinung nach stand es uns daher nicht zu, uns in diese Debatte einzumischen. Die Debatte mit dem größten Interesse verfolgen, ja, das konnten wir, daran teilnehmen jedoch nicht. Ich ahnte, dass Diepgen unsere Sicht der Dinge nicht richtig nachvollziehen konnte, aber offensichtlich konnte ich ihm das nicht erklären.

Viel später, schon am Ende meiner Amtszeit, flog Diepgen doch noch nach Israel. Nach seiner Rückkehr rief er mich an, um mir zu erzählen, wie begeistert er von Israel gewesen sei. Zu seiner Begeisterung trug auch bei, dass ihn in Israel niemand mit der Frage der Gedenkstätte belästigt hatte. »Niemand hat mich auf dieses Thema angesprochen oder mir Fragen gestellt. Wie höflich und korrekt ihr Israelis doch seid!«

Ich habe mich auch dieses Mal nicht bemüht, ihm zu erklären, dass wir schlicht der Meinung waren, dass uns eine Einmischung nicht zustehe.

Ich habe mehrfach geäußert, dass Deutschland in dieser Sache vorbildlich ist, und zwar auch deshalb, weil es weltweit kein anderes Beispiel dafür gibt, dass ein Land Mahnmale zur Erinnerung an die eigene Schande errichtet. Länder errichten Denkmale zur

Erinnerung an ihre Helden, ihre Siege und Errungenschaften, an ihre ruhmreichen Wissenschaftler, Musiker und Schriftsteller oder zur Erinnerung an ihr Leid oder ihre Tragödien. Nirgends aber gibt es ein Monument, das an die eigenen Verbrechen erinnert. Als ich dies einmal gegenüber einer jüdischen Zuhörerschaft in Amerika äußerte, brachte mir das eine Schlagzeile in der *New York Times* ein.

Begegnungen im Zentrum der Macht

Wie jeder Botschafter begann ich meine Amtszeit mit einem Antrittsbesuch im Auswärtigen Amt, dessen Protokollchef mich auf die Überreichung des Beglaubigungsschreibens durch den Bundespräsidenten vorbereitete. Bundespräsident Richard von Weizsäcker empfing mich sehr freundlich und begrüßte mich mit den Worten: »Wir freuen uns sehr, dass Sie bei uns sind.« Als ich mich nach der Zeremonie von ihm verabschiedete, wiederholte er den Satz noch einmal und fügte hinzu: »Wir freuen uns wirklich sehr, dass Sie hier sind.«

Ich nahm diesen Satz ernst. Natürlich meinte er nicht, dass er glücklich sei, dass Avi Primor in Deutschland ist. Er kannte mich ja gar nicht. Er meinte vielmehr, so jedenfalls habe ich es verstanden, dass er glücklich sei, dass es heute in Deutschland einen israelischen Botschafter gibt. Ich habe mir diese Bemerkung oft ins Gedächtnis gerufen, weil sie für mich ein Symbol für die neue Qualität der Beziehungen zwischen Deutschland und Israel war.

Mit Richard von Weizsäcker und seiner Gattin Marianne habe ich später längere Gespräche führen dürfen, als wir als Gäste von Königin Beatrix der Niederlande ein gemeinsames Wochenende in ihrem Schloss in Wassenaar verbrachten. Wassenaar ist, nebenbei bemerkt, die Stadt, in der Deutsche und Israelis das Wiedergutmachungsabkommen ausgehandelt hatten. Das war natürlich ein wunderbarer Anknüpfungspunkt für das Gespräch mit dem Bundespräsidenten. Beatrix hat mich aber nicht nur zusammen mit den von Weizsäckers eingeladen, sondern später auch mit dem damaligen Ministerpräsidenten von Nordrhein-Westfalen, Johannes Rau, und seiner Gattin Christina. Diese Geste hat sie wiederholt, als Rau Bundespräsident wurde, und ein weiteres Mal, als sie für mich ein Abendessen anlässlich meines Abschieds aus Europa gab, zu dem sie wiederum auch das Ehepaar Rau einlud.

Johannes Rau hatte ich bereits vor meinem Antrittsbesuch bei ihm kennengelernt, und zwar im November 1993 in der Frankfurter Paulskirche anlässlich der Beerdigung Walter Hesselbachs. Ich war ganz neu in Deutschland und kannte kaum jemanden, auch wenn mir manche Namen von Erzählungen in Israel bekannt waren. Zu ihnen gehörte der des verstorbenen Walter Hesselbach, der einer der größten Freunde Israels gewesen war und mit verschiedenen israelischen Gremien sehr eng zusammengearbeitet hatte. Ich erinnere mich noch sehr gut daran, dass Golda Meir, die jahrelang eine verstockte Deutschlandfeindin war, bei einer Sitzung sagte: »Wenn Menschen wie Walter Hesselbach oder Johannes Rau typische Vertreter Deutschlands wären, dann würde ich meine Meinung zu Deutschland grundlegend ändern.«

Nun war ich auf der Beerdigung des großen Israelfreundes, und wer kam auf mich zu und reichte mir die Hand? Johannes Rau.

Ich wusste genau, wer er war, und hatte auch mehrfach Fotos von ihm gesehen. Er musste sich also eigentlich nicht vorstellen. Er tat es dennoch und fügte hinzu: »Ich bin Ministerpräsident von Nordrhein-Westfalen.«

Da war ich beinahe beleidigt, da er offensichtlich dachte, ich wüsste das nicht. Zugleich war ich dennoch beeindruckt: Kaum war ich in Deutschland, schon begegnete ich den zwei großen Namen, die ich schon vor Jahren aus dem Munde Golda Meirs gehört hatte.

Als Botschafter musste ich den Hauptteil meiner Bemühungen selbstverständlich den Regierungsvertretern widmen. Johannes Rau war bis auf das letzte Jahr meiner Amtszeit eine der

Leitfiguren der Opposition. Dennoch war es für mich äußerst wichtig, einen möglichst engen Kontakt mit ihm zu haben. Nicht nur, weil er Ministerpräsident des bevölkerungsreichsten Bundeslandes war, sondern weil er ein ganz besonderer und langjähriger Freund Israels war. Unter anderem war er Dutzende Male in Israel zu Besuch gewesen. Als Bundespräsident hat er mir eine für einen Botschafter seltene Ehre erteilt und mich anlässlich meines Abschieds von Deutschland zu einem Abendessen im Schloss Bellevue eingeladen. Er war auch der Bundespräsident, der mir das Bundesverdienstkreuz mit Stern und Schulterband verlieh.

Einmal jedoch rügte mich Johannes Rau auch ziemlich streng. Im Mai 1998 hatte ich in Berlin alle Prominenten Deutschlands zu einer großen Feier anlässlich des 50. Jahrestages der Unabhängigkeit Israels eingeladen. Bundeskanzler Helmut Kohl kam extra früher von einer Europakonferenz in Spanien zurück, um an meiner Party teilzunehmen. Das berührte mich so, dass ich ihn in meiner Rede als Freund Israels hervorhob, der die Beziehungen zwischen unseren beiden Ländern erfreulicherweise sorgfältig ausgebaut habe. Das missfiel Johannes Rau, der sagte: »Dass Sie den Bundeskanzler würdigen, ist richtig. Sie dürfen aber nicht vergessen, wer die großen SPD-Politiker waren, die die deutsch-israelischen Beziehungen nicht nur unterstützt, sondern gelegentlich sogar ermöglicht haben.« Ich stand da wie ein gerügtes Kind und musste meinen Fehler eingestehen. Natürlich hatte er recht – wie erwähnt hätte Adenauer das Wiedergutmachungsabkommen im Bundestag ohne die SPD gar nicht durchsetzen können.

Als Bundespräsident kam Johannes Rau erst im Jahr 2000 zu einem Staatsbesuch nach Israel. Da war ich schon nicht mehr Botschafter in Deutschland, und doch wurde ich zu den offiziellen Veranstaltungen zu Ehren des deutschen Bundespräsidenten eingeladen. Ich gehörte auch zu denjenigen, die Rau zu einem Frühstück einlud, das ausschließlich seinen persönlichen Freunden gewidmet war. Ich kam dorthin und erwartete etwa sechs Personen am Frühstückstisch. Wir waren aber mehr als hundert. Ich merkte, dass alle Gäste den Präsidenten duzten und ihn mit »Johannes« ansprachen. Der Einzige, der ihn siezte und förmlich mit »Herr Bundespräsident« ansprach, war ich. Zu diesem Zeitpunkt kannte ich Johannes Rau schon mindestens sieben Jahre lang. Ich wusste aber, dass es sehr viele Israelis gab, die ihn nicht nur viel länger kannten, sondern auch viel engere Beziehungen zu ihm hatten als ich. Für mich war er ein Freund, aber vor allem der Ministerpräsident bzw. der Bundespräsident. Für die anderen war er ein reiner Freund. Da begriff ich erst recht, wie emotional und eng er mit Israel verbunden war.

Unmittelbar nachdem ich das Beglaubigungsschreiben überreicht hatte, wurde ich auch von Außenminister Klaus Kinkel empfangen. Kinkel erwies sich als großer Israelkenner und -freund und erklärte mir sofort, dass mir seine Tür immer offen stünde. Dennoch durchlebte ich mit ihm Turbulenzen wie mit keinem anderen Regierungsmitglied. Das begann bereits kurz nach meiner Ankunft in Bonn. Kinkel war gerade von einer Moskaureise zurückgekehrt und bestellte mich eiligst zu sich ein. Er habe in Moskau etwas erfahren, was von großer Bedeutung für Israel sein könne, sagte er. Ich müsse ihm allerdings versprechen, dass kein Mensch je erfahren würde, wie ich diese Information bekommen habe, und dass ich die Informationen streng geheim behandeln würde. Sollte diese Nachricht durchsickern, würde es für ihn persönlich verheerend sein. Tatsächlich waren seine Informationen von großer Bedeutung für Israel, und ich verstand sofort, wie brisant sie waren. Anstatt meinem Vorgesetzten in Jerusalem wie üblich Bericht zu erstatten, schrieb ich daher handschriftlich einen Privatbrief an meinen Außenminister Shimon Peres. Ich klebte ihn selbst zu, versiegelte ihn, schrieb auf den Umschlag »Persönlich und vertraulich« und verschickte den Brief mit der diplomatischen Post. Es war klar, dass weder meine Mitarbeiter noch das Büro von Peres den Brief sehen dürften.

Ein paar Tage später rief mich der Staatssekretär des Auswärtigen Amtes, Dieter Kastrup, an und sagte: »Ich möchte Sie darüber informieren, dass man hier über Sie verärgert ist. Ich wusste es bis eben nicht, aber ich habe erfahren, dass mein Minister Ihnen eine geheime Information gegeben und darum gebeten hat, dass Sie diskret damit umgehen. Nun steht all dies in einer israelischen Zeitung. Unsere Botschaft hat uns darüber telegrafiert, und der Minister hat diesen Bericht auf seinem Schreibtisch gefunden. Er rannte aus seinem Büro heraus, lief wie wild im Korridor des Ministeriums herum und sagte mehrfach sehr laut: ›Mit Primor spricht man nicht!‹«

Mir war sofort klar, auf welchem Weg diese Geschichte durchgesickert war. Ich hatte es außer Außenminister Peres niemandem erzählt, also musste er selbst die Information an einen Journalisten weitergegeben haben, um sich bei ihm einzuschmeicheln. Politiker tun dies häufig, um sich das Wohlwollen der Medien zu sichern, und Peres hat sein Leben lang mit dieser Methode übertrieben.

Was aber konnte ich in dieser Situation noch tun? Bundesminister Kinkel zu erklären, dass nicht ich es war, der die Nachricht öffentlich gemacht hatte, hätte nicht funktioniert. Erstens wollte er nicht mehr mit mir sprechen und ich hätte keinen Termin bekommen. Zweitens konnte ich doch nicht offen meinen eigenen Minister anschwärzen.

Das Ganze war für mich nicht nur peinlich, sondern für meine zukünftige Arbeit auch ein echtes Hindernis. Nachdem Kinkel im Korridor gerufen hatte »Mit Primor spricht man nicht!«, wollte tatsächlich kein Beamter des Auswärtigen Amtes mehr mit mir sprechen.

Einige Monate später verkündete der neu gewählte Bundespräsident Roman Herzog seine Absicht, Jerusalem einen Antrittsbesuch abzustatten. Wie üblich wurde ich nach Jerusalem eingeladen, um dort den Besuch vorzubereiten und den Gast später auch zu begleiten. Erst sehr kurzfristig wurden wir davon informiert, dass Außenminister Kinkel Herzog begleiten, wegen eines anderen Termins in Prag aber nicht mit dem Präsidenten zusammen ankommen sollte, sondern ein paar Stunden später direkt aus Prag käme. Ich befand mich zu diesem Zeitpunkt bereits in Begleitung unseres Staatspräsidenten und unseres Außenministers in Tel Aviv am Flughafen, um Bundespräsident Herzog zu begrüßen. Als er die Neuigkeiten hörte, sagte Peres: »Wir alle fahren jetzt mit dem Präsidenten nach Jerusalem. Jemand muss aber Außenminister Kinkel empfangen. Bleib du also hier, hol ihn ab, und komm dann mit ihm nach Jerusalem.«

Diesen Auftrag hörte ich nicht besonders gern. Ich wusste ja, dass Kinkel ziemlich raubeinig sein kann, und fürchtete die Begegnung mit ihm.

Wenig später kam Kinkel wie angekündigt mit seiner Gattin an, und wir setzten uns in einen großen Cadillac, den das Außenministerium für Ehrengäste bereithielt. Sobald die Autotüren sich geschlossen hatten, begann Kinkel zu schimpfen, und er hörte nicht auf, bis wir Jerusalem erreicht hatten. Dann endlich war seine Wut verraucht. Am Ende des präsidialen Besuchs sagte Kinkel zu mir: »Ich habe mich erkundigt. Ich habe nachgefragt und weiß jetzt, dass Sie nicht daran schuld sind, dass meine Information an die Medien gelangt ist. Ich weiß schon, wer das getan hat.« Von da an war er wieder höflich zu mir.

Ganz ausgestanden war die Affäre damit aber noch nicht. Das zeigte sich, als Deutschland in der zweiten Jahreshälfte 1994 turnusmäßig die Präsidentschaft des Europäischen Rates übernahm. Infolgedessen war Kinkel als deutscher Außenminister nun zugleich Präsident des europäischen Ministerrates. Unter seiner Präsidentschaft fand in Brüssel ein Treffen zwischen den europäischen Außenministern und Shimon Peres statt. Danach rief Peres mich an. »Ich muss dir eine unglaubliche Geschichte erzählen«, sagte er. »Im Korridor auf dem Weg in den Versammlungssaal kam Kinkel mir entgegen. Ohne Umschweife begann er mich wütend zu beschimpfen, und ich glaube, dass du genau weißt, warum. Er schimpfte so lange, bis er alles gesagt hatte, was ihm auf der Seele lag, und begleitete mich dann zu der Sitzung. Weder während noch nach der Sitzung erwähnte er den Zwischenfall noch einmal.«

Vielleicht haben sich ausgerechnet wegen dieser anfänglichen Verstimmungen zwischen dem Außenminister und mir letztlich enge freundschaftliche Beziehungen entwickelt. Zwei Jahre später schrieb ich mein Buch *Mit Ausnahme Deutschlands*, in dem ich auch von der Auseinandersetzung mit Kinkel berichtete. Ich erzählte von verschiedenen Erlebnissen mit Prominenten, wollte aber keinen von ihnen verletzen. Vorsichtig schickte ich daher die betreffenden Zeilen zur Autorisierung an die Prominenten. Manche erwiderten, sie hätten keine Bemerkungen, manche baten um kleine Änderungen, Kohl etwa schrieb handschriftlich zwei oder drei kleine Korrekturen in seinen Textauszug. Kinkel antwortete hingegen gar nicht. Ich war besorgt. Vielleicht war er wegen der Geschichte wütend. Ich wusste, dass ich dem Verlag den Text bald abliefern musste und fürchtete, dass ich die gesamte Geschichte streichen müsste. Ich wollte mir schließlich keine weitere Verstimmung mit dem Außenminister erlauben.

Gerade noch rechtzeitig rief Kinkel mich eines Samstags früh morgens an und sagte: »Ich habe Ihren Text gelesen. Schlimm. Sehr schlimm.«

»Herr Bundesminister«, sagte ich, »ich habe Ihnen doch geschrieben, dass ich zu Änderungen bereit bin. Ich bin bereit, Teile zu streichen oder Informationen zu ergänzen. Ganz nach Ihrem Wunsch.«

»Nein«, unterbrach er mich scharf, »das bleibt genau so, wie Sie es geschrieben haben. So geschah es, und infolgedessen bleibt es im Text so.«

Je besser ich Kinkel kennenlernte, desto besser konnte ich ihn verstehen. Er hatte zwar oft einen rauen Stil, ist aber ein gutmütiger Mensch und vor allem offen und ehrlich. Ziona und ich sind bis heute mit ihm und seiner Gattin befreundet.

Bundeskanzler Helmut Kohl empfing mich fast unmittelbar, nachdem ich ihn um einen Termin gebeten hatte. Dass dies nicht selbstverständlich ist, erfuhr ich durch den französischen Botschafter, François Scheer, der auch in Brüssel mein Kollege gewesen war. »Mich oder unseren amerikanischen Kollegen hätte der Bundeskanzler nicht so schnell empfangen«, sagte er. »Das ist das Privileg des israelischen Botschafters.« Und das stimmte überall, nicht nur beim Kanzler. Wie sonst nirgends wird ein israelischer Botschafter von den Deutschen immer noch als eine diplomatische Besonderheit betrachtet. Das hat nichts mit der Person des Botschafters zu tun, sondern mit der Tatsache, dass er ein Vertreter des jüdischen Staates ist.

Kohl hat mich häufig empfangen. Meistens spätnachmittags oder abends, wenn er schon am Ende seines Arbeitstages war und Lust hatte, sich zu unterhalten. Kohl erzählte gerne und liebte es, historische Ereignisse zu analysieren. Ihm habe ich die interessantesten Berichte meiner Karriere zu verdanken. Er erzählte gerne Geschichten aus der Vergangenheit, die er als Lehre für die Gegenwart und Zukunft betrachtete. Zum Beispiel erklärte er mir die Bedeutung des Marshall-Plans 1947 für Deutschland. Er sagte mir, dass die Deutschen im ersten Nachkriegsjahr wie betäubt waren. Jeder war mit seinem persönlichen Schicksal und Unglück beschäftigt. Im zweiten Jahr begannen sie, sich umzusehen und zu begreifen, dass ihr Schicksal zugleich das allgemeine Schicksal Deutschlands war. Sie litten auch zunehmend unter Nahrungsmangel und im schrecklichen Winter 1947/48 aus Mangel an Kohle auch unter der Kälte. Die Deutschen, so erzählte es Kohl, verzweifelten in dieser Zeit, und die Propaganda aus Russland hätte auch die Westdeutschen durchaus in Versuchung führen können. Hätte es den Marshall-Plan nicht gegeben, der zwar anfänglich nichts änderte, den Deutschen aber zumindest Hoffnung gab, hätte Westdeutschland nach Kohls Einschätzung in den Kommunismus kippen können und vielleicht sogar Teile Westeuropas mit sich genommen. Sein Fazit: »Wir sollten heute an einen Marshall-Plan für die ›Dritte Welt‹ denken, bevor sie umkippt.«

Im Jahr 1995 trat Österreich der Europäischen Union bei. Kohl war darüber besonders glücklich und sagte: »Keiner hat sich so um die Mitgliedschaft Österreichs bemüht wie ich. Glauben Sie aber nicht, dass die Österreicher mir jetzt dankbar sein werden. Die Österreicher denken doch immer noch an die Schlacht von Königgrätz und würden nie einem Preußen dankbar sein oder ihm vertrauen … Und ich, der Pfälzer, werde ihnen auch als Preuße gelten.«

Bei meinem ersten Besuch bei Kohl lernte ich bereits auch seinen politischen Berater Joachim Bitterlich kennen. Bitterlich war Berufsdiplomat und genoss in Bonn ein hohes Ansehen, insbesondere im Kreis der Diplomaten. Er wurde nicht nur als absoluter Profi und Experte für internationale Politik geschätzt, sondern war vor allem dafür bekannt, ein echter Vertrauter des Kanzlers zu sein. Als Diplomat konnte man mit ihm über alles sprechen, und seine Antwort war so gut wie die des Kanzlers, weil Kohl ganz und gar hinter ihm stand und Bitterlich wusste, wie er Kohl zu interpretieren hatte. Schon bei unserem ersten Treffen fanden wir schnell einen gemeinsamen Nenner: Wir sind beide frankophon und frankophil. Bitterlich ist sogar mit einer Französin, Martine, verheiratet. Ziona und ich sind mit beiden bis heute befreundet.

Schon während meiner Amtszeit in Brüssel hatte mich ein Thema besonders bewegt und beschäftigt: die Verankerung Israels in der Europäischen Union. Was mir damals nicht gelungen war, wollte ich nun in Bonn erreichen. Als sich Deutschland Ende 1993 darauf vorbereitete, im folgenden Jahr die europäische Ratspräsidentschaft zu übernehmen, dachte ich, dass dies für mich die Gelegenheit sei, die Deutschen zu bitten, mein Anliegen bereits bei den Vorbereitungen in Betracht zu ziehen. Ich wollte meine Gesprächspartner davon überzeugen, es auch zu einem deutschen Ziel zu machen. Tatsächlich waren meine drei Gesprächspartner in dieser Sache – Kohl, Kinkel und Bitterlich – bereit, die Chancen meines Anliegens bei den europäischen Partnern zu sondieren. Keinem war jedoch wirklich klar, was eine israelische Verankerung in der EU konkret bedeutete.

Ich erklärte, dass wir in der EU einen privilegierten Status anstrebten.

»Ja, aber was bedeutet das?«, fragte man mich.

Ich zögerte, denn ich wusste nicht, was meine Regierung in dieser Sache wirklich wollte und inwiefern ich freie Hand hatte. Obwohl ich persönlich eine Meinung dazu hatte, hielt ich deshalb meine Antwort bewusst vage: »Wenn die EU Israel bindend und offiziell einen privilegierten Status gewährt, können wir die Details im Nachhinein beraten. Ich brauche den Schirm, den Rahmen.« Damit überzeugte ich Kohl, Kinkel und Bitterlich, die entschieden, während der Ratspräsidentschaft Deutschlands entsprechend vorzugehen.

Gemeinsam mit Joachim Bitterlich, aber auch mit Spitzenbeamten des Auswärtigen Amtes – genannt seien der Staatssekretär Dieter Kastrup und die zukünftigen Staatssekretäre Peter Hartmann und Wolfgang Ischinger – haben wir die Taktik unseres Vorhabens ausgearbeitet. Tatsächlich gelang es der deutschen Diplomatie, im Voraus die Zustimmung aller europäischen Partner einzuholen, sodass beim Europäischen Gipfeltreffen im Dezember 1994 in Essen einstimmig entschieden wurde, Israel einen privilegierten Status in seinen Beziehungen mit der EU zu gewähren.

Unmittelbar nach dieser Entscheidung, mit der die Europäische Union für Israel eine Ausnahme machte, die sie bis dahin weltweit keinem anderen Land gewährt hatte, wurde ich gebeten, einen Bericht zu schicken, in dem ich formulieren sollte, was wir uns unter diesem privilegierten Status konkret vorstellten. Die besondere Herausforderung lag nun darin, dass nicht nur Israel ein Sonderstatus in der EU eingeräumt werden sollte, sondern dass in der Gipfelentscheidung festgelegt worden war, dass diese

Privilegierung auf Gegenseitigkeit beruhen sollte. Auch wir müssten also der Europäischen Union in unseren politischen und wirtschaftlichen Entscheidungen einen privilegierten Status gewähren, Privilegien also, die wir anderen Ländern nicht einräumen. Dadurch waren natürlich viele unmittelbare Interessen Israels weltweit tangiert, weshalb ich eine eindeutige und detaillierte Zustimmung meiner Regierung benötigte.

Meine Regierung war darauf jedoch in keiner Weise vorbereitet. In Jerusalem war man zwar sehr glücklich über die Entscheidung des Gipfels, wusste aber nicht, was man sich nun detailliert wünschen sollte. Unter den Spitzenpolitikern Israels hatte es immer wieder einmal diesen oder jenen gegeben, der der Meinung war, Israel sollte richtiges Mitglied der EU werden. Wenn ich dem jeweiligen Politiker dann erklärte, was das konkret bedeutete, stellte sich oft heraus, dass er gar nicht wusste, was eine Mitgliedschaft Israels überhaupt voraussetzen und zur Folge haben würde. Ich musste meinen Gesprächspartnern immer wieder erklären, was die Grundvoraussetzungen einer Mitgliedschaft waren. Zunächst einmal ging es um die vier Freiheiten, also um die Bewegungsfreiheit von Menschen, Kapital, Waren und Dienstleistungen. Schon die Bewegungsfreiheit der Menschen hätte vorausgesetzt, dass wir auf das Recht auf Rückkehr für Juden verzichten müssten und damit auf den unabdingbaren Grundsatz des Staates Israel, dass Juden anders als Nichtjuden automatisch ein Recht auf Rückkehr in ihre historische Heimat haben. Als Mitgliedstaat aber dürften wir keinen Unterschied zwischen Juden und Nichtjuden mehr machen. Aber auch den anderen drei Freiheiten wären die israelische Gesetzgebung und die sozialen und wirtschaftlichen Realitäten nicht gewachsen. Diese Erklärung erschreckte meine Gesprächspartner zumeist.

Ich habe versucht, meiner Regierung zu erläutern, wie die Beziehungen der EFTA-Staaten zur Europäischen Union geregelt waren. EFTA, die *European Free Trade Association*, war ursprünglich eine Organisation der Engländer, die damit die Europäische

Gemeinschaft bekämpfen wollten. Die Briten wollten keinen europäischen Staatenbund und hatten daher auch das Angebot der sechs Gründerstaaten der Europäischen Gemeinschaft – Frankreich, Deutschland, Italien, Luxemburg, Belgien und Holland –, den Römischen Verträgen beizutreten, abgelehnt. Um der Gemeinschaft keine Chance zu geben, gründeten sie mit der EFTA eine Konkurrenzorganisation, die keinen Ehrgeiz hatte, Europa zu föderalisieren. Ihr gehörten neben Großbritannien die nordischen Staaten, Österreich, die Schweiz und Portugal an. Als Großbritannien realisierte, dass die EFTA scheitern würde und die Europäische Gemeinschaft stärker wurde, war es das erste Land, das die EFTA verließ und sich der Europäischen Gemeinschaft anschloss. Mit dem Entschluss, sich von der Organisation, die es selbst ins Leben gerufen hatte, zu lösen, ließ Großbritannien die anderen Länder, die ihr gefolgt waren, im Stich. Abgesehen von der Schweiz und Norwegen schlossen auch sie nach und nach mit der Europäischen Union Sonderverträge ab und begannen, sich auf eine Mitgliedschaft vorzubereiten. Dadurch schlossen sich die EFTA-Staaten allmählich den europäischen Errungenschaften und Beschlüssen an, als seien sie an der Gesetzgebung beteiligt gewesen; ohne Mitglied zu sein, hatten sie jedoch immer noch nicht das Recht, selbst mitzubestimmen. In der EU-Sprache heißt das Gesamtpaket der europäischen Errungenschaften, zu dem auch die vier Freiheiten gehören, *acquis communautaire*. Mit Ausnahme von Norwegen und der Schweiz wurden allmählich alle EFTA-Staaten Mitglieder der Europäischen Union, und auch Norwegen und die Schweiz blieben eng mit dem *acquis communautaire* verbunden.

Daher lautete mein Vorschlag, dass unser privilegierter Status Ähnliches beinhalten sollte, wie den EFTA-Staaten zugestanden wurde, ohne jedoch als Ziel zu benennen, Mitgliedstaat zu werden. Ich vermutete nämlich, dass wir, sollten wir die Anerkennung unserer Kandidatur als Mitgliedstaat verlangen, überhaupt nichts bekommen würden. Ich habe lange mit dem Außenministerium, dem Finanz-, Wirtschafts- und Innenministerium feilschen müssen, um diesen Vorschlag durchzusetzen. Letztlich beraumte Außenminister Peres in Jerusalem eine Tagung zu diesem Thema an, an der Vertreter aller dieser Ministerien sowie des Parlaments und des Justizministeriums teilnahmen. An diesem Tag fühlte ich mich wie ein Simultanschachspieler, der parallel gegen verschiedene Spieler spielen muss, und zwar gegen Spieler, die sich auch untereinander nicht einig sind. Zu guter Letzt erreichte ich mein Ziel und erhielt die Genehmigung für den ausführlichen Entwurf, den ich der Regierung unterbreitet hatte. Allerdings mit einem Vorbehalt: dem Rückkehrrecht, auf das wir unter keinen Umständen verzichten würden. Alle diese Verhandlungen zogen sich über fast ein Jahr hin.

Als ich mit dem bestätigten Entwurf endlich zurück nach Bonn kam und um einen Termin beim Kanzler ersuchte, da er mich gebeten hatte, ihn in dieser Sache als Ersten zu sehen, kippte die Situation bei uns von einer Sekunde auf die andere. Der Grund: Zwischen meiner letzten Reise nach Israel und meinem Termin bei Bundeskanzler Helmut Kohl wurde Yitzhak Rabin ermordet.

Kohl empfing mich, las meinen Entwurf und sagte: »Für mich ist das akzeptabel. Aber ich weiß nicht, mit welchem Israel wir uns jetzt verbinden würden. Ich weiß nicht, in welche Richtung Israel nach der Ermordung Rabins gehen wird, also warten wir ein wenig ab.« Kohl hatte schon vorher das Gefühl gehabt, dass es bei uns einen Machtwechsel geben und dass Netanyahu an die Macht kommen würde. Vor der Ermordung Rabins hatten nur die wenigsten damit gerechnet. Ich jedenfalls nicht. Tatsächlich gewann Benjamin Netanyahu die Wahlen sechs Monate später und wurde Ministerpräsident.

Zu diesem Zeitpunkt empfing Kohl mich wieder und äußerte sich auch zum angestrebten Privilegiertenstatus. »Ich bin immer noch bereit, Ihren Entwurf anzunehmen«, sagte er. »Ich glaube aber nicht, dass ich nach der Wahl Netanyahus noch irgendeinen

Partner in der EU dafür finden werde.« Damit wurde der Privilegiertenstatus auf Eis gelegt.

Nach dem Wahlsieg von Gerhard Schröder und Joschka Fischer
1998 versuchte ich, der neuen Bundesregierung die Hintergründe
der Verhandlungen um den Privilegiertenstatus zu erläutern, da
sie sich kaum damit auskannte. Ich erwartete weder von Bundeskanzler Schröder noch von Außenminister Fischer irgendein Engagement in diese Richtung, da Netanyahu immer noch an der
Macht war. Ich wollte sie aber auf die Möglichkeit vorbereiten,
dass es in Israel eine erneute Wende geben würde und wir das
Thema wieder zur Sprache bringen würden.

Im Mai 1999 war es so weit: Netanyahu wurde abgewählt und
von der Arbeiterpartei mit Ehud Barak an der Spitze abgelöst.
Nun galt es, den neuen israelischen Spitzenpolitikern, die sich
ebenfalls nicht mit dem Thema auskannten, alles zu erklären und
zu versuchen, sie von unserem Entwurf zu überzeugen. Das war
äußerst mühsam.

Bis heute gibt es zwischen der Europäischen Union und Israel
keinen Vertrag, der ausdrücklich vom Privilegiertenstatus spricht,
aber viele Ideen meines Entwurfs wurden schrittweise durchge-
setzt. So wurden unsere Handelsverträge erheblich hochgestuft.
Das Wichtigste war jedoch, dass wir in die Wissenschafts- und
Forschungsgemeinschaft der Europäischen Union aufgenommen
wurden. Damit sind wir und die Schweiz die einzigen Staaten,
die Mitglieder dieses Gremiums sind, ohne Mitglieder der EU zu
sein.

Meine Bonner Zeit war für mich eine ununterbrochene Entdeckung Deutschlands. Ich wollte nicht nur das Land besichtigen,
ich wollte Menschen treffen. Man kann über ein Land viel durch
Bücher und Filme erfahren, noch besser ist es, wenn man sich die
Landschaft, die Städte, die Museen und die historischen Bauten
anguckt. Um ein Land richtig zu kennen, ist es allerdings unab-
dingbar, mit den Menschen in Kontakt zu sein. Dabei wollte ich

mich nicht auf offizielle Kontakte beschränken und auch nicht auf die Menschen, die mich wie manche Unternehmer, Journalisten, Professoren aus Eigeninteresse kennenlernen wollten.

Wie aber lernt man als Botschafter Menschen kennen, wenn man die ganze Zeit von Sicherheitsleuten umzingelt ist? Mir kam unser Sohn Daniel zu Hilfe. Ziona und ich hatten uns, wie erwähnt, entschieden, Daniel nicht mit den anderen Bonner Israelis in die amerikanische Schule zu schicken, sondern zunächst in den deutschen Kindergarten und dann in eine deutsche Schule. Das war anfänglich gar nicht so einfach. Daniel, der sich im Kindergarten in Israel sehr wohlgefühlt hatte, wirkte im deutschen Kindergarten in Bonn unglücklich. Zunächst dachten wir, es liege an der Sprache. Aber auch später, als er genug Deutsch sprach, um sich gut zu verständigen, ging es so weiter. Der Kindergarten war schön, sauber und gepflegt, es gab reichlich Spielzeug, und die Erzieherinnen waren sehr nett. Was stimmte bloß nicht?

Nach zwei Jahren sagte Ziona: »Jetzt schicken wir ihn in die Schule, und wenn er auch dort unglücklich ist, dann geben wir ihn doch in die amerikanische Schule.« Das Problem war allerdings, dass Daniel zu diesem Zeitpunkt noch keine sechs Jahre alt war. Ziona sagte sofort: »Noch ein drittes Jahr schicken wir ihn nicht in den Kindergarten. Ich will nicht, dass er noch ein drittes Jahr unglücklich ist. Dann eben die amerikanische Schule.«

Ich dachte darüber nach und bat schließlich um einen Termin beim Erziehungsminister in Düsseldorf. Der Minister war sehr entgegenkommend und freundlich, sodass ich es am Ende unseres Gesprächs wagte, ihn zu bitten, mir bei Daniels Anmeldung an der Schule zu helfen. Er erledigte das auf der Stelle mit einem Telefonat.

Daniel ging von nun an in die Domhofschule in Bonn-Mehlem, direkt gegenüber der Domhof-Reitschule, in der ich jeden Morgen reiten ging. Auch in der Schule fiel es Daniel zunächst nicht leicht, zurechtzukommen. Zum Glück hatte er eine fantastische Lehrerin, Margot Kirchner, die sofort verstand, dass sie es

mit einem introvertierten, aber begabten Kind zu tun hatte. Sie
kümmerte sich so gut um ihn, dass er ab dem ersten Jahr ein
außerordentlich guter Schüler war. Erst nach seinem Erfolg in der
Schule verstanden wir, was im Kindergarten falsch gelaufen war:
Im israelischen Kindergarten, den Daniel zuerst besucht hatte,
wurden die Kinder ununterbrochen zu Dingen aufgefordert – sie
nahmen an Gruppenspielen teil, sie lernten Singen und Zeichnen,
und die Kindergärtnerinnen lasen ihnen Geschichten aus Kinder-
büchern vor. Der Kindergarten in Bad Godesberg war im Vergleich dazu eine reine Betreuungseinrichtung, wenn auch eine
sehr luxuriöse. Daniel hat sich dort schlicht und einfach gelang-
weilt.

Sehr schnell lernten Daniels Schulfreunde unsere Residenz zu
schätzen. Als Botschafter hatten wir ein größeres Haus als die
meisten seiner Mitschüler, und Daniel hatte eine viel größere
Auswahl an Spielzeug, sodass seine Schulfreunde immer zu ihm
kommen wollten. Das haben wir bereitwillig unterstützt. So gab
es auch immer viel Kuchen und Süßigkeiten. Am Abend kamen
dann die Eltern, um die Kinder abzuholen. Am Anfang waren sie
meist recht schüchtern, manche trauten sich gar nicht, in die Residenz hereinzukommen. Mit der Zeit aber gewöhnten sie sich an
uns und begannen, unsere Einladungen zum Kaffee oder zu einem
Aperitif zu akzeptieren. Das war für mich ein Segen, weil ich dadurch Deutsche kennenlernte, mit denen ich im Rahmen meiner
Arbeit wahrscheinlich nie in Kontakt gekommen wäre. Menschen
aus verschiedenen Schichten der Bevölkerung und mit verschiedenen Ausbildungen, oft aus verschiedenen Teilen Deutschlands,
wie es sich für eine Bundesstadt gehört. Kurzum: ein kleines Mo-
saik Deutschlands. Nichts hat mir besser dabei geholfen, Deutschland kennenzulernen, als der Kontakt zu diesen Menschen.

Es faszinierte mich, wie schnell Daniel Deutsch lernte und
wie schnell Kinder überhaupt Sprachen lernen. Als Daniel noch
im Kindergarten war, hatten wir in der Residenz einmal Gäste
zum Abendessen. Der fünfjährige Daniel lief zwischen uns herum.

Einer der Gäste streckte ihm die Hand mit einem Stück Schokolade hin und fragte: »Willst du das?«

Mein Sohn schaute hin, überlegte es sich kurz und sagte dann
begeistert: »Ja, ich willst du das.«

Natürlich lachten alle, aber ich dachte sofort, dass dies die Erklärung dafür sein musste, dass Kinder so schnell Sprachen lernen. Hemmungslos wie ein kleiner Schwamm saugen sie auf, was
sie um sich herum hören.

Ich traf natürlich nicht nur Mitglieder der Bundes- und Landesre-
gierungen. Zu meinen ersten Erfahrungen in Bonn gehörte auch
ein Antrittsbesuch, den ich Bundekanzler a. D. Helmut Schmidt
abstattete. Abgesehen von dem Respekt, den ich dem großen Alten im Vorhinein zollen wollte, hatte ich auch einen Auftrag ihn
betreffend. Die Hebräische Universität in Jerusalem, deren Vizepräsident ich ja bis kurz zuvor gewesen war, hatte mich gebeten,
ihn als Ehrengast zu einem Seminar nach Jerusalem einzuladen.

Das Gespräch mit Schmidt war für mich faszinierend. Während ich selbst kaum sprach, bot mir der Bundeskanzler a. D. eine
Analyse der deutschen und der Weltpolitik, wie ich sie nur selten
gehört habe. Als ich einmal eine Bemerkung machte, beugte der
schwerhörige Schmidt sich vor, drückte sein Ohr mit seiner Hand
nach vorne und sagte: »Ich höre nichts.« Dann fuhr er sofort mit
seiner Rede fort.

Ich war davon sehr beeindruckt und wollte alles, nur nicht,
dass er aufhört. Ich habe viel gelernt und dieses wie auch alle
weiteren Treffen mit ihm sehr genossen. Am Ende des Gesprächs
kam ich doch dazu, das Seminar in Jerusalem zu erwähnen. Er
schaute sich die Unterlagen an, die ich ihm vorlegte, und sagte,
er würde es sich überlegen. Er fügte aber hinzu: »Eines kann ich
Ihnen jetzt schon sagen: Meine Frau wird nicht mitkommen.«

Ich hatte Frau Schmidt gar nicht erwähnt, musste nach so einer
Aussage aber doch nachhaken. Da erzählte er mir eine unangenehme Geschichte: Seine Frau Loki, eine Botanikerin, war einige

Wochen zuvor beim wissenschaftlichen Weizman-Institut in Israel zu Gast gewesen. »Ich habe jeden Tag mit ihr telefoniert, und
sie war sehr glücklich«, berichtete Schmidt. »Sie freute sich, das
Land und die Leute kennenzulernen, und genoss das hohe Niveau
des Instituts. Jeder Tag gefiel ihr besser. Und dann kam der Abflug
vom Ben-Gurion-Flughafen nach Deutschland. Und da wurde
sie von den Sicherheitsbeamten derartig belästigt und vor allen
gedemütigt, dass sie schwor, den israelischen Boden nie wieder
zu betreten.«

Es war mir selten so peinlich gewesen, etwas zu hören. Dabei
war das Problem kein neues. Das Verhalten der Sicherheitsleute
am israelischen Flughafen hatte uns israelische Diplomaten schon
lange beschäftigt. Wir alle sorgen uns um das Ansehen Israels,
das unter der schlechten Behandlung unserer Besucher bei ihrem
Abflug litt. Vor allem das Tourismusministerium protestierte ununterbrochen, weil es der Meinung war, dass das Verhalten der
Sicherheitsbehörden den Tourismus torpediere. Doch mit dem
Argument, es gehe um die Sicherheit, erlaubt man sich in Israel
alles und widerspricht allen Protesten, Anliegen und Argumenten. Zwar wusste ich, dass die Sicherheitskontrollen in Amerika
noch strenger und unangenehmer sind, Amerika ist aber eine
Weltmacht und kann sich viel mehr erlauben als das kleine Israel.
Obwohl mir all dies also seit geraumer Zeit bekannt war, konnte
ich dennoch nicht verstehen, warum man eine Dame im Alter
von fünfundsiebzig Jahren belästigte – noch dazu die Gattin eines
ehemaligen deutschen Regierungschefs, die zudem im Besitz eines Diplomatenpasses war.

Zufällig bekam ich unmittelbar nach meinem Besuch bei Helmut Schmidt eine Nachricht, dass unser Ministerpräsident Yitzhak Rabin auf dem Weg nach Amerika in Köln-Bonn zwischenlanden wolle, um ein Gespräch mit dem Kanzler zu führen. Er
sollte nur ein paar Stunden in Bonn bleiben und dann weiterfliegen. Nach dem Gespräch beim Kanzler begleitete ich Rabin zum
Flughafen, wo wir etwas Zeit hatten, bis die Maschine bereit war.

Ich nutzte die Gelegenheit, um Rabin die Geschichte von Helmut und Loki Schmidt zu erzählen. Rabin, der als Hitzkopf bekannt war, explodierte förmlich. Er rief seinen Staatssekretär herüber und bat mich, die Geschichte noch einmal zu erzählen. Danach sagte er: »Ich will eine ausführliche Untersuchung darüber, wie es zu solchen Exzessen kommen konnte. Wer ist daran schuld? Du sorgst für eine Untersuchung und unterbreitest mir und Botschafter Primor einen Bericht, damit Primor sich bei Bundeskanzler Schmidt entschuldigen kann.«

Ich hörte wochenlang nichts von Staatssekretär Shimon Sheves. Dann kam ich zu Besuch nach Jerusalem und traf auf Sheves. Ich fragte ihn, was aus der Untersuchung geworden sei. Er seufzte und sagte, er habe kein Ergebnis vorzuweisen. Ich sagte, dass ich das nicht verstehe. Die Sicherheitsbehörden an den Flughäfen seien doch Beamte der israelischen Geheimdienste, die dem Ministerpräsidenten direkt unterstellt seien. »Damit sind sie doch auch Ihnen unterstellt. Warum bekommen Sie dann keine Antworten?«

»Ja, ja«, sagte er, »aber die Antworten, die ich bekomme, sind nichtssagend, und ich werde von hier nach dort verwiesen, bis meine Anfrage im Sand verläuft.«

Ich fragte, ob das typisch für die Geheimdienste sei.

»Ja, leider.«

Die Situation der Sicherheitskontrollen in Israel hat sich seither ein wenig verbessert. Gelöst ist sie jedoch bei Weitem noch nicht.

Helmut Schmidt entschied sich damals wegen seiner Frau, nicht nach Jerusalem zu fliegen. Viele Jahre später, im Jahr 2011, empfing er mich wieder einmal in seinem Büro in Hamburg. Ich erinnerte ihn an mein Anliegen von 1994 und fragte ihn, ob ich ihn vielleicht noch einmal nach Israel einladen dürfe. »Diesmal«, sagte ich, »nicht zur Hebräischen Universität in Jerusalem, mit der ich nicht mehr verbunden bin. Diesmal frage ich als Präsident der israelischen Gesellschaft für Auswärtige Politik.«

»Und was sind das für Veranstaltungen?«, fragte er.

Ich erzählte ihm von einem Abend zum Buch *Das Amt*, den ich kurz zuvor in einem sehr großen Saal in Tel Aviv organisiert hatte. *Das Amt* ist eine Untersuchung der Nazivergangenheit des Auswärtigen Amtes in Berlin, die Joschka Fischer während seiner Zeit im Auswärtigen Amt angestoßen hatte. Ehrengast des Abends war Joschka Fischer, begleitet von Historikern, die an der Untersuchung mitgearbeitet hatten. Der Abend hatte in Israel große Resonanz gehabt.

Helmut Schmidt fand das Angebot interessant, lehnte es aber ab, diesmal aus einem anderen Grund. »Ich habe in meinem Leben nur noch eine Reise vor«, sagte er. »Zum Friedhof.«

Im Oktober 1994 gab es Bundestagswahlen. Obwohl die Meinungsumfragen zu Beginn des Jahres darauf hingedeutet hatten, dass Rudolf Scharping Helmut Kohl als Bundeskanzler ablösen würde, hatte Kohl es – in seinen Worten – »doch gepackt«. Ich hatte wegen der vergleichsweise engen Entscheidung die halbe Nacht lang Fernsehen geschaut, um die Wahlergebnisse und die Diskussionen darüber zu verfolgen. Daher ging ich sehr spät schlafen. Am nächsten Morgen wurde ich sehr früh durch einen Anruf meines Außenministers Shimon Peres geweckt. Er fragte: »Ist Helmut Kohl immer noch Bundeskanzler? Hat er die Wahlen gewonnen?«

»Ja«, sagte ich, »soll ich dir eine Analyse der Wahlen schicken?«

»Nein, nein, nein, das ist jetzt nicht so wichtig. Ich will, dass du sofort zu ihm gehst und mit ihm über ein wichtiges und dringendes Thema sprichst.«

Ich widersprach und sagte: »Es ist der Tag nach der Wahl, und er wird kaum geschlafen haben, und auch so würde er mich wahrscheinlich nicht direkt empfangen.«

»Du musst alles Mögliche tun. Ich rufe dich nämlich aus Amman an. Ich bin hier natürlich im Geheimen«, sagte Peres. Offiziell herrschte damals noch Kriegszustand zwischen Israel und Jordanien. »Wir befinden uns an der Schwelle eines Friedensvertrags«, fuhr Peres fort, »und die Jordanier stellen eine Bedingung: Sie wollen von uns Wasser haben. Ich muss dir nicht erklären, wie knapp das Wasser für uns selbst ist. Also versuche ich, eine Lösung zu finden. Vielleicht könnten die Deutschen helfen und in Wasserentsalzungsanlagen in Jordanien investieren. So ein Versprechen des Kanzlers würde die Jordanier befriedigen. Sag dem Kanzler, dass ich, wenn er die Herausforderung prinzipiell akzeptiert, mit dem jordanischen Thronfolger Prinz Hassan nach Bonn kommen werde, um das Thema mit ihm zu besprechen. Ich brauche aber umgehend eine Antwort, hier könnte alles noch kippen.«

Ich traute mich nicht, das Kanzleramt nach einer Wahlnacht direkt anzurufen. Ich rief daher meinen Freund Bitterlich an und bat um seinen Rat. Bitterlich sagte: »Eine ungünstigere Zeit hättest du dir nicht wählen können, aber ich werde mich darum kümmern.«

Tatsächlich empfing der Kanzler mich schon am nächsten Tag. Er hörte sich mein Anliegen an und sagte dann: »Wir werden etwas tun. Ich weiß aber noch nicht, was, ich muss mir die Sache überlegen. Schicken Sie mir alle möglichen Unterlagen, damit ich mich mit der Sache vertraut machen kann.« Das Ergebnis war, dass Kohl seinen außenpolitischen Vertrauten Bitterlich nach Brüssel entsandte, um unter deutscher Federführung eine gesamteuropäische Lösung für das jordanische Wasserproblem zu suchen. Bitterlich kam mit einer grundsätzlich positiven Antwort aus Brüssel zurück, woraufhin der zuständige europäische Kommissar, Prinz Hassan und Peres nach Bonn eingeladen wurden.

Mittlerweile war es jedoch zu einer Verstimmung zwischen Kohl und Rabin gekommen. Wir hatten die Bundesregierung mehrmals gebeten, in Teheran zu intervenieren, um den von der Hisbollah im Südlibanon gefangen genommenen und nach Iran ausgelieferten israelischen Piloten Ron Arad zu befreien oder zu-

mindest mit ihm in Kontakt zu treten. Außenminister Klaus Kinkel war eigens zwei Mal in den Iran geflogen, war aber ohne Ergebnis zurückgekehrt. Auslöser der Verstimmung war nun, dass
Rabin sich in Israel in einem Interview gegen den Iran aussprach,
von den Westmächten verlangte, Druck auf den Iran auszuüben,
und zudem einen Boykott Irans forderte. Er kritisierte in diesem
Zusammenhang Deutschland und behauptete, dass die Deutschen den Fall Ron Arad benutzten, um ihre eigenen wirtschaftlichen Interessen im Iran zu fördern.

Das machte Kohl so wütend, wie ich ihn noch nie gesehen
hatte. Er war persönlich beleidigt und äußerte sich dazu im kleinen Kreis seiner Vertrauten sehr verbittert. Ich telefonierte sogleich mit Peres und bat ihn, mit Rabin zu sprechen und dieses
Missverständnis aufzuklären, da sonst seine Bonn-Reise vergeblich sein würde.

Peres versprach, mit Rabin zu sprechen. Wegen der traditionell angespannten Beziehungen zwischen Peres und Rabin konnte ich mich jedoch nicht darauf verlassen, dass Peres damit erfolgreich sein würde. Ich versuchte daher, mit Rabins Mitarbeitern zu
sprechen, kam aber nicht sehr weit. Ich wusste, wie stur Rabin
war, und hatte keinen Anlass, optimistisch zu sein. Peres hatte
mittlerweile wie angekündigt mit Rabin gesprochen und sagte
mir, ich solle Kohl mitteilen, dass er bei seinem Besuch eine be-
friedigende Antwort für ihn haben werde. Ich war dennoch nicht
beruhigt. Der Kanzler verlangte eine Entschuldigung, und davon
war im Gespräch zwischen Peres und Rabin offensichtlich nicht
die Rede gewesen.

Zu meiner Überraschung sagte Peres während seines Gesprächs mit Kohl: »Ich habe eine Botschaft von Rabin. Er sagt, er
verstehe seinen Fehler und werde sich entschuldigen.«

Kohl erwiderte skeptisch: »Das glaube ich, wenn ich es sehe.«

Peres versuchte daraufhin, den Kanzler zu beschwichtigen. Er
aber blieb unbewegt und sagte: »Mit Ihnen, Herr Peres, habe ich
keinen Streit, lassen Sie uns über andere Dinge sprechen.« Das ta-

ten die beiden auch, und das Gespräch, an dem neben Peres und Kohl auch Außenminister Kinkel und Joachim Bitterlich teilnahmen, verlief insgesamt sehr gut. Prinz Hassan und Shimon Peres verkündeten ihre Pläne, und der europäische Kommissar sagte die grundsätzliche Zustimmung der Europäischen Union zu.

Am Abend dieses Tags gab Ziona ein Abendessen in der Residenz, an dem neben Prinz Hassan, Klaus Kinkel, Shimon Peres, Joachim Bitterlich und dem spanischen EU-Kommissar auch die Wasserministerin Jordaniens teilnahm. Kohl aber musste zu einem anderen Termin ins Ausland und konnte nicht teilnehmen. Die Stimmung war gut, locker und optimistisch. Bei dieser Gelegenheit machte ich die Bekanntschaft mit Prinz Hassan, mit dem ich viele Jahre später noch zusammenarbeiten sollte. Der Prinz ist ein begnadeter Witzeerzähler: Wenn er einen Witz erzählt, bricht er selbst in so lautes Gelächter aus, dass alle Zuhörer mitgerissen und angesteckt werden. In späteren Jahren verlor er nach der Tragödie, die er nach dem Tode seines Bruders durchlebte, allerdings ein wenig von dieser Gabe.

In Israel hatte ich inzwischen außerhalb der Regierungskreise einen Unterstützer gefunden, der mir half, Rabin zu einer Versöhnung mit Kohl zu drängen: Yekutiel »Kessil« Federman, einen deutschen Juden, der in den Dreißigerjahren aus dem sächsischen Chemnitz geflohen war und in Israel die größte Hotelkette, die DAN-Hotels, und die bedeutendste Hightech-Industrie des Landes aufgebaut hatte. Nach der Wiedervereinigung hatte er Sachsen besucht und sich entschieden, in die neu gegründete Hightech-Industrie in Freiberg zu investieren. Federman sagte, dass er Rabin nicht zu einer Entschuldigung drängen, sondern darauf hinarbeiten würde, dass Rabin selbst nach Bonn flog, um mit Kohl zu sprechen. Rabin sollte also allein für den Besuch bei Kohl nach Bonn fliegen und gleichzeitig keine anderen Termine wahrnehmen.

Genau so geschah es: Mit einer kleinen Sondermaschine landete Rabin abends um sechs Uhr in Köln-Bonn. Ich erwartete ihn am Flughafen und fuhr mit ihm direkt zum Kanzlerbungalow, wo ein zufriedener Helmut Kohl ihn äußerst freundlich empfing und zum Abendessen im kleinen Kreis einlud. Anwesend waren neben Kohl, Rabin und mir lediglich Bitterlich sowie der Chef des Mossad, Shabtai Shavit.

Das Ergebnis war, dass Kohl eine offizielle Reise, seine zweite, nach Israel unternehmen würde. Zugleich begann sich eine ganz besondere Freundschaft zwischen Kohl und Rabin zu entwickeln; leider war sie durch Rabins Tod nicht von langer Dauer.

Das zweite Ergebnis dieses Besuches betraf einen ganz anderen Bereich: Beim Abendessen fragte der Kanzler den israelischen Ministerpräsidenten, ob er Weißwein oder Rotwein trinken wolle. Rabin zögerte nicht und fragte, ob er auch Bier bekommen könnte. »Aber sicher, bei mir können Sie immer Bier haben. Kennen Sie Weißbier?«, fragte Kohl. Rabin verneinte, sagte aber, er wolle es gerne probieren. Es schmeckte ihm so gut, dass er im Lauf des Essens drei große Gläser davon trank. Von da an schickte das Kanzleramt jede Woche eine Kiste Weizenbier in meine Botschaft, die ich an Rabin weiterleiten sollte.

Kohls erste Staatsreise nach Israel im Januar 1984 war nicht besonders erfolgreich gewesen, da sich irgendwie nicht die richtige Stimmung eingestellt hatte. Bei seinem Besuch hatte Kohl damals unter anderem von der »Gnade der späten Geburt« gesprochen, was bei den Israelis für Missstimmung gesorgt hatte, weil es als Vorbereitung auf eine Schlussstrich-Politik interpretiert wurde.

Kurz vor seiner Junireise 1995 hatte Kohl also Hemmungen. Damit stand er nicht allein – viele Spitzenpolitiker aus Deutschland und auch aus Österreich haben mir gegenüber ausgedrückt, dass Staatsbesuche in Israel für sie immer sehr anstrengend waren. Sie hatten immer das Gefühl, beobachtet, wenn nicht sogar verdächtigt zu werden, und fürchteten sich davor, einen Fauxpas zu begehen. Diese Befürchtungen waren nun bei Kohl wegen der Erinnerungen an seine erste Reise noch stärker ausgeprägt als ohnehin. Ich schlug ihm daher vor, neben den offiziellen, touristischen und politischen Terminen während seiner Reise auch einen Abend für ein Treffen mit Intellektuellen einzuplanen. Er zögerte lange.

Ich begriff, dass der Kanzler sich sorgte, dass die israelischen Intellektuellen ihn wegen der Nazizeit auf kleiner Flamme grillen könnten, und versprach ihm, dass dies nicht passieren würde. Nach langem Hin und Her akzeptierte der Kanzler – offensichtlich widerwillig – meine Empfehlung, und ich lud zwölf deutschsprachige Intellektuelle zu einem Abend in Jerusalem ein.

Der Termin fand bereits am ersten Abend seines Besuchs statt, nachdem Kohl die üblichen offiziellen Zeremonien durchlaufen hatte. Und es zeigte sich bald, dass ich mit meiner Einschätzung richtiggelegen hatte, denn die Diskussion zwischen dem Bundeskanzler und den zwölf Intellektuellen war ganz besonders lebendig. Keiner belästigte den Kanzler. Im Gegenteil: Er wurde eher für seine Versöhnungs- und Europapolitik und für die Art und Weise, wie er Deutschland wiedervereinigt hatte, gelobt. Nach kurzer Zeit entspannte sich der anfangs verkrampfte Kohl und wurde gelassen und gut gelaunt. Es wurde von Israel und Deutschland gesprochen, aber, wie Kohl es liebte, auch über die Weltgeschichte. Am Ende seiner Reise sagte Kohl mir, wie zufrieden er mit der Reise gewesen war, und bedankte sich besonders für den von mir organisierten Abend mit den Intellektuellen. »Das war eine ganz besondere Erfahrung für mich, und ich danke Ihnen, dass Sie darauf beharrt haben.«

Auch die Gespräche mit den israelischen Spitzenpolitikern und vor allem mit Rabin und mit Peres waren sehr erfolgreich gewesen. Der Besuch des Kanzlers hatte bereits mit einem guten Omen begonnen: Kohl reiste nicht direkt aus Deutschland an, sondern aus Jordanien, wo er zuvor gelandet war. Das war ein Zeichen dafür, dass unser Wunsch, den Jordaniern unter deutscher Federführung europäische Hilfe für ihre Wasserprobleme zu vermitteln, in Erfüllung zu gehen schien. Wir hörten optimistische Einschätzungen aus Jordanien, die Kohl uns auch bestätigte. Dadurch vertiefte sich die gute Stimmung zwischen Kohl und Rabin während des Kanzlerbesuchs erheblich. Insgesamt verlief der Besuch ohne die Probleme des ersten Besuches, und man kam in den erörterten Themen auch zu einer gemeinsamen Überzeugung.

Bei seinem Besuch in Israel musste Kohl, wie es bei Staatsbesuchen üblich ist, jedoch auch den Oppositionschef zu einem Gespräch empfangen. Dafür war eine halbe Stunde im King David Hotel in Jerusalem angesetzt. Ich erwartete Oppositionsführer Netanyahu am Hoteleingang, um ihn zu Kohls Suite zu führen. Netanyahu wollte mir jedoch zunächst ein paar Fragen stellen. Er fragte besorgt und angespannt, was für ein Typ der Kanzler sei und wie er ticken würde. Er war sich nämlich nicht sicher, wie er mit ihm umgehen sollte.

Ich versuchte, ihn zu beruhigen, und als mir das augenscheinlich nicht gelang, bot ich ihm an, beim Gespräch dabeizubleiben. Das hatte Kohl ohnehin vorgeschlagen. Netanyahu wollte das jedoch nicht. »Du bist ein Vertreter der Regierung, und ich bin Chef der Opposition«, sagte er. »Das passt nicht zueinander.«

»In Ordnung«, sagte ich, »dann bringe ich dich hoch und verabschiede mich dann.«

Als wir an Kohls Suite angekommen waren, klopfte ich an die Tür, und Kohl persönlich öffnete mir. Als Netanyahu den riesigen Kohl vor sich stehen sah, packte er mich am Arm und flüsterte mir auf Hebräisch zu: »Doch, komm mit, komm mit.«

Offensichtlich war beiden das Gespräch anfänglich etwas peinlich. So verschwendeten sie zehn ihrer anberaumten dreißig Minuten auf Nebensächlichkeiten wie das Wetter und die Reisebedingungen. Dann fragte Kohl abrupt: »Herr Netanyahu, sagen Sie: Was halten Sie von einem Friedensprozess, und wie beziffern Sie die Chance auf Frieden?«

Sehr schlau antwortete Netanyahu: »Herr Bundeskanzler, was soll ich antworten? Sie werden mir doch ohnehin nicht glauben.

Alle nennen mich einen Faschisten und einen Kriegstreiber. Und noch schlimmer: Ich bin auch noch ein junger Faschist!«

Da brach Kohl in Gelächter aus, was Netanyahu ermutigte. »Lassen Sie uns jetzt Klartext reden«, sagte er: »Sie kommen aus Jordanien, mit dem wir vor Kurzem Frieden geschlossen haben. Habe ich mich als Oppositionsführer etwa dagegen ausgesprochen? Ganz im Gegenteil: Ich war nicht nur ein Befürworter des Friedens mit Jordanien, sondern habe auch dafür gesorgt, dass meine Likud-Partei dem Frieden im Parlament zustimmt. Um meiner Partei ein Zeichen zu setzen, fuhr ich sogar persönlich nach Amman, um den König zu treffen und damit allen zu zeigen, was meine Meinung zu dem Thema ist.« Dann hielt Netanyahu eine lange Rede über Jordanien und darüber, wie wichtig das Land für uns sei. Er äußerte seine Zufriedenheit mit der Lösung des Wasserproblems und der Hilfe des Kanzlers.

Nun aber war die halbe Stunde bereits vorbei, und Kohl drückte sein Bedauern darüber aus, dass die Zeit abgelaufen sei: »Leider haben wir keine Zeit mehr, dabei sind wir zum Hauptthema, den Palästinensern, gar nicht gekommen.«

Netanyahu erwiderte heuchlerisch: »Ja, wie schade, das hätten wir länger besprechen sollen.«

»Ich habe noch eine Frage«, sagte Kohl. »Würden Sie, als Chef der Opposition, eine Einladung nach Deutschland annehmen?« Die Frage war nicht selbstverständlich, denn bis dahin war kein Likud-Politiker je offiziell nach Deutschland gereist. Netanyahu allerdings zögerte nicht und sagte, dass er gerne käme. Damit war der Besuch zu Ende.

Kohl benutzte auf seinen Reisen lieber einen Bus als ein Auto und fuhr gemeinsam mit seinen Begleitern. Weil er mehr über das Programm hören wollte, lud er mich für die Fahrt zum nächsten Termin in seinen Bus ein. Er sagte auch: »Ich bin zufrieden, dass Netanyahu meine Einladung angenommen hat. Ich sage Ihnen vertraulich, und bitte wiederholen Sie es nicht: Ich bin der Meinung, dass Netanyahu die besten Chancen hat, der nächste

israelische Regierungschef zu werden.« Das war eine überraschende Aussage, verstand Kohl sich doch so gut mit Rabin und Peres.
Israel stand zudem nicht vor Wahlen, und es konnte noch niemand wissen, dass Rabin wenige Monate später ermordet werden
würde. Kohls Prophezeiung hätten die meisten Israelis damals
weit von sich gewiesen.

Im Laufe meiner Amtszeit kam Netanyahu drei Mal nach
Bonn: Kurz nach Kohls Israelreise 1995, noch als Oppositionschef,
danach zwei Mal als Ministerpräsident. Ich begleitete ihn bei
all seinen Besuchen zum Bundeskanzler. Kohl, der schon bei seinem Israelbesuch davon überzeugt gewesen war, den zukünftigen Ministerpräsidenten vor Augen zu haben, bemühte sich, als
Netanyahu im Herbst des Jahres als Oppositionschef zu ihm kam,
sehr, ihn von der Notwendigkeit eines Friedensschlusses mit den
Palästinensern zu überzeugen. Er erzählte ihm eine Geschichte,
die Netanyahu offensichtlich sehr beeindruckte, denn er wiederholte sie später mehrfach.

Es ist die Geschichte einer Kanone. Sie befindet sich in Koblenz und wird die Greif-Kanone genannt, nach demjenigen, der
im 16. Jahrhundert die Idee gehabt hatte, diese Kanone zu gießen.
Sie wurde jedoch nie benutzt und blieb ein reines Schmuckstück.
Als die Franzosen unter Napoleon Koblenz eroberten, brachten
sie sie als Kriegsbeute nach Paris, wo sie bleiben sollte, bis die
Deutschen im Deutsch-Französischen Krieg 1870/71 Paris eroberten. Bismarck war vorher einmal Botschafter in Paris gewesen und hatte aus seiner Residenz – die heute immer noch die
Residenz des deutschen Botschafters in Paris ist – den Invalidendom sehen können, wo diese Kanone aufgestellt war. Als Kanzler
sorgte Bismarck 1871 dafür, dass man die Kanone zurück nach Koblenz brachte. Nach dem Ersten Weltkrieg wiederum brachten
die Franzosen die Kanone 1918 wieder zurück nach Paris; diesmal
war es Edmond Giscard d'Estaing, der Vater des zukünftigen
französischen Präsidenten Valéry Giscard d'Estaing, der übrigens,
weil sein Vater damals Besatzungsoffizier in Koblenz war, auch in

Koblenz geboren ist. 1940 wurde die Kanone dann wieder nach Koblenz, 1945 zurück nach Paris gebracht.

Als er Kanzler wurde, äußerte Kohl, diese Kanone wieder zurück nach Koblenz holen zu wollen, diesmal aber nicht durch einen Kriegsakt – sondern durch ein Gespräch mit Mitterrand. Er habe, erzählte Kohl es Netanyahu, Mitterrand gebeten, ihm die Kanone zurückzugeben. Wozu brauchte der sie auch? Mitterrand, der die Geschichte der Kanone nicht kannte, war einverstanden. Kohl könne die Kanone gerne zurückhaben. Warum auch nicht? Dann aber stellte sich heraus, dass die Rückgabe gar nicht so einfach war: Die Kanone war inzwischen nämlich Bestandteil des Armeemuseums im Invalidendom, dessen Vorstand nach wie vor aus Offizieren und Generälen im Ruhestand bestand, die sich querstellten und die Herausgabe der Kanone verweigerten.

Daraufhin erklärte Mitterrand dem Bundeskanzler, es täte ihm leid, er wollte ihm wirklich helfen, aber er könne nicht, da das Museum die Kanone nun einmal nicht herausgebe. Kohl war enttäuscht, forschte aber nach und schrieb Mitterrand schließlich einen Brief, in dem es sinngemäß hieß: »Herr Präsident, ich habe herausgefunden, dass Sie der Oberbefehlshaber der französischen Streitkräfte sind, und das Museum gehört den französischen Streitkräften. Infolgedessen können Sie einen Befehl geben, dass sie die Kanone zurückgeben sollen.«

Mitterrand willigte ein und wandte sich, wie Kohl vorgeschlagen hatte, noch einmal an das Museum. Dessen Vorstand antwortete auf seine Bitte folgendermaßen: »Sie sind der Oberbefehlshaber. Auf Ihren Befehl werden wir daher die Kanone zurückgeben, aber dann treten wir aus Protest geschlossen zurück, und die Medien werden alles erfahren.« Das aber konnte Mitterrand sich politisch nicht leisten, was er dem Bundeskanzler auch erklärte.

Daraufhin antwortete Kohl: »Das nächste Mal, wenn ich nach Paris komme, laden Sie mich zu einem Essen mit dem Vorstand des Museums ein!« Es kam dann irgendwann tatsächlich zu einem Gespräch zwischen Bundeskanzler Helmut Kohl und dem

Museumsvorstand, in dem der deutsche Kanzler den ehemaligen französischen Generälen erklärte, weshalb diese Kanone eine so große Bedeutung für die deutsch-französische Versöhnung und Geschichte habe. Am Ende sagten die Generäle: »Herr Bundeskanzler, Sie haben uns nicht überzeugt. Wir werden die Kanone nicht herausgeben, das kommt für uns nach wie vor nicht infrage. Aber wenn wir einen entsprechenden Befehl von unserem Präsidenten erhalten, werden wir nicht zurücktreten.«

So steht die Kanone wieder in Koblenz – diesmal dank der Politik, nicht infolge eines Krieges.

Interessant war, dass Netanyahu Kohls Geschichte zwar sehr bewunderte, die Botschaft Kohls aber offensichtlich eindeutig nicht verstanden hatte. Er erkannte in der Geschichte keine Botschaft Kohls bezüglich des Nahen Ostens.

Ein Jahr später kam Benjamin Netanyahu das erste Mal als Ministerpräsident nach Bonn. Anders als bei seinem ersten Besuch als Oppositionsführer wirkte er auf mich nach seiner Landung verkrampft und verspannt. Er fürchtete, dass Kohl dieses Mal Druck auf ihn ausüben würde. Er fragte: »Was wird Kohl mir antun?«

Ich versuchte, ihn zu beruhigen, und sagte: »Er wird dir gar nichts antun. Er wird keinen Druck auf dich ausüben, er wird dich nicht rügen und dir keine Lektionen erteilen. Er wird dir vor allem Fragen stellen, denn er wird verstehen wollen, was du als Regierungschef vorhast. Er wird mit dir sicher auch über die deutsch-israelischen Beziehungen sprechen, aber vor allem über die Friedenschancen im Nahen Osten.«

All dies beruhigte Netanyahu keineswegs. Kurz bevor wir den Bungalow erreichten, ergriff er meinen Arm, wie er es bereits bei seinem ersten Treffen mit Kohl in Israel getan hatte, und sagte beinahe panisch: »Er wird uns die U-Boote nicht liefern! Das ist es! So wird er Druck auf uns ausüben.«

Ich sagte: »Bibi, keine Angst, das wird nicht geschehen! Das musst du überhaupt nicht fürchten.« Dann öffnete sich die Tür des Kanzlerbungalows, und wieder verlief das Gespräch genau so, wie ich es erwartet hatte: gelassen und angenehm. Kohl stellte freundliche Fragen und zeigte sich sehr interessiert, und Netanyahu antwortete beschwichtigend, wie es nur ein sehr moderater linker Israeli normalweise tun würde.

Dass Netanyahu sich dieser Taktik bediente, erlebte ich öfter, so auch 1997 im Gespräch mit Bundespräsident Roman Herzog. Herzog konnte es bei seinem Besuch in Israel nicht vermeiden, den israelischen Regierungschef zu treffen, obwohl er sich ganz offenkundig nicht darauf freute. Für Herzog überraschend zeigte sich Netanyahu jedoch auch hier als ganz moderater Friedensstifter und nicht so, wie der Bundespräsident es erwartet hatte.

Im Frühjahr 1998 kam Netanyahu wieder nach Bonn, um Bundeskanzler Kohl zu treffen. Am Abend nach dem Besuch rief mein Freund Yossi Beilin mich an. Beilin, der Initiator der Osloer Verträge und spätere Vorsitzende der moderatesten Partei Israels, Meretz, wollte eigentlich etwas anderes mit mir besprechen, fragte im Anschluss daran aber, ob Netanyahu in Bonn sei. »War er auch schon beim Kanzler?«, fragte er. »Und warst du dabei?«

Nachdem ich alle Fragen bejaht hatte, fragte er: »Was sagt Netanyahu eigentlich immer zum Bundeskanzler, dass er Kohl immer so überzeugt und begeistert? Das musst du mir erklären.«

»Yossi«, sagte ich. »Wenn ich im Büro des Kanzlers bei diesem Gespräch meine Augen geschlossen hätte und Netanyahu nicht hätte sehen können, dann hätte ich denken können, dass du dort sprichst.«

Ein prominenter Israeli erzählte mir einmal von einem Ausspruch Abraham Lincolns: »Du kannst jeden eine Weile betrügen, du kannst manche immer betrügen, aber du kannst nicht alle Menschen immer betrügen.« Mein Gesprächspartner fügte damals hinzu: »Lincoln, der arme, wusste nicht, dass es irgendwann einen Netanyahu geben würde, der seine Aussage wiederlegen würde.«

Kohl reagierte auf Netanyahus Versprechungen immer sehr

freundlich: »Das ist ja wunderbar, was Sie sagen«, sagte er zu Netanyahu. »Ihre mutigen Friedenspläne und Ihre hoffnungsvollen
Aussagen erfreuen mich. Ich kann Ihnen eines versprechen: Unter solchen Umständen stehen ich und ganz Deutschland mit allen uns zur Verfügung stehenden Mitteln hinter Ihnen.«

Als Kohl im Jahr 1999 schon Bundeskanzler a. D. war, kam er
wieder einmal zu einem Abendessen zu uns in die Residenz und
wir sprachen über Netanyahu und seine Politik im Nahen Osten.
Kohl sagte bedrückt: »Ich war nicht so naiv, wie es aussah. Ich
wollte Netanyahu ermutigen, tatsächlich all das zu tun, was er
mir unterbreitet hatte.« Dann warf er die Arme in die Luft und
sagte: »Er hat aber nichts getan! Er hat absolut nichts davon getan!«

An das Treffen zwischen Kohl und Netanyahu im Wahljahr
1998 habe ich noch eine weitere Erinnerung, die nicht verblasst.
Aus reiner Höflichkeit stellte Netanyahu dem Kanzler die Frage
nach seinen Erwartungen für die bevorstehenden Wahlen. Kohl
sagte in einem durchaus optimistischen Ton: »Ich kriege es hin.
Jedes Wahljahr sieht es so aus, als würde ich verlieren und als
würde die SPD mich schlagen. Am Ende aber gewinne ich doch.
Und dieses Mal ist mein Herausforderer ein Mann, der allen Wert
auf PR legt, nur an Fernsehshows und Werbetricks denkt.«

Während der Übersetzung beugte Netanyahu sich zu mir und
flüsterte lächelnd: »Versteht er immer noch nicht, dass PR die
Hauptsache ist?«

Mit Gerhard Schröder, der, wie wir alle wissen, entgegen Kohls
Prophezeiung die Wahlen gewann, traf ich vier Mal in Israel zusammen. Beim ersten Mal, 1992, war ich noch Vizepräsident der
Hebräischen Universität in Jerusalem und sein Gastgeber, als er
die Universität besuchte. Ich konnte damals nicht unmittelbar
mit ihm sprechen, weil er sich weigerte, Englisch zu sprechen
und sich völlig auf seine Dolmetscherin stützte. Ich aber sprach
damals noch kein Deutsch.

Das zweite Mal traf ich Schröder im Frühjahr 1996 in Israel. Ferdinand Piëch, der Vorstandsvorsitzende von VW, war nach Israel gekommen, um die erste große deutsche Investition in Israel überhaupt zu tätigen. Es ging um die Chemiewerke am Toten Meer, in denen Magnesium produziert wird – ein wichtiger Rohstoff für die Automobilindustrie. Piëch investierte 250 Millionen Dollar und wurde im Umfeld der Unterzeichnung des Vertrags auch vom damaligen Ministerpräsidenten Shimon Peres empfangen. Der niedersächsische Ministerpräsident Gerhard Schröder und ich begleiteten Piëch – Schröder in seiner Funktion als Vertreter des Landes Niedersachsen, das an VW mit 25 Prozent beteiligt war.

Das dritte Mal trafen Gerhard Schröder und ich im Jahr 1998 in Israel aufeinander, als Schröder bereits Kanzlerkandidat war, und zwei Jahre später kam er schließlich offiziell als deutscher Bundeskanzler nach Israel. Ich war inzwischen nicht mehr Botschafter, war aber zu den verschiedenen Veranstaltungen eingeladen.

Bei allen vier Treffen habe ich Gerhard Schröder beobachtet. Wie es bei diesen Reisen üblich ist, hat er viele Leute kennengelernt, viele Termine absolviert und viele Reden gehalten. Immer war er perfekt, nie hat er auch nur einen einzigen Fehler begangen. Dennoch hatte ich den Eindruck, dass alles bei Schröder kalkuliert war. Er hat sich auf die für einen deutschen Spitzenpolitiker heiklen Besuche sorgfältig vorbereitet, hat immer das Richtige gesagt und im Gespräch mit jedem Gesprächspartner den richtigen Ton getroffen. Dennoch habe ich den Eindruck gehabt, dass sein Engagement nie wirklich von Herzen kam, es ihn nie wirklich emotional berührte. Ganz anders als bei Menschen wie Helmut Kohl, Klaus Kinkel, Joschka Fischer, Roman Herzog, Angela Merkel oder Frank-Walter Steinmeier, geschweige denn von Johannes Rau, deren Verbundenheit zu Israel man spüren konnte.

Gerade weil es bei Schröder meinem Gefühl nach reines Kalkül war, habe ich seine Performance sehr bewundert. Als ich den Kanzlerkandidaten Schröder 1998 während seiner Israelreise begleitete, stellte ich ihm eine Frage: »Können Sie sich noch daran erinnern, dass Sie 1994 in Bonn in meiner Residenz zu Gast waren? Zu diesem Zeitpunkt dachten alle, dass Kohl im Herbst des Jahres die Wahlen verlieren würde und Kanzlerkandidat Rudolf Scharping an die Macht kommen würde. Einer meiner Gäste sagte: ›Herr Ministerpräsident, es steht fest, dass Ihre Partei an die Macht kommt. Sind Sie glücklich?‹ Sie erwiderten: ›Ich bin trotz der Meinungsumfragen noch nicht zuversichtlich, dass wir die Wahlen gewinnen.‹ Als Sie gefragt wurden, warum, sagten Sie: ›Scharping macht Fehler. Ununterbrochen greift der den Kanzler an. Ich habe ihm empfohlen, die Regierung, die CDU, die Politik anzugreifen, aber nicht die Person des Kanzlers, weil die Deutschen sich mit Kohl identifizieren.‹ Also fragte der Gesprächspartner weiter: ›Sie sind sich also nicht sicher, dass Sie die Wahlen gewinnen. Dennoch klingen Sie nicht verzweifelt.‹ Sie sagten: ›Was kann mir schon passieren? Gewinnen wir die Wahlen, dann bin ich ein Spitzenminister in der Bundesregierung. Verlieren wir die Wahlen, bin ich der nächste Kanzlerkandidat.‹«

Schröder unterbrach mich lachend: »Na, habe ich nicht recht gehabt?«

Mit dem Regierungswechsel von Kohl auf Schröder wurde der Grünen-Politiker Joschka Fischer neuer Außenminister, von dem ich seit meiner Ankunft in Bonn wusste, dass er sehr an Israel und dem Nahen Osten interessiert ist, und den ich regelmäßig traf. Bereits kurz nach seinem Amtsantritt empfing er seinen israelischen Amtskollegen Ariel Sharon.

Ich hatte, wie erwähnt, bereits wiederholt mit Sharon zu tun gehabt, zunächst während unserer Zusammenarbeit in Bezug auf Afrika und später, als ich in Brüssel war und er als Wirtschaftsminister zu Gesprächen mit der EU kam. Ich war jedoch sehr enttäuscht von seiner Arbeit als Wirtschaftsminister, weil er meiner Meinung nach nichts von Wirtschaft verstand. Die Gespräche, die er mit den EU-Vertretern führte und denen ich schweigend zuhören musste, waren für mich äußerst peinlich gewesen, da seine wirtschaftliche Weltanschauung sich auf einen seit Langem überholten wirtschaftlichen Protektionismus beschränkte. Unsere Verträge mit der EU waren in seiner Sichtweise alles andere als günstig für Israel, eine Freihandelszone mit der EU gar verheerend. »Wir dürfen unsere Industrie, Dienstleistungen und die Landwirtschaft nicht der internationalen Konkurrenz entblößen«, sagte er. »Wir müssen die höchstmöglichen Zollmauern haben, um unsere Produktion vor ausländischer Konkurrenz zu schützen. Sonst wäre es für uns günstig, nur noch Tomaten zu züchten.« Mit dieser Auffassung war er für mich natürlich keine große Hilfe bei meinen Verhandlungen mit der Europäischen Kommission, in denen ich exakt das Gegenteil anstrebte. Was mich bei diesen Gesprächen rettete, war, dass Sharon auf Wirtschaftsthemen alles andere als erpicht war und das Gespräch so schnell wie möglich zur Palästinenserproblematik lenkte, um lange Monologe gegen sie und gegen die Araber insgesamt zu führen.

Kurz nach dem Bonner Besuch Sharons, der für Joschka Fischer enttäuschend und für mich völlig belanglos war, bat die Zeitung *Die Welt* mich um ein Interview, in dem es um die Frage ging, ob Israel tatsächlich eine parlamentarische Demokratie sei. Ich habe mit allen möglichen Argumenten versucht zu erklären, dass Israel trotz der für eine Demokratie eigentlich verheerenden Grundbedingungen – dem permanenten Kriegszustand und der massiven Einwanderung von Menschen aus undemokratischen Ländern – dennoch eine echte Demokratie aufgebaut und aufrechterhalten habe.

Daraufhin fragte Jacques Schuster, damals Ressortleiter Außenpolitik und mein Interviewpartner, ob auch die Schas-Partei, die damals ein wichtiger Teil der Koalition war, eine demokratische Partei sei. Ich sagte: »Nein, diese Partei ist keineswegs eine demokratische Partei. In dieser Partei haben nicht die Wähler das Wort. Alles wird ausschließlich vom geistlichen Anführer der Partei beziehungsweise von seinem Rat bestimmt, der ebenfalls ausschließlich aus nicht gewählten Geistlichen besteht. Der Geistliche, der Rabbiner Ovadia Yosef, wird wie eine heilige Ikone betrachtet, der man niemals widerspricht und deren Wort Gottes Wort ist. Er bestimmt, wer die Abgeordneten der Partei und wer die Minister sein sollen, und natürlich bestimmt er ganz genau, wie die Partei geführt wird und wie ihre Politik in jedem Bereich aussehen soll. Dennoch«, sagte ich, »muss sich auch diese Partei, wenn sie sich an der israelischen Politik beteiligen will, den Regeln der israelischen parlamentarischen Demokratie unterwerfen.«

Am nächsten Tag machte ein israelischer Korrespondent der Zeitung *Ma'ariv* in Berlin daraus eine Schlagzeile: »Botschafter Primor greift die Schas-Partei als eine undemokratische Partei an.«

Daraufhin gab es große Aufregung in Israel, weil ein Botschafter im Ausland es sich leiste, eine politische Partei, und noch dazu eine, die Teil der Koalition war, anzugreifen. Ich wurde umgehend von meinem Außenminister Ariel Sharon nach Jerusalem einbestellt.

Zunächst wurde ich im Büro des Generalsekretärs des Auswärtigen Amtes erwartet. Der Generalinspekteur des Auswärtigen Amtes und der Leiter der Europaabteilung waren ebenfalls anwesend. Alle drei lächelten verlegen und sagten, sie hätten von ihrem Minister einen Befehl bekommen, mir eine Rüge zu erteilen. »Wir halten das für lächerlich, und es ist uns äußerst peinlich«, sagten sie.

»Das ist doch gar kein Problem«, antwortete ich. »Erteilt mir doch die Rüge, warum nicht.«

»Das werden wir heute wohl nicht tun«, sagte der Generalsekretär, »du wirst sie später schriftlich bekommen.«

Ich unterbrach ihn und fragte: »Weil du feige bist?«

»Ja«, gab er zu, »auch du würdest dich an meiner Stelle nicht trauen, einen Botschafter, mit dessen Meinung du übereinstimmst, zu tadeln. Aber wenn der Minister mich zwingt, dann muss ich es tun, also wirst du einen Brief bekommen.«

Am nächsten Tag empfing mich Sharon. Anders, als es normalerweise seine Gewohnheit war, saß keiner seiner Mitarbeiter dabei. Auf seinem leeren Schreibtisch lag ein mehrseitiges Dokument mit vielen roten Anmerkungen. Nachdem er mich unerwartet freundlich begrüßt hatte, begann er mit der Verlesung des Dokuments. Es war eine lange Auflistung aller Vergehen, die ich in den letzten Jahren begangen habe. Immer wieder ging es um Äußerungen, die der israelischen rechtsnationalen Politik nicht gelegen waren. Am Ende nannte er natürlich auch meine Äußerung über die Schas-Partei, mein allergrößtes Vergehen. Sharon war überhaupt nicht daran interessiert, meine Meinung dazu zu hören. Jemand hatte für ihn ein Dossier über mich zusammengestellt, und das wollte er nun vorlesen und den Vorgang damit abschließen. Auch ich hatte bereits im Voraus entschieden, ihm nicht zu widersprechen und mich nicht zu verteidigen. Mir war bewusst, dass ich nicht hätte leugnen können, dass ich selbst als Botschafter nicht immer bereit war, die rechtsnationale Politik seiner Regierung von ganzem Herzen zu vertreten und zu verteidigen. Ich konnte und wollte auch nicht leugnen, dass ich mich ab und zu auch regelrecht kritisch geäußert hatte. Es war also am besten, gar nichts zu sagen.

Dennoch stellte Sharon mir schließlich die Frage – wahrscheinlich nur aus Pflichtgefühl oder aus Höflichkeit –, was ich zu all dem zu sagen habe. Da bezog ich mich nur auf den letzten Vorwurf des Dossiers, meinen Kommentar zur Schas-Partei, und fragte, was an meiner Aussage falsch gewesen sei. »Ist denn die Schas-Partei in irgendeiner Art und Weise eine demokratische Partei?«

Sharon hatte keine Lust auf eine Diskussion und antwortete mir nicht. Er begleitete mich nur, wieder unerwartet freundlich, zur Tür, reichte mir die Hand, murmelte etwas wie »Die Rüge bekommen Sie schriftlich« und wünschte mir eine gute Rückreise nach Bonn.

Schon wenige Minuten später hörte ich im Radio die offizielle

Mitteilung des Auswärtigen Amtes, dass Sharon mich abgemahnt habe. Das war der Sinn der ganzen Sache gewesen; abgesehen davon, dass Sharon aus politischen Gründen keine große Sympathie zu mir hegte, brauchte er diese Pressemitteilung aus innenpolitischen Gründen.

Die Schärfe der Pressemitteilung löste in Israel aber auch in Deutschland unheimlich viele Gerüchte aus. Überall hieß es, dass Primor abberufen sei. Jahrelang bemühte ich mich, dies zu widerlegen. Vergeblich. Noch ein halbes Jahr später rief mich ein deutscher Journalist an und bat um ein Interview. Er fragte: »Was sagen Sie zu Ihrer Abberufung.«

Ich sagte: »Warum bin ich denn immer noch hier und immer noch im Amt, wenn man mich vor einem halben Jahr abberufen hat? Im Übrigen wurden sowohl Netanyahu als auch Sharon inzwischen abgewählt, und wir haben heute eine neue Regierung der Arbeitspartei unter Ehud Barak. Ich aber bin immer noch in meinem Amt.«

Es nützte nichts, selbst dieser Journalist schrieb in seinem Artikel das Wort »Abberufung«.

Anders als in Israel gab es in Deutschland eine Fülle von Artikeln, die mich ich Schutz nahmen und Sharon kritisierten. Besonders berührte mich damals ein Leitartikel von Marion Gräfin Dönhoff, der Gründerin und Herausgeberin der *Zeit*, der den Titel »Absurd!« hatte. Absurd war für Gräfin Dönhoff nicht meine Aussage, sondern die Reaktion des Außenministers Sharon, der von ihr grundsätzlich gerügt wurde. Auch Rabins Witwe Leah, die nach Deutschland kam, um ihr Buch vorzustellen, gratulierte mir zu meiner »hohen Auszeichnung«. »Es gibt Rügen, die sind Ehrentitel«, sagte sie.

Ein paar Jahre später wurde ich von der Friedrich-Ebert-Stiftung nach Berlin eingeladen, um an einer Podiumsdiskussion über den Nahostkonflikt teilzunehmen. Etwas ungewöhnlich an der Diskussion war, dass ausschließlich Israelis aus verschiedenen Parteien und Lagern miteinander diskutieren sollten. Auch die Schas-Partei wurde von einem ihrer Spitzenpolitiker, einem ehemaligen Minister und – natürlich! – Rabbiner, vertreten. Als mir das Wort erteilt wurde, sagte ich: »Bevor ich vom Nahostkonflikt spreche, möchte ich hier in der Öffentlichkeit etwas zu unserem Vertreter der Schas-Partei sagen. Ich wurde vor ein paar Jahren gerügt, weil ich die Schas-Partei als nicht demokratisch betrachte. Ich möchte dem Schas-Vertreter hier jetzt die Frage stellen, ob die Partei demokratisch ist, oder ob sie nur den Geistlichen unterstellt ist. Haben die Wähler der Partei die Möglichkeit, sich an der Auswahl der Abgeordneten der Partei und an der Politik zu beteiligen und zu äußern? Wird nicht alles in der Partei von einem Mann bestimmt, der nicht gewählt wurde, dem Rabbiner Ovadia Yosef? Kurz und gut: Habe ich in dem Interview damals etwas Falsches gesagt?«

Der arme Schas-Vertreter, der übrigens nur Hebräisch sprach, war mit seinem Dolmetscher sehr großzügig. Er sagte tausendmal »öh, äh, öh«, wodurch der Dolmetscher genug Zeit hatte, sich eine Übersetzung zu überlegen. Letztlich beantwortete der Rabbiner meine Frage überhaupt nicht und sagte nichts zur Sache, was im Publikum für viel Gelächter sorgte.

Neuanfang in Berlin
und Abschied

In den letzten Monaten meines Aufenthaltes in Deutschland beschäftigte ich mich vor allem mit dem Umzug nach Berlin. Unsere Botschaft, die wir selbst bauten, war noch nicht bereit, auch
die Residenz war noch nicht fertig. Provisorisch zog die Botschaft
daher in das Gebäude unseres Konsulats in Berlin, und ich kam
zunächst in einem Hotel unter. Da meine Familie wegen Daniels
Schule erst einmal in Bonn blieb, pendelte ich zwischen der alten
und der neuen Hauptstadt, bis Ziona und Daniel nach Berlin
nachkamen.

Das Konsulatsgebäude war mir zu diesem Zeitpunkt bereits
bestens bekannt. Zum einen waren unsere Konsulate in Berlin
mir als Botschafter ohnehin unterstellt, zum anderen hatte ich
hier im Mai dieses, meines letzten Jahrs in Deutschland bereits
eine Tragödie durchlebt. Der Hintergrund war folgender: Die
Verhaftung und Entführung des Kurdenführers Abdullah Öca-
lan in Kenia hatte bei den kurdischen Gemeinschaften weltweit
für große Empörung gesorgt. In vielen Ländern, besonders in
Deutschland, wo es eine große kurdische Diaspora gibt, gab es
massive Solidaritätsdemonstrationen von Kurden. Überraschend
für uns war, dass die Demonstranten nicht nur die türkischen,
syrischen und kenianischen Vertretungen als Ziel hatten, sondern auch die israelische. Traditionell hatten wir gute Beziehungen zu den Kurden, nun aber beschuldigten sie den israelischen
Mossad, er hätte den Türken bei der Entführung Öcalans geholfen. Während der Proteste durchbrach nun eine Gruppe von De-

monstranten den Eingang unseres Konsulats in Berlin mit Gewalt und stürmte ins Konsulat hinein, wo sie Chaos verursachte. Daraufhin eröffneten unsere Sicherheitsbeamten das Feuer. Drei Demonstranten wurden getötet, mehrere verletzt.

Ich flog natürlich sofort nach Berlin und musste mich und unsere Mitarbeiter gegen die Vorwürfe der Berliner Polizei, der Bundespolizei und vor allem der Medien verteidigen. Meine Haltung war es, den Kurden gegenüber so freundlich wie möglich zu sein. Ich erinnerte an die traditionell guten Beziehungen zwischen Israel und den Kurden und bedauerte die Toten und Verletzten sehr, obwohl sie die Aggressoren waren, die das Konsulat mit Gewalt gestürmt hatten. Dabei bezeichnete ich die getöteten Kurden bewusst als »Gefallene«. Dass ich diesen Begriff benutzte, half mir letztlich, ein Versöhnungstreffen mit der kurdischen Gemeinschaft in Berlin zu arrangieren, was mir zunächst beinahe aussichtslos erschienen war.

Besonders aufschlussreich für mich war, dass der Chef des israelischen Geheimdienstes Shabak nach den Ereignissen sofort nach Deutschland reiste. Ami Ayalon, früherer Befehlshaber der israelischen Kriegsmarine, waren die israelischen Sicherheitskräfte im Ausland, einschließlich der des Konsulats in Berlin, unterstellt. Er kam, um zu untersuchen, was passiert war. Bei manchen seiner Verhöre, die er mit den Sicherheitsbeamten führte, durfte ich anwesend sein. Schnell stellte sich heraus, dass die Schüsse unserer Beamten nicht unvermeidbar gewesen waren. Die Kurden, die ins Konsulat eingedrungen waren, waren zwar laut und aggressiv, aber wahrscheinlich nicht gefährlich gewesen. Zwei der drei israelischen Beamten waren selbst der Meinung, dass es nicht nötig gewesen war zu schießen. Der dritte, der versucht hatte, mit den Kurden Arabisch zu sprechen, und feststellen musste, dass sie kein Arabisch verstanden, war ein israelischer Araber und hatte als Einziger geschossen.

Auch der Chef der Geheimdienste kam schließlich zu der Schlussfolgerung, dass die Schüsse nicht nötig gewesen waren und dass es richtig war, sich zu bemühen, die Kurden zu besänftigen. Er bestätigte damit meine Haltung.

Ami Ayalon wechselte nach seiner Amtszeit als Leiter des Shabak in die Politik und war für kurze Zeit auch Minister. Nach der Wahlniederlage Baraks und der Machtübernahme durch den Likud-Führer Ariel Sharon fragte ich ihn 2001, warum er nicht versuche, die Führung der Arbeitspartei zu übernehmen und die Partei zu erneuern. Er sagte: »Das kann ich nicht, weil ich kein richtiger Politiker bin. Ich bin nämlich kein Killer.« Dieser Ausdruck kam für mich überraschend. Der Mann war schließlich Befehlshaber des berühmtesten Kommandos der israelischen Streitkräfte, Shayetet 13, gewesen, danach Befehlshaber der Kriegsmarine und Leiter des Innengeheimdienstes, der die besetzten Gebiete und die palästinensische Bevölkerung fest im Griff hält.

»Wer weiß, wie viele Menschen er schon umgebracht hat?«, fragte ich mich. Ayalon selbst empfand sich im politischen Leben trotz seiner Laufbahn offenbar nicht als grausam genug, um erfolgreich zu sein. Tatsächlich entpuppte er sich mit der Zeit als Friedensinitiator und -stifter und veröffentlichte 2003 gemeinsam mit dem prominenten Palästinenser Sari Nusseibeh, dem Präsidenten der palästinensischen al-Quds-Universität, einen Friedensentwurf, der große Wellen schlug.

Der Umzug der Botschaft nach Berlin hatte für mich bereits bei meiner Ankunft in Bonn auf der Agenda gestanden. Da die Bundesregierung das beschauliche Bonn bald verlassen würde, brauchten auch wir in Berlin ein neues Gebäude für unsere Botschaft. Das Problem war, wie erwartet, ein finanzielles. Natürlich hätte die Verwaltung in Jerusalem am liebsten ein Haus geschenkt bekommen, und tatsächlich geschah genau das. Die jüdische Gemeinde Berlin bot uns ein prächtigen Gebäude in Pankow an – kostenlos, aber unter der Voraussetzung, dass wir das Gebäude als Botschaft benutzten und es nicht verkaufen würden.

Das riesige Gebäude war von Alexander Beer erbaut worden und war früher die stattliche Residenz eines Fürsten gewesen. In der Mitte des 19. Jahrhunderts hatte es dann die jüdische Gemeinde erworben und es zuerst als Gemeindezentrum, von 1912 bis 1915 dann als Waisenhaus für jüdische Kinder aus Osteuropa genutzt. In der NS-Zeit hatten die Nazis das Gebäude beschlagnahmt und dort eine Geheimbehörde installiert; danach übernahmen es die Kommunisten, die Teile der Stasi dort unterbrachten. Schließlich hatte die DDR-Regierung es den Kubanern angeboten, die es bis 1991 als Botschaftsgebäude genutzt hatten. Das Gebäude war mit seinen sechstausend Quadratmetern Fläche für einen Staat wie Kuba jedoch viel zu groß, und Kuba hatte kein Geld, um das Gebäude zu unterhalten. So war das Haus allmählich sehr heruntergekommen – die Holzböden waren aufgebläht, die Rohre verstopft und verrostet, und der Garten sah wie eine Müllhalde aus. Als wir das Haus besichtigten, sahen wir, worin die Kubaner oder möglicherweise auch die Stasi investiert hatten: Auf der obersten Etage befanden sich ein Gefängnis mit Zellen und ein Saal ohne Fenster, Lüftung oder Licht, aber mit sehr vielen Stangen. Wozu sie diesen Saal benutzt hatten, erfuhren wir zum Glück nie.

Nach der Wiedervereinigung hatte die Bundesregierung als Erbin der DDR-Regierung das Gebäude übernommen. Man versuchte herauszufinden, wem es gehört hatte, bevor die Nazis es enteignet hatten. So war man auf die jüdische Gemeinde gekommen, die selbst aber kein Interesse daran hatte. Zum einen war die Gemeinde viel kleiner, als sie vor der Nazizeit gewesen war, zum anderen besaß sie in Westberlin bereits ein passendes und modernes Gemeindezentrum. Wegen der jüdischen Vergangenheit des Gebäudes wollte man es trotzdem nicht verkaufen, und so kam man gemeinsam mit der Claims Conference auf die Idee, es den Israelis als Botschaft anzubieten.

Ich schaute mir das Gebäude gemeinsam mit unserem Berliner Generalkonsul, Mordechai Levy, an. Beide waren wir danach der

Meinung, dass das Haus nicht zu uns passt. Es war viel zu groß, hatte zu viele leere Räume, benötigte eine Sanierung, die wahrscheinlich viel mehr gekostet hätte, als das Gebäude selbst wert war, und befand sich zudem in einem Viertel, das zu diesem Zeitpunkt für eine Botschaft nicht angebracht war. Ich empfahl unserer Verwaltung in Jerusalem daher, auf das Gebäude zu verzichten. Sie zu überzeugen erwies sich jedoch als gar nicht so einfach. Eine Verwaltung, die ein Geschenk bekommt, ist nämlich meist nicht dazu bereit, es auszuschlagen. Erst recht, wenn sie dann gezwungen ist, aus ihrem Budget Geld für den Erwerb eines anderen Gebäudes zur Verfügung zu stellen.

Um die Bedenken der Beamten in Jerusalem auszuräumen, schrieb ich ihnen eine historische Anekdote: Nachdem die Briten und die Franzosen den Nahen Osten 1919 unter sich aufgeteilt hatten, wollten sie die zionistische Bewegung in Palästina und die Führer der Araber unter den Haschemiten zusammenbringen. So kam es in Akaba am Roten Meer zu einem Treffen zwischen dem Oberhaupt der haschemitischen Familie, Prinz Faisal, dem späteren König des Irak, und dem Präsidenten der zionistischen Bewegung, Chaim Weizman, dem späteren ersten Staatsoberhaupt Israels. Die beiden wurden in luxuriösen Zelten untergebracht und führten zu ihrer vollen Zufriedenheit lange Gespräche miteinander. Am nächsten Tag kam eine Delegation des Prinzen mit einem Geschenk für Weizman. Der Prinz, der mit den getroffenen Vereinbarungen sehr zufrieden war, wollte eine große Geste machen und schenkte Weizman einen herrlichen reinrassigen Araberhengst. Weizmans Mitarbeiter waren begeistert, aber Weizmans Gesicht verhärtete sich beim Anblick des Pferdes. »Wieso sind Sie unzufrieden? Das ist doch ein seltenes Geschenk, das Sie da bekommen haben«, sagte ein Mitarbeiter. »Lernen Sie dies, junger Mann: Man sollte nie ein Geschenk annehmen, das frisst«, sagte Weizman streng.

Ich schloss meinen Brief nach Jerusalem mit dem Satz: »Das Gebäude in Pankow ist ein Geschenk, das frisst.«

Letzten Endes gab es keine Alternative zu einem Neubau. Die Zahlen sprachen für sich und gegen das jüdische Waisenhaus. Da die Grundstücke in Berlin-Mitte für unser Budget zu teuer waren, kauften wir ein Grundstück in Berlin-Wilmersdorf, in Grunewald, wo wir uns bereits gut auskannten, weil sich unser Konsulat dort befand. Israelische Architekten bauten die Botschaft und die Residenz, und es wurde tatsächlich eine schöne Botschaft. Ich habe oft gesagt, dass das ausgleichende Gerechtigkeit ist: Nachdem wir in Bonn jahrelang die hässlichste Botschaft hatten, haben wir nun in Deutschland unsere weltweit schönste Botschaft.

Ich selbst konnte von der neuen Botschaft allerdings nicht profitieren, weil sie noch nicht fertig war, als meine Amtszeit zu Ende ging. Als der Umzug im Sommer 1999 näherrückte, war ich vierundsechzigeinhalb Jahre alt. Ich hätte noch ein halbes Jahr in Deutschland bleiben können, bevor ich alters- und gesetzbedingt in den Ruhestand hätte treten müssen. Ziona und ich überlegten lange, was wir mit diesem übrigen Halbjahr tun sollten. Uns für ein halbes Jahr in Berlin niederzulassen erschien uns schon wegen Daniel nicht angebracht. Es hätte nämlich bedeutet, dass Daniel von seiner Bonner Schule an eine Berliner Schule hätte wechseln müssen, um weitere sechs Monate später mitten im Schuljahr wiederum auf eine neue Schule in Israel zu gehen. Wir entschieden uns daher, dass ich ein halbes Jahr verfrüht in den Ruhestand gehen würde und dass wir gemeinsam zurück nach Israel ziehen würden.

Die neue Regierung Baraks, die seit Mai im Amt war, bat uns, länger zu bleiben, weil sie keinen passenden Kandidaten für meine Nachfolge gefunden hatte. Diesem Wunsch konnten wir jedoch wegen des Kindes nicht zustimmen. Und so blieb die Botschaft nach unserem Auszug tatsächlich über ein Jahr lang ohne Botschafter.

Wie in so einer Situation üblich, gab es viele Abschiedsfeiern, die Freunde und Politiker für uns ausrichteten. Von ihnen möchte ich zwei erwähnen: meinen eigenen Empfang am Petersberg in

Bonn und ein Essen, das Bundespräsident Johannes Rau im Schloss Bellevue für mich gab. Das war eine Ausnahme – normalerweise verabschiedete ein hoher Beamter des Auswärtigen Amtes einen gehenden Botschafter mit einem Essen, eine Aufgabe, der Staatssekretär Wolfgang Ischinger auch nachkam. Der Außenminister persönlich übernahm nur selten eine Verabschiedung eines Botschafters und der Bundespräsident so gut wie nie.

Bei unserer eigenen Abschiedsfeier am Petersberg waren wir völlig überwältigt: Mehr als tausend Gäste kamen, und äußerst viele Prominente erwiesen mir die Ehre, meiner Einladung zu folgen. Zu ihnen gehörten auch Bundeskanzler Gerhard Schröder, Bundeskanzler a. D. Helmut Kohl, Außenminister Joschka Fischer und Außenminister a. D. Klaus Kinkel. Die beiden Kanzler hielten zu diesem Anlass auch Reden. Und als der Empfang zu Ende war, fragte mich ein Korrespondent des *Bonner General-Anzeigers*, ob ich nicht schon vor einem Jahr abberufen worden sei …

Kurz vor unserer Abreise durchlebten wir noch ein besonders emotionales Ereignis: den Tod und die Bestattung des Präsidenten des Zentralrats der Juden in Deutschland, Ignatz Bubis. Bubis hatte kurz vor seinem Tod, als er schon sehr krank war, darum gebeten, in Israel und nicht in Deutschland begraben zu werden. Der Grund dafür war, dass Neonazis kurz zuvor das Grab seines Vorgängers Heinz Galinski mit Dynamit gesprengt hatten. So kam es dazu, dass meine Familie und ich Deutschland in der Sondermaschine verließen, die Bubis' Sarg nach Israel überführte.

Viele Prominente begleiteten damals den Sarg, unter ihnen auch Angela Merkel, damals Generalsekretärin der CDU.

Ich freute mich, mich bei dieser Gelegenheit noch einmal mit Angela Merkel unterhalten zu können. Ich kannte Frau Merkel noch aus Bonn, aus den Zeiten, als sie Bundesumweltministerin gewesen war. Sie hatte mich zwei Mal eingeladen, Vorträge in ihrem Wahlkreis in Stralsund zu halten, und beide Male waren wir gemeinsam dort hingefahren und hatten die Gelegenheit gehabt, uns im Auto stundenlang zu unterhalten. Angela Merkel hatte damals schon hohes Ansehen als sehr effiziente und erfolgreiche Umweltministerin genossen, neu war mir aber ihr besonderes Verhältnis zu Israel. Ich war immer davon ausgegangen, dass Ostdeutsche weniger Bewusstsein und Verantwortungsgefühl für die Juden und Israel hätten. Sollte das überhaupt der Fall sein, dann war Angela Merkel gewiss kein Beispiel für Ostdeutsche dieser Prägung. Ganz im Gegenteil: Ich war überrascht davon, wie bewusst Angela Merkel sich nicht nur der Nazivergangenheit und -verbrechen war, sondern vor allem wie bewusst sie sich der Feindschaft der DDR gegenüber Israel war – das war eine Seltenheit. Sie kannte sich zudem nicht nur in der Sache ausgesprochen gut aus, sondern sie hatte deswegen auch ein besonderes Verantwortungsgefühl gegenüber Israel.

Als Angela Merkel später Bundeskanzlerin wurde, hat sie mich gerne in Berlin empfangen, obwohl ich diese Bereitschaft nicht für persönliche Zwecke ausnutzte.

Unser Flug nach Tel Aviv ereignete sich am 15. August 1999. Heißer, als es an diesem Tag war, kann es in Tel Aviv nicht sein. Angela Merkel und Kerstin Müller, die Staatsministerin im Auswärtigen Amt, waren beide gekleidet, wie es sich für eine Beerdigung in Deutschland gehört: schwarz, mit langen Ärmeln und breiten, wollenen Schals.

Ziona bemitleidete sie sehr, denn es war offensichtlich, dass sie unter der schwülen Mittagshitze litten. Auf dem Friedhof fasste Ziona sich schließlich ein Herz, ging auf sie zu und sagte ihnen, dass diese Kleidung nicht nötig sei und für Israel nicht angebracht. Sie könnten Teile ihrer Kleidung ablegen.

Die beiden sahen Ziona, die sie offensichtlich nicht erkannten, überrascht an, weshalb Ziona sich ihnen noch einmal vorstellte: »Ich bin Ziona Primor, Gattin des israelischen Botschafters.«

Daraufhin atmeten die beiden Damen auf und entledigten sich ganz erleichtert ihrer Schals.

Der Traum vom Miteinander

Als ich auf den Posten des Vizepräsidenten der Hebräischen Universität in Jerusalem verzichtete, um nach Deutschland zu gehen, dachte ich, dass mir so ein unerwartetes Glück – das Angebot zu erhalten, Vizepräsident einer großen Universität zu werden –, nur einmal im Leben widerfahren würde, und das war schließlich schon nach dem Ende meiner Amtszeit in Brüssel geschehen. Nach meiner Rückkehr nach Israel hatte ich jedoch noch ein zweites Mal Glück und bekam das Angebot, Vizepräsident der Universität Tel Aviv zu werden. Das kam mir sehr zupass, weil ich tatsächlich nicht mehr nach Jerusalem zurückkehren, sondern mich stattdessen in Tel Aviv niederlassen wollte.

Jerusalem verband ich mit meiner Studienzeit und auch mit meiner Arbeit im Auswärtigen Amt. In beiden Lebensphasen war es sinnvoll gewesen, dort zu leben. Als ich mich aber vom Amt verabschiedete, um offiziell in den Ruhestand zu gehen, gab es für mich keinen Grund mehr, in Jerusalem zu leben. Ich war froh, stattdessen endlich in meine Geburtsstadt, die zugleich auch Zionas Geburtsstadt ist, zurückkehren zu können.

Zunächst war unser vordringlichstes Interesse, das Hotel in Tel Aviv, in dem wir vorübergehend lebten, zu verlassen und in eine eigene Wohnung zu ziehen. Noch von Bonn aus hatten wir uns eine Wohnung im 13. Stock eines Hochhauses gekauft, eine wunderschöne Wohnung mit Aussicht auf alle Seiten der Stadt, einer riesigen Terrasse und einem Schwimmbad im Gebäude. Die Wohnung war etwa zweihundertzwanzig Quadratmeter groß, aber dem zehnjährigen Daniel, der in der Residenz in Bonn aufgewachsen war, erschien sie furchtbar. Er wanderte in den leeren Zimmern herum und rief immer wieder: »Was für eine Schrottwohnung!«

Tatsächlich hatten wir die Wohnung unter Zeitdruck gekauft, und sie war insgesamt nicht ideal für uns. Wir wollten etwas Größeres mit Arbeitszimmern und einem Gästezimmer und mit einer Möglichkeit für Daniel, seine eigene Ecke zu haben. Zunächst aber war es nicht dringend, und wir dachten, dass wir viel Zeit haben würden, um etwas Passenderes zu finden. Ab und zu schauten wir uns Wohnungen an, aber sie waren entweder nicht das, was wir suchten, oder zu teuer. Eines Tages sagte Ziona: »Ich habe gefunden, wonach wir gesucht haben. Ich zeige es dir jetzt sofort.«

Ich kam gerade von der Arbeit zurück und fragte: »Ist es so dringend? Können wir das nicht morgen machen?«

»Nein, es muss jetzt sein.« Sie führte mich auf die Terrasse, zeigte mit dem Finger auf ein Haus in der Stadt unter uns und sagte: »Das ist es!«

Ich fragte sie, ob sie das Haus schon besichtigt habe.

»Nein«, erwiderte sie.

»Woher weißt du dann, dass es perfekt für uns ist?«

»Ich habe eine Anzeige gesehen, die das Haus beschreibt und den Preis nennt. Es ist billig und hat so viel Raum, wie wir es uns wünschen. Es ist eine Ruine, die seit vielen Jahren leer steht. Vier Schwestern, die sich nicht verstehen, haben es geerbt, und es ist völlig heruntergekommen. Weil sie sich nicht entscheiden konnten, was sie damit machen sollen, stand es jahrelang leer. Wir kaufen es, und ich werde es von Grund auf sanieren und umbauen. Dann haben wir genau das, was wir uns wünschen.«

Es geschah genau so, wie Ziona es vorgeschlagen hatte. Die Umbauten und Sanierungsarbeiten kosteten mehr als das Haus selbst, und Ziona arbeitete eineinhalb Jahre an seiner Fertigstellung, jetzt aber haben wir ganz genau das, was wir wollten.

Ich betrachtete das Haus nach unserem Einzug und dachte: »Dies wird mein letztes Haus sein.«

So glücklich ich mit unserem neuen Haus war, so unzufrieden war ich mit meiner Arbeit an der Universität. Ich bekam zwar ein schönes Büro und ein gutes Gehalt, aber ich konnte nicht das tun, was mich wirklich interessierte. Ich wollte endlich damit beginnen, das von mir erträumte Zentrum für Europäische Studien zu gründen. Die Universität befand sich damals jedoch in so großen finanziellen Schwierigkeiten, dass man sogar bereits davon sprach, sie vorübergehend zu schließen. Es ging daher in allen Gesprächen immer nur um Kürzungen und Sparmaßnahmen, die Schließung von Fakultäten und Abteilungen. In dieser Situation wollte natürlich niemand etwas von einem neuen Projekt hören.

Ich fand mich eine Weile damit ab, aber dann bekam ich ein Angebot von einer kleinen Privatuniversität in der Stadt Herzliya, nördlich von Tel Aviv. Sie hatte die finanziellen Mittel zur Verfügung, um ein Zentrum für Europäische Studien zu eröffnen, wie ich es mir vorstellte. Ich verließ also die Universität Tel Aviv und ging nach Herzliya. Inzwischen bin ich mit meinem Projekt an die Universität Tel Aviv zurückgekehrt, denn trotz aller finanzieller Schwierigkeiten ist sie die beste und größte Universität Israels.

Zunächst aber begann ich in Herzliya, meine lange gehegte Idee, israelische Studenten für eine Zusammenarbeit mit der Europäischen Union auszubilden, in die Tat umzusetzen.

Ein wenig später traf ich Sari Nusseibeh, der immer noch Präsident der al-Quds-Universität war und mich fragte, was ich nun, da ich nicht mehr im diplomatischen Dienst sei, mache. Als ich ihm von meinem Projekt erzählte, sagte er: »Das macht mich neidisch. So etwas wünsche ich mir für meine Universität auch. Wir Palästinenser brauchen EU-Experten ebenso wie Sie. Leider kann ich mir so etwas aber nicht leisten, weil ich keine akademischen Experten in diesem Bereich habe.«

Spontan erwiderte ich: »Dann machen wir es gemeinsam!«

Nusseibeh schaute mich amüsiert an und sagte: »Es ist sehr nett von Ihnen, mir das anzubieten, ich bezweifle aber, dass das zu realisieren ist. Sie werden an Ihrer Universität keine Partnerschaft mit einer palästinensischen Universität durchsetzen können.«

Ich antwortete: »Es mag sein, dass Sie recht haben, aber lassen Sie es mich probieren.« Tatsächlich war es nicht einfach, meine Universität von dieser neuen Idee zu überzeugen. Ich vermute, dass man mir nur deshalb letztlich grünes Licht gegeben hat, weil man davon ausging, dass so ein Plan ohnehin keine Chancen haben würde. Warum sollte man dann mit mir streiten. Offenbar war man der Ansicht, dass ich mir die Zähne an meinem Plan ausbeißen würde, und sie dann nicht schuld daran waren, wenn es nicht funktionierte.

Eine Weile später traf ich bei Königin Beatrix in Den Haag auf den jordanischen Prinzen Hassan, mit dem die Königin und ihr Mann Claus von Amsberg seit vielen Jahren befreundet waren. Hassan stellte mir die gleiche Frage wie Nusseibeh. Da erzählte ich ihm von meinem inzwischen bilateralen Zentrum für Europäische Studien. Spontan sagte er: »Warum bilateral und nicht trilateral?«

So begann die Zusammenarbeit meiner Universität mit der palästinensischen al-Quds-Universität und mit dem königlichen jordanischen Wissenschaftszentrum, der *Royal Scientific Society*.

Ursprünglich ging es uns allen um die Europäischen Studien. Sobald wir aber unser trilaterales Zentrum aufgebaut hatten, dachten wir auch an eine Annäherung zwischen unseren Studenten. Brücken zwischen Europa und dem Nahen Osten zu schlagen war sehr schön, aber Brücken zwischen Jordaniern, Palästinensern und Israelis zu bauen war noch eine wichtigere und größere Herausforderung. Alle drei waren wir von dieser Idee so begeistert, dass wir meinten, wir müssten die Studenten auch räumlich zusammenbringen, damit sie gemeinsam studieren können. Der ideale Ort dafür wäre sicherlich Jerusalem gewesen, das zwischen Tel Aviv und Amman liegt. Von hier aus hätte die Fahrt nach Amman – ohne Grenzübergang – theoretisch nur ein oder zwei Stunden gedauert. Auch von Tel Aviv aus ist Jerusalem außerhalb der Stoßzeiten nur eine Stunde entfernt. Doch das gilt leider nur in der Theorie, denn die Brücken existierten nur in unseren Köpfen. Schon die Grenzübergänge machten die Reise nicht so einfach, vor allem aber hinderten uns die psychologischen Schranken, die in unserer Region die Oberhand haben. So kamen wir sehr schnell zu dem Schluss, dass gemeinsame Studien hier nicht möglich sind.

Wir entschieden daher, dass wir an jeder unserer drei Universitäten das Gleiche unterrichten würden. Meine Dozenten und ich pendelten zwischen den drei Zentren und hielten dort unsere Vorlesungen mit den jeweils gleichen Inhalten für unsere israelischen, jordanischen und palästinensischen Studenten. Damit gelang uns tatsächlich der erste Schritt zu einem gemeinsamen Zentrum der Europäischen Studien.

Ich konnte aber nicht aufhören, darüber nachzudenken, wie ich die Studenten der drei Länder zusammenbringen könnte. Ich hoffte, dass wir vielleicht irgendwo auf neutralem Boden gemeinsame Sommerkurse abhalten könnten. Wegen der Entfernung dachte ich zunächst an Zypern, das seit 2004 Mitglied der EU war. In Zypern hatte ich aber keine Kontakte, da nützte es auch nichts, dass Zypern nur zweihundertfünfzig Kilometer entfernt und leicht mit dem Flugzeug zu erreichen war. Es war entscheidend, einen Partner vor Ort zu finden, der bereit war, Gastgeber dieser Sommerkurse zu sein. Diesen fand ich schließlich nicht in Zypern, sondern in Deutschland.

Die Heinrich-Heine-Universität in Düsseldorf erklärte sich bereit, mein Gastgeber zu sein. Doch nachdem die Düsseldorfer sich unser Projekt genauer angesehen hatten, kamen sie zu der Schlussfolgerung, dass Sommerkurse nicht sehr viele Möglichkeiten bieten. So sagten sie mir, dass Sommerkurse nicht viel mehr als Ferien seien. Sollten wir die Sache richtig ernst nehmen, dann sollte es ein volles Studienjahr sein, nicht nur ein akademisches Jahr, sondern ein kalendarisches Jahr, also volle zwölf Monate. »Und dann bekommen Ihre Studenten ihren Master von uns in Düsseldorf.«

Genau so läuft es heute. Die Studenten, die allesamt bereits einen Bachelor-Abschluss gemacht haben, studieren ein Jahr an ihren Heimatuniversitäten. Jeweils zehn von ihnen dürfen dann das zweite Jahr gemeinsam in Düsseldorf verbringen. Sie wohnen im selben Studentenwohnheim, oft auf demselben Flur, studieren in einem Raum und verbringen sehr viel Zeit miteinander.

Ich sehe sie, wenn sie in Düsseldorf ankommen. Anfangs sind sie sehr schüchtern und gehemmt, und jeder bleibt eng bei seinen Landsleuten. Dass Araber und Israelis nicht sofort aufeinander zugehen würden, war mir klar. Mich überraschte jedoch, dass auch Palästinenser und Jordanier anfangs auf Distanz zueinander bleiben. Dann aber tauen die Studenten aller Länder schrittweise auf – auch, weil sie immer zusammen sind. Ihren Kontakt zueinander erleichtert, dass sie ein gemeinsames, neutrales Thema haben: die EU. Sie können dadurch zumindest für eine Weile das Thema Nahostkonflikt vermeiden.

Wenn wir unsere Studenten hier im Nahen Osten unterrichten, haben wir kein Interesse daran, auf die Geschichte des Nahostkonflikts einzugehen. In Deutschland wollen die Dozenten ihn ebenfalls nicht unterrichten, weil sie sich sehr bewusst sind, wie dünn das Eis ist, auf dem die drei Gruppen zusammen gehen.

Nach zwölf Monaten in Düsseldorf bekommen die Studenten noch einen kleinen Bonus und dürfen in Wien ein dreiwöchiges Praktikum an der Diplomatischen Akademie Österreichs absolvieren. Dazu bin auch ich eingeladen, und es ist über die Jahre die Tradition entstanden, dass ich vor den drei Gruppen einen Vortrag halte – den ersten und letzten Vortrag über den Nahostkonflikt, den es in diesem Studienprogramm gibt. Ich bin offensichtlich der Einzige, der den Mut dazu hat. Bis heute bin ich in diesem

Rahmen noch über keinen Fallstrick gestolpert. Mein Haupt-
argument lautet jedes Jahr: »Ich will niemanden überzeugen. Ich
erwarte auch nicht von euch, einander zu überzeugen. Was ich
anstrebe, ist, euch dazu zu bringen, den Aussagen des anderen ge-
duldig zuzuhören. Mein Ziel ist es, das jeder versteht, wie und
warum der andere denkt, was er denkt. Woher stammen seine
Annahmen? Womit ist er aufgewachsen? Woran glaubt er? Man
muss dem anderen nicht recht geben. Man muss ihm nicht glauben. Man muss ihm nicht zustimmen. Aber wenn wir einander
zuhören, dann können wir miteinander kooperieren und einen
Dialog führen. Selbst wenn die Meinungsverschiedenheiten noch
so tief greifend sind.«

Ich schreibe diese Autobiografie im Jahr 2014, zum großen Teil
während des Gaza-Kriegs. Meine Studenten in Düsseldorf, die
diesen Krieg leidenschaftlich verfolgen, haben glücklicherweise
nie miteinander gestritten. Es gab natürlich Diskussionen, auch
hitzige, das hat aber die persönlichen Beziehungen zwischen den
Studenten nicht beeinträchtigt. Genau das war und ist nach wie
vor mein Ziel.

Als etwas problematischer hat es sich erwiesen, Kontakte zwischen meinen Studenten in Düsseldorf und deutschen Studenten aufzubauen. Schon in Amman, Ostjerusalem und Tel Aviv
lernen die Studenten auch Deutsch, in Düsseldorf wird das natürlich fortgesetzt. Das scheint aber nicht auszureichen, um persönliche Kontakte mit deutschen Studenten zu knüpfen.

Mir ist bewusst, dass die Studenten der drei Universitäten
nicht dafür sorgen werden, dass es Frieden im Nahen Osten gibt.
Nur Regierungen können miteinander Frieden schließen. Aber
damit ist der Frieden noch nicht gesichert. Im Laufe der Geschichte haben die meisten Nationen gegeneinander gekämpft,
danach Frieden geschlossen und dann doch wieder die Waffen
gegeneinander erhoben. Damit Frieden hält, muss man ihn nach
der Unterzeichnung des Friedensvertrags auf- und ausbauen.

Das bedeutet, Freundschaften zwischen den Menschen auf beiden Seiten zu entwickeln, anhand von gemeinsamen Projekten, die die Länder miteinander verflechten, gemeinsame Interessen aufzubauen. Kurz gefasst: zwischenmenschliche Beziehungen zu entwickeln. Damit beginnen wir heute schon während des Studienjahres in Düsseldorf, und wir versuchen, sie mit jährlichen Alumni-Treffen aufrechtzuerhalten, bei denen die Studenten den Kontakt zueinander halten und intensivieren können. Dadurch hoffen wir, die Basis zu sein, die dabei helfen wird, den Frieden zu sichern, wenn die Regierungen ihn einmal schließen werden. Nichts ist jemals vollendet, auch ein Friedensvertrag allein sichert keinen dauerhaften Frieden.

Was zu wünschen bleibt

In meinen Jahren nach meiner Rückkehr nach Israel habe ich meine Kontakte nach Deutschland keineswegs abgebrochen. Neben meiner Arbeit an der Universität beschäftigte ich mich in mehrerlei Hinsicht weiter mit Deutschland. Ich schrieb mehrere Sachbücher für verschiedene deutsche Verlage, zunächst für Droste, dann für Piper, schließlich den Roman *Süß und ehrenvoll* für Quadriga.

Ich wurde zum Mitglied des Universitätsrates an der Universität Heidelberg und danach zum Mitglied des Hochschulrates an der Heinrich-Heine-Universität ernannt.

Ich wurde Präsident der deutsch-israelischen Industrie- und Handelskammer, danach Präsident der israelisch-deutschen Gesellschaft und später auch Präsident der israelischen Gesellschaft für Auswärtige Politik. Hinzu kamen verschiedene Einladungen, Vorträge in Deutschland zu halten oder an Fernsehtalkshows teilzunehmen. Nebenbei schrieb ich zwei Bücher für einen Pariser Verlag.

Meine Hauptbeschäftigung in Deutschland während meiner ersten Jahre nach meinem Ausscheiden aus dem diplomatischen Dienst war jedoch eine andere. Noch in meinem letzten Jahr als Botschafter war ich mit einer neuen Initiative in Berührung gekommen. Es ging um die Debatte zur Entschädigung der ehemaligen Zwangsarbeiter der Nazis. Viele von ihnen waren in der Nachkriegszeit auf der Grundlage von bilateralen Verträgen zwischen ihren Ländern und der Bundesrepublik entschädigt worden. Ausgenommen waren jedoch die kommunistischen Länder hinter dem Eisernen Vorhang gewesen. Es hatte oft auch keinen Sinn, Zwangsarbeiter aus diesen Ländern zu entschädigen, weil das Geld die Betroffenen nicht erreicht hätte.

Nach der Befreiung der kommunistischen Länder in den Neunzigerjahren sah die Situation nun anders aus. Allerdings wusste niemand, wie viele Zwangsarbeiter es in diesen Ländern gab, weil zu Beginn der Nullerjahre nur noch ein Bruchteil von ihnen lebte. Es wurden aber geschätzt, dass etwa zwölf bis vierzehn Millionen unter unterschiedlichen Bedingungen gearbeitet hatten. Die Zwangsarbeiter aus dem Westen hatten nicht so grausige Bedingungen zu ertragen gehabt wie die aus dem Osten, die in der Landwirtschaft hatten es etwas leichter als die in der Industrie eingesetzten; vor allem die jüdischen Zwangsarbeiter arbeiteten unter Sonderbedingungen, die die Nazis selbst als »Vernichtung durch Arbeit« bezeichneten. Die jüdischen Zwangsarbeiter waren also nicht mehr als Sklaven, die unter den grausigsten Bedingungen so lange und hart arbeiten, bis sie nach kürzester Zeit starben.

In meinen Gesprächen mit Bundesminister Bodo Hombach, der von Gerhard Schröder mit dieser Aufgabe betraut worden war, wurde mir bald klar, dass die damals aktuelle Diskussion um die Entschädigung wenig mit Juden zu tun hatte – von den geschätzten 1,5 Millionen jüdischen Zwangsarbeitern hatte fast keiner überlebt. Die Zwangsarbeiter, die noch lebten, waren vor allem nicht jüdische polnische, tschechische, weißrussische, ukrainische und russische Zwangsarbeiter. Von den geplanten Entschädigungen ausgeschlossen waren nach wie vor Zwangsarbeiter aus den osteuropäischen Ländern, die mit den Nationalsozialisten verbündet gewesen waren, wie etwa Ungarn und die Slowakei.

1999/2000 kam es in dieser Sache zu einer juristischen Auseinandersetzung zwischen der deutschen Bundesregierung und amerikanischen Rechtsanwälten, die in den USA eine Sammelklage eingereicht hatten. Hauptkontrahent der deutschen Regierung in den Vertragsverhandlungen wurde der stellvertretende amerikanische Finanzminister Stuart Eizenstat, der schon mit den Schweizer Banken über dieses Thema verhandelt hatte. Bis dahin hatten die Banken die Konten der während der Shoah ermordeten Juden eingefroren.

In der Auseinandersetzung zwischen der Bundesregierung und den Vertretern der USA ging es sowohl um die Höhe der Entschädigungssumme insgesamt als auch um den Rechtsfrieden. Nach langem Hin und Her wurde entschieden, dass zur Entschädigung der Zwangsarbeiter eine Stiftung ins Leben gerufen und mit zehn Milliarden D-Mark ausgestattet werden sollte; fünf Milliarden D-Mark sollte die Bundesregierung bereitstellen, weitere fünf Milliarden die deutsche Industrie, die von den Zwangsarbeitern profitiert hatte.

Otto Graf Lambsdorff wurde die Aufgabe anvertraut, die Verhandlungen mit Eizenstat für die Bundesrepublik zu führen und die Organisation der Stiftung voranzutreiben. Am Ende seiner erfolgreichen Arbeit sollte Lambsdorff auch den Vorstand der entstehenden Stiftung »Erinnerung, Verantwortung, Zukunft« (EVZ) zusammenstellen. Als Vertreter der Industrie berief er den ehemaligen Diplomaten Michael Jansen, als Vertreter der Bundesregierung den ehemaligen Diplomaten und Staatsminister Hanno Bräutigam. Über die Ernennung des dritten Vorstandsmitglieds stritten sich die Verbände der ehemaligen Zwangsarbeiter, die sogenannten Partnerorganisationen. Jeder von ihnen wollte seinen eigenen Vertreter im Vorstand haben. Otto Graf Lambsdorff entschied sich, jemanden zu ernennen, der mit der Sache direkt nichts zu tun hatte, und wandte sich an mich.

Ich gab ihm zu bedenken, dass ich mich nicht in Berlin niederlassen könne und auch auf meine Arbeit an der Universität in Israel nicht verzichten wolle.

Lambsdorff ließ das nicht gelten und sagte: »Sie kommen zu den Sitzungen, wenn Sie können, und nehmen an der Arbeit teil, wenn Sie Zeit haben. Mehr wird von Ihnen nicht verlangt.«

Dadurch war mein Beitrag letztlich sehr gering, und Michael Jansen und Hanno Bräutigam haben die Arbeit mehr oder weniger allein geleistet. Ich konnte ihre Arbeit jedoch verfolgen und wenigstens ab und zu an Gesprächen mit den osteuropäischen Partnern teilnehmen. Was mich als Beobachter der Stiftungsarbeit am meisten beeindruckte und begeisterte, war die Hingabe der jungen Mitarbeiter. Sie waren teilweise russischsprachig und ehemalige DDR-Bürger und glaubten an die Notwendigkeit und Gerechtigkeit ihrer Mission. Dank ihrer hohen Motivation und Hingabe war es möglich, ehemalige Zwangsarbeiter auch in den entferntesten Dörfern Sibiriens zu finden und dafür zu sorgen, dass die Entschädigung ihnen und auch nur ihnen zukam.

Als die Verträge wegen Missverständnissen zwischen unserer Stiftung und den Amerikanern hinsichtlich der Frage des endgültigen Rechtsfriedens noch nicht in Kraft getreten waren, hatten wir in Warschau ein Treffen mit dem Staatssekretär des polnischen Auswärtigen Amtes. Er beklagte sich bitter, dass das Geld wegen des Streits noch nicht ausgezahlt worden war. Das war tatsächlich nicht möglich, da der Bundestag, der die Stiftung durch ein Bundesgesetz ins Leben gerufen hatte, es uns gesetzlich untersagte, Geld auszuzahlen, solange wir in Amerika keinen Rechtsfrieden erreicht hatten. Auf diesen Rechtsfrieden wollte die Bundesregierung aus gutem Grund nicht verzichten – ohne ihn hätte man die Bundesregierung auch nach Auszahlung der Gelder in den USA immer noch verklagen können.

Der polnische Staatssekretär beschuldigte nun die Juden, die Überweisungen aufzuhalten. Er meinte damit nicht mich, sondern die jüdischen Rechtsanwälte in Amerika, die die Sammelklage ursprünglich eingereicht hatten. Der hochwürdige polnische Beamte hatte jedoch offenbar vergessen, dass er vor sich einen Vorstand hatte, der nur zu zwei Dritteln deutsch war. Er war davon ausgegangen, dass er nur Deutsche anspreche und deshalb vielleicht auf Juden schimpfen könne, ohne mit Konsequenzen rechnen zu müssen.

Ich sagte ganz ruhig: »Herr Staatssekretär, ohne die jüdischen Rechtsanwälte in Amerika hätte es überhaupt kein Verfahren gegeben, keine EVZ und keine Entschädigung der polnischen Zwangsarbeiter.« Als er seinen Fauxpas begriff, wechselte er das Thema sofort.

Was mich an der ganzen Sache der Entschädigung störte, war der für mich unangenehme Umgang damit in Teilen der deutschen Bevölkerung. Warum solle man immer noch die Juden entschädigen und noch mehr zahlen?, schimpften viele. Ich bemühte mich, in meinen Vorträgen und Interviews zu erklären, dass es vor allem um die Entschädigung der Zwangsarbeiter aus den osteuropäischen Ländern gehe, von denen nur die wenigsten Juden waren. Ich glaube aber nicht, dass ich mit dem Verweis auf diese Tatsache – und es waren ja keine Argumente, sondern nackte Zahlen und Tatsachen – besonders großen Erfolg hatte, denn die Stimmen wurden nicht leiser.

Waren sie antisemitisch?

Im Jahr 2010 veröffentlichte ich unter dem Titel *An allem sind die Juden und die Radfahrer schuld* zusammen mit der Journalistin Christiane von Korff ein Buch über Antisemitismus. Als Grundlage dieses Buchs hatte der Piper-Verlag uns eine Liste von antisemitischen Klischees und antijüdischen Vorurteilen gegeben und uns gebeten, sie zu widerlegen. Wie man Vorurteile widerlegt, wusste ich nicht. Ich habe lange darüber nachgedacht und mich dann dazu entschieden, zu recherchieren, wie, wann und wo das jeweilige Vorurteil überhaupt entstanden war, unter welchen Umständen, und was für einen Einfluss es auf das Leben der Juden und Nichtjuden im Laufe der Geschichte hatte. Den zwölf vom Verlag gestellten Vorurteilen fügte ich noch eines hinzu, das ich lange recherchiert hatte und zu dem ein langes Kapitel entstand. Es ging in ihm um die Frage, ob der Antisemitismus in den letzten Jahren im Westen insgesamt und in Deutschland besonders zugenommen habe. Es wird allgemein behauptet, und nicht nur in israelischen Kreisen, dass dies der Fall sei.

Meine ausführlichen Recherchen in Zusammenarbeit mit Forschern und Demoskopen in mehreren Ländern und vor allem in Deutschland hatten mich jedoch zu der Schlussfolgerung geführt, dass der Antisemitismus nicht zu-, sondern seit dem Zweiten Weltkrieg stetig abnimmt.

Ich habe nicht nur nach Vorurteilen gefragt, weil das eine sehr unklare Fragestellung ist. Was bedeuten Vorurteile in einer westlichen Gesellschaft heute? Es gibt ja in Deutschland Vorurteile gegen alle erdenklichen Gruppen und Nationen, und sie unterliegen einem stetigen Wandel. Bezeichnete man die italienischen Gastarbeiter in den Sechzigerjahren beispielsweise noch als »Spaghettifresser«, so sind sie heute die beliebtesten Ausländer. Dennoch sagte mir ein Italiener: »Wir schätzen die Deutschen, lieben sie aber nicht. Die Deutschen lieben uns, schätzen uns aber nicht.« Ist das Rassismus? Sind solche Vorurteile gefährlich? Gibt es nicht auch Vorurteile unter den Deutschen? Gegenüber Bayern, Rheinländern und Norddeutschen? Ist das Rassismus? Ist das gefährlich?

Meiner Meinung nach muss man all dies ausgewogen betrachten und darf nicht alles sofort als Nazirassismus bezeichnen. Wenn man die Meinungsumfragen seit Ende des Krieges in Betracht zieht – und solche haben die Amerikaner seit 1946 intensiv durchgeführt –, dann sieht man, wie sich die Stimmung in Deutschland seither entwickelt hat. In den Vierziger- und Fünfzigerjahren gab es eine große Mehrheit in Deutschland, die antisemitisch war. Natürlich hätte sich damals niemand selbst als Antisemit bezeichnet, aber auf Fragen wie »Hätten Sie Einwände gegen einen jüdischen Nachbarn im Haus?«, »Hätten Sie Einwände, mit einem Juden zusammenzuarbeiten?« und besonders »Hätten Sie Einwände gegen eine Heirat zwischen einem Ihrer Familienmitglieder und einem Juden?« gab es eine entschiedene Mehrheit, die diese Fragen bejahten. Heute ist das nur noch eine kleine Minderheit, und die meisten Angehörigen dieser Minderheit sind ältere Leute.

In Frankreich stieß ich ebenfalls auf eine interessante Meinungsumfrage. Frankreich war jahrzehntelang das einzige europäische Land, das jüdische Ministerpräsidenten hatte. 1954/55, als der hochverehrte Pierre Mendès-France Regierungschef war, gab es eine Umfrage, in der gefragt wurde, ob die Franzosen auch einen jüdischen Staatspräsidenten akzeptieren würden. Das war zur Zeit der Vierten Republik, als der Chef der Exekutive, also der Ministerpräsident, der echte Machthaber war, und der Präsident wie in Deutschland eher Repräsentationsaufgaben übernahm und eher ein Symbol war. Frankreich betrachtete sich damals noch als katholisches Land. Konnte also ein Jude der Vertreter des katholischen Landes sein? 50 Prozent hatten keine Einwände, 48 Prozent hatten Einwände, und 2 Prozent enthielten sich. Manche meinten damals, dass die 2 Prozent die Juden waren; obwohl es gar nicht so viele Juden in Frankreich gab.

1996 wurde die Umfrage wiederholt. Inzwischen hatte sich die Machtverteilung in Frankreich geändert. Nun ist der Machthaber in Frankreich nicht der Ministerpräsident, sondern das Staatsoberhaupt. Dieses Mal antworteten 86 Prozent der Franzosen, sie hätten keine Einwände dagegen, einen Juden als Staatspräsidenten zu haben, 12 Prozent hatten Einwände, und wiederum 2 Prozent enthielten sich. Die Demoskopen sagten, dass die 12 Prozent, die Einwände hatten, mehrheitlich die »neuen Franzosen« waren, also Muslime, die die französische Staatsbürgerschaft angenommen hatten.

Diese Umfragen unterstreichen, was ich in meinen Recherchen gelernt habe: Entscheidend ist, wie sich die Menschen in ihren Ansichten entwickeln, und das sieht man daran, wie sich im Laufe der Zeit die Antworten auf die gleichen Fragen ändern.

Tatsache ist, dass Juden heute im Westen, einschließlich Deutschlands, ganz normal und genau so leben können wie alle anderen. Die Gleichberechtigung ist echt, nicht nur juristisch, sondern gesellschaftlich. Ein Jude kann überall wohnen, überall und alles studieren, er kann jeden Beruf ausüben, er kann einen

Nichtjuden heiraten, ohne belästigt zu werden, und vieles mehr. Und all das scheint für fast alle ganz normal zu sein.

Warum wird dann überall behauptet, dass der Antisemitismus ansteige? Natürlich gibt es Antisemiten. Allerlei Antisemiten: religiöse, rassistische, Neonazis … All sie gibt es zweifellos. Meine Frage aber war, ob all dies zunimmt oder eher zurückgeht. Ich behaupte, dass der Antisemitismus ununterbrochen zurückgeht. Es gibt drei Gründe, warum die Mehrheit einen anderen Eindruck hat.

Der erste Grund ist ein guter Grund: Die Menschen reagieren heute empfindlich auf Antisemitismus. Ich weiß nicht, wie viele Deutsche in den Zwanzigerjahren Antisemiten waren, ich glaube nicht, dass es die Mehrheit war. Allerdings waren die, die keine Antisemiten waren, den Antisemiten gegenüber gleichgültig. Sie dachten, dass Antisemitismus sie nichts angehe, solange sie selbst keine Juden waren. Heute reagieren die Leute anders und wachsam, und die Medien berichten über jeden antisemitischen Vorfall. Die Leute sind nicht mehr gleichgültig, es gibt Gegendemonstrationen, es gibt Lichterketten und vor allem die strengen und entschiedenen Reaktionen der Behörden bei jeglichem Anzeichen von Antisemitismus. Das erweckt den Eindruck, dass es heute mehr Antisemitismus gibt.

Der zweite Grund ist, dass es tatsächlich einen neuen Antisemitismus in Europa gibt. Nur ist der hauptsächlich unter den neuen Europäern verbreitet, also unter Arabern oder Muslimen, die antijüdische Vorurteile aus ihren Heimatländern mitgebracht haben und vom Nahostkonflikt aufgewühlt sind. Natürlich schließen die alten Antisemiten sich ihnen mit Begeisterung an. Das bedeutet aber nicht, dass Antisemitismus in der traditionellen europäischen Bevölkerung zunimmt.

Der dritte Grund ist, dass man Kritik an der Politik der jeweiligen israelischen Regierung oft mit Antisemitismus verwechselt. Im Jahr 2003 gab Ministerpräsident Ariel Sharon einer israelischen Massenzeitung ein Interview, in dem er unter anderem ge-

fragt wurde: »Wie erklären Sie sich, dass wir wegen unserer Politik gegenüber den Palästinensern ununterbrochen Verständnis,
Sympathie und Unterstützung weltweit verlieren?«

Sharon antwortete: »Erwarten Sie nicht von mir, dass ich Ihnen den Antisemitismus erkläre.« Das war alles, was er sagte.

Für viele ist es sehr bequem, Kritik an einer bestimmten Politik unserer Regierung mit Antisemitismus gleichzusetzen. Wenn
das der Fall ist, muss man sich schließlich gar nicht bemühen,
sich mit dieser Kritik auseinanderzusetzen. Man muss sich nicht
bemühen, die Thesen der Kritiker zu widerlegen. Wenn man
»Antisemitismus« sagt, dann bedeutet dies, dass die Äußerungen
der Kritiker nicht rational sind, dass man uns nicht wegen unserer
falschen Politik kritisiert, sondern weil wir als Juden geboren
wurden, und das können wir ja nicht ändern. Und diese These
kommt sehr gut in Israel und vielen jüdischen Gemeinden weltweit an, weil die Juden jahrtausendelang die schrecklichsten Erfahrungen mit Antisemitismus gemacht haben. Wenn man diejenigen, die unsere Politik kritisieren, immer wieder als Antisemiten
beschimpft, dann bekommt man natürlich den Eindruck, dass der
Antisemitismus zunimmt.

Bei einem Live-Interview zum Nahost-Konflikt im belgischen
Fernsehen wurde mir aus heiterem Himmel eine unerwartete
Frage gestellt. Ohne jeglichen Zusammenhang fragte der Moderator mich, ob ich ihm definieren könne, wer oder was ein Antisemit sei. Ich zögerte kurz und verneinte die Frage. »Nein, das
kann ich nicht definieren«, sagte ich. »Ich kann Ihnen aber sagen,
wer für mich kein Antisemit ist. Nämlich jemand, der eine
schlechte Erfahrung mit einem Juden gemacht hat und diese dennoch nicht verallgemeinert.«

In meinen Reden in Israel versuche ich, die Thesen vom wachsenden Antisemitismus zu widerlegen. Ich sage, dass in den letzten Jahrzehnten im Westen auch andere Länder am Pranger gestanden haben: die Griechen, als sie zwischen 1967 und 1974 unter
einer Militärdiktatur lebten, die Franzosen während des Algerien-

kriegs und die Amerikaner während des Vietnamkriegs. Gegen alle diese Länder gab es in den westlichen Ländern Massendemonstrationen. Gerade weil diese Länder zur westlichen Welt gehören, waren die Demonstrationen vehement. War das antigriechischer, antifranzösischer oder antiamerikanischer Rassismus? Tatsache ist, dass die Demonstrationen sich umgehend in Luft auflösten, sobald es in diesen Ländern eine politische Wende gab. Als die Franzosen Algerien 1962 befreiten, als die Griechen 1974 zur Demokratie zurückkehrten, als die Amerikaner Vietnam verließen, verschwand die sachliche und gezielte Kritik an ihnen.

Selbst wir haben diese angenehme Erfahrung einer Wende bereits mehrfach machen dürfen: Noch zu Beginn der Neunzigerjahre hatte die Europäische Kommission Sanktionen gegen uns verhängt. 1993 dann, nach Beginn der Osloer Verhandlungen, unserer Verhandlungen mit den Palästinensern also, wurden wir zum Lieblingskind der Europäer. Kurz vor meinem Amtsantritt in Bonn war ich als Begleiter meines Außenministers Peres zu einem Treffen mit dem EU-Außenminister nach Brüssel geflogen. Noch nie hatte ich so viel Begeisterung, Lob und Applaus für Israel erlebt wie damals. Und dies nur, weil wir endlich bereit waren, mit den Palästinensern zu verhandeln. Wo also war der rassistische Antisemitismus? Wo der grundsätzliche Judenhass?

Ich sage in Israel immer, dass wir keine kleine schutzlose Gemeinschaft in einem Getto mehr sind. Wir sind ein erfolgreiches und mächtiges Land, und wir können es uns leisten, uns Kritik anzuhören, auch ohne sofort »Antisemitismus!« zu schreien. Als Günter Grass im April 2012 sein Gedicht *Was gesagt werden muss* veröffentlichte, da schrien viele in Deutschland und Israel: »Antisemit!« Das hielt und halte ich für falsch. Grass ist kein Antisemit, davon bin ich vollkommen überzeugt. Damals wie heute finde ich Grass' Unterstellung lächerlich, dass Israel den Iran auslöschen wolle, und halte seine Vorstellung, dass vom Iran keine Gefahr ausgehe, von Israel aber schon, für falsch. Das habe ich auch offen gesagt. Aber ich habe ebenfalls gesagt, dass ich Grass zustimme, wenn er sagt, dass Deutsche oft noch befangen sind, wenn es um Israel geht.

In einem Interview zu dem von Israel verhängten Einreiseverbot für Grass sagte ich: »Ich glaube, dass wir heute gute Freunde sind, und gute Freunde sollten offen und ehrlich miteinander sprechen – auch wenn es um Kritik geht.« Sollten wir der Meinung sein, dass die Kritik ungerechtfertigt ist, dann sollten wir uns dennoch sachlich damit auseinandersetzen.

Von dieser Meinung bin ich nach wie vor überzeugt. Was ich im Zuge der Diskussion um die Zwangsarbeiterentschädigung erlebte, bereitete mir dennoch Sorgen. Ich habe damals zu oft den Begriff »jüdische Erpressung« gehört. Selbst wenn die Deutschen in ihrer Mehrheit keine Antisemiten mehr sind, so haben sie offenbar doch ein Faible für Martin Walsers in der Paulskirche geäußerte These von der »Auschwitzkeule«. Im Laufe der Jahre der Wiedergutmachungszahlungen an Juden hat jeder Deutsche durchschnittlich eine Mark monatlich bezahlt. Die Ermordung der Juden konnte man durch diese Zahlungen natürlich nicht ausgleichen. Auch der geraubte Besitz der Juden ist damit überhaupt nicht zu vergleichen. Und monatlich eine Mark wird nicht zu einem Untergang Deutschlands führen. Die Deutschen sollten sich also doch ein bisschen von dem selbst erfundenen Gespenst der jüdischen Erpressung befreien.

Zum Abschluss –
Kein toter Fisch

In meiner Jugend hatte ich von einem unabhängigen Staat Israel geträumt, später fantasierte ich von dem Aufbau dieses Staates und seiner Verwurzelung in der Weltgemeinschaft.

So wie viele andere in der Welt sehnte ich das Ende des sowjetischen Reiches herbei, das Ende des »Reichs des Bösen«, wie Ronald Reagan es nannte. Ich träumte vom Sieg der Demokratien gegen Diktaturen und von der Verankerung von Menschenrechten überall auf der Welt. Träume, die ich mit vielen Menschen teilte.

Waren das aber wirklich nur Träume? Sind es auch heute nur Träume? Ist das berühmte Zitat Ben-Gurions »Wer nicht an Wunder glaubt, ist kein Realist« immer falsch?

Noch in den Achtzigerjahren sah niemand den Fall der Sowjetunion oder eine Wiedervereinigung Deutschlands voraus. So wie 1940 fast niemand an das vergleichsweise schnelle Ende des »Tausendjährigen Reiches« dachte.

Ich könnte noch viele Beispiele von großen, revolutionären und völlig unerwarteten Wenden in der Geschichte des Menschen nennen.

Der Traum von Israel hat sich verwirklicht. Ein unabhängiger jüdischer Staat ist entstanden. Der Staat hat sich unverhofft gut entwickelt. Die Zahl seiner Einwohner hat sich von 600 000 Bewohnern im Mai 1948, als Ben-Gurion die Unabhängigkeit ausrief, auf mittlerweile 8,5 Millionen erhöht. Wir haben uns von einem armen, industrielosen Land in ein besonders fortschrittliches Land mit einer bedeutenden Hightech-Industrie entwickelt. Das Bruttosozialprodukt ähnelt pro Kopf dem der Europäischen Union. Und die Streitkräfte Israels zählen zu den mächtigsten der Region.

Sollten wir uns damit zufriedengeben?

Sollten wir uns damit zufriedengeben, dass die Länder von Polen bis Portugal, von Island bis Griechenland demokratisch geworden sind, die Menschenrechte achten und keine Kriege mehr führen wollen?

Ich halte es für gefährlich, zufrieden zu sein. Was Israel anbelangt, so sind wir noch sehr weit von unserem Ziel entfernt. Herzls Traum, den er formulierte, als er Ende des 19. Jahrhunderts die zionistische Bewegung ins Leben rief, war es nicht nur, einen Staat zu kreieren, in dem die Juden so wie alle souveränen Völker in ihrer eigenen Heimat in Würde leben können. Sein Ziel, das schrieb er mehrfach, war es, einen weltoffenen, einen modernen und liberalen und einen friedlichen Staat ins Leben zu rufen. Einen Staat, in dem die Rabbiner, wie er sagte, »gefälligst in ihren Synagogen« und die Generäle »gefälligst in ihren Kasernen« bleiben. Ein Staat, der mit seiner Umgebung nicht nur in Frieden, sondern in Freundschaft und Kooperation lebt.

Von all dem sind wir noch weit entfernt. So weit entfernt, dass ich mir Sorgen um die Zukunft Israels mache und mir sogar die Frage stelle, ob Israel langfristig gesehen als demokratischer Judenstaat überlebensfähig ist. Ohne Frieden mit unseren Nachbarstaaten wird das wohl nicht möglich sein. Ohne Frieden mit den Palästinensern wird ein Frieden mit unseren Nachbarstaaten nicht möglich. Solange die Palästinenser nicht in Würde leben können, solange ein palästinensisches Kind nicht die gleichen Chancen im Leben hat wie ein israelisches, werden wir hier nicht zur Ruhe kommen.

Also sind meine Kindheitsträume bei Weitem noch nicht erfüllt. Die unerwarteten und großen Errungenschaften der zionistischen Bewegung, an die anfänglich nur die Wenigsten glaubten, sind nicht vollendet. Vielleicht werden sie auch nie vollendet sein. Dennoch sollte man sie ununterbrochen anstreben.

Die friedliche Demokratie Europas sieht heute wie eine Erfolgs-geschichte aus. Noch nie war Europa so demokratisch, friedlich und humanistisch wie heute. Die Europavision von Jean Monnet hat riesengroße Fortschritte gemacht, verwirklicht ist sie jedoch bei Weitem noch nicht. Bis zu einer Föderalisierung Europas ist es noch ein weiter Weg. Auch das, was seit dem Zweiten Welt-krieg erreicht wurde, ist noch nicht befriedigend verwurzelt und stabil. Rechtsextremismus, Faschismus, Hass, Fundamentalismus und Fanatismus sind noch nicht verschwunden. Gelegentlich nehmen sie sogar zu.

Man kann sich die Frage stellen, ob die neuen demokratischen und humanistischen Werte des heutigen Europas nicht Schön-wettererrungenschaften sind, die durch eine große Katastrophe infrage gestellt und gefährdet werden können.

Oft haben Nationen ihren vermeintlichen Sieg in einem Krieg kurz danach wieder verloren. Die Sieger gaben sich zufrieden und ruhten sich auf ihren Lorbeeren aus. Die verbitterten Verlierer be-mühten sich hingegen, ihre Fehler zu korrigieren, die sie zur Niederlage geführt hatten. Damit hofften sie, die Niederlage zu überwinden und doch noch Sieger zu werden.

Europa, und nicht nur Europa, darf nicht wie ein Sieger auf Lorbeeren ruhen, weil auch hier nichts vollendet, das heißt ge-sichert, ist.

Vor Kurzem sah ich im israelischen Fernsehen eine Dokumen-tation über die rechtsextremistischen Parteien in Europa. Der is-raelische Korrespondent war von einer großen Gruppe von Neo-nazis sehr freundlich empfangen worden. Seine Gesprächspartner, die in einem Wald in der Nähe von Berlin feierten, versuchten, ihn von der Richtigkeit von Hitlers Politik zu überzeugen. Wohl-wissend mit wem sie sprachen, behaupteten sie, dass das einzige Problem sei, dass Hitler den Krieg nicht gewonnen habe. Hätte er den Krieg gewonnen, würden heute alle seinen Thesen zustimmen.

So lange Menschen in Deutschland so etwas vor laufender Kamera zu einem jüdischen Journalisten sagen können, bedeutet das, dass die Demokratie auch in Europa nicht vollendet ist. Wenn auch auf kleiner Flamme, so lauert die Gefahr doch noch immer und überall.

Der englische Premierminister Benjamin Disraeli sagte im 19. Jahrhundert, dass das Leben eines Menschen in drei Teile aufgeteilt sei: die Zeit der Kindheit, die Zeit des Ringens, die Zeit des Greisentums.

Selbstverständlich ist die Zeit des Ringens die schönste Zeit. Profitieren wir also so lange davon, wie wir können, und ringen wir gemeinsam, um unsere Visionen und Ziele zu erfüllen. Wohl wissend, dass sie niemals vollendet sein werden, vielleicht aber immer mehr Fortschritte machen werden.

Ist das schwierig? Ist es gelegentlich unangenehm? Wird man deswegen oft von der Mehrheit der Menschen missverstanden und verstoßen, was für uns natürlich schwer zu ertragen ist? Bei alledem sollten wir immer daran denken, dass nur tote Fische immer mit dem Strom schwimmen.

ANHANG

Rede zum Volkstrauertag 2014

Sehr geehrter Herr Bundespräsident,
sehr geehrter Herr Präsident des Volksbundes,
sehr geehrter Herr Bundesratspräsident,
sehr geehrter Herr Bundesverfassungsgerichtspräsident,
verehrte Frau Bundesministerin,
sehr geehrte Damen und Herren hier im Saal
und zu Hause an den Fernsehgeräten,

weltweit wird dieses Jahr des Ausbruchs des Ersten Weltkriegs gedacht. Der Krieg zerstörte die alte Welt und war für Millionen von Menschen eine unvergleichliche Tragödie. Er löste fast ein halbes Jahrhundert von Leiden und Gräueln aus, wie die Menschheit es zuvor noch nicht erlebt hatte.

Nur die allerwenigsten der Millionen gefallenen Soldaten und Zivilisten dieses Krieges trugen die Verantwortung für diese dunklen Jahre. Um sie zu trauern ist so gut wie selbstverständlich.

Als Jude bin ich mir dessen ganz besonders bewusst. Die Teilnahme der Juden an diesem Krieg war eine einmalige Erfahrung in ihrer Geschichte. Noch nie haben Juden so leidenschaftlich auf allen Seiten gekämpft. Das heißt auch gegeneinander. Diese Erfahrung blieb auch einmalig, weil die Juden im Zweiten Weltkrieg nur auf einer Seite kämpfen konnten. Von allen jüdischen Gemeinschaften in den Ländern, die am Ersten Weltkrieg teilnahmen, waren die deutschen Juden die größten Patrioten und die begeistertsten Soldaten und versprachen sich am meisten von diesem Krieg. Nachdem die Juden im Laufe des 19. Jahrhunderts auch in Deutschland die juristische Gleichberechtigung erreicht hatten, mussten sie feststellen, dass diese Emanzipation im Rahmen des Gesetzes blieb und ihnen keine gesellschaftliche Gleichberechtigung gewährte. Sie sahen den Krieg als die Gelegenheit, der allgemeinen Bevölkerung zu beweisen, dass sie ein echter Bestandteil der deutschen Bevölkerung sind. Sie erwarteten, dass ihre Bereitschaft, ihr Leben für das Vaterland zu opfern und ihr Blut für Deutschland zu vergießen, zu der Anerkennung führen würde, dass sie genauso Deutsche waren wie alle anderen.

Von fast 500.000 Juden, die damals in Deutschland lebten, dienten etwa 100.000 im Krieg – oft als Freiwillige und fast immer als Frontsoldaten. 12.000 von ihnen fielen in diesem Krieg, und noch viel mehr blieben verletzt und versehrt. Als Jude muss ich auch darüber nachdenken, was aus diesen großen deutschen Patrioten nach dem Krieg wurde. Erfüllten sich ihre Wünsche? Wurden sie auch gesellschaftlich gleichberechtigte Deutsche? Wir wissen heute genau, dass das Gegenteil stattgefunden hat. Wir wissen, dass auch jüdische Kriegshelden des Ersten Weltkriegs später in den Gaskammern der KZs ermordet wurden. Wir wissen, dass die Namen der gefallenen jüdischen Soldaten aus den Listen der Gedenkstätten gestrichen wurden. Wir wissen, dass man den Juden selbst das Recht, für das Vaterland zu fallen, aberkannt hat. Das alles gibt einem noch mehr Grund zu trauern.

Man muss aber kein Jude sein, um die Gefallenen des Ersten Weltkrieges zu betrauern. Man muss auch kein Deutscher sein, um die gefallenen Deutschen dieses Krieges zu betrauern. Selbst Feinde können gemeinsam trauern.

Vor wenigen Jahren entstand in Israel ein Verband von israelischen und palästinensischen Eltern, deren Kinder in dem unendlichen Krieg zwischen Israelis und Palästinensern umgekommen sind. Ein Israeli namens Yitzhak Frankenthal, dessen Sohn bei einem Terroranschlag umgekommen ist, war der Initiator dieses Verbands. Er fand Resonanz bei vielen palästinensischen und

israelischen Eltern. Im November 2001 riefen Frankenthal und
die anderen trauernden Eltern einen gemeinsamen Trauertag aus.
Sie füllten den größten Platz Tel Avivs, Kikar Rabin, mit Hunder-
ten von Särgen. Die Hälfte war von einer israelischen Flagge be-
deckt, die Hälfte von einer palästinensischen.

Also kann man gemeinsam mit einem ehemaligen Feind trauern, ja, in unserem Fall sogar mit Menschen, mit denen wir uns
offiziell noch im Kriegszustand befinden.

Kann aber ein deutscher Jude um deutsche Gefallene und Opfer des Zweiten Weltkriegs trauern? Die Juden wurden von den
Deutschen in der Nazizeit entmenschlicht und ermordet, obwohl
sie niemals in der Geschichte Feinde Deutschlands waren. Kann
ein Jude um solche Feinde trauern?

1995 hielt der deutsche Jude Professor Michael Wolffsohn die
Rede zum Volkstrauertag hier in Berlin. Er behauptete, der Volkstrauertag sei ein Symbol der Haftungsgemeinschaft. Juden sowie
auch andere Zuwanderer nach Deutschland, die mit der Nazivergangenheit nichts zu tun haben, aber die heute Deutsche sein
wollten, müssten sich an der deutschen Verantwortung beteiligen. Um das ganz klar zu machen, sagte Wolffsohn, dass Juden,
die in Deutschland leben und so wie alle Bürger Steuern bezahlen,
sich damit an den Wiedergutmachungszahlungen an die jüdischen
Opfer des Zweiten Weltkriegs beteiligen. Dagegen habe es nie
einen Einwand gegeben.

Dem würde ich noch hinzufügen, dass zu den Opfern des
Zweiten Weltkriegs auch sehr viele Deutsche und sogar Wehrmachtssoldaten zählten, die keine Wahl hatten. Ob sie kämpfen
wollen oder nicht, wurden sie nicht gefragt. Einschließlich Anti-
Nazis, einschließlich Widerstandskämpfer, einschließlich der
deutschen nicht jüdischen Opfer des Naziregimes.

In Frankfurt lebte beispielsweise eine jüdische Flüchtlings-
familie aus Russland, die die Nazizeit überlebte, ohne sich zu verstecken. Ihr Sohn Valentin Senger, später ein bekannter Journalist
beim Hessischen Rundfunk, erzählte die Geschichte seiner Fami-

lie in seinem Buch *Kaiserhofstr. 12*. Er erzählte, dass die Familienmitglieder nur eine Sache taten, um sich zu schützen: Sie offenbarten sich nicht als Juden und gingen immer davon aus, demnächst entdeckt zu werden. Als Staatenlose wurden sie zunächst nicht eingezogen, bis zum Frühjahr 1945. Valentins Bruder starb, in Wehrmachtsuniform, an der Ostfront.

Der amerikanische Historiker Bryan Mark Rigg erzählt in seinem Buch *Hitlers jüdische Soldaten* erstaunliche Geschichten von Halb- und Vierteljuden in der Wehrmacht. Er beschreibt die Leidenschaft dieser Soldaten, an der Front zu dienen. In der Hoffnung, damit ihre jüdischen Familien zu retten, und unwissend, dass sie kein Schutz für ihre Familien und oft auch nicht für sich selbst waren. Denn die Nazis planten, sie nach dem »Endsieg« zu ermorden.

Diese Gefallenen kann natürlich jeder deutsche Jude betrauern. Kann das aber auch ein Israeli? Im Frühjahr 1985 lud Bundeskanzler Helmut Kohl den amerikanischen Präsidenten Ronald Reagan nach Deutschland ein. In dem guten Willen, eine Versöhnungsgeste zu machen, brachte der Kanzler seinen amerikanischen Gast zum Friedhof der im Zweiten Weltkrieg gefallenen Soldaten in Bitburg. Diese Geste löste weltweite Empörung aus, ganz besonders in Amerika und Israel. Auf dem Friedhof fanden sich nämlich ebenfalls Gräber von Soldaten der Waffen-SS. In Israel hätte man auch eine Ehrung von Wehrmachtssoldaten nicht verstanden, aber in Bezug auf Gräber von Mitgliedern der Waffen-SS hätte man sich so etwas schon gar nicht vorstellen können. So wurde die Geste Kohls als Provokation empfunden. Dennoch wissen wir heute, dass auch zur Waffen-SS nicht nur ideologisch motivierte Sadisten und rassistische Mörder zählten. Viele, besonders in den letzten Phasen des Krieges, wurden zum Dienst in der Waffen-SS gezwungen.

Frankreich hat sich mit dieser Geschichte sehr schwergetan, besonders als bekannt wurde, dass viele, wenn nicht die meisten Soldaten der Waffen-SS, die in Frankreich als Besatzungsmacht auftraten, Elsässer waren. Sie wurden als doppelte Verbrecher betrachtet: sowohl als französische Verräter als auch als willige, blutrünstige Mörder. Es stellte sich später heraus, dass die Nazis die Elsässer bewusst zum Dienst in der Waffen-SS gezwungen hatten. Die jungen Elsässer, die versuchten, diesem Dienst zu entkommen, mussten erfahren, dass ihre Familien in Konzentrationslager verschleppt wurden. Darf man um solche gefallenen Mitglieder der Waffen-SS trauern?

Wie gesagt war das für uns Israelis überhaupt keine Frage. Für uns waren in der Nachkriegszeit alle Deutschen an den Naziverbrechen schuld. Wehrmachtssoldaten, und nicht nur SS-Männer: Sie alle waren Naziverbrecher. Für uns stellte sich die Frage nicht, ob es Kollektivschuld gibt. Wir hielten das für selbstverständlich.

Zu Beginn der Fünfzigerjahre kam die zukünftige Ministerpräsidentin Golda Meir als Vertreterin der Arbeiterpartei zu einem Treffen der Sozialistischen Internationale. Vertreter der SPD war der Vorsitzende Kurt Schumacher. Wenn es in Deutschland einen echten Antinazi-Widerstandskämpfer gab, so war dies Kurt Schumacher, der den größten Teil der Naziherrschaft in einem KZ verbringen musste. Als der einarmige Schumacher Golda Meir erblickte, ging er auf sie zu und reichte ihr seine verbliebene Hand. Golda Meir, wohlwissend, wer Schumacher war, kehrte ihm dennoch den Rücken zu. Egal, wer er war, er war ein Deutscher, und für sie galt die Kollektivschuld.

Wir glaubten an die Kollektivschuld nicht nur, weil wir glaubten, die Deutschen hätten Hitler demokratisch an die Macht gebracht und ihm bis zu den letzten Minuten zugejubelt. Selbst als die Bundesrepublik entstand und Ben-Gurion von einem anderen Deutschland sprach, wollten wir zu den Deutschen keinen Kontakt haben, weil wir den Eindruck hatten, als würden die Deutschen, einschließlich derer, die keine Nazis waren, ihre Vergangenheit verdrängen, wenn nicht sogar leugnen.

Bei einem Besuch Berlins – ich war schon Botschafter in Bonn –, fiel mir an dem im Krieg durch Bomben beschädigten und weitgehend in diesem Zustand belassenen alten Turm der Kaiser-Wilhelm-Gedächtniskirche eine Gedenktafel auf. Ich musste die Inschrift mehrmals lesen, sie erschien mir zumindest zweideutig: Die Turmruine solle, hieß es, »an das Gericht Gottes erinnern, das in den Jahren des Krieges über unser Volk hereingebrochen ist«.

Ist der Satz wie eine biblische Textstelle zu verstehen, die etwa ein Jahr der Dürre mit der Versündigung des Volkes rechtfertigt? Wo befindet sich die Klammer, die eine solche Inschrift mit den an grausamer Realität durch nichts zu überbietenden Verbrechen Nazi-Deutschlands verbindet? Und schließlich: Über welches Volk war das Gottesgericht hereingebrochen? Nur über das deutsche? Wenn ja, dann fehlt die Begründung.

Für mich spiegelt diese Inschrift weder eine Wahrnehmung von Naziverbrechen wider noch Reue, von Schuldgefühlen ganz abgesehen. Das ist lediglich Selbstmitleid, also im besten Fall Verdrängung.

Die Deutschen brauchten Zeit, bis sie ehrlich ihr Gewissen erforschten. Von einer Minderheit abgesehen, die in Deutschland immer dazu bereit war, sickerte eine echte Wahrnehmung der Nazizeit erst in den Sechzigerjahren durch. Zunächst gab es den Eichmann-, dann den Frankfurter Auschwitzprozess, vor allem aber die Achtundsechziger-Generation, die ihre Eltern und Lehrer dazu aufrief, die Wahrheit über die Nazizeit zu sagen.

All dies haben wir in Israel intensiv verfolgt. So skeptisch, wie wir zunächst auch die erstaunliche Versöhnung Frankreichs und Deutschlands und die Involvierung Deutschlands in der Europäischen Union verfolgten. Deutschland als ein europäisches Land, das kein deutsches Europa anstrebte, hat uns allmählich von dem, was Ben-Gurion schon Anfang der Fünfzigerjahre sagte, überzeugt. Es ist tatsächlich ein neues Deutschland entstanden.

Dennoch stellt sich die Frage, was ein Israeli heute in Berlin am Volkstrauertag betrauert. Ich zitiere den ehemaligen Bundespräsident Roman Herzog: »Wir trauern heute um die Toten aller

Völker, die unter beiden Weltkriegen gelitten haben. Wir trauern um die Opfer des Terrorismus, der politischen Verfolgung, der Kriege und Bürgerkriege unserer Tage. Wir trauern, doch wir leben in der Hoffnung auf Versöhnung unter den Menschen und Völkern und auf Frieden in der Welt.«

Mit so einer Trauer hat weder ein Jude noch ein Israeli irgendwelche Schwierigkeiten.

Trauer hat etwas mit Erinnerung zu tun. Sobald die Deutschen in ihrer Mehrheit bereit waren, sich mit ihrer Erinnerung und ihrer Vergangenheit auseinanderzusetzen, ist Trauern im Sinne des Erinnerns für sie möglich geworden. Erinnerungen sind für eine Nation eine Voraussetzung für eine Zukunft. Der spanische Dichter Jorge Santayana sagte: »Wer sich an seine Vergangenheit nicht erinnert, der ist dazu verdammt, sie zu wiederholen.« Und ein einflussreicher jüdischer Geistlicher aus dem 18. Jahrhundert, Baal Shem Tov, sagte, dass sich in der Erinnerung die Erlösung befindet.

Volkstrauertag bedeutet also Volkserinnerung.

In diesem Saal, an diesem Tag vor drei Jahren, sagte der Bundesminister des Auswärtigen, Frank-Walter Steinmeier, dass Geschichte nicht vergeht, dass Erinnerungen wie eingebrannt sind. Er sagte, dass der vorrangige Sinn der Erinnerung sei, den Frieden zu gewähren. Er zitierte Willy Brandt, der sagte: »Frieden ist nicht alles, aber ohne Frieden ist alles nichts.«

Tatsächlich ist Deutschland heute in Sachen Erinnerung und Gewissenserforschung vorbildlich. Alle Länder der Welt errichten nach wie vor Mahnmale und Gedenkstätten. Sie errichten sie, um sich an ihre Siege, an ihre Helden und ruhmreichen Bürger wie Wissenschaftler, Sportler, Schriftsteller, Künstler, Geistliche etc. zu erinnern, die ihrem Land und ihrer Nation Ehre machen, oder um sich an die eigenen Unglücke und Trauer zu erinnern. Weltweit, mit Ausnahme Deutschlands, habe ich kein Land gefunden, dass es gewagt hat, Mahnmäler zu errichten, die an die eigenen Verbrechen erinnern und die eigene Schande verewigen.

Mit so einem Deutschland trauere ich gerne zusammen. Mit solchen Menschen will ich gerne Erinnerungen in Anspruch nehmen, mit Ihnen, meine Damen und Herren, will ich gemeinsam die Verantwortung für die Zukunft tragen.

Personenregister

BILDNACHWEIS

Archiv Avi Primor: Bild 1, 2, 3, 4, 5, 6, 7, 8, 12, 13, 14, 15, 16, 17, 20, 26, 33

André Brutmann, Tel Aviv: Bild 28

Bundesregierung/Julia Fassbender: Bild 21, 22

Daniel Franck, Paris: Bild 11

Rafael Herlich, Frankfurt: Bild 29, 32

Michael von Lingen, Bonn; Fotograf: Friedhelm Mädje: Bild 23

Max Malsch, Bonn: Bild 31

Michael Maor, Jerusalem: Bild 10

MELDE PRESS, Bonn: Bild 27

Dan Nataf, Jerusalem: Bild 25

Photo-Cine, Abidjan: Bild 9

picture alliance/dpa
    Thomas Rafalzyk: Bild 34
    Markus Scholz: Bild 30

Helga Simon, Berlin: Bild 24

VG Bild-Kunst, Bonn 2014 (Alain Lyon): Bild 18, 19

DANK

Meiner Büroleiterin Anna Rau. Ohne ihre Begleitung, Aufmerksamkeit, Korrekturen und Hilfe wäre das Buch nicht entstanden.

Meiner Lektorin Stefanie Heinen. Für ihre ausgezeichnete Lektoratsarbeit und bewundernswerte Hingabe bei der Bearbeitung des Buchs.

Dieser Titel ist auch als E-Book erschienen

Originalausgabe

Dieser Vertrag entstand über die Vermittlung der Verlagsagentur Lianne Kolf.

Copyright © 2015 by Bastei Lübbe AG, Köln

Lektorat: Dr. Stefanie Heinen
Umschlagmotiv: picture alliance/dpa
Gesamtgestaltung: fuxbux, Berlin
Gesetzt aus der DTL Documenta und der DTL Documenta Sans
Druck und Einband: CPI books GmbH, Leck – Germany

Printed in Germany
ISBN 978-3-86995-077-8

5 4 3 2 1

Sie finden uns im Internet unter www.quadrigaverlag.de
Bitte beachten Sie auch www.luebbe.de